T0277875

Astrología Horaria

William Lilly

Astrología Horaria

EDICIONES OBELISCO

Si este libro le ha interesado y desea que le mantengamos informado
de nuestras publicaciones, escríbanos indicándonos qué temas son de su interés
(Astrología, Autoayuda, Ciencias Ocultas, Artes Marciales, Naturismo,
Espiritualidad, Tradición...) y gustosamente le complaceremos.

Puede consultar nuestro catálogo en www.edicionesobelisco.com

Colección Astrología
Astrología Horaria
William Lilly

1.ª edición: octubre de 1989
3.ª edición: noviembre de 2021

Título original de la edición de 1647: *Cristian Astrology*
Título de la edición de Zadquiel de 1852: *An introduction to Astrology*

Traducción: *Amalia Peradejordi*
Corrección: *Elena Morilla*
Diseño de cubierta: *Enrique Iborra*

© 1989, 2021, Ediciones Obelisco, S. L.
(Reservados los derechos para la presente edición)

Edita: Ediciones Obelisco, S. L.
Collita, 23-25. Pol. Ind. Molí de la Bastida
08191 Rubí - Barcelona - España
Tel. 93 309 85 25
E-mail: info@edicionesobelisco.com

ISBN: 978-84-9111-790-2
Depósito Legal: B-15.546-2021

Printed in India

Reservados todos los derechos. Ninguna parte de esta publicación, incluido el diseño de la cubierta,
puede ser reproducida, almacenada, transmitida o utilizada en manera alguna por ningún medio,
ya sea electrónico, químico, mecánico, óptico, de grabación o electrográfico, sin el previo consentimiento
por escrito del editor. Diríjase a CEDRO (Centro Español de Derechos Reprográficos, www.cedro.org)
si necesita fotocopiar o escanear algún fragmento de esta obra.

PRÓLOGO A LA EDICIÓN DE 1852

Tras un período de 205 años desde la primera publicación en 1647, del *Manual de Astrología Horaria,* no habría necesidad de justificar su reaparición, si no fuera por la costumbre tan generalizada hoy día de vituperar esta ciencia y despotricar de ella, así como de todos aquellos que se atreven a decir una palabra, no en su favor, sino a favor de que se reconozcan sus méritos, para averiguar cuáles son los fundamentos en los que nuestros honestos antepasados creían, y que seguían estrictamente, lo que concebimos solamente apto para el ridículo.

Como hace mucho tiempo que dejé atrás la época en que, al igual que muchos otros, me consideraba libre de reírme y condenar lo que no comprendía, se me perdonará si me atrevo a recomendar a los que valoran la verdad, que dediquen unos pocos días (y muy pocos serán necesarios) al examen de los principios expuestos en esta obra, y que los apliquen en sus propios casos individuales, antes de unirse al rebaño de versados e ignorantes que dan fe de falsas afirmaciones, a saber, que la astrología es una ciencia sin fundamentos. Si cualquier persona se tomara la molestia de examinar por sí misma, y encontrara que los prejuicios de su educación contra la ciencia de predecir el futuro, y muchas otras cosas que enseña, están en realidad bien fundamentados, y que no clama la verdad, entonces tendrá la enorme satisfacción de saber que sus opiniones en un asunto de cierta importancia se basan en la experimentación y son el resultado de su propia creencia y no de las ideas de otra persona. Por otra parte, si encuentra que la verdad resplandece con fuerza luminosa en su mente y le convence que la astrología, a pesar del prejuicio y del abuso, se basa en la naturaleza y es sin duda una noble ciencia, dada por un Creador benevolente para iluminar al hombre en su deambular, y capacitarle para evitar el vicio y la insensatez que las pasiones arrojan en su sendero; entonces, si existe un atisbo de piedad en su pecho, dará gracias a ese Creador por la merced que ha descubierto. Cualquiera que sea el caso, debe admitir que le hago un favor al presentarle este medio fácil y sencillo de descubrir la verdad.

Ésta es la «época de la indagación», y sin embargo el prejuicio continúa apretando su pesado pie sobre el cuello del examen en esta materia. Solamente puedo atribuir el penoso hecho a la circunstancia de que no haya publicaciones que se retracten sobre esas partes de la astrología que se aprenden más fácilmente. El arte de los natalicios requiere muchos años de paciente experimentación antes de que pueda entenderse bien y practicarse con certeza y satisfacción. El arte de la *Astrología Atmosférica* y también el de la *Astrología Mundana* requieren igualmente mucho tiempo para penetrar en sus arcanos, y una buena educación para proseguir su práctica. Por ende, podemos explicarnos que sean comparativamente tan pocos los que se dediquen a su estudio: pocos son también los que poseen la habilidad o tienen la ocasión de enfrentarse a las dificultades que entraña.

Pero la *Astrología Horaria,* el tema principal de esta obra, puede ser aprendida rápidamente por cualquier persona de incluso habilidad moderada; y puede, en lo que se refiere a sus dificultades elementales, ser dominada en unos pocos días de estudio. Se puede llegar a entenderla bien y a someterla a la práctica constante en menos de un trimestre, y nadie se encontrará sin oportunidades para comprobar su veracidad o su utilidad; pues sus propios negocios, y los asuntos de sus amigos, le ofrecerán éstas casi a diario. Si a una persona se le hace una propuesta, *cualquiera que sea su naturaleza,* sobre cuyo resultado sienta preocupación, y en consecuencia incertidumbre sobre cómo decidir, se le hará anotar la hora y el minuto cuando *primero* se hizo, levantando el mapa del cielo, como se enseña aquí, y sus dudas se disiparán inmediatamente. De esta forma, se puede saber infaliblemente en cinco minutos si el asunto tendrá éxito o no y, por lo tanto, si es prudente aceptar la oferta hecha. Si la persona examina el signo en la Casa I de la carta astral, el planeta que se encuentre en ella, o el planeta que rija el signo, *describirá exactamente a la persona o grupo que hace la oferta,* tanto en persona como en carácter; y esto puede convencer enseguida al que desee conocer lo que hay de cierto en los principios de la ciencia.

Además, el signo descendente, etc., *describirá a su propia persona y carácter;* una prueba más de la verdad de la ciencia, si lo requiere. Así pues, se encuentra aquí una prueba inmediata de la *verdad* de la astrología. ¿Se atreverán sus adversarios a ponerla en práctica? Me parece que eso sería mejor que escabullirse, lo cual denota siempre ignorancia y desconcierto, sentimientos que, combinados, son la indudable fuente de la risa, el único argumento del imbécil, el recurso pronto del ignorante.

Al editar esta obra, mi objeto principal ha sido hacerla útil al estudiante de astrología y, de esta forma, al fomentarla, promover los intereses generales de la humanidad.

Con esta intención he reescrito esas partes de la obra que los modernos descubrimientos en astronomía y astrología habían dejado anticuadas. Se incluyen tablas para calcular los natalicios y una *Gramática de la Astrología,* así como cada elemento de la ciencia que el estudiante probablemente necesite.

En cuanto a los recesos que he hecho de las reglas del autor, son pocos, y se basan en la experiencia. He omitido sus capítulos sobre los natalicios, ya que en esa parte de la ciencia él era menos perfecto que en cualquier otra; esto se debía a que se apoyaba en dignidades esenciales, que son, según mi experiencia, de escasa utilidad. Las reglas para calcular los arcos de dirección se encontrarán en la *Gramática.*

Para terminar, no es mi intención ofender a nadie al presentar esta obra; tampoco sé si debería incluso respetar el prejuicio, por el bien de la paz, si no fuera porque no puedo acceder conscientemente a abandonar la verdad en el esfuerzo. Soy insensible a los mezquinos intentos de los críticos que deseen derramar sobre mí las aguas de la vituperación o el ridículo, habiendo sido ya víctima de una riada. Tras muchos años de experiencia he encontrado infalibles las leyes de la astrología; y como no he descubierto prohibición alguna de su práctica en la Palabra de Dios, estoy preparado para defenderla contra los ataques insensatos de aquellos que declaran falsamente que sustenta a la fatalidad o que se opone a la providencia o a la revelación de la Deidad. Y estoy contento, con la bendición de Dios, de rendir mi ánima en la firme creencia de que, al mantener que lo que creo es la verdad en este sentido, me encontraré en lo sucesivo, por la bondad de Dios y los méritos de mi Salvador, con un juicio misericordioso.

Soy, lector, su amigo devoto y buen deseador en toda aquella ciencia que honre a Dios y beneficie a la humanidad.

ZADKIEL

GULIELMUS LILLIUS Astrologus *Natus Comitat: Leicest: 1° May 1602.*

Guliel: Marshall sculpsit.

VIDA DE WILLIAM LILLY

Al ofrecer un compendio de la obra más valiosa de este brillante astrólogo a la atención del público, me considero exhortado a hacer alguna mención de su historia personal. Y afortunadamente ocurre que ésta no está repleta de ideas imaginarias, fundada en unos pocos hechos conocidos y en una multiplicidad de suposiciones; pues lo que sabemos de este hombre de extraordinario talento se asienta en la mejor evidencia. Cuando tenía 66 años se dispuso a escribir una historia de su propia vida a su «estimado amigo» Elías Ashmole, Esq., más tarde sir Elías Ashmole, el fundador del célebre museo que lleva su nombre. Mr. Ashmole añadió notas marginales, que testifican su alta opinión de nuestro autor; y afortunadamente para la causa de la astrología, este caballero verificó la corrección de los Mapas del Cielo que se dan en las páginas a que siguen a continuación; pues nos encontramos la siguiente nota al pie de la página: «He trazado las formas y figuras de los diversos esquemas, E. A.». Esta nota fue hecha después de estas observaciones de Lilly. «El deseo que tenía de beneficiar a la posteridad y a mi país, superó por fin todas las dificultades, de forma que lo que no pude hacer en un año, lo perfeccioné a principios del año siguiente, en 1647; y luego, en ese mismo año, terminé el tercer libro de natalicios; mientras lo componía, durante siete semanas enteras, estuve encerrado debido a la peste, y enterré en ese período a dos doncellas; aun así, hacia noviembre de ese año, se hizo pública la introducción denominada *Astrología cristiana*». El hecho de que esta obra fuera compuesta principalmente bajo circunstancias tan adversas, con una espantosa muerte tras otra, con la peste haciendo estragos en su propia casa, podría, por un hombre sin prejuicios, haber sido tomado como prueba de que el escritor era sincero en lo que escribía y creía realmente en la verdad de lo que enseñaba a los otros como verdad bajo la solemne súplica al Dios Todopoderoso, que con tan hermosas palabras se expresa en la epístola introductoria. Los críticos modernos, sin embargo, no pueden ver fuerza en este argumento, sino que condenan a William Lilly sin dudarlo «como un consumado impostor, y un adivino fraudulento».[1] Tal es, lector, la fuerza del prejuicio, que no permite a los hombres examinar antes de condenar, porque si lo hicieran, entonces el mundo literario reconocería rapidísimamente la veracidad de estas doctrinas que nuestro autor tan hábilmente expone en las páginas siguientes.

William Lilly nació en una honesta familia de hacendados, en la ciudad de «Diseworth, a unos once kilómetros al sur de la ciudad de Derby, el 1 de mayo de 1602». A los 11 años de edad fue enviado a Ashby de la Zouch, para que fuese instruido por un tal Mr. John Brindley. Nos cuenta que aquí estudió a los siguientes autores y obras: *Sententiae Pueriles,* Catón, Cordelius, las *Fábulas de Esopo,* las *Exequias* de Tully, Ovidio de Tristibus; finalmente, Virgilio y luego, Horacio; así como la gramática griega de Camden, la *Teogonía* de Hesíodo y la *Ilíada* de Homero; y se inició en la gramática hebrea de Udall. Cuando contaba 18 años de edad, su maestro «se vio, forzado a abandonar la escuela, al ser perseguido por los oficiantes del obispo»; y nuestro autor «tuvo que dejar la escuela». Luego, siguió estudiando por su cuenta durante «un trimestre». Un lunes, el 3 de abril de 1620, abandonó Diseworth y se fue a Londres, donde se vio obligado a aceptar el humilde puesto de lacayo, pues su padre estaba entonces «encarcelado en la prisión de Leicester por deudas», y, naturalmente, no le era posible hacer gran cosa por su hijo. Tenía solamente siete chelines y seis peniques cuando llegó a Londres habiendo «hecho todo el viaje a pie» con el porteador.

En 1624 la señora de la casa murió, habiéndole dado «cinco libras en oro viejo». Después de esto vivió «muy confortablemente», pues su amo le tenía gran afecto. En 1626 su amo se casó otra vez, habiendo

1. *Retrospective Review*, vol. II, p. 51.

dejado primero a nuestro autor una pensión de veinte libras al año, que disfrutaría durante toda su vida. En octubre de 1627, se le liberó de la Salter's Company. Y el «8 de septiembre de 1627» se casó con la viuda de su patrón; esta misma dama; y «vivieron muy amorosamente» hasta la muerte de ella en octubre de 1633.

En 1632 comenzó a estudiar astrología; siendo instruido en los rudimentos de esta ciencia por un tal Evans, galés, de mediana habilidad. Lilly nos cuenta que se aplicó a estos interesantes estudios «muchas veces, doce, quince o dieciocho horas, día y noche»; y añade: «Sentía curiosidad por descubrir si había veracidad en este arte». En ese tiempo, adquirió de su esposa una fortuna de «cerca de mil libras». En 1634 compró la mitad de trece casas en el Strand, por las que pagó 530 libras. El mapa del cielo levantado para esta ocasión se encontrará en las páginas siguientes. El 18 de noviembre de 1634 se casó de nuevo y obtuvo 500 libras de dote con esta nueva esposa. «Era de la naturaleza de Marte», y no fue muy feliz con ella, lo que se deduce de sus observaciones cuando ella falleció. Parece ser que para entonces William Lilly practicaba Astrología Horaria con éxito, y que había enseñado a numerosas personas este arte. Entre otros, enseñó a John Humphreys, en 1640, por cuyo servicio recibió cuarenta libras. También escribió en 1639 un tratado sobre el eclipse de Sol del 22 de mayo de 1639; y parece que alrededor de la misma época, dirigió su atención hacia la Astrología Mundana. Dice:[2] «En 1642 y 1643 tomé nota de cada acción importante que tuvo lugar entre el rey y el parlamento; y primero me incliné a creer que, como todos los asuntos sublunares dependen de causas superiores, así había una posibilidad de descubrirlos por medio de las configuraciones de los cuerpos superiores; en cuya forma haciendo algunos ensayos en esos dos años, encontré ánimo para seguir adelante, como así hice: repasé los escritos de los antiguos, pero en ese sentido ellos no decían nada, o no me satisficieron; por fin, concebí un método que sigo desde entonces, y que espero sea perfeccionado con el tiempo por una persona más penetrante que yo».

Parece ser que se metió también un poco en magia, pero pronto «se cansó de tal ocupación», y quemó sus libros. El buen sentido de Lilly

2. Véase p. 101 de *Lilly's History of his Life and Times.*

le llevó a percibir cuál de esos estudios era digno de ser seguido por un hombre honesto e inteligente y cuál no.

Alrededor de abril de 1644, publicó por primera vez *Merlinus Anglicus Junior.* Esta obra contenía algunas de sus predicciones más notables, y fue continuada durante muchos años. Atrajo mucha atención, y sirvió para darle mucha más fama a nuestro autor como astrólogo. En ese año imprimió la *White, King's Prophecy,* «de la cual se vendieron, en tres días, ochocientos ejemplares»; y otras obras de idéntica naturaleza como el *Prophetical Merlin,* etc.

En 1645 tuvo que comparecer dos veces ante un comité del Parlamento, por algunas observaciones en su *Starry Messenger;* pero, gracias a sus numerosos amigos y a su propio ingenio, no fue encarcelado.

En 1647, cuando publicó la presente obra, conoció al general Fairfax, que le hizo algunos cumplidos por su arte. En este año fue consultado por el rey Charles I, en un sitio seguro para esconder su persona real; pero el rey, desgraciadamente para él, no siguió el consejo de Lilly, y sufrió las consecuencias. El rey volvió a consultar a Lilly en 1648; pero, aunque prometió seguir el consejo del astrólogo *y* fue a Londres con los comisionados, no mantuvo sin embargo su palabra, y de nuevo perdió una buena oportunidad de escapar a su triste destino.

«En este año –dice Lilly– por trabajos importantes, el consejo de estado me remuneró con cincuenta libras, y una pensión de cien libras *per annum,* que recibí durante dos años, pero no más». En enero de 1649 estuvo presente en el juicio del rey Charles, «que habló», nos dice, «magníficamente bien».

En 1651 publicó *Monarchy or no Monarchy,* que contenía varios jeroglíficos; entre otros los de la gran peste e incendio de Londres, de los cuales el lector encontrará una copia al final de este libro.

Estas célebres predicciones fueron hechas mediante los movimientos de las estrellas fijas, como es evidente por las palabras de Lilly, que nos cuenta: «Los asterismos y signos y constelaciones arrojan muchísima luz sobre eso». El Cuerno Norte del Toro, una estrella que según Ptolomeo es «como Marte, estaba en el año 1666, cuando ocurrió el incendio, en 17° 54' de Géminis, que es el Ascendente exacto de Londres. Fue, sin duda, por este medio como Lilly juzgó que la ciudad sufriría un incendio, pues en su Almanaque para 1666 declara que el grado 19 de Géminis es el horóscopo de Londres. Nuestro autor no fue muy exacto en sus cálculos; y se puede observar que, aunque puede llamarse el grado 19, estando a 6 minutos de él, no obstante 17° 54' de Géminis es el auténtico Ascendente de Londres. Eso fue lo que estaba en Ascendente en el momento de llevar el primer pilar del nuevo puente de Londres.

La longitud del Cuerno Norte del Toro, 1 de enero de 1834: 20° 15'. Longitud del Ascendente de Londres: 17° 54'.

Diferencia: 2° 21'.

Esta diferencia de 2° 21' es igual a 8460 segundos de longitud que, dividido por 50 1/3" (la velocidad a la que avanzan las estrellas fijas anualmente), da 168.

Del año:	1834
Hay que restar:	–168
	1666

Que da el año cuando esa estrella maligna estaba cruzando el signo Ascendente de Londres. Y, como es de la naturaleza de fuego de Marte, no debemos sorprendernos de que produjera tan espantosos resultados, el famoso Nostradamus había predicho el mismo acontecimiento en ese año, unos 111 años antes, como sigue:

> «Le sang du juste a Londres fera faute Bruslez par feu,
> de vingt et trois, les six».

La sangre del justo, que ha sido derramada en Londres, requiere ser quemada con fuego en el año sesenta y seis. Él declara que hizo esta predicción por «afectos astronómicos». En 1651 Lilly tuvo que presentarse de nuevo ante el Parlamento, a causa de sus predicciones, y estuvo trece días bajo la custodia del oficial de Orden. Pero la predicción que ofendió, es decir, la que decía que el «Parlamento se sostenía sobre una base vacilante, y que la comunidad y la tropa se uniría frente a ellos», fue ampliamente cumplida por los miembros que fueron expulsados por Oliver Cromwell.

En febrero de 1654, murió su segunda esposa; y en el mes de octubre se casó por tercera vez, según indicaba su natalicio, «por Júpiter en Libra»; y «ella se ajusta tan bien a esta circunstancia, que es un gran alivio para mí».

En 1655 fue encausado en Hick's Hall por una joven medio boba. La causa del proceso se debió a que había dictaminado sobre unos objetos robados y recibió en pago dos chelines y seis peniques; en contra de una ley promulgada en tiempos del rey James.

«Poseía», dice, «la tenencia de media corona por mi dictamen sobre el robo, pero ella dijo que lo único que hice fue decir que los objetos no serían recuperados, siendo eso todo lo que se requería de mí». Me defendí y presenté mi propia *Introducción* en el tribunal, diciendo que unos años antes había editado ese libro a beneficio de éste y otros países; que fue permitido por las autoridades, y había tenido buena aceptación en varias universidades; que el estudio de la astrología era legal, y no contradecía las Escrituras; que nunca había usado hechizos, sortilegios o encantamientos, detallados en el escrito de acusación, etc. El jurado, que no se apartó del tribunal, dijo que la acusación era falsa». Dice nuestro autor: «En 1666 ocurrió esa milagrosa conflagración en la ciudad de Londres, donde, en cuatro días, la mayor parte de la misma fue consumida por el fuego». Luego relata cómo fue llevado a la Casa de los Comunes por las siguientes acusaciones:

> LUNES, 22 DE DICIEMBRE DE 1666
>
> Citado en el Comité para ser interrogado sobre las causas de los últimos incendios:
>
> MANDATO,
> Que Mr. Lilly atienda este Comité el próximo viernes, 25 de octubre de 1666, a las dos en punto de la tarde, en la sala de justicia del Presidente para contestar a todas aquellas preguntas que se le hagan. ROBERT BROOKE.
> Al hablar sobre este hecho, dice: «Creo que nunca trataron a nadie con más cortesía; y pueden imaginarse que el número de los allí presentes no fue precisamente pequeño, cuando se enteraron de que yo iba a estar».

Sir Robert Brooke habla de la siguiente manera:

—Mr. Lilly, este Comité consideró oportuno citarle para que se presentase aquí en el día de hoy con intención de averiguar si Vd. puede decir algo respecto a la causa del reciente incendio, o si ha sido provocado. Se le ha hecho venir aquí porque en uno de sus libros publicados hace bastante tiempo sugería semejante cosa en uno de sus jeroglíficos.

A lo que contesté:

—Responderé con mucho gusto, Señoría. Después de la decapitación del postrero rey, considerando que en los tres años siguientes el Parlamento no hizo nada para establecer la paz en la nación, y viendo a la mayoría de la gente insatisfecha, a los ciudadanos de Londres descontentos y a la tropa a punto de amotinarse, sentí deseo, en cumplimiento del saber que Dios me ha dado, de inquirir mediante el arte que he estudiado lo que podría ocurrir a partir de aquel entonces al Parlamento y a la nación en general. Por fin, sintiéndome satisfecho en la medida de lo posible, y habiendo perfeccionado mi dictamen, pensé que lo mejor sería dar a conocer mis intenciones e ideas en formas, figuras, tipos, jeroglíficos, etc., sin ningún comentario, de forma que mi dictamen pudiera esconderse del vulgo y hacerse manifiesto solamente a los doctos, imitando en esto el ejemplo de muchos sabios filósofos que habían hecho lo mismo. Habiendo encontrado, Señoría, que la ciudad de Londres se vería tristemente afectada por una gran peste, y poco después por un incendio exorbitante, compuse estos dos jeroglíficos como aparecen representados en el libro, y que, en efecto, han resultado ser verdaderos.

—¿Predijo Vd. el año? –preguntó alguien.

—No tenía intención de hacerlo y no hice averiguaciones –contesté y proseguí–. Ahora bien, Señoría, tanto si hubo algún plan para incendiar la ciudad como si no, eso debo tratarlo ingeniosamente con Usía; ya que, desde el incendio, me he esforzado en descubrir hábilmente las causas, pero no puedo o no pude encontrar respuestas satisfactorias. Deduzco que solamente fue el dedo de Dios; pero ignoro de qué instrumentos se sirvió.

El Comité pareció contentarse con lo que hablé, y me despidieron con gran cortesía.

Después de esto, no le aconteció a nuestro autor ningún hecho digno de mención. Se marchó de Londres, dada su independencia económica, y se estableció en Hewrsham, en el año de la gran peste. Luego se aplicó diligentemente al estudio de la medicina; y el 11 de octubre de 1670 fue autorizado para ejercer como médico. Continuó practicando con gran éxito, sin duda aplicando además su ciencia astrológica; y dio consultas y recetas gratuitamente, sin cobrar. Su habilidad y caridad le granjearon extraordinaria fama y estima.

Su salud se mantuvo buena en general hasta agosto de 1674; pero su salud y su vista se resintieron mucho a partir de entonces. Continuó escribiendo sus observaciones y juicios astrológicos mensualmente, aunque en la última etapa fue ayudado por un amanuense (Mr. Henry Colley, que le sucedió como astrólogo), incluso hasta el año 1682.

A principios de 1681 se vio presa de una fluxión, de la que se recobró, pero se quedó totalmente ciego. El 30 de mayo de ese año sufrió una parálisis mortal; y, tras varios días de gran sufrimiento, murió alrededor de las tres de la mañana, el 9 de junio de 1681 «sin que tuviera molestias o dolores».

Fue enterrado en el presbiterio de Walton Church; su amigo *sir* Elías Ashmole asistió al entierro de su ataúd, que se realizó «en el lado izquierdo de la mesa de comunión».

Su amigo colocó después una lápida de mármol negro con la siguiente inscripción:

Ne Oblivione Conteretur Urna
GULIELM1 LILLII
ASTROLOGI PERITISSIMI
QUI FATIS CESSIT
Quinto Idus Junii Anno Christo Juliano
MDCLXXXI
Hoc Ili posuit amoris Monumentum
ELIAS ASHMOLE
ARMIGER

UNA EPÍSTOLA AL ESTUDIANTE DE ASTROLOGÍA

«Amigo mío, quienquiera que seas, tú que con tanta facilidad recibirás el beneficio de mis duros estudios, tú que intentas proseguir en este conocimiento celestial de los astros; en primer lugar, considera y admira al Creador, dale las gracias, sé humilde y no dejes que el conocimiento natural, por muy profundo o trascendente que éste sea, exalte tu mente para descuidar esta Divina Providencia, por cuyo orden y designio todas las cosas celestiales y terrenales tienen su movimiento constante: cuanto más se amplíe tu conocimiento, más ensalzarás el poder y sabiduría de Dios Todopoderoso; lucha por preservar su favor porque cuanto más sagrado sea tu arte, y más cercano a Dios, más puro será el juicio que darás.

»Huye del orgullo y la presunción, recuerda que en los primeros tiempos ninguna criatura irracional osaba ofender al hombre en el Macrocosmos, sino que lo servía y obedecía fielmente; siempre que éste fuese dueño de su razón y sus pasiones, hasta que llegó a someter su voluntad a la parte irracional. Pero ¡ay!, al abundar la iniquidad y dar el hombre las riendas a su propio afecto, y abandonar la razón, entonces todas las bestias, criaturas y cosa externa dañina, se rebelaron a sus órdenes. No abandones (¡oh, hombre!) a tu Dios; luego considera tu propia nobleza; porque todas las cosas creadas, tanto presentes como venideras, fueron creadas para tu bien; sí, Dios se hizo hombre por ti: tú eres esa criatura que, habiendo conversado con Cristo, vive y reina sobre los cielos, y se asienta sobre todo poder y autoridad. ¡Cuánta supremacía, privilegios y ventajas te ha otorgado Dios! Tú puedes contemplar los cielos, concebir el movimiento y magnitud de las estrellas; tú hablas con los ángeles, sí, con el mismo Dios; tú tienes a todas las criaturas bajo tu dominio, y mantienes sometidos a los demonios. No dejes, pues, que la vergüenza deforme tu naturaleza, o no te haga merecedor de tales dones, o te prive de ese gran poder, gloria y bendiciones, que Dios te ha concedido, y que te denegaría por poseer unos pocos placeres imperfectos.

»Habiendo considerado a tu Dios, y a ti mismo, mientras eres su siervo, recibe ahora la enseñanza como si en su práctica yo te hubiese conducido. En tu diaria conversación con los cielos, instruye y forma tu mente de acuerdo a la imagen de la Divinidad; aprende todos los ornamentos de la virtud, sé instruido en ella suficientemente; sé humanitario, cortés, familiar con todos, fácil de acceder; no aflijas al desgraciado con el terror de un dictamen cruel y ruega a Dios para que te impida hacerlo; sé cívico, sobrio, no codicies riquezas; da limosna al pobre, tanto en dinero como en dictamen; no dejes que la riqueza mundana te induzca a juicios erróneos haciéndote deshonrar el arte. Sé parco al emitir juicios contra la riqueza común en la que vives; evita la ley y la controversia; en tu estudio sé *totus in illus,* para que puedas ser *singulus in arte.* No seas extravagante, o deseoso de saberlo todo; no seas *aliquid in omnibus;* sé fiel, tenaz, no traiciones los secretos de nadie. Enseña a todos los hombres a vivir bien; sé un buen ejemplo tú mismo; ama a tu país natal; no te desalientes si hablan mal de ti, *conscientia mille testes.* Dios no deja el pecado sin castigo, ni la mentira sin vengar. Reza por la aristocracia, honra a la nobleza y burguesía de Inglaterra; mantente firme a las órdenes de este Parlamento; ten una opinión reverente de nuestros valiosos abogados, porque sin sus penosos esfuerzos, y la asistencia mutua de algunos caballeros de bien, todavía podríamos ser esclavizados, pero no lo seremos; ahora vemos la luz tan bien como muchos de nuestros clérigos. Reza, conforme a la voluntad de Dios, para que la monarquía pueda continuar en este reino, para que su Majestad y su posteridad reinen; no te olvides de la nación escocesa, su ayuda mutua en nuestra necesidad, su honorable marcha. Que Dios preserve al ilustre *Fairfax*, y a todo su ejército, y bendiga por siempre la famosa ciudad de Londres y a todos sus honrados ciudadanos».

WILLIAM LILLY

CAPÍTULO I

INTRODUCCIÓN A LA ASTROLOGÍA HORARIA

Hay en los cielos varios cuerpos que parecen arrojar su luz directamente sobre esta Tierra y también algunos otros que, al no tener luz propia, sirven para reflejar la del Sol y por eso se hacen visibles a nuestros órganos de la vista. A los primeros se les denomina *estrellas fijas,* porque parecen conservar la misma posición, o estar fijos en el mismo sitio; pero a los segundos se les denomina *planetas* por haberse observado que son errantes. El número y distancia de los primeros es tan extenso que haré caso omiso de los mismos de aquí en adelante, pues no se utilizan mucho en esa parte de la astrología que se denomina *horaria,* y aquellas personas que deseen utilizarlos en las cartas natales encontrarán sus ascensiones y declinaciones correctas dadas con gran exactitud en el Almanaque Náutico de cada año. En el apéndice de esta obra, daré reglas para averiguar su latitud y longitud trigonométricamente en consideración a aquellas personas que sientan curiosidad de hacer experimentos relativos a su influencia; aunque personalmente no les presto, en general, mucha atención cuando juzgo un Tema Natal.

De los planetas

Estos son: ♅ Herschel (Urano), ♄ Saturno, ♃ Júpiter, ♂ Marte, ☉ Sol,[1] ♀ Venus, ☿ Mercurio y ☽ la Luna. Estos signos se han usado siempre, y se les puede seguir la pista (con la excepción de Urano) desde la más

1. Al Sol y a la Luna se les considera como planetas en todos los asuntos astrológicos.

remota antigüedad, pues su origen lo encontramos ya entre los jeroglíficos de Egipto. Pero como el objeto de esta obra es la utilidad práctica, no hay necesidad de seguir hablando del tema.

Los signos del Zodíaco

Son doce, cada uno comprende 30 grados, haciendo así 360 grados, entre los cuales se divide cada gran círculo. Los seis primeros son:

Signos del Norte:
♈Aries, ♉Tauro, ♊Géminis, ♋Cáncer, ♌Leo, ♍Virgo.

Signos del Sur:
♎Libra, ♏Escorpión, ♐Sagitario, ♑Capricornio, ♒Acuario, ♓Piscis.

El primer signo, Aries, da comienzo al Zodíaco, siendo su principio ese punto en los cielos donde se encuentra el Sol cuando cruza el ecuador en primavera; y el último signo, Piscis, termina el círculo del Zodíaco, siendo su final ese punto en los cielos donde se encuentra el Sol cuando ha dado la vuelta y está a punto de entrar otra vez en Aries.

Si el estudiante examina el diagrama anexo, se dará cuenta de que cuando el Sol entra en Aries (alrededor del 21 de marzo) prosigue en dirección norte y *va declinando* hasta alcanzar el trópico de Cáncer (alrededor del 21 de junio), en que rápidamente comienza a regresar al sur; y cuando alcanza Libra, cruza de nuevo el ecuador (alrededor del 23 de septiembre), donde, al no tener declinación, produce igual día y noche en todo el mundo. Luego *se desvía hacia el sur;* acortando nuestros días en el hemisferio norte, hasta que alcanza el trópico sur, Capricornio; al fin regresa hacia el ecuador, y lo cruza entrando en el signo de Aries (alrededor del 21 de marzo), donde de nuevo no tiene declinación y produce días y noches iguales.

EXPLICACIÓN. El espacio entre los círculos externos puede ser considerado como la línea del movimiento del Sol; y entonces el signo opuesto al nombre de cada mes mostrará dónde está el Sol alrededor del día 21 de cada mes. La esfera en el centro puede considerarse la Tierra, cuyas partes norte reciben la mayor zona de luz solar en el verano, y las partes sur en el invierno.

Estos signos se dividen en:

Signos del Norte: Aries, Tauro, Géminis, Cáncer, Leo, Virgo.
Signos del Sur: Libra, Escorpio, Sagitario, Capricornio, Acuario, Piscis.
Signos tropicales: Cáncer y Capricornio.
Signos equinocciales: Aries y Libra.
Signos de doble cuerpo: Géminis, Virgo, Sagitario, Piscis.

De nuevo se dividen en:
Cardinales: Aries, Cáncer, Libra y Capricornio.

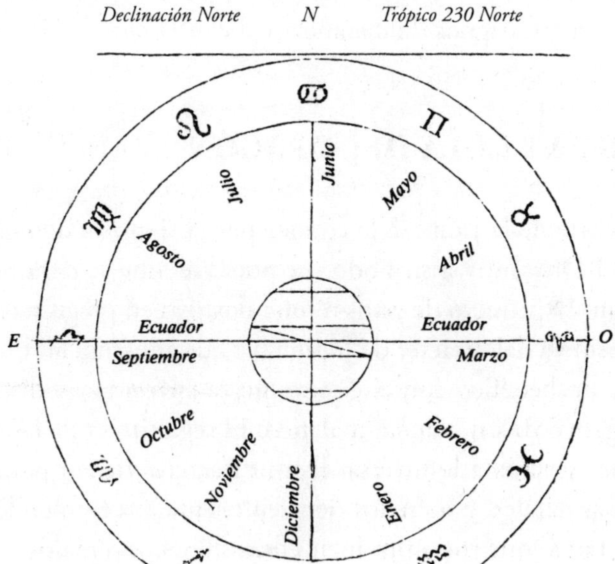

Diagrama del movimiento solar en el Zodíaco

Comunes: Géminis, Virgo, Sagitario, Piscis.
Fijos: Tauro, Leo, Escorpio, Acuario.

También:
De Fuego: Aries, Leo, Sagitario.
De Tierra: Tauro, Virgo, Capricornio.
De Aire: Géminis, Virgo, Acuario.
De Agua: Cáncer, Escorpio, Piscis.

El estudiante debe familiarizarse bien con los signos anteriormente expuestos, pero especialmente con los del norte y los del sur, siendo los primeros *opuestos* a los segundos. Si hace esto, entenderá enseguida el mapa astral de los cielos y las localizaciones relativas de los planetas.

N. B. Los signos cardinales, comunes y fijos están siempre en *cuadratura* con respecto a los otros, a tres signos de distancia; y los signos de Fuego, Tierra, Aire y Agua están siempre en *trígono* con respecto a los otros, a cuatro signos de distancia.

LA CABEZA Y COLA DEL DRAGÓN

Al nodo norte de la Luna se le conoce por el signo ☊ denominado la Cabeza del Dragón; y a su nodo sur por ☋ el que se denomina Cola del Dragón. El primero de estos resulta positivo en preguntas horarias, y se le considera del carácter de Júpiter, ya que aumenta las buenas cualidades de un benéfico con el que se pueda encontrar, y disminuye el efecto negativo de un planeta maléfico. El segundo es de la naturaleza de Saturno, y actúa a la inversa. Estos caracteres tienen poca utilidad en los temas natales, y no se los tiene en cuenta, excepto en lo que respecta a la Luna, que suele producir efectos buenos o malos cuando los alcanza por dirección.[2]

2. Estos nodos son los puntos en la eclíptica donde la Luna cruza de la latitud norte a la latitud sur, o al contrario, lo que ocurre dos veces al mes.

LA RUEDA DE LA FORTUNA

Ésta es ese punto en los cielos que está distante desde el grado Ascendente del que está la Luna del Sol. Se encuentra mediante la siguiente regla:

Para encontrar la Rueda de la Fortuna ⊕ en un Tema Natal
Sumar 90° a la ascensión recta del meridiano, y dará la ascensión oblicua del Ascendente. De la ascensión oblicua del Ascendente restar la ascensión oblicua del Sol (habiendo sumado primero 360° a la primera, si es necesario), al resto sumar la ascensión recta de la Luna: la suma será la ascensión recta de ⊕.

La ⊕ está siempre *bajo* el horizonte *antes* de la Luna llena, y *por encima* del horizonte *después* de la Luna llena. Habiendo encontrado la ascensión recta, réstese de la del meridiano por encima o por debajo de la Tierra, según la posición de éste; o réstesela del meridiano, y la suma o resta mostrará la distancia de ⊕ desde la cúspide de la Casa X o IV.

Ejemplo:

Asc. recta del Medio Cielo:	221° 5'
Sumar a esto:	90° 0'
Asc. oblicua del Ascendente:	311° 5'
Restar asc. oblicua del Sol:	17° 34'
	293° 31'
Sumar la ascensión recta de la Luna:	345° 34'
	639° 5'
Restar:	360° 0'
Queda la ascensión recta de ⊕:	279° 5'

Entonces, como el nacimiento tuvo lugar después de la Luna llena y la ⊕ estará por encima de la Tierra, buscar la diferencia de la ascensión recta entre ésta y el meridiano por encima de la Tierra.

Así:

Ascensión recta de la	279° 5'
Ascensión recta del Medio Cielo	221° 5'
Distancia de la ⊕ desde la Casa X	58° 0'

Si la ⊕ está en el mismo hemisferio que la Luna; es decir, si ambas están por encima o por debajo de la Tierra, tendrá el semiarco de la Luna; pero si es al revés, tendrá el semiarco opuesto; que puede encontrarse restando 180° de la de la Luna. En este natalicio (que es el del duque de Wellington) el semiarco de la Luna es 90° 57', que restado de 180° deja al semiarco de ⊕ 89° 3', dos tercios de los cuales son 59° 22', y así la ⊕ queda justamente a 1° 22' fuera de la cúspide de la Casa XII.[3]

La ⊕ no tiene influencia sobre la *salud* o *vida* del nativo; pero influye en los asuntos pecuniarios muy poderosamente, y también, en cierta medida, en la profesión o empleo.[4]

Para encontrar el lugar de ⊕ en el mapa astral de una pregunta horaria

En Astrología Horaria ⊕ es meramente un símbolo, y tiene mucho que ver con todas las preguntas referentes a la propiedad, pérdida o ganancia, etc. En este caso se encuentra mediante una regla más simple de la siguiente forma:

Sumar la longitud del Ascendente y la longitud de la Luna, y de esta suma restar la longitud del Sol: el resto será la longitud de ⊕.

Ejemplo:

¿Dónde estaba la ⊕ a las 15:20 h del 28 de diciembre de 1644?[5]

3. Esta se encuentra restando su distancia de la Casa X, 58° 0' de su semiarco 59° 22'.
4. En prueba de esto, es evidente que en el Tema Natal del duque, la Luna llegó a entrar en conjunción con la Rueda de la Fortuna en noviembre de 1834, cuando se le nombró ministro. Así la Rueda de la Fortuna está a 58° del meridiano, y la Luna a 124° 29'· la diferencia es 66° 29'; cuyo arco de dirección, sumado a la ascensión recta del Sol en su nacimiento 39° 21', da 105° 50'. La asc. recta de C 14° 34'. El Sol llegó a este punto a las 13:00 del 6 de julio de 1769, o 65 días y 13 horas después del nacimiento, que la medida *Placidus* de un año por día, de 65 años 6 ½ meses, la edad del duque cuando ocurrió el suceso.
N. B. El Ascendente llegó a entrar en conjunción con el Sol al mismo tiempo que al referirnos a nuestras reglas del autor por los efectos de las direcciones, se verá que produce tal ascenso inminente, El semiarco del Sol está a 68° 13', el Sol dista de la Casa IV 1° 44'; la diferencia es de 66° 29', el arco de dirección.
5. Ver la figura «¿Se ha perdido un barco en el mar?».

	Signos	Grados	Minutos
El Ascendente era Capricornio 11° 33', o	3	1	33
La Luna estaba en Tauro, 16° 49', o	1	16	49
Para la resta, sumar	12	0	0
El Sol está en Cáncer, 17° 54' o	9	17	54
Lugar de ⊕ en el mapa o Escorpio 10° 28'	7	10	28

CAPÍTULO II

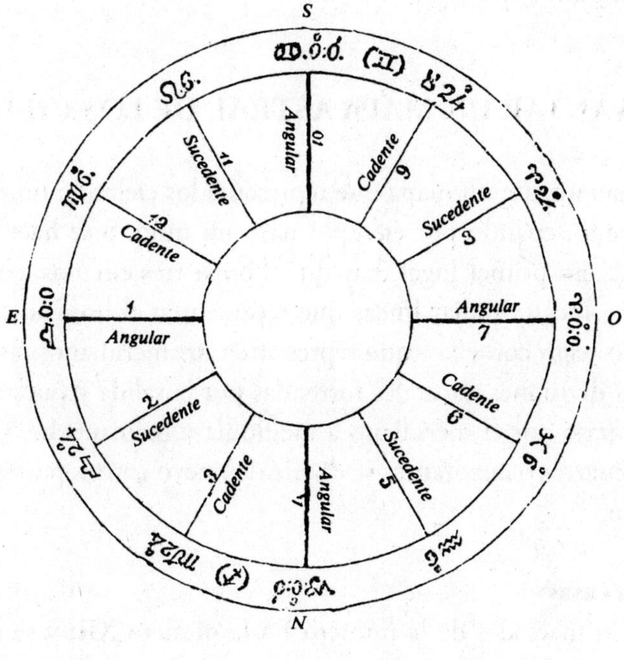

FIGURA de las DOCE CASAS *mostrando los signos del Zodíaco tal como aparecen cuando 0° 0' de Libra asciende en Londres*

EXPLICACIÓN. En la figura de la página anterior los ángulos y las casas sucedentes y cadentes se ven a primera vista. La Casa I abarca 24° de longitud del Zodíaco, es decir desde aprox. 0° a aprox. 24°; la Casa

II contiene 30', es decir, desde aprox. 24° a Escorpio 24°; la Casa III contiene 36°, es decir desde Escorpio 24° a Capricornio 0° 0', ocupando 6° de Escorpio y la totalidad de Sagitario; la Casa IV contiene 36°, es decir, el total de Capricornio y 6° de Acuario; la Casa V contiene 30°, es decir, desde 6° de Acuario a 6° de Piscis y la Casa VI contiene 24°, es decir, desde 6° de Piscis hasta el final de ese signo, o Aries 0° 0'.

N. B. Se encontrará que las otras *seis* casas abarcan exactamente el mismo número de grados de los signos opuestos del Zodíaco; la VII se encuentra opuesta a la I, la VIII a la II, etc. Si el estudiante busca Cáncer 0° 0' en la Casa X en la tabla de casas para Londres, encontrará la longitud de las seis casas *del este,* como aquí se indica; y, naturalmente, las seis casas opuestas o del *oeste* tienen los mismos grados de las cúspides de los signos opuestos.

DE LEVANTAR UN MAPA ASTRAL DE LOS CIELOS

Esto es meramente un mapa que representa los cielos en un momento determinado, cuando por ejemplo nace un niño, o se hace una pregunta, etc. En primer lugar, hay que dibujar tres círculos, como en la *figura 1;* y luego dibujar líneas que representen el horizonte, y otras, en ángulo recto con ellas, que representen los meridianos; así se mostrarán las divisiones naturales formadas por la salida y puesta del Sol, y por su paso por el meridiano a mediodía y medianoche. Cada uno de estos cuartos o cuadrantes se divide de nuevo en tres partes, iguales, formando:

Las doce casas

Éstas están marcadas de la número I a la número XII; y se observará que las líneas dobles I y VII, que representan los horizontes del este y del oeste,

EXPLICACIÓN. En la figura de arriba los ángulos y las casas y las marcadas IV y X, que representan los meridianos por encima y por debajo de la Tierra, son las cúspides o comienzos de los ángulos. Las líneas numeradas II, V, VIII y XI son las cúspides de las *sucedentes,* denominadas así porque siguen o *suceden* a los ángulos. Estas casas son las más cercanas en poder a los ángulos. Las líneas marcadas III, VI, IX y XII son las cúspides, o principios de las casas *cadentes*; denominadas así porque son *cadentes*, es decir; *caen* desde los ángulos; de todas las casas, éstas son las más débiles.

De esta forma, el estudiante percibirá que si un planeta, etc. está en uno de los ángulos, es poderoso; si está en una casa *sucedente,* es menos poderoso; y si está en una Gasa *cadente,* es débil e incapaz de afectar mucho para bien o para mal.

Regla para levantar el Mapa Astral de los cielos en cualquier momento:

Hay que determinar en las efemérides[1] del año cuál era la posición del Sol en el mediodía anterior a la hora requerida, en horas, minutos y segundos. A esta posición exacta súmese el número, de horas y minutos que han transcurrido desde ese mediodía,[2] la suma está en la posición exacta en hora del meridiano por encima de la Tierra (el medio cielo) en el tiempo requerido.

Encontrar la longitud que responda a esta posición exacta, en la columna marcada Casa X en la *Tabla de casas*, cuya longitud está marcada sobre la línea que denota el medio cielo o Casa X.

En la misma línea con esto se encontrará la longitud de las cúspides de las Casas XI, XII, I, II y III, que están situadas entre las líneas que reflejan las casas respectivas.

Habiendo completado así las seis casas del este, hay que encontrar los signos y grados exactamente opuestos a cada una de ellas, y anotarlos sobre las cúspides de las casas opuestas o del oeste, en el orden siguiente:

1. Efemérides son un almanaque en la que aparecen registradas las posiciones planetarias.
2. Esta hora debe corregirse primero por el error del reloj, sumando o restando según se haya adelantado o retrasado.

Casa X	Opuesta	Casa IV
Casa XI	"	Casa V
Casa XII	"	Casa VI
Casa I o Asc.	"	Casa VII
Casa II	"	Casa VIII
Casa III	"	Casa IX

Habiendo completado así la figura, en lo que respecta a los signos del Zodíaco, ahora queda situar los planetas en el *lugar* que les corresponde. El más distante del Sol es Urano, cuya longitud se da generalmente en las efemérides por cada diez días, y si el tiempo del planeta cae entre ella, debe encontrarse proporcionalmente. Cuando se encuentra su longitud, se escribe junto a la figura, así, Urano 13° 19', justo en la cúspide de la casa, que cae en el mismo signo en el que se encuentra Urano. Si la cúspide está más alejada que el planeta en el signo, situar el planeta *fuera* de la cúspide: pero si el planeta está al final del signo hay que situarlo *dentro* de la cúspide. Después de haber anotado Urano, hay que anotar en la misma forma Saturno, luego Júpiter, Marte, Sol, Venus, Mercurio y la Luna. Para encontrar la longitud exacta de estos siete planetas, que se da normalmente a las doce del mediodía, hallar la distancia que ellos recorren en longitud entre el mediodía precedente y el siguiente al tiempo de levantar el mapa astral y después tomar la parte proporcional para el tiempo posterior al mediodía precedente, y sumar (o si el planeta es retrógrado restar), la longitud del planeta para el mediodía anterior.

Encontrar la longitud de ☊ de la misma forma, anotarla y situar ☋ en el signo, grado y minuto exactamente opuesto.

Si se trata de una pregunta horaria, calcular el lugar de ⊕, y anotarlo; cuando el mapa del cielo esté completo. Pero si se trata de un Tema Natal, debe calcularse la ⊕ según la regla dada, habiendo preparado primero un *Speculum* o Tabla de Datos, como se enseña en el capítulo 9 de la *Gramática de Astrología*.

CAPÍTULO III

LOS ASPECTOS

Una vez levantado el Mapa Astral, ahora deberemos observar cómo están situados los planetas entre sí o, en otras palabras, cómo están aspectados. Y, en primer lugar:

Los aspectos zodiacales

Estos son los siguientes:

Semi ✳, un semisextil o 30 grados.
Semi □, una semicuadratura o 45 grados.
✳, un sextil o 60 grados.
Un quintil o una distancia de 72 grados.
□, una cuadratura o 90 grados.
△, un trígono o 120 grados.
Una sesquicuadratura, o cuadratura y media, 135 grados.
Un biquintil o doble quintil, 144 grados.
☍, una oposición, 180 grados.

Los aspectos *armónicos* son el semisextil, el sextil, el quintil, el trígono y el biquintil.

Y los aspectos *inarmónicos* son la semicuadratura, la cuadratura, la sesquicuadratura y la oposición.

N. B. La conjunción, así representada ☌, se da cuando dos planetas se hallan en el mismo grado y minuto del Zodíaco; cuando ésta es exacta se la denomina ☌ *partil* y su influencia es muy poderosa, pero si está dentro del orbe de los planetas, entonces se llama ☌ *plática* y es mucho menos poderosa. Para saber si hay que tenerla en cuenta, deberemos sumar el orbe de los dos planetas en juego y restar la mitad; si los planetas están más allá de esta distancia, no deben ser considerados ni siquiera en conjunción plática. Ello debe de aplicarse del mismo modo al resto de los aspectos.

Los orbes de las cúspides de las casas son de 5°, por lo que si un planeta está a 1/2 de su orbe y 5° más distante de una casa, no pertenecerá a esta casa; lo mismo ocurre si el *aspecto* del planeta cae más allá de esa distancia desde la cúspide de cualquier otra casa.

Orbe de los planetas

♄, 9°; ♃, 9°; ♂, 7°; ♀, 7°; ☉,15°; ☿, 7°; ☽, 12°

N. B. Todavía no ha sido descubierto el orbe de acción de ♅, pero estoy plenamente convencido de que en todos los mapas horarios puede ser considerado como 7°.

Los aspectos mundanos

En la Astrología Horaria están formados por las casas y en los temas natales por los semiarcos de los planetas. Así pues, un semi ✳ es una casa; una semi □, una casa y media; un ✳, dos casas; una □, tres casas; un △, cuatro casas; una sesqui □, cuatro casas y media, y una ☍, seis casas.

1/3 de un semiarco es un semi ✳; la mitad de un semiarco es una semi □; los 2/3 de un semiarco son un ✳; todo el semiarco es una □; y 1/5 menos que el semiarco es un quintil; el semiarco completo más 1/3 es un △; el semiarco completo más la mitad es una sesqui □; una décima parte de un semiarco añadida a una sesqui □, es un biquintil.

N. B. El arco completo de un planeta o el doble de su semiarco, no proporcionará la medida de su distancia desde el punto opuesto de su lugar; pero, si ambos semiarcos de un planeta, es decir, el nocturno y el diurno se unen, formarán un aspecto de 180°, o sea, una oposición.

Los Paralelos

El Paralelo Zodiacal se da cuando dos planetas tienen la misma declinación desde el ecuador. Es el más poderoso de todos los aspectos, pero por regla general no se utiliza en la Astrología Horaria.

El Paralelo Mundano tiene lugar cuando existe una distancia igual desde el meridiano. Algunos practicantes de la Astrología Horaria lo utilizan. Cuando entre los planetas se forma cualquiera de los aspectos mencionados anteriormente, entre ellos tiene lugar una influencia o acción mutua, siempre acorde a la naturaleza del aspecto. Por ejemplo: si en un mapa horario, el Sol se encuentra a 60° de Júpiter (un ✳), *indica* que la persona representada por el Sol está bajo la influencia benéfica del benevolente Júpiter y *presagia* éxito con respecto a la naturaleza de la pregunta. En los temas natales proporciona buena salud y fortuna en la vida. Pero, si en una pregunta el Sol se halla a 90° de Saturno (una □), *indica* descrédito, esperanzas frustradas, etc., y, en un Tema Natal, causa muchos malestares al nativo e infortunio a su padre. Ello se verificó en el Tema Natal del hijo de Napoleón Bonaparte, nacido el 20 de marzo de 1811, a las 9:15 h y cuando el Sol se encontraba a 28° 53' de Piscis y Saturno a 26° 28' de Sagitario con una distancia exacta entre los dos de 92° 25'. Este aspecto, una cuadratura exacta entre el Sol y Saturno, causó muchos problemas al nativo a través del infortunio de su padre; y como el Sol era *hyleg*, le produjo una enfermedad irreversible y una muerte prematura. Resulta bastante singular que los problemas del padre del nativo empezasen inmediatamente después del nacimiento de éste, y es que a través del Tema Natal del hijo siempre podremos comprobar la fortuna de sus padres hasta el preciso momento del nacimiento de otro hijo; si, por ejemplo, los planetas que tiene el niño en la Casa IV son inarmónicos, su padre será más o menos desafortunado hasta que nazca un próximo hijo, y si éste, por ejemplo, tuviese a Júpiter o a Venus en IV, entonces los asuntos del padre comenzarían a arreglarse. Por lo que de este modo, y de una forma tan armónica, se complementan las natividades de los padres con las de sus hijos.

CAPÍTULO IV

LAS DOCE CASAS, SU NATURALEZA Y SU SIGNIFICADO

Tal como dijimos antes, existen doce signos y también doce casas o sectores celestes por lo que, ahora, pasaremos a explicar la naturaleza de estas doce casas; disponer de un exacto conocimiento de ellas resulta tan necesario que aquel que se dedica a estudiar la naturaleza de los signos y de los planetas sin tener una idea clara sobre las casas, es igual al hombre negligente que aun habiéndose llenado de conocimientos, luego no sabe cómo utilizarlos. En este mundo no existe nada que pertenezca a la vida del hombre y que, de una u otra forma, no esté relacionado con alguno de estos doce sectores celestes. Así como los doce signos corresponden a los distintos miembros del cuerpo humano, las doce casas representan no sólo las distintas partes del cuerpo del hombre, sino que además están relacionadas con sus acciones, su forma y su calidad de vida. Era tanta la curiosidad, el ingenio y el juicio de nuestros antiguos astrólogos que a cada una de las casas le asignaron un significado especial y, así, a través de estos doce sectores celestes, pudieron distinguir los accidentes humanos.[1] El que comprende las distintas cuestiones pertenecientes a cada una de ellas, no precisará de más fundamentos con los que juzgar o dar una respuesta racional sobre cualquier accidente fortuito y logrará con ello alcanzar el éxito.

---

1. El término *accidente* significa aquí los acontecimientos de la vida en general.

En cuanto a la PRIMERA Casa y su significado[2]

La primera casa abarca toda la zona del firmamento a partir de la línea en la que comienza el sector 1 hasta el sector 2, que es donde empieza la segunda casa: es *un tercio* de la distancia entre el horizonte y el meridiano inferior a la Tierra. Refleja la *vida* del hombre, su estatura, color, cutis y apariencia relacionada con la pregunta que nos plantea o con su nacimiento; también tiene que ver con los eclipses y grandes conjunciones y, en cuanto al Sol, simboliza su ingreso anual en Aries; personifica al pueblo o al estado general del reino del que se levante el tema. Al ser la primera casa, rige tanto la cabeza como la cara del hombre, por ello si Saturno o Marte ocupan esta casa, tanto en el momento del nacimiento como con respecto a una pregunta en concreto, probablemente se pueda observar algún defecto en la cara,[3] o en aquella parte del cuerpo que en ese momento se encuentre en la cúspide de la casa. Si el Ascendente es Aries, la marca, el lunar o la cicatriz, estará sin duda en la cabeza o en la cara; cuando el Ascendente está en los primeros grados de este signo, la marca puede ser localizada en la parte superior de la cabeza; si la cúspide se encuentra hacia la mitad del signo, el lunar, la marca o la cicatriz, estará en el centro de la cara o cerca de éste y si el Ascendente está a finales del signo, la parte dañada abarcará desde la barbilla hasta el cuello; he podido verificar todo ello en cientos de ejemplos. En cuanto a los colores, simboliza al blanco y ello significa que si un planeta se encuentra en esta casa, el sujeto posee un aspecto más pálido o más débil y si la pregunta se refiere al color de la ropa de cualquier individuo, cuando su significante se halla en la primera casa y en un signo correspondiente, la indumentaria de la persona será blanca, gris o de un color similar. De igual forma, si la cuestión se refiere al ganado, cuando sus significantes se encuentran en esta casa, nos indican que éste es de este color o de otro parecido. La casa es masculina y sus cosignificantes son Aries y Saturno ya que ésta es la primera casa, Aries

2. *Véase* la figura 1.

3. Esto está verificado en el Tema Natal de lord Broughman, que nació cuando Saturno ocupaba su Ascendente en Escorpio y tenía un defecto de nacimiento en la cara, ya que un nervio le imposibilitaba los músculos de la boca, etc.

el primer signo y Saturno el primero de los planetas; por ello, cuando Saturno se encuentra situado armónicamente en esta casa o recibe algún buen aspecto de Júpiter, de Venus, del Sol o de la Luna, augura generalmente una larga vida así como una constitución física saludable y equilibrada. Mercurio también se encuentra a gusto en esta casa ya que ésta representa la cabeza y él, la lengua, la imaginación y la memoria; cuando está dignificado o bien situado en esta casa, da origen a excelentes oradores,[4] a este sector se le denomina el Ascendente porque cuando el Sol o cualquier planeta están en su cúspide, *ascienden* o se levantan y entonces se hacen visibles en nuestro horizonte.

SEGUNDA Casa

A través de esta casa se obtienen los conocimientos necesarios en cuanto a los bienes, la fortuna o la riqueza de las propiedades de quien realiza la pregunta; también se refiere a los bienes materiales, a los préstamos, a los beneficios y ganancias o a los daños y pérdidas. En cuanto a la ley, representa a los amigos o simpatizantes del sujeto; en los duelos, personifica al que se bate y, en los eclipses o grandes conjunciones, simboliza al poder o riquezas del pueblo. Cuando el Sol está entrando en Aries, representa las municiones del pueblo; sus aliados y los apoyos que pueda recibir la comunidad. En el hombre, corresponde al cuello y a la parte posterior de éste, hasta llegar a los hombros; y, en cuanto a los colores, representa al verde. Es una casa femenina y sucedente.

Tiene como cosignificantes a Júpiter y a Tauro ya que si Júpiter está situado en esta casa o es su regente, es sinónimo de riquezas o de fortuna. El Sol y Marte nunca están bien situados en esta casa ya que cualquiera de los dos indica dispersión de los bienes tanto en relación a la pregunta que nos pueda plantear el sujeto como a su Tema Natal.[5]

4. Lord Brougham, que fue uno de los mejores oradores de su tiempo, nació con Mercurio en el Ascendente.

5. Cuando la Luna está en esta casa y en buen aspecto con Júpiter, proporciona salud al nativo. El duque de Wellington tenía a la Luna en esta casa y en trígono con Júpiter en el grado 10.

TERCERA Casa

Simboliza a los hermanos, a las hermanas, a los primos o familiares y a los vecinos; también corresponde a los viajes cortos o dentro de un mismo lugar y a los traslados de un sitio a otro. Rige los escritos, las cartas, los rumores y los mensajeros o intermediarios. Gobierna los hombros, los brazos, las manos y los dedos y en cuanto a los colores, simboliza al rojo, al amarillo o a los tonos pardos; sus cosignificantes son Géminis y Marte por lo que, a menos que esté situado junto a Saturno, aquí, Marte no resulta demasiado desafortunado. Se trata de una casa cadente y exaltación de la Luna, por cuya razón, cuando ésta se encuentra aquí situada y, sobre todo, en un signo mutable, representa muchos desplazamientos, viajes, cambios, y, una gran cantidad de movimiento. Ésta es una casa masculina.

CUARTA Casa

Se refiere a los padres en general; a las cuestiones relacionadas con ellos o con su nacimiento; representa las tierras, las casas, las propiedades, las herencias, el cultivo de la tierra, los tesoros ocultos, la resolución o el *final* de las cosas; las aldeas, las ciudades y los castillos asediados o no; también está relacionada con las moradas antiguas, los jardines, los pastos, los huertos y con la calidad y el tipo de tierras que uno adquiere, sean viñedos, maizales, etc., pudiendo señalar incluso si el terreno está poblado de árboles, es pedregoso o estéril.

El signo de la Casa IV denota la ciudad, a su señor y al gobernador: rige el pecho y los pulmones y, en cuanto a los colores, representa al rojo. Sus cosignificantes son Cáncer y el Sol; se la denomina ángulo de la Tierra o Fondo del Cielo; es femenina y está en el ángulo norte. Tanto en las preguntas en general como en las natividades, esta casa representa a los padres, así como el Sol lo hace durante el día y Saturno durante la noche. Pero, cuando el Sol está aquí situado, no está mal ya que nos indica que el padre goza de una buena posición, etc.

QUINTA Casa

A través de esta casa se puede valorar a los niños, los embajadores, el comportamiento de las mujeres con hijos y también los banquetes, las cervecerías, las tabernas, los juegos, los mensajeros o agentes de las repúblicas; la riqueza del padre y las municiones con las que cuenta una ciudad sitiada. También se puede saber si una mujer parirá niño o niña y si el bebé gozará o no de buena salud. Rige el estómago, el hígado, el corazón, el costado y la espalda. En cuanto a los colores, simboliza al negro, al blanco y al color miel. Es una casa masculina y sucedente. Sus cosignificantes son Leo y Venus que aquí se encuentra en exaltación. Debemos considerar a esta casa como la casa del placer, del deleite y de la alegría. En ella, tanto Marte como Saturno se encuentran muy mal situados ya que aquí causarán infortunios al nativo y harán que tenga unos hijos muy desobedientes.

SEXTA Casa

Ésta concierne a los criados, a las criadas, a los esclavos de galeras, a los cerdos, a las ovejas, a las cabras, a las liebres y a cualquier tipo de ganado menor, así como a las pérdidas o a las ganancias que de éste se deriven. También está relacionada con las enfermedades; con el tipo, la causa y con aquello que las provoca, tanto sean incurables como curables, e indica también si la enfermedad será de corta o de larga duración. Simboliza los días laborables, los arrendatarios, los granjeros, los porqueros, los ovejeros, los cabreros, etc., y también representa a los tíos o a los hermanos y hermanas del padre. Rige la parte inferior de la cintura y los intestinos, incluido el recto. Es una casa femenina, cadente y desafortunada al no poder recibir ningún aspecto por parte del Ascendente. En cuanto a los colores, representa al negro. En esta casa Marte está exaltado pero sus cosignificantes son el signo de Virgo y el planeta Mercurio y es que, por regla general, cuando Marte y Venus se encuentran conjuntos en esta casa suelen dar muy buenos físicos.[6]

SÉPTIMA Casa

Se refiere al matrimonio y nos describe a la persona por la que se está preguntando, sea este hombre o mujer. Tiene que ver con todo lo relacionado con el amor o con los enemigos declarados; en un proceso,

6. Esto hace alusión a las cuestiones que conciernen a las enfermedades, y por ello nada tiene que ver con las natividades.

representa al demandado y en una guerra, al contrario. También está relacionada con las peleas, con los duelos, los procesos, etc.; en astrología representa al astrólogo y en física, al físico. Es a través de esta casa donde se manifiestan los ladrones, ladronzuelos y las personas, que por regla general acostumbran a hurtar, tanto se trate de hombres como de mujeres. Simboliza a la esposa y a la amante y nos describe su apariencia, su condición y su linaje a la par que nos informa si ésta es o no de buena cuna. En las revoluciones anuales, sirve para indicar si lo que hay que esperar es la guerra o bien la paz. Representa a los que vuelven, a los que padecen, a los fugitivos, a los que escapan, a los exiliados y a los proscritos. Tiene como cosignificantes a Libra y a la Luna; aquí, tanto Saturno como Marte se encuentran a disgusto ya que auguran un matrimonio desgraciado.[7] En cuanto a los colores, simboliza al negro oscuro. Rige los riñones, el ombligo y las nalgas. A esta casa se la denomina ángulo del oeste (descendente) y es masculina.

OCTAVA Casa

Representa a los bienes del difunto, a la muerte y a la calidad y naturaleza de ésta; también tiene que ver con la última voluntad, con los legados y el testamento del fallecido. Indica la dote de la esposa, su magnitud y si será fácil o difícil obtenerla. En los duelos, representa a los padrinos del adversario y en los juicios a los amigos del demandado. Indica también el tipo de muerte que espera al nativo, denotando sus miedos y sus angustias[8] así como quienes van a ser los herederos del fallecido. En cuanto a los colores, simboliza al verde y al negro. Tiene como cosignificantes al signo de Escorpio y al planeta Saturno. Tanto las hemorroides, como los cálculos, las angurrias y la vejiga, así como los envenenamientos, están regidos por esta casa, que es una casa sucedente y femenina.

---

7. Siempre que nos encontremos en esta casa a Saturno, Marte o Urano, serán *causa* de mala fortuna en el matrimonio, estén como estén aspectados en las natividades. Y, en cuanto a las preguntas concretas, todavía no tenemos una opinión bien definida, a pesar de que éstos estén fuertemente dignificados. El duque de Wellington tenía a Marte y a Saturno en Casa VII y su matrimonio fue muy desgraciado.
8. Ello hace alusión a cuando el significador del enfermo está situado en la Casa VIII.

NOVENA Casa

A través de esta casa se pueden valorar todo tipo de viajes largos o de ultramar. También simboliza a los hombres religiosos y a los clérigos, desde el obispo hasta los curas; está relacionada con los sueños, las visiones, los países extranjeros, los libros, el aprendizaje, los beneficios o ganancias de la Iglesia y con los parientes del marido o de la esposa del sujeto en cuestión. Con respecto a los colores, simboliza al verde y al blanco, y en cuanto al cuerpo, rige las nalgas, las caderas y los muslos.

Júpiter y Marte son los cosignificantes de esta casa ya que cuando Júpiter está situado aquí, indica que la persona es muy devota en cuanto a su religión, o bien muy humilde y desprendida. A menudo, he podido observar que cuando la Cola del Dragón, Saturno o Marte, se hallan mal situados en esta casa, el nativo no es mucho mejor que un simple ateo o que un encarnizado sectario.[9] El Sol está muy bien situado en esta casa, que es una casa cadente y masculina.

DÉCIMA Casa

Normalmente, simboliza a los reyes, los príncipes, los duques, los hombres libres, los jueces, los oficiales de primera, los comandantes en jefe tanto dentro del ejército como en las ciudades, a todo tipo de magistrados y de oficiales con autoridad, así como a la madre, al honor, los ascensos y condecoraciones, a los oficiales y a los abogados; también está relacionada con la profesión y con el comercio. Representa los

9. Ello simplemente alude a las cuestiones de Astrología Horaria y puede no temer ningún tipo de *influencia* al respecto, ya que, como máximo, hay que tomarlo como un *símbolo* de hombre bueno y de hombre malo; en los temas natales, la mente tan solo está influenciada por la Luna y por Mercurio. El error de confundir estas dos ramas de la ciencia; la de las natividades en la que los planetas son las *causas* (después de Dios) de los acontecimientos, y la de la Astrología Horaria, en la que éstos son tan solo *símbolos* de los acontecimientos, ha sido el principal motivo que ha conducido a esta sublime ciencia al descrédito. Este fallo se debe al estado y a la condición de la astronomía durante la Edad Media, ya que incluso en los tiempos de Carlos II, el Dr. Goad, su físico particular, aseguraba que los astrónomos no podían calcular una oposición entre Júpiter y Saturno con menos de una semana de antelación. Pero entonces, ¿cómo se explica que los juicios de los astrólogos fuesen siempre tan correctos teniendo en cuenta que incluso la fecha precisa de la que dependían era a menudo tan errónea?

reinados, los imperios, los ducados y las ciudades. En cuanto a los colores, simboliza al rojo o al blanco; y rige los muslos y las rodillas. Se la denomina *Medium Coeli* o Medio Cielo y es una casa femenina. Sus cosignificantes son Capricornio y Marte. Aquí, tanto Júpiter como el Sol se encuentran muy bien situados, sobre todo si están en conjunción; tanto el Nodo Lunar Negativo como Saturno situados en esta casa obstaculizan el honor de las personas importantes y proporcionan muy poca prosperidad en los negocios, asuntos o profesión de la gente corriente.

UNDÉCIMA Casa

Simboliza la amistad, los amigos, las esperanzas, las simpatías o antipatías de las que somos objeto y a la fidelidad o falsedad de los amigos. En cuanto a los reyes, personifica a sus consejeros predilectos, a sus sirvientes, a sus asociados o aliados, así como a su dinero, sus finanzas o tesoros; con respecto a las guerras, representa las municiones y los soldados, estando asimismo relacionada con los cortesanos, etc.; en una comunidad gobernada por alguno de los nobles y de los comunes, personifica su asistencia en el consejo. Con respecto a la ciudad de Londres, la Casa X representa a la Cámara de los Lores, la XI a la de los Comunes y en Ascendente a los miembros de la Cámara de los Comunes en general. En el cuerpo, rige las piernas hasta llegar a los tobillos y con respecto a los colores, simboliza al amarillo o a un tono azafranado. Tiene al Sol y a Acuario como cosignificantes y en esta casa Júpiter se encuentra especialmente bien ubicado. Se trata de una casa sucedente y masculina, siendo sus ventajas muy similares a las de la Casa IV o la Casa VII.

DUODÉCIMA Casa

Está relacionada con los enemigos ocultos; con el ganado o con los caballos, los bueyes, los elefantes, etc. Simboliza también a las penas, las tribulaciones, los encarcelamientos y cualquier tipo de aflicción, así como a la autodestrucción en general. Personifica a todos aquellos que perjudican de forma maliciosa a sus vecinos o que están actuando en secreto en contra de ellos. Como cosignificantes tiene a Piscis y a Venus, Saturno se encuentra muy a gusto en esta casa ya que este planeta es por naturaleza portador de desgracias. En el cuerpo humano, rige los pies y, en cuanto a los colores, simboliza al verde. Es una casa cadente y femenina.

Éstas son las características reales de las distintas casas, según la doctrina de Ptolomeo y mi propia experiencia acumulada a través de los años. Debo confesar que los árabes hicieron otras múltiples particiones de las casas, pero en la práctica, en ellas, nunca pude encontrar ninguna veracidad y, por esto, no me referiré a ellas.

CAPÍTULO V

SATURNO Y SU SIGNIFICADO

Es el mayor o más grande de todos los planetas,[1] y está situado entre Júpiter y el firmamento; no es muy brillante ni esplendoroso y tampoco resplandece o centellea ya que es de un color pálido o ceniza. Muy lento en su movimiento, realiza su curso a través de los doce signos del Zodíaco en 29 años, 167 días y 5 horas aproximadamente; su velocidad media es de dos minutos y un segundo, y su movimiento diario a menudo es de tres, cuatro, cinco o seis minutos ya que raramente se mueve más. Su mayor latitud norte a partir de la eclíptica es de 2 grados y 48 minutos, mientras que la sur es de 2 grados y 49 minutos.

Dentro del Zodíaco tiene como domicilio a dos de los doce signos, a Capricornio, como casa nocturna y a Acuario, como casa diurna. Está exaltado en Libra, en caída en Aries, y muy bien situado en el signo de Acuario. Durante el día gobierna a la triplicidad de Aire, compuesta por Géminis, Libra y Acuario.

Si con respecto alguna cuestión se encuentra en cualquier grado de su curso, no se puede decir que sea peregrino o que carezca de las dignidades esenciales, del mismo modo que tampoco lo será si está en cualquiera de los grados que le sean asignados debido a su aspecto o decanato. Esto también debe de aplicarse a los demás planetas.[2]

---

1. Según los conocimientos del autor era cierto ya que el planeta Urano todavía no había sido descubierto.
2. Para los términos, etc., consulte la Tabla de las Dignidades Esenciales.

Se mantiene retrógrado durante 140 días, permaneciendo 5 días estacionario antes de comenzar su retrogradación y otros 5 antes de ponerse directo de nuevo. Es frío y seco (ya que se encuentra muy distante del Sol); introvertido, terrenal y masculino; es el gran maléfico causante de la soledad, de la malevolencia, etc.

Cuando está bien dignificado, su imaginación es profunda y su forma de actuar severa; resulta muy parco en palabras y poco demostrativo en sus actos; paciente con su trabajo y serio en cuanto a las disputas o a sus argumentos. Con respecto a la riqueza de esta vida, es analítico, bastante ávido y extremadamente austero en todas sus formas de actuar.[3]

Cuando está mal dignificado, es envidioso, codicioso, celoso, desconfiado, tímido, sórdido, hipócrita, disimulador, receloso, lento, obstinado, mentiroso, malicioso, murmurador y rechaza a las mujeres, no estando nunca satisfecho por nada y quejándose siempre de todo.

Físico. La mayor parte del cuerpo es fría y seca. La estatura es media y el cutis pálido, oscuro o moreno; sus ojos son pequeños y negros y siempre miran hacia abajo; su frente es ancha y el cabello de color negro o ceniza, pero siempre áspero y tosco. Sus orejas son enormes y como si estuvieran desprendidas del resto de la cabeza. Tiene fruncidas las cejas, y los labios y la nariz son muy gruesos; la barba es escasa y poco frondosa, y el semblante a menudo es aburrido y algo desagradable; sus hombros son grandes y anchos y a veces algo torcidos. Su vientre es más bien pequeño y hundido; sus piernas estrechas, delgadas y bastante cortas; sus rodillas y sus pies acostumbran a ser débiles, y con frecuencia los arrastra al andar.

Saturno Oriental. Ha de tener en cuenta que si Saturno se encuentra al oriente del Sol, la estatura es más pequeña pero bastante aceptable y bien proporcionada.

Saturno Occidental. El hombre es más moreno, más delgado y tiene menos pelo. Si tiene poca latitud, el cuerpo es más gordo y carnoso. Si la latitud es sur, es todavía más carnoso, pero ágil y rápido en sus mo-

---

3. Estas descripciones significan que todas las personas a las que se las identifique a través de este planeta en una cuestión de Astrología Horaria, tendrán este tipo de carácter y si éste influencia al nativo por estar situado en el Ascendente en el momento de su nacimiento, ello también podrá ser aplicado en las natividades.

vimientos y, si es norte, tiene más grasa y mucho pelo. En su primera estación, Saturno proporciona un cuerpo un poco grueso, mientras que en la segunda estación, éste es más grueso, débil y enfermizo; y esto puede observarse continuamente con el resto de los planetas.

Tipología. Por regla general, Saturno personifica a los agricultores, los payasos, los mendigos, los trabajadores, los ancianos, los padres y los abuelos, los monjes, los jesuitas y a aquellos que pertenecen a alguna secta.

Profesiones. Curtidores, granjeros, mineros, hojalateros, alfareros, barrenderos, fontaneros, fabricantes de ladrillos y de malta, deshollinadores, sacristanes, portadores de cadáveres, enterradores, basureros, mozos de cuadra, carboneros, conductores de carro, jardineros, peones, vendedores de velas, tintoreros (de ropa negra) y pastores, ovejeros o vaqueros.

Enfermedades. Todo tipo de defectos en la oreja derecha o en los dientes; todas las cuartanas provocadas por el frío, los malestares producidos por el aburrimiento, la melancolía o el desasosiego; la lepra, la ictericia, las parálisis, los temblores, los falsos temores, las fantasías, la hidropesía y la gota en las manos o en los pies. También tiene que ver con la apoplejía, con un excesivo flujo en las hemorroides y, si está en Leo o en Escorpio y en mal aspecto con Venus, puede producir hernias.

Orbe. Su orbe es de nueve grados, tanto por aproximación, como por alejamiento, lo que significa que su influencia comienza a actuar tanto él es el que hace el aspecto, como cuando el que lo hace es cualquier otro planeta; hay que añadir la mitad de nueve grados (orbe de Saturno) a la mitad del orbe del planeta en cuestión y esta influencia seguirá manteniéndose hasta que estos dos planetas se encuentren separados por una misma distancia.

Años. Los años más significativos que éste representa son 465, seguidos por 57, mientras que sus años medios son 43 y medio y los menores o más débiles, 30. El significado de esto es el siguiente: supongamos que construimos un nuevo edificio, que levantamos una aldea o una ciudad, o bien una familia, o que un principado se inicia al estar Saturno esencialmente y accidentalmente fuerte; el astrólogo podrá entonces probablemente augurar que la familia, el principado, etc., podrá continuar durante 465 años con todo tipo de honores, etc., y sin ningún cambio apreciable. En cuanto a la edad, está relacionado con los ancianos decrépitos, con los padres y con los abuelos; y lo mismo en las plantas, los árboles y en todas las criaturas vivientes.

Lugares. Se deleita en los desiertos, en los bosques, en los valles oscuros, en las cavernas, en las guaridas o refugios, en los agujeros, en las montañas y en aquellos lugares donde hayan hombres enterrados, tales como cementerios, etc., también se encuentra a gusto en los edificios en ruinas, en las minas de carbón, en los pozos y en los sitios sucios y apestosos.

Países. Los últimos autores parecen coincidir en que este planeta rige a Bavaria, Sajonia, Stiria, Romandiola, Rávena, Constantia e Ingoldstadt.

CAPÍTULO VI

EL PLANETA JÚPITER Y SU SIGNIFICADO

Júpiter está situado al lado de Saturno y, exceptuando al Sol, a la Luna y a Venus, es el que mayor se nos aparece ante nuestros ojos. Es brillante, nítido y de un tono azulado. En su movimiento es más rápido que Saturno ya que tarda 14 años, 365 días y 12 horas en recorrer los doce signos del Zodíaco. Su velocidad media es de 4 minutos y 52 segundos. Su mayor latitud norte es 1 grado, 38 minutos; y la sur es de 1 grado, 40 minutos. Está en movimiento retrógrado durante 120 días, permaneciendo estacionario 5 días antes de iniciar su retrogradación 4 días antes de ponerse directo.

Naturaleza. Es un planeta masculino, templado, cálido y húmedo; es el *gran benéfico,* símbolo de templanza, de modestia, de sobriedad y de justicia.

Efectos y características del planeta cuando está bien situado. Entonces, la persona se muestra magnánima, fiel, tímida y aspira a poder conseguir de una forma honrada sus elevados principios. Todas sus acciones se ven impregnadas por el amor al diálogo y a la comprensión, dado que lo que él desea es el beneficiar a toda la humanidad. Le gusta realizar actos gloriosos, es honorable y religioso, mientras que su conversación es siempre afable y cariñosa. Se muestra sumamente indulgente hacia su esposa y hacia sus hijos, respetando también a los ancianos. Es un defensor de los pobres, lleno de caridad y de bondad. Bastante liberal, odia cualquier clase de acción sucia o sórdida; es justo, sabio, prudente, bien agradecido y virtuoso. Por ello, cuando se dé el caso de que Júpiter es el planeta a tener en cuenta en relación a la cuestión planteada por cualquier hombre y además, está dignificado, habrá que considerar a éste tan bien cualificado como anteriormente hemos detallado.

Cuando está mal situado. Cuando Júpiter es inarmónico, entonces la persona malgasta el patrimonio, sacrifica a todo el mundo a favor de su propio egoísmo, es hipócrita religiosamente hablando; tenaz y obstinada en mantener falsos principios religiosos; ignorante, descuidada e ingrata para con los demás, grosera y mentalmente pobre; se rebaja a sí misma para utilizar a otras personas ya que fomenta sus relaciones o bien las da por concluidas cuando ya no le hacen falta.

Físico. La estatura es alta, recta y derecha; la tez es más bien morena, sonrosada y hermosa. El rostro es largo y ovalado, algo llenito y carnoso. La frente es ancha y los ojos alargados y grises; el cabello suave y de color castaño, la barba más bien espesa; mientras que el vientre es ancho y las piernas fuertes y bien proporcionadas. Los pies, además de ser demasiado grandes, son la parte más desgarbada de todo su cuerpo. Es muy sobrio en su forma de hablar y sus conversaciones siempre acostumbran a ser serias.

Oriental. La piel es más clara, el cutis de un color miel o más sonrosado, sanguíneo y rojizo; los ojos son grandes y el cuerpo más entrado en carnes. Generalmente, siempre tiene alguna cicatriz o algún lunar en el pie derecho.

Occidental. El cutis es limpio y hermoso; la estatura algo más baja; el cabello liso, de un color castaño claro o casi rubio y va disminuyendo a medida que se acerca a las sienes o a la frente.

Tipología. Personifica a los jueces, los senadores, los consejeros, los eclesiásticos, los obispos, sacerdotes, clérigos y cardenales, los cancilleres, los alumnos jóvenes o universitarios, los abogados, los fabricantes de paños y los colchoneros.

Enfermedades. Pleuresías y todas las enfermedades del hígado, apoplejías, pulmonías, palpitaciones del corazón, calambres, desarreglos de la columna vertebral, todo tipo de enfermedades venéreas o nerviosas y aquellas que proceden de la sangre; también está relacionado con las flatulencias, las amigdalitis y todos los malestares que causa una excesiva presión sanguínea.

Lugares. Se deleita estando cerca de los altares de las iglesias; en las convenciones públicas, en los concilios, en las asambleas, en los lugares limpios y agradables; en los vestuarios, en las cortes de justicia y en los oratorios.[1] Sus años más significativos son 428; seguidos por 79, mientras que sus medios son 45 y sus menores, 12.

Representa a los hombres de mediana edad o con entero juicio y discreción; rige a Babilonia, Persia, España y Cullen.[2]

1. Esto implica que si la persona sobre la cual se pregunta en una cuestión de Astrología Horaria está simbolizada por Júpiter, frecuentará sin duda este tipo de lugares.
2. No tenemos ninguna opinión establecida sobre la regencia de los planetas en cuanto a los distintos países; pero, en la Astrología Mundana, los signos que los rigen deben ser observados.

CAPÍTULO VII

EL PLANETA MARTE Y SUS MÚLTIPLES SIGNIFICADOS

Siguiendo este mismo orden, Marte viene después de Júpiter; su volumen es algo menor y, ante nuestros ojos, se nos aparece de un color brillante, fogoso y centelleante. Tarda un año, 321 días y 22 horas en recorrer el Zodíaco; su mayo latitud norte es de unos 4° y 31', mientras que la sur es de 6° y 47'. Permanece 80 días retrógrado y dos o tres estacionario; gobierna toda la triplicidad de Agua; es decir, Cáncer, Escorpio y Piscis.

Naturaleza. Es un planeta nocturno y masculino, de naturaleza caliente y seca; colérico y apasionado, es el pequeño maléfico causante de peleas, de conflictos y de discordia.

Características cuando está bien aspectado. Entonces, es invencible en cuanto a las guerras, a las proezas y al valor. Se cree el más fuerte y no atiende a razones; es presuntuoso, intrépido, inflexible, belicoso y aspira siempre a ser él quien reciba todos los honores; extremadamente valiente y amante de las guerras y de todo lo que con ellas esté relacionado, siempre se encuentra dispuesto a aventurarse ante todo tipo de peligros. Es incapaz de obedecer a nadie ya que es muy poco sumiso y se jacta de sus propias acciones. Es alguien muy capaz de despreciarlo todo a favor de una victoria.

Cuando está mal dignificado. Es un simple charlatán, sin ningún tipo de honestidad ni de modestia; un amante de matanzas y de peleas o de trifulcas; un asesino, un ladrón y un promotor de sediciones, de riñas y de disturbios. También se convierte en un ladrón a gran escala, tan rápido como el viento; en un espíritu turbulento, en un traidor, un perjuro, en alguien obsceno, imprudente e inhumano; es alguien que desafía a Dios y a los hombres, alguien muy desagradecido, tramposo, opresor, colérico, voraz, mentiroso, furibundo y violento.[1]

Físico. Por regla general, el físico del hombre de Marte es de la siguiente forma: aunque de estatura media, el cuerpo acostumbra a ser fuerte y los huesos grandes. Es más bien delgado que gordo y su cutis es de un tono entre moreno y rojizo; su cara es redonda, el cabello pelirrojo o rubio-rojizo y casi siempre rizado o encrespado. Sus ojos son penetrantes, agudos y de color avellana. De semblante confiado y seguro de sí mismo, es extremadamente activo e intrépido.

Oriental. Significa que el sujeto es valiente y que el tono rojizo de su cutis es algo más pálido. Inclina a ser alto y de cuerpo peludo.

Occidental. El cutis es mucho más rojizo, la estatura algo menor y la cabeza pequeña. El cuerpo es uniforme y sin vello: el cabello rubio y muy espeso y, generalmente, el sujeto es algo más seco.

Tipo de hombres y sus profesiones. Generales de la armada, coroneles, capitanes y cualquier clase de soldado; físicos, boticarios, médicos, químicos, artilleros, carniceros, mariscales, sargentos, alguaciles, verdugos, ladrones, herreros, panaderos, armeros, relojeros, sastres y fabricantes de espadas y de cuchillos; barberos, tintoreros, cocineros, carpinteros, jugadores, guardianes de osos y curtidores y, todo ello, siempre de acuerdo a la debilidad o a la fuerza del planeta Marte.

Enfermedades. La bilis, fiebres altas o tercianas, debilidad en la cabeza, carbuncos, plagas y todos los males que de éstas se deriven; quemaduras, tiña, ampollas, desarreglos en la cabeza, locuras repentinas, ictericia, flujo sanguíneo y fístulas. También está relacionado con todas las heridas o enfermedades de los genitales del hombre, con los riñones y la vesícula, así como con las cicatrices de la cara o la viruela.[2]

---

1. Estas características tan extremadamente negativas sólo se dan cuando la Luna y Mercurio se encuentran también muy afligidos.
2. Cuando, por dirección, Marte se acerca al Ascendente y forma un mal aspecto, generalmente acostumbra a causar la viruela, el sarampión o la fiebre escarlata, pero cuando este aspecto se da en el Tema Natal, suele traducirse por quemaduras, heridas, fiebres, etc.

Marte es el causante de todo tipo de heridas producidas por el hierro, de las quemaduras y de otras muchas enfermedades provocadas por un exceso de cólera, de rabia o de apasionamiento.

Lugares. Herrerías, hornos, mataderos, lugares donde se queman o se han quemado ladrillos o carbón, chimeneas y fundiciones.[3]

Su orbe es de tan sólo siete grados.

Años. En el hombre gobierna la esplendorosa etapa de la juventud y desde los 41 años hasta los 56. Sus años más significativos son 264, seguidos por 66, mientras que los años medios son de 40 y los menores, 15.

Países. Saromatia, Lombardía, Batavia, Ferrara y Gothlandia.

3. A ello puede añadirse las cuchillerías y todos aquellos lugares en los que el hierro sea manufacturado o sufra cualquier tipo de transformación, así como las armerías, arsenales, etc.

CAPÍTULO VIII

EL SOL: SUS CARACTERÍSTICAS GENERALES Y PARTICULARES

El Sol está situado en medio de todos los planetas y por ello resulta siempre continuamente visible a todos los mortales. En un año recorre los doce signos del Zodíaco y su velocidad media es de 59 minutos y 8 segundos, aunque a menudo su movimiento diurno es de 57 minutos, 16 segundos y a veces más, pero jamás supera los 61 minutos y 6 segundos. Siempre se mueve en la eclíptica y carece de latitud. Como domicilio, sólo tiene al signo de Leo y como exilio al de Acuario; está exaltado a los 19° de Aries y en caída a los 19° de Libra.

Durante el día, el Sol gobierna a la triplicidad de Fuego; es decir Aries, Leo y Sagitario. Siempre está directo y jamás debe ser considerado como retrógrado.

Naturaleza. Es caliente y seco, pero más templado que Marte. Es un planeta masculino y diurno, sinónimo de fortuna siempre que esté bien dignificado.

Características cuando está bien situado. Entonces, es extremadamente fiel y puntual cumplidor de sus promesas; vaya donde vaya siempre se siente preso por un irresistible deseo de organización y de mando. Prudente, juicioso y de gran majestuosidad, se halla dispuesto continuamente a adquirir nuevos honores y a aumentar su patrimonio, aunque sólo sea para poder gastarlo de nuevo. Por regla general, el hombre solar habla con una cierta gravedad y, a pesar de ser de pocas palabras, lo que dice, lo dice de corazón; atento, fiel y reservado, pese a su magnanimidad, siempre habla sin rodeos, pero es muy afable, fácil de tratar y extremadamente humano con todo el mundo. Es un gran amante de la suntuosidad y del lujo así como de todo aquello que sea honorable, y es que su corazón es incapaz de albergar ningún pensamiento sórdido.

Cuando está mal situado. El hombre solar se vuelve entonces arrogante, orgulloso y despreciativo con los demás, jactándose siempre de su genealogía y descendencia. Es muy pobre en sus juicios y apreciaciones; impaciente, alborotador, dominante, malgastador e insensato, es como si fuese una simple fachada, sin ninguna gravedad en sus palabras ni sensatez en sus actos. Es un manirroto que malgasta su patrimonio y acaba por depender siempre de la caridad de los demás ya que está convencido de que, dado su linaje, todos se deben a él.

Físico. Normalmente, el Sol presenta a un tipo de hombre con una constitución más bien grande, fuerte y esbelta, mientras que el cutis acostumbra a tener un tono algo azafranado. La frente es ancha y redondeada, los ojos grandes, penetrantes y un poco saltones. El cuerpo es fuerte y bien proporcionado y, siendo más atractivo que realmente bello, parece como si éste estuviese emanando calor continuamente. El cabello es rubio y bastante débil aun a pesar de que la barba acostumbra a ser espesa; el cutis es tosco y el cuerpo carnoso. Es generoso, honesto, sincero, bien intencionado y de buen corazón, al mismo tiempo que es poseedor de una saludable constitución. Es muy humano a la par que enérgico y, sobre todo, muy poco locuaz.

Oriental. Tan sólo podemos decir que el Sol se encuentra oriental en carta astral, o bien en un cuarto oriental de la carta astral u occidental, etc.[1] Los planetas son orientales cuando se levantan o aparecen antes que el Sol por la mañana y occidentales, cuando están situados tras él.

Tipo de hombres y sus profesiones. Personifica a los reyes, príncipes, emperadores, duques, marqueses, condes, barones, lugartenientes, diputados, magistrados, caballeros en general y cortesanos, así como a los deseos de honor, de gloria o de ascensos; a los jueces de paz, a los ma-

---

1. En las natividades, el Sol y la Luna están orientales entre la I y la X Casa y en el cuarto opuesto de la figura están occidentales entre el sector décimo y el séptimo y en el cuarto opuesto; pero, en las cuestiones de Astrología Horaria, son orientales entre la casa IV y la X y occidentales tras dejar la Casa X y hasta haber alcanzado la IV; orientales cuando se levantan y occidentales cuando se acuestan.

yorales, gobernadores, jefes de policía y mayordomos al servicio de la nobleza. También representa al magistrado principal de una ciudad, de una aldea, de una fortaleza o de un pueblo, así como a los forjadores de joyas, de latón, de cobre y a los acuñadores de monedas.

Enfermedades. Granos en la cara, temblores, palpitaciones, enfermedades del cerebro y del corazón; trastornos oculares, calambres, desvanecimientos súbitos, problemas bucales y mal aliento, así como el catarro y las fiebres altas. En el hombre, rige principalmente el corazón y el cerebro y en la mujer, el espíritu vital, pudiendo también indicar histerismo.

Lugares. Las cámaras o cortes de los príncipes, los palacios y los teatros así como todo tipo de estructuras majestuosas, limpias y decentes y, también, los pasillos y comedores. *Orbe.* Es de 15 grados.

Años. En cuanto a la edad, representa a la juventud o a cuando uno se encuentra en pleno auge; sus años más significativos son 1460,[2] seguidos por 120, mientras que los menores son 69 y los mínimos, 19.

Países. Italia, Sicilia, Bohemia, Fenicia y Caldea.

2. Resulta un dato muy significativo que este período sea el año *gótico* o *canícula* de los egipcios y por ello es evidente que estas doctrinas astrológicas provienen originalmente de este pueblo, remontándose así a la antigüedad más remota.

CAPÍTULO IX

VENUS: SU NATURALEZA Y SUS MÚLTIPLES SIGNIFICADOS

Nombre. Después del Sol, viene Venus.

Color en el Elemento. Es de un color claro y brillante y se le conoce con el nombre de estrella vespertina o *Hesperus*, ya que aparece después de que el Sol se haya puesto. La gente corriente la llama estrella o lucero del alba y, los entendidos, Lucifer, ya que puede ser vista mucho antes de que salga el Sol. Su velocidad media es de 59 minutos y 8 segundos; su movimiento diurno es algunas veces de 62 minutos por día, pero nunca sobrepasa los 82 minutos. Su mayor latitud es de 9 grados y 2 minutos; permanece, retrógrada 42 días y estacionaria, 2. Su año es de 224 días y 7 horas.

Elemento. Es un planeta femenino y nocturno; de temperatura fría y húmeda, se trata del pequeño benéfico, causante de júbilos y de alegrías.

Características del planeta cuando está bien situado. Representa a un tipo de hombre tranquilo, poco amigo de discusiones, de riñas o de peleas; alguien nada vicioso, agradable, cuidadoso y elegante y que manifiesta gran cantidad de alegría, tanto en sus palabras como en sus actos. De apariencia sumamente cuidada, es más bebedor que glotón; muy inclinado hacia todo tipo de placeres, tiende a verse involucrado en asuntos amorosos y es, además, extremadamente celoso en sus afectos. Amante de la música, disfruta también con los baños y con todo tipo de acontecimientos agradables y honestos, así como con las diversiones, los entretenimientos y el teatro. Es crédulo y poco inclinado al trabajo y a tomarse molestias, su compañía es muy agradable ya que se trata de alguien encantador y poco desconfiado; es una persona recta y virtuosa, aunque a menudo y a pesar de no tener motivos, acostumbra a mostrarse algo celoso.

Cuando está mal situado. Entonces, el sujeto es malgastador, dado al desenfreno y a la vida disipada o a frecuentar las malas compañías femeninas; es despreocupado con respecto a todo lo que concierne a su propia reputación y parece ansioso por mantener una serie de relaciones deshonrosas o ilícitas; es incestuoso y adúltero, una simple veleta sin palabra ni reputación o credibilidad, que malgasta una mayor parte de sus ingresos en las cervecerías, las tabernas y entre los viciosos y la escoria. Es un acompañante o compañero muy dejado y totalmente despreocupado por las cosas; por su vida o por cualquier cuestión religiosa.

Físico. Es un hombre de estatura no muy alta, pero bastante atractivo; su cutis es pálido, aunque con tendencia a ponerse moreno,[1] y ello todavía le hace ser mucho más seductor. Es muy atractivo y con unos bonitos ojos, a menudo de color negro; su cara es redonda y no excesivamente grande y sus cabellos, hermosos, suaves y abundantes a menudo son de color castaño claro. Tiene una boca muy bonita y unos labios muy rojos y alegres. La cara más bien llenita, y la mirada como algo sorprendida. Su cuerpo es atractivo, bien hecho y proporcionado.

Se trata de alguien muy limpio y arreglado, tanto en el aseo de su propio cuerpo como en el cuidado de su ropa. Siempre acostumbra a tener hoyuelos en las mejillas,[2] mucha firmeza en sus ojos y a ser una persona llena de atractivos amorosos.

Oriental. Cuando es oriental, el cuerpo tiende a ser algo más alto o más recto. El sujeto no es muy corpulento, ni tampoco resulta excesivamente alto, pero está muy bien proporcionado. Tanto los hombres como las mujeres venusinas son personas muy atractivas, elegantes y bien acabadas.

---

1. Esto significa que el cutis es claro o pálido, pero con un ligero tono tostado.
2. Aquellos que tienen a Venus fuerte, tanto en el tema como en una cuestión de Astrología Horaria, acostumbran a tener hoyuelos en sus mejillas o en la barbilla.

Occidental. Cuando es occidental, el hombre es algo más bajo de estatura, pero poco; su apariencia es muy atractiva y está muy bien proporcionado.

Tipo de personas y de empleos. Músicos, jugadores, fabricantes de seda y de lino, merceros, pintores, joyeros, artistas, lapidarios, bordadores, modistas, mujeres, madres, vírgenes, coristas, violinistas y flautistas. Cuando Venus se encuentra conjunto a la Luna, suele dar buenos cantantes de baladas, perfumistas, costureras, dibujantes, grabadores, tapiceros, retratistas, fabricantes de guantes y vendedores de aquellos productos que adornan y embellecen tanto el cuerpo como el rostro de la mujer, como por ejemplo vendedores de ropa o de maquillajes.

Enfermedades. Trastornos principalmente localizables en la matriz y en los órganos reproductores, así como en los riñones, en el vientre, en la espalda, en el ombligo y en todas estas partes; rige la gonorrea, los desarreglos del riñón, las enfermedades venéreas o aquellas que proceden o se derivan de la lujuria; está relacionada también con la impotencia, las hernias, la diabetes y el exceso de orina.

Orbe. Su orbe es de 7 grados.

Años. Los más significativos son 151, seguidos de 82; los medios son 45 y los menores, 8. En el hombre gobierna la juventud, desde los 14 años hasta los 28.

Países. Arabia, Austria, Viena, la gran Polonia, Turín, Partia, Media y Chipre.

CAPÍTULO X

MERCURIO Y SU SIGNIFICADO, SU NATURALEZA Y PROPIEDADES

Mercurio es el menor de los planetas y nunca dista del Sol más de 28 grados, por lo cual difícilmente puede hacerse visible ante nuestros ojos.

Color y movimiento. Es de color oscuro y plateado; su velocidad media es de 59 minutos y 8 segundos, pero algunas veces es tan rápido que en un solo día puede llegar a moverse hasta 1 grado y 40 minutos. Permanece estacionario un día y retrógrado, veinticuatro. Su año es de 87 días y 23 horas.

Latitud. Su mayor latitud sur es de 3 grados y 35 minutos y la norte de 3 grados y 33 minutos.

Naturaleza. No se le puede catalogar ni como femenino ni como masculino ya que puede ser cualquiera de los dos pues, si está en conjunción con un planeta masculino, se volverá masculino[1] y si lo está con uno femenino, entonces se volverá femenino. Su naturaleza es fría y seca y por ello melancólica; cuando está en relación con planetas armónicos es positivo y cuando lo está con los inarmónicos, es negativo. Es un causante de engaños, de astucias, de artificios, de artimañas y de perjurio.

Características cuando está bien aspectado. Entonces, representa a un hombre muy sutil, diplomático y de gran inteligencia. Lógico y con-

1. Esto es aplicable también a los aspectos, pero sólo en las cuestiones de Astrología Horaria, claro está.

trovertido, sus argumentos parecen rebosar sabiduría y discreción y sus palabras están siempre llenas de elocuencia. Estudia e investiga toda clase de temas y, al ser tan agudo e ingenioso, lo aprende casi todo sin necesidad de maestros; su ambición es lograr perfeccionarse en todas las ciencias y poder viajar a lugares desconocidos. Es un hombre de imaginación inagotable y que siente gran curiosidad por la investigación de los conocimientos ocultos; gracias a su ingenio, toda esta capacidad para realizar maravillas, para la adivinación y para alcanzar la más oculta sabiduría está en él muy desarrollada. Si se convierte en comerciante, nadie logrará aventajarle ni en su forma de negociar ni en su inventiva en el momento de crear nuevos medios para incrementar sus ganancias.

Características cuando está mal aspectado. El ingenio se vuelve excesivamente molesto y la persona se convierte en alguien exaltado y frenético, en alguien que tan sólo utiliza su lengua y su pluma para perjudicar a los que le rodean y que además siempre habla por hablar y sin ningún propósito definido. Es mentiroso, charlatán, entrometido, falso, chivato y adicto a las malas artes tales como la necromancia u otras similares. Es un tonto o un idiota que se lo cree todo; un inconstante que cambia continuamente de opinión y de lugar ya que vaya adonde vaya, siempre tiene que robar y que hacer trampas. Es un chismoso que pretende saber de todo, pero que, en realidad, carece totalmente de veracidad y de conocimientos profundos. Es un frívolo o simplemente un loco. Se trata de alguien vacío, sin juicio propio y fácil de pervertir; alguien a quien sólo le interesa perder el tiempo con palabras vanas o con fanfarronadas.

Físico. Por regla general, la estatura es alta y el cuerpo delgado, estrecho y erguido. La frente es ancha y el rostro alargado; la nariz grande y los ojos de un bonito color entre negro y grisáceo. Tiene los labios muy finos y poca barba, pese a que el cabello acostumbra a ser bastante abundante y de color castaño oscuro, casi negro. Tanto los brazos como las manos y los dedos son muy largos y el cutis es oliváceo o acastañado. Hay que observar a Mercurio más que a ningún otro planeta ya que la influencia que éste pueda recibir por parte de ellos, se hará mucho más patente en él que en los demás; por ejemplo, si la influencia proviene de Saturno, se hará más pesado; si le llega de Júpiter, más cálido;

cuando es con Marte, se hace más impetuoso; con Venus, más alegre, y, con la Luna, mucho más variable.

Oriental. Cuando es oriental, su cutis es de color miel o como si estuviese bronceado; no es demasiado alto pero sí bien proporcionado; los ojos son pequeños y el cabello escaso y, en realidad y en relación a su peso, está muy bien proporcionado, aunque su cutis tiene un pequeño defecto: es a menudo demasiado oscuro.

Occidental. Cuando es occidental, entonces el rostro tiene un aspecto más bien rojizo y el cuerpo es desgarbado, los brazos delgados y pequeños y los ojos brillantes o hundidos y toda la estructura del cuerpo tiende a la sequedad.

Tipo de hombres y de profesiones. Normalmente representa a aquellos hombres que están en contacto con la literatura; con las letras; a los filósofos, los matemáticos, los astrólogos,[2] los comerciantes, las secretarias, los escritores, los escultores, los poetas, los conferenciantes, los abogados, los maestros de escuela, los impresores, libreros, comisarios, embajadores, oficinistas, artífices, contables en general y a aquellos que intercambian dinero, así como a los procuradores. Algunas veces también tiene que ver con los ladrones, los ministros charlatanes y poco fiables, con las secretarias, los incultos, los gramáticos, los sastres, los transportistas, los mensajeros, lacayos y usureros.

Enfermedades. Los vértigos, los letargos, los mareos, la locura y cualquier tipo de trastorno cerebral; la tisis, la tartamudez e imperfecciones del habla, las imaginaciones vanas y los defectos de la memoria. También está relacionado con la ronquera, la tos seca, la abundancia de mucosidad y la respiración, tanto con respecto al cerebro como a las fosas nasales, así como la mudez y otros trastornos similares.

Orbe. Éste es de 7 grados.

Años. Sus años más significativos son 450, seguidos por 76; sus años medios son 48 y sus menores, 20.

Países. Grecia, Flandes y Egipto y, como ciudad, París.

---

2. Sobre todo cuando está en buen aspecto con Urano.

CAPÍTULO XI

LA LUNA: SUS CARACTERÍSTICAS Y SIGNIFICADO

Nombre. La Luna era conocida por los antiguos bajo los nombres de Lucina, Cynthia, Diana, Febé, Latona, Noctiluca o Proserpina[1] y, de todos los planetas, es el que más cerca está de la Tierra.

Movimiento. La Luna da por finalizado su curso a través de los doce signos del Zodíaco en 27 días, 7 horas, 43 minutos y 5 segundos; su velocidad media es de 13 grados, 10 minutos y 36 segundos y, aunque a veces se mueve más y a veces menos, en veinticuatro horas nunca sobrepasa los 15 grados y 12 minutos.

Latitud. Su latitud norte máxima es de 5 grados y 17 minutos y la sur es de 5 grados y 12 minutos. Nunca está en movimiento retrógrado, pero cuando va más lenta que de costumbre y en 24 horas recorre menos de 13 grados y 11 minutos, puede ser considerada como algo equivalente a un planeta retrógrado.

Naturaleza. Se trata de un planeta femenino y nocturno y es fría, húmeda y flemática. *Características cuando está bien situada.* Señala a una persona de apariencia muy tranquila, frágil y afectuosa y amante de todas las ciencias honestas e ingeniosas; es alguien que se deleita con todo lo novedoso y que disfruta con las mudanzas y con los cambios. Es una persona sumamente indecisa y a la que le preocupa o angustia el momento presente. Es tímida, pródiga y asustadiza, ama la paz y el

1. Todos estos nombres prueban que las distintas fábulas mitológicas tuvieron su origen en la antigua astrología de los egipcios.

vivir apartada de los problemas. Si por ejemplo el sujeto influenciado por la Luna fuese un mecánico, sin duda aprendería una gran multitud de ocupaciones y sabría además cómo inventarse las mil y una manipulaciones para aprovecharse de éstas.

Cuando está mal situada. Entonces, el sujeto es un simple vagabundo, un holgazán que detesta trabajar; es un bebedor y un borracho, nada previsor y sin ni pizca de carácter. Es alguien que parece disfrutar viviendo de una forma desordenada y miserable, mostrándose siempre insatisfecho con todo lo que la vida le depara, tanto si ello es bueno como si es malo.

Físico. Por regla general, la Luna presenta a un tipo de hombre de estatura media y algo blanquecino; la cara es redonda, los ojos grises y algo hundidos. Tiene mucho pelo, tanto en la cabeza como en la cara y en el resto del cuerpo. Normalmente, uno de sus ojos siempre suele ser algo mayor que el otro; las manos son pequeñas y carnosas y el cuerpo también tiende a ser entrado en carnes, regordete y flemático. Si tanto en un Tema Natal, como en una cuestión de Astrología Horaria, la Luna se encuentra obstaculizada por el Sol, por regla general suele significar que el ojo, o bien, cerca de éste, suele existir algún defecto; si está obstaculizada en alguna de las casas sucedentes, el defecto estará cerca del ojo y si donde está mal situada es en los ángulos y junto a alguna estrella fija de las denominadas nebulosas, el defecto, entonces, estará en la vista.

Características de los hombres y de las mujeres. Personifica a las reinas, a las condesas, a las damas y a todo tipo de mujeres; también está relacionada con el pueblo en general, con los viajeros, los peregrinos, los marineros, pescadores y pescateros, cerveceros, tapiceros, taberneros, carteros, cocheros, cazadores, mensajeros, marinos y marineros, molineros, fabricantes de malta, borrachos, ostricultores, pescateras, asistentas, vendedoras de despojos y, en general, con todas aquellas mujeres que estén en contacto con la calle. Representa a las comadronas, a las enfermeras, etc., así como a los conductores de caballos, a los hombres de mar y a los portadores de agua.[2]

2. Generalmente a todas aquellas personas cuya profesión les hace estar en contacto con el elemento líquido.

Enfermedades. Apoplejías, parálisis, cólicos, dolores de estómago, desarreglos en la parte izquierda del cuerpo, en la vejiga y en los órganos reproductores. En la mujer, rige las menstruaciones y el hígado y también está relacionada con las hidropesías, los jugos estomacales y todos los trastornos de tipo reumático como la gota, tanto en las manos como en los pies; la ciática y las lombrices, los trastornos oculares, las indigestiones, las convulsiones, la epilepsia, la escrófula, los abscesos, la viruela y el sarampión.

Orbe. Éste es de 12 grados.

Años. Sus años más significativos son 320, seguidos por 108; los medios son 66 y los menores 25.

Países. Holanda, Nueva Zelanda, Dinamarca, Nuremberg y Flandes.

CAPÍTULO XII

La Cabeza del Dragón. La Cabeza de Dragón es masculina; de naturaleza jupiteriana y venusina y, en sí misma, es portadora de fortuna.[1]

La Cola del Dragón. Su naturaleza es muy distinta a la de la Cabeza, ya que la Cola es de tipo negativo. Siempre he podido constatar que la influencia de la Cabeza de Dragón era similar a la de cualquiera de los benéficos y que al entrar en contacto con alguno de los planetas inarmónicos, el resultado de este mal aspecto quedaba bastante suavizado, mientras que cuando el contacto se establecía con cualquiera de los planetas armónicos, el resultado era todavía más positivo. En la práctica, me he encontrado siempre que cuando la Cola del Dragón estaba conjunta a cualquiera de los planetas inarmónicos, la maldad y la perversidad de estos parecía multiplicarse, triplicarse o aumentar excesivamente, pero cuando la conjunción se daba con alguno de los planetas benéficos, relacionados de un modo u otro con la pregunta en cuestión, entonces y a pesar de que ésta pareciese contar con una fácil y rápida solución, siempre acababan por surgir obstáculos y dificultades, así como disputas y controversias que obligaban a dejar el proyecto de lado innumerables veces antes de que éste pudiese ser

1. Estos puntos no tienen ninguna consecuencia en las natividades, excepto en relación con la Luna, ya que cuando en el Zodíaco y por dirección ésta alcanza la Cabeza del Dragón, la influencia es positiva y cuando alcanza la Cola del Dragón, es negativa.

por fin llevado a buen término. Del mismo modo y, a menos de que los significadores principales del tema fuesen angulares o estuviesen reforzados por una buena situación astrológica, la mayoría de las veces y de forma inesperada, el asunto o la cuestión suele acabar siempre en agua de borrajas.

CAPÍTULO XIII

OTRA BREVE DESCRIPCIÓN DE LA APARIENCIA Y LAS FORMAS DE LOS PLANETAS

Urano

Éste es el planeta que más distante está del Sol; se mueve muy despacio ya que tarda 83 años y 151 días en recorrer los doce signos del Zodíaco. La naturaleza de Urano es extremadamente maléfica. Si está en el Ascendente o en cualquier posición relevante del Tema, señala a un tipo de persona excéntrica, inoportuna, brusca y con unos ademanes a menudo muy violentos. Si está bien aspectado, suele proporcionar ganancias inesperadas y repentinas y, si está afligido, puede causar pérdidas imprevistas y grandes desgracias. No es tan poderoso como Saturno o como Marte, pero aun así puede hacer mucho daño. Las personas que se hallan bajo su influencia son muy aficionadas a las antigüedades, a la astrología, etc., así como a todo tipo de estudios que se salgan de lo común, sobre todo si tanto la Luna como Mercurio se encuentran en aspecto con éste. Tienen una enorme capacidad para crear cosas nuevas y su facultad de inventiva es extraordinaria. Tanto con respecto al Tema Natal como a la Astrología Horaria, por regla general son bastante desafortunados en el matrimonio, sobre todo si Urano está en el mal aspecto con Venus o con la Luna, o bien se encuentra afligido en la Casa VIII.

Saturno

Éste designa a una persona con un tono de piel como plomizo o color tierra. Su cutis es áspero y tosco y tiene mucho vello en el cuerpo; los ojos son pequeños y la tez de un tono entre negruzco y amarillento, como si padeciese ictericia. Es enjuto, encorvado y a menudo frunce el entrecejo. Su barba es débil y con poco pelo y sus labios, casi tan gruesos como los de los negros. Siempre mira hacia abajo,[1] se mueve muy despacio y o bien es patizambo o, si no, arrastra las piernas y junta las rodillas al andar. Por regla general, el aliento es desagradable y los resfriados constantes; es una persona muy astuta e interesada y siempre convence a los demás para que actúen a su favor. Es alguien rencoroso, malvado y totalmente despreocupado por los asuntos religiosos; es grosero, desagradable y un bribón desaliñado o algo peor. Es una persona muy glotona y pendenciera. Tiene los hombros grandes y anchos y, aun a pesar de ser muy codicioso, difícilmente llega a ser rico.[2]

Júpiter

Podemos describir a Júpiter y al jupiteriano como a alguien de buena estatura, de cara rechoncha y de ojos profundos; su cutis es de tipo sanguíneo, de color entre blanco y rojizo y sus cejas se encuentran bastante separadas entre sí. La barba, por regla general, es rubia o de color arena y, a veces, cuando Júpiter se encuentra combusto, también puede ser de color negro o ceniza. La apariencia es buena y los dientes están muy bien colocados, aunque en los dos incisivos acostumbra a tener alguna marca u imperfección, sea o bien porque estos puedan estar algo torcidos, o bien porque tengan alguna mancha negra. Sus cabellos (si Júpiter está en un digno de fuego) están hechos de hermosos bucles. Se trata de un hombre muy bien hablado, religioso o, al menos, honesto y de excelente moral; es una persona encantadora, algo obesa y entrada en carnes (si Júpiter se encuentra en un signo de Agua) ya que, cuando está en un signo de Aire, ésta es alta y fuerte y, cuando está en Tierra, normalmente se trata de alguien con mucha responsabilidad y

1. Esta mirada que mantiene los ojos fijos en el suelo, es una de las características más significativas en el carácter de las personas marcadas por Saturno, o en aquellas que, por natividad, lo tienen situado en el Ascendente.
2. Estas características tan negativas se dan tan sólo cuando Saturno está débil y afligido.

bien sentado. Pero cuando Júpiter ocupa un lugar destacado dentro del Tema, entonces es mucho más gracioso y humanitario de lo normal dentro de este tipo de hombres.

Marte

El hombre marciano, a menudo también tiene la cara redonda y de un color vivo, como si estuviese quemado por el Sol. Su semblante es fiero y sus ojos, brillantes, agudos y penetrantes como dardos, acostumbran a ser de color avellana. Tanto el pelo de la cabeza como el de la barba son de un tono rojizo (pero pueden ir variando según el signo); en los signos de Fuego y de Aire y, cuando Marte se encuentra junto a alguna estrella fija de su propia naturaleza, entonces el color es tan oscuro como el de la arena roja; pero, en los signos de Agua y cuando está al lado de alguna estrella fija de su propia naturaleza, el color es más claro y apagado y, cuando está junto a alguna de estas estrellas, pero en un signo de Tierra, entonces el cabello es de color castaño. Siempre acostumbra a tener alguna marca o cicatriz en la cara. Sus hombros son anchos y su cuerpo fuerte y robusto; es intrépido, orgulloso y muy dado a burlarse de la gente o a menospreciarla, es gran amigo de la bebida, del juego, de las peleas y de las jovencitas y, todo ello, se puede deducir fácilmente gracias al signo en el que esté; si Marte ocupa una casa de Venus, es un seductor; si es de Mercurio, un ladronzuelo; pero si se encuentra en su propia casa, entonces es un pendenciero. Cuando está en una de Saturno, es muy obstinado; cuando está en la del Sol, resulta extremadamente noble y en la de la Luna, un borracho.

El Sol

Por regla general el Sol siempre representa a alguien de un color de piel café con leche mezclado con un tono algo rojizo; la cara es redonda y la barbilla pequeña; es alguien con una buena estatura y un cuerpo atractivo y cuya piel, a menudo, oscila entre un tono amarillento, un tono oscuro, a pesar de que la mayoría de las veces es más sanguínea que otra cosa. Se trata de un hombre intrépido, decidido y valiente; el cabello es rizado, la piel pálida y suave. Es alguien deseoso de alabanzas, de fama y de ser estimado por los demás; posee una voz muy clara y una cabeza más bien grande; sus dientes a veces están algo torcidos o situados de forma oblicua. Habla despacio, pero con mucho juicio y de cara a los demás, siempre actúa de forma decorosa, aunque en privado es lascivo y muy inclinado al vicio.

Venus

Quien esté marcado por Venus ya sea hombre o mujer, acostumbra a tener la cara redonda y armoniosa, los ojos grandes y a menudo algo desorbitados; sus labios son muy rojos y por regla general el inferior es más grueso que el superior; los párpados son algo oscuros pero, sin embargo, graciosos y bonitos. El cabello es de un bonito color (aunque siempre de acuerdo con el signo en el que esté, tal y como mencionamos anteriormente), ya que en algunos signos es de color negro y, en otros, castaño claro, pero, por lo general, siempre suele ser suave y sedoso, el cuerpo está muy bien formado, aun tendiendo más a ser bajo que alto.[3]

Mercurio

Podríamos describir al mercurial como a un hombre con un tipo de piel ni blanca ni negra, sino de un color intermedio, o bien de un moreno algo apagado, o bien de un tinte amarillento oscuro. La cara es alargada, la frente ancha y los ojos negros o grises; su nariz es estrecha, larga y puntiaguda, y la barba (aunque a menudo carece de ella) es muy fina, escasa y de color castaño oscuro, casi negro. La figura es esbelta y las piernas más bien cortas. Se trata de alguien muy atareado y demasiado charlatán. Siempre anda muy deprisa y parece estar ocupado por un montón de cosas.

La Luna

Ésta, debido a su rapidez, varía muy a menudo de aspecto, aunque, por lo general, personifica a alguien de rostro redondeado y carnoso, en cuyo cutis se puede percibir como una especie de mezcla entre el blanco y el rojo, aunque siempre suele predominar la palidez. Si la Luna está en un signo de Fuego, la persona hablará muy deprisa y, si se

---

3. Siempre hemos observado que Venus acostumbra a causar *hoyuelos* en las mejillas y una cara muy sonriente.

encuentra en un signo de Agua, acostumbrará a tener pecas en la cara, un físico poco agraciado y parecerá siempre como sorprendida ya que, a menos de que esté muy bien situada, la Luna siempre personifica a un tipo de persona ordinaria y vulgar.[4]

4. Hemos querido añadir todas estas descripciones a las anteriores ya que, así, el estudiante cuenta con más material para poder describir a la persona que le haga la consulta y, a través de todos estos significados, y una vez conocido el carácter, su conducta se hará mucho más previsible.

CAPÍTULO XIV

EL COLOR DE LOS PLANETAS Y DE LOS SIGNOS

El color de Saturno es el negro; el de Júpiter es una mezcla de rojo y de verde; el de Marte, es el color hierro o el rojo; el del Sol es el amarillo; el de Mercurio es un color cielo o azulado; y, el de la Luna, es un color moteado con el blanco y con otros colores mezclados.

El color de Aries es el blanco mezclado con el rojo; el de Tauro, el blanco mezclado con el amarillo limón; el de Géminis, el blanco mezclado con rojo; Cáncer es de color verde o pardo; Leo es rojo o verde; Virgo es de color negro, moteado con azul; Libra es de color negro, carmesí oscuro o rojizo; el color de Escorpio es el marrón; el de Sagitario, es el amarillo o un verde sanguíneo; el de Capricornio es negro, pardo o marrón oscuro; el de Acuario es de color cielo con tonos azules y el de Piscis es de color blanco brillante.[1]

1. Al igual que un pez recién sacado del agua.

CAPÍTULO XV

NATURALEZA, LUGARES, PAÍSES, DESCRIPCIONES GENERALES Y ENFERMEDADES DESIGNADOS POR LOS DOCE SIGNOS

ARIES

Es un signo masculino, diurno, móvil, cardinal y equinoccial; es de Fuego, de naturaleza cálida y seca, de temperamento colérico, bestial, lujurioso y violento. Es el domicilio diurno de Marte; pertenece a la triplicidad de Fuego y al este.

Enfermedades. Todo tipo de flemones, los bultos y los granos en la cara; la viruela, los pólipos, la tiña, la epilepsia, las apoplejías, las jaquecas, los dolores de muelas y de cabeza y la calvicie.

Lugares designados por Aries. Lugares en donde pastan las ovejas y el ganado; suelos arenosos o montañosos; refugios para ladrones (así como todos aquellos lugares poco frecuentados); los establos para animales pequeños, las tierras recién cosechadas o aradas o aquellas en las que recientemente se hayan quemado ladrillos o cal y, en las casas, representa la cubierta, el techo o el enyesado.

Descripción del cuerpo o de la apariencia representado por Aries. El cuerpo es más bien seco y sin un exceso de peso; es delgado o magro, pero de huesos fuertes y miembros robustos; la cara es alargada y las cejas muy negras; el cuello es largo y delgado y los hombros anchos; y, el cutis, es oscuro o moreno.

Países regidos por Aries. Inglaterra, Alemania, Dinamarca, la pequeña Polonia, Palestina, Siria y Nápoles.

Ciudades. Florencia, Verona, Padua, Marsella, Borgoña, Zaragoza y Bérgamo.

TAURO

Características del signo de Tauro. Es un signo de Tierra, frío, seco, melancólico, femenino, fijo y nocturno; pertenece a la triplicidad de Tierra y al sur, y es el domicilio nocturno de Venus.

Enfermedades. La escrófula, los dolores de garganta, los quistes, las mucosidades que van a parar a la garganta, las amigdalitis y todo tipo de abscesos situados en dichas partes.

Lugares. Los establos donde están los caballos, las casetas y los sitios donde se guardan los aparejos para el ganado; los pastos o los cultivos alejados de las casas; los terrenos planos o en donde se hayan arrancado arbustos recientemente, así como aquellos en los que el trigo y el maíz hayan sido sustituidos o aquellos en los que haya unos pocos árboles y no muy alejados entre sí. En las casas, representa los sótanos y las habitaciones inferiores.

Apariencia y descripción. Representa a alguien de estatura baja, pero fornido, robusto y bien proporcionado; la frente es ancha, los ojos grandes, la cara alargada y morena y los hombros anchos y fuertes. La boca también es grande y los labios gruesos. Las manos son más bien regordetas y el pelo negro y bastante desigual.

Países regidos por Tauro. Irlanda, Persia, la gran Polonia, Asia Menor, el Archipiélago y la parte sur de Rusia.

Ciudades. Dublín, Mantua, Leipzig, Parma, Franconia, Lorena y también las islas de Chipre y de Samos, así como el puerto y las vecindades de Navarino.

GÉMINIS

Características y propiedades de Géminis. Es un signo de Aire, cálido, húmedo, sanguíneo, diurno y común o de doble cuerpo; es el domicilio diurno de Mercurio, es masculino y pertenece a la triplicidad de Aire y al este.

Enfermedades. Tiene que ver con todos aquellos trastornos, accidentes o enfermedades de los brazos, de los hombros o de las manos y también con el flato en las venas, la descomposición de la sangre y con todas las enfermedades imaginarias o de origen nervioso.

Lugares. En las casas, tiene que ver con el entablado de las habitaciones, el enyesado y las paredes en general, así como con los pasillos y los salones de juego; está relacionado con las colinas y con las montañas, con los graneros, los almacenes para el maíz, las arcas y los cofres y los lugares elevados.

Países regidos por Géminis. Norteamérica, el bajo Egipto, Lombardía, Cerdeña, Brabante, Bélgica y la parte oeste de Inglaterra.

Ciudades. Londres (especialmente a 17° 54' de Géminis), Versalles, Mentz, Brujas, Lovaina, Córdoba, Nueva York y Nuremberg.

Descripción. El cuerpo es recto, alto y erguido, tanto en el hombre como en la mujer. El cutis es sanguíneo y no es pálido, sino que es moreno, los brazos son largos, pero los pies y las manos acostumbran a ser algo pequeños y regordetes. El pelo es muy oscuro,[1] casi negro, y el cuerpo es fuerte y activo; los ojos son penetrantes, juguetones y de un bonito color avellana; la vista es rápida y excelente, como también lo es su capacidad de juicio y de comprensión en los asuntos mundanos.

CÁNCER

Características y propiedades de Cáncer. Es el único domicilio de la Luna y el primer signo de la triplicidad de Agua; es un signo frío, húmedo, flemático, femenino, nocturno, móvil y de agua; es mudo, fértil y pertenece al norte.

Enfermedades. Tiene que ver con todos aquellos trastornos localizados en el pecho, en el estómago, en los pezones o en sus alrededores; con las malas digestiones, los dolores de barriga, la tisis, las flemas saladas, las toses persistentes, los humores hidrópicos, los abscesos en el estómago y el cáncer,[2] en particular el de pecho.

1. En cualquier caso, creo que el color del pelo vendrá determinado o bien por aquel planeta que se encuentra más cerca del grado Ascendente o en aspecto exacto con éste, o bien por aquél que esté situado en la cúspide de la casa por la cual se identifica al sujeto. Creo que con respecto a las preguntas de Astrología Horaria, Géminis proporciona con más frecuencia un cabello castaño. ZADKIEL.

2. No existe gran duda en cuanto a que esta enfermedad tomara su nombre de este fenómeno astrológico, ya que el signo de Cáncer rige el pecho y allí es donde ésta suele tener lugar. Las personas nacidas con este signo en el Ascendente, siempre acostumbran a tener algún defecto, marca, cicatriz o enfermedad en el pecho. ZADKIEL.

Lugares. El mar, los grandes ríos, los ríos navegables y en el interior, todos aquellos lugares que estén cerca de los ríos, de los arroyos, de los manantiales y de los pozos; las bodegas o los sótanos de las casas y el baño; los terrenos pantanosos, los canales, los bancos del mar, las zanjas y las cisternas.

Apariencia y descripción. Generalmente, la estatura es baja y los miembros superiores algo más largos que los inferiores; la cara es redonda, pálida y enfermiza y el cutis blanquecino; el pelo es de color castaño y apagado y los ojos pequeños; si se trata de una mujer, tenderá a tener muchos hijos.

Países regidos por Cáncer. Holanda, Escocia, Zelanda, Georgia y toda África. *Ciudades.* Constantinopla, Túnez, Argel, Ámsterdam, Cádiz, Venecia, Génova, York, St. Andrews, Manchester, Nueva York, Berna, Lübeck, Milán y Vicença.

LEO

Características y propiedades de Leo. Es el único domicilio del Sol; su naturaleza es fogosa, cálida, seca y colérica; es un signo diurno, de mando, bestial,[3] estéril y masculino. Pertenece a la triplicidad de Fuego.

Enfermedades. Todo tipo de trastornos en las costillas, los costados, etc., así como las pleuresías, las convulsiones, los dolores de espalda, los ataques al corazón, las fiebres altas y violentas, y todas las enfermedades o debilidades del corazón y el dolor de ojos, las plagas, las pestes y la ictericia.

Lugares. Aquellos frecuentados por bestias salvajes; los bosques, las florestas, los desiertos y los lugares rocosos, empinados e inaccesibles; los palacios de los reyes, los castillos, las fortalezas y los parques. En las casas simboliza a las chimeneas y al fuego del hogar.

Tipo y apariencia. La cabeza es grande y redonda, los ojos enormes y prominentes, como desorbitados y la vista es rápida y muy buena.

3. Este término significa que si una persona ha nacido bajo este signo, está representada por él o tiene a la Luna allí situada y ello se encuentra en aflicción, tendrá mucha menos humanidad que si hubiese nacido bajo cualquier otro signo, exceptuando la segunda mitad de Sagitario. No simpatizan con las personas que sufren ni sienten ninguna compasión por nadie.

El cuerpo es grande, largo y de una estatura más que media; los hombros son anchos y los costados estrechos; el cabello es rubio o castaño, ondulado o rizado y la expresión es algo fiera, pero el cutis es rojizo y sanguíneo. La persona es fuerte, valiente y activa. Pisa firme y es muy cortés.

Países regidos por Leo. Francia, Italia, Bohemia, Sicilia y Roma.

Ciudades. Roma, Bath, Bristol, Taunton, Cremona, Praga, Apulia, Ravena y Filadelfia; también rige los Alpes y la antigua Caldea, hasta Basora.

VIRGO

Propiedades y características de Virgo. Es un signo terrestre, frío, melancólico, estéril, femenino, nocturno y del sur; es el domicilio y exaltación de Mercurio y pertenece a la triplicidad de Tierra.

Lugares. Aquellos donde se estudia o se guardan los libros, los armarios, las lecherías, los maizales, los graneros, las fábricas de malta, el heno, la cebada, el trigo y aquellos lugares en donde se guarda el queso y la mantequilla.

Enfermedades. Las lombrices, las ventosidades y los cólicos; cualquier malestar y obstrucción intestinal, así como las enfermedades de los testículos y del vientre.

Países regidos por Virgo. Turquía, tanto la europea como la asiática, Suiza, Mesopotamia o Diarbea, todos los países situados entre el Tigris y el Éufrates, las tierras de los turcomanes y la parte oeste de las Indias.

Ciudades. París, Lyon, Toulouse, St. Etienne, Basilea, Heidelberg, Reading, Jerusalén, Candia, Silesia menor, Croacia o Liburnia, Babilonia o Bagdad, Tesalia, Corinto y Morea, así como el gobierno y el comercio de Liverpool, regido principalmente por el grado nueve de este signo.

Tipo y apariencia. El cuerpo es ligero, bastante alto pero bien proporcionado; el cutis es rojizo y oscuro y el pelo negro,[4] y, aunque en conjunto es bastante agraciado, no se puede decir que sea bello. El tono

4. La primera parte del signo proporciona cabello castaño.

de voz es agudo y chillón y los miembros tienden a ser algo cortos;[5] es ingenioso, discreto, juicioso y extremadamente bien hablado. Muy estudioso e interesado por la historia, tanto sea hombre como mujer y, si Mercurio ocupa este signo y la Luna está en Cáncer, se da una extraña capacidad de comprensión, aunque algo inestable.

LIBRA

Naturaleza y propiedades de Libra. Éste es un signo cálido y húmedo, sanguíneo, masculino, móvil, equinoccial, cardinal, humano y diurno. Pertenece a la triplicidad de Aire y al oeste y es el domicilio de Venus.

Enfermedades. Todas aquellas relacionadas con los riñones (piedras, arenillas, etc.), enfermedades o desarreglos del lomo y de las caderas, inflamaciones o úlceras en los riñones o en la vejiga; debilidad en la espalda y putrefacción de la sangre.

Lugares. En el campo representa las tierras cercanas a un molino, las casetas, las cabañas, los aserraderos y aquellos sitios donde trabajan los toneleros o donde se corta la madera. También representa a las laderas de las montañas, los árboles y los lugares donde se caza; los campos arenosos y el aire puro. En las casas simboliza las habitaciones superiores, las recámaras, las buhardillas y aquellas habitaciones que se hallan situadas en el interior de otras; también la parte superior de los cofres, de los cajones, armarios, etc.

Tipo y apariencia. El cuerpo está muy proporcionado; es recto, alto y más tirando a delgado que a grueso; la cara es redonda y muy hermosa y el color del cutis es puro y sanguíneo; durante la juventud, ni el color rojizo ni la palidez son excesivos, pero con la edad pueden aparecer granos o bien un exceso de color; el pelo es largo, muy suave y tirando a rubio, y los ojos a menudo son de color azul.

Países regidos por Libra. China, Japón y las partes de la India más próximas a estos; Austria, Usbeck en Persia yendo hacia la India; el alto Egipto, Livonia y los alrededores del mar Caspio.

Ciudades. Lisboa, Viena, Amberes, Spires, Friburgo, Charleston, América y su vecindad.

---

5. Si Urano está en este signo y en el Ascendente, entonces los miembros serán más largos y el cuerpo más alto.

ESCORPIO

Naturaleza y propiedades de Escorpio. Es un signo de Agua, frío, nocturno, flemático, femenino y del norte; pertenece a la triplicidad de Agua y es el domicilio y la exaltación del planeta Marte; normalmente, representa a los hombres astutos y engañosos.

Enfermedades. Arenillas y piedras en la vejiga o en los órganos sexuales; hernias, fístulas o almorranas; todo tipo de problemas o aflicciones en los órganos sexuales, tanto en los hombres como en las mujeres; desarreglos en la matriz y sus consecuencias, heridas, etc., rigiendo también los espermatozoides, las ingles, entre otras cosas.

Lugares. Aquellos en donde acostumbran a estar todo tipo de bichos, tales como escarabajos, etc., y aquellos que no tienen alas y son venenosos; los jardines, los viñedos, los huertos; las casas en ruinas y cercanas al agua, los terrenos fangosos, pantanosos o moriscos; los lagos estancados, los cenagales, las charcas, los pozos; la cocina o despensa, el lavadero, etc.

Tipo y descripción. El cuerpo es fuerte, corpulento y bien hecho; la cara es ancha y algo cuadrada; el cutis es moreno, oscuro y el pelo es de un negro apagado y bastante encrespado. Acostumbra a tener un cuerpo algo peludo, las piernas en arco y el cuello más bien corto; se trata de una persona a menudo algo rechoncha pero bien proporcionada.

Países regidos por Escorpio. Berbería, Marruecos, Noruega, Valencia, Cataluña, Bavaria y la antigua Capadocia.

Ciudades. Frankfurt, Messina, Gante y Liverpool, que está especialmente regida por el grado 19 de este signo.

SAGITARIO

Características y naturaleza de Sagitario. Forma parte de la triplicidad de Fuego, pertenece al este y es de naturaleza cálida, seca, masculina y colérica; es un signo diurno, común, bicorpóreo o de doble cuerpo y es el domicilio y exaltación de Júpiter.

Enfermedades. Rige los muslos y las nalgas, así como todos los tumores, las fístulas o las heridas localizadas en dichas partes. Por lo general, la presión sanguínea es alta y las fiebres, los contagios, las caídas de caballo o las heridas producidos por éstos o por cualquier otro animal de cuatro patas suelen ser muy frecuentes. También tiene que ver con los males causados por el fuego, el calor o por los excesos realizados en el deporte.

Lugares. Las caballerizas o los establos para animales grandes y de cuatro patas; en los campos representa las colinas y las tierras más altas, así como aquellos terrenos que debido a su altura sobresalen un poco de los demás. En las casas, simboliza las habitaciones superiores y aquellos lugares que están cerca del fuego.

Tipo y apariencia del cuerpo. El semblante es agraciado, pero la cara, aunque alargada, es más bien gruesa y rojiza, casi como quemada por es Sol; el cabello es castaño claro y la estatura algo más alta que la media; los miembros están bien formados y el cuerpo es fuerte y muy proporcionado; inclina a la calvicie y al amor por los caballos.

Países regidos por Sagitario. Arabia, España, Hungría, las partes de Francia próximas al cabo Finisterre, Dalmacia, Istria, Toscana, Moravia y Eslovenia.

Ciudades. Colonia, Buda, Avignon, Narbona y Toledo.

CAPRICORNIO

Características y naturaleza de Capricornio. Es el dominio de Saturno y se trata de un signo nocturno, frío, seco, de Tierra, femenino, cardinal, móvil y de cuatro patas; pertenece al sur y es la exaltación de Marte.

Enfermedades. Rige las rodillas y tiene que ver con todos los accidentes relacionados con ellas, se trate tanto de torceduras como de fracturas; también tiene que ver con la lepra, la sarna y las afecciones de la piel.

Lugares. Representa los refugios en donde están los bueyes, las vacas, los terneros, así como aquellos lugares en los que se guardan las herramientas o la madera; los establos para las ovejas y lugares donde pastan; los barbechos; los campos estériles, frondosos y espinosos; en los campos, simboliza los estercoleros y, en las casas, el sitio donde se tiran las basuras y, también, tiene que ver con los lugares oscuros, cerca del suelo o del umbral.

Físico. Generalmente el cuerpo es más bien seco, la estatura no es demasiado alta y la cara es delgada y alargada; la barba es escasa, el pelo negro y la barbilla estrecha. El cuello es pequeño y largo, y los hombros estrechos. Me he encontrado muchas veces que la persona con Capricornio en el Ascendente, tenía el pelo blanco, pero que cuando la cúspide de éste se hallaba a los siete grados del signo, entonces era negro.[6]

Países regidos por Capricornio. La India, Grecia, algunas partes de Persia cercanas a Circa; Macran y Jorasán; Lituania, Sajonia, Albania, Bulgaria, Estiria, México y algunas de las partes próximas al istmo de Darie, Sta. Marta, Popayan, Pasta, etc.

Ciudades. Mecklemburgo, Hesse, Oxford y también las islas Orkney.

ACUARIO

Naturaleza y características de Acuario. Se trata de un signo de Aire, cálido y húmedo; es diurno, sanguíneo, fijo, humano y masculino; es el domicilio de Saturno y pertenece al oeste.

Enfermedades. Gobierna las piernas, los tobillos y cualquier tipo de desarreglos o accidentes en estos miembros; también rige las enfermedades espasmódicas y nerviosas, los calambres, los gases, etc.

Lugares. Aquellos lugares montañosos, escarpados o desiguales y también aquellos recién arados o labrados, así como en los que hayan canteras de piedra o de cualquier otro mineral. En las casas, representa los techos, los aleros y las partes superiores. También simboliza los viñedos o lugares próximos a una pequeña cascada o conducto de agua.

Tipo y apariencia. Representa a alguien rechoncho, de cuerpo robusto o fuerte, regordete, bien proporcionado pero no muy alto. La cara es alargada y el cutis sanguíneo; si Saturno, regente de esta casa, está en Capricornio o en Acuario, el sujeto tendrá el cabello negro, el cutis sanguíneo y una dentadura prominente, pues, si no, he observado que, por

6. Esta observación del autor confirma nuestra opinión previa en cuanto a que en las cuestiones de Astrología Horaria, el color del pelo depende del regente del término Ascendente y en las natividades de los planetas que estén en aspecto con el Ascendente, así como del signo ocupado por éste.

el contrario, éste acostumbra a tener un cutis pálido, claro y hermoso, el cabello de color arena y la piel carnosa y muy pura.[7]

Países regidos por Acuario. Arabia, Rusia, Tartaria, Prusia; algunas partes de Polonia, Lituania, Moscú, la parte baja de Suecia y Westfalia.

Ciudades. Hamburgo, Bremen, Piamonte, y también Afganistán y otras de las partes de Asia que bordean Persia. Este signo rige los asuntos de estado de Inglaterra y muy especialmente en el grado trece.[8]

PISCIS

Propiedades y características de Piscis. Es un signo frío, del norte, fértil, flemático, femenino y de Agua; es el domicilio de Júpiter y la exaltación de Venus. Es bicorpóreo, común o de doble cuerpo y se trata de un signo perezoso, afeminado y enfermizo, y representa a alguien muy poco activo.

Enfermedades. Aquellas que atañen a los pies, como la gota, y también todo tipo de cojeras, dolores o accidentes en estos miembros, así como las descargas mucosas, sarna, pústulas y rupturas; los forúnculos y las úlceras procedentes de la sangre y las enfermedades causadas por el frío y la humedad; rige también los trastornos intestinales que provengan a causa de una excesiva humedad en los pies.

Lugares. Representa aquellas tierras llenas de agua o donde hay muchas cascadas, aves y estanques o ríos con muchos peces, y también aquellos lugares en los que existieron ermitas, gaviotas en los techos y molinos de agua. En las casas, simboliza los lugares que están cerca del agua como los pozos o surtidores y también tiene que ver con las aguas estancadas.[9]

---

7. La princesa Carlota de Gales nació con el Ascendente en este signo, signo que proporciona más belleza que ninguno, exceptuando a Libra.
8. Los eclipses en Acuario causan grandes innovaciones en el estado de Inglaterra; los cometas empujaron a esta nación a la guerra. Los mayores cambios operados en las leyes ocurrieron cuando Urano estaba en Acuario.
9. Este signo representa al agua estancada, tal y como Cáncer lo hace con el agua que corre.

Físico. La estatura es baja y el cuerpo no muy bien hecho. La cara es alargada y el cutis pálido; el cuerpo es más bien rechoncho, carnoso y poco recto, tiende a curvarse como si chocase con la cabeza.[10]

Países regidos por Piscis. Portugal, Calabria, Normandía, Galicia, España y Sicilia.

Ciudades. Alejandría, Ratisbona, Worms, Sevilla, Compostela y Tiverton.

10. Por regla general, me he encontrado con que las personas nacidas bajo este signo tenían un cutis muy delicado y, a menudo, de apariencia pálida y enfermiza. ZADKIEL.

CAPÍTULO XVI

MUESTRA DE CÓMO DEBE UTILIZARSE LA ANTERIOR EXPOSICIÓN SOBRE LOS DOCE SIGNOS

Si lo que se pregunta al astrólogo es algo referente a la condición, a las características o estatura de la persona a la que se le levanta el Tema, habrá que observar el signo de la casa por la que se la identifica, los planetas que la ocupan, el signo en el que se encuentra su regente y la posición de la Luna y, entonces, combinando unos datos con otros, deberemos emprender un juicio a través de estos valiosos testimonios. Si se trata de un signo humano, es decir, Géminis, Virgo, Acuario o la primera mitad de Sagitario el que se encuentra en el Ascendente y, si el regente de este signo o la Luna están en cualquier signo de la misma naturaleza, entonces podrá considerar que el tipo en cuestión posee un físico agraciado y elegante y que es de naturaleza sociable, muy atento, etc. Si la pregunta está relacionada con alguna enfermedad y Aries está, tanto en la cúspide del Ascendente como entrando por la Casa VI, se puede decir que dentro de esta enfermedad existe algo de la naturaleza de Aries; pero «el que...» debe de ser interpretado gracias a la ayuda de los demás significadores.

Si a una persona se le ha perdido o extraviado el ganado o cualquier otra cosa de tipo material, deberemos observar en qué signo se encuentra ubicado el significado de esta cosa; si está en Aries y lo que la persona ha perdido es algún animal o algo similar, deberemos observar a qué tipo de lugares corresponde este signo y dejar que el sujeto acuda a éstos en su busca, considerando el cuarto del cielo significado por el signo; si se trata de algún tipo de material que tan sólo pueda ser movido con las manos, entonces deberemos hacérselo buscar en aquellos lugares o proximidades de su casa, representados por Aries.

Si alguien hace una pregunta en relación a un viaje y quiere saber si la visita que va a realizar a tal país, ciudad o reinado, va a resultarle próspera y saludable, en el Mapa Astral deberemos de fijarnos en qué signo está el regente del Ascendente: si el significador está bien situado en Aries, o si Júpiter o Venus lo ocupan, entonces podrá viajar y pasar una temporada con toda tranquilidad en aquellos países o ciudades que estén representados por Aries; lugares que podremos determinar fácilmente gracias a la lista anterior. Aquellos países sujetos al signo en los que haya algún planeta desafortunado y, a menos de que estos planetas sean ellos mismos los significadores, siempre serán desafortunados. Recuerde que los caballeros acostumbran a preguntar si tal ciudad o país podría llegar a resultarle alegre y saludable y que, con respecto a los vendedores, cuyo único objetivo es el del comercio y el del aumento de sus negocios, en el Mapa Astral que les levantemos, el país o la ciudad deberá de ser considerado en relación al signo de la segunda Casa, a aquel en el que se encuentre la Rueda de la Fortuna o al lugar que ocupe el regente de la Casa II, que es el que se encuentra más fuerte y le permite comerciar.[1]

1. Esto implica que hay que juzgar el signo de la casa que rija el objetivo particular de la pregunta; ya que, si por ejemplo, ésta se refiriere a si el consultante puede o no encontrar una buena esposa y dónde; entonces habría que mirar la Casa VII.

CAPÍTULO XVII

DIGNIDADES ESENCIALES DE LOS PLANETAS

En astrología, el método más exacto para emitir un juicio es a través de los siguientes pasos; primero, dominando a la perfección la naturaleza de los signos y de los planetas; segundo, conociendo la capacidad, la fuerza o la debilidad de los significadores y teniendo el juicio suficiente como para hallar el equilibrio perfecto entre éstos, sus aspectos y otras muchas combinaciones y, tercero, aplicando correctamente las influencias del Mapa Astral y las de los aspectos de los planetas en el momento en el que se haya planteado la pregunta, y todo ello debe de hacerse de una forma natural, sin ningún tipo de coacción para que, así, las máximas de este arte sublime puedan ser seguidas a la perfección. Por ello, cuanto más se empeñe en llevar todos estos conocimientos fuera de su naturaleza, más incrementará su error. Se dice que un planeta es realmente fuerte cuando sus dignidades esenciales[1] son varias y ello ocurre cuando se encuentra en su domicilio, exaltado, en triplicidad, término o cara (decanato) en el momento en el que se levante el Tema. Si, por ejemplo, en cualquier Carta del Cielo se encuentra con un planeta en alguno de estos signos a los que denominamos su *domicilio,* entonces éste será esencialmente fuerte, tal como ocurre con Saturno en Capricornio, Júpiter en Sagitario, etc.

1. Esto no debe de aplicarse en los temas natales en los que la posición angular y los buenos aspectos recibidos por algún planeta constituyen su fuerza. ZADKIEL.

Dignidad esencial por casa. Cuando un planeta o su significador se encuentran en su propio domicilio, representan a un hombre en estas mismas condiciones ya que éste es dueño de su propia casa, estado y fortuna y, también, pueden representar a alguien sumamente desprendido en cuanto a los bienes de este mundo o a alguien que se encuentre en una condición o en un estado extremadamente feliz: ello siempre resultará cierto a menos que el significador se encuentre retrógrado, combusto o afligido por cualquier otro planeta o aspecto inarmónico.

Exaltación. Si el planeta está en un signo en el que se encuentre *exaltado,* debe de ser considerado como esencialmente fuerte, tanto se halle cerca del grado exacto de su exaltación como si no; como por ejemplo Marte en Capricornio o Júpiter en Cáncer.

Si el significador se encuentra en exaltación y no recibe ningún tipo de impedimentos, sino que está angular, representará a una persona altiva, arrogante y que gasta más de lo que realmente se puede permitir. Tal y como se ha podido observar, el efecto de los planetas se hace mucho más patente en algunos sectores del Zodíaco que en otros.

Triplicidad. Si el planeta está situado en alguno de los signos a él asignados como *triplicidad,* también será fuerte, aunque algo menos que en otros casos.

Un planeta en su *triplicidad* nos describe a una persona modestamente dotada con respecto a los bienes o a la fortuna en esta vida; a alguien de buena cuna y cuyas condiciones de vida en el momento de plantear la pregunta, serán buenas sin duda, aunque un poco menos de lo que podrían llegar a ser con cualquiera de las otras dos dignidades anteriormente citadas.

Término. Si un planeta se encuentra en alguno de los grados a él asignados como *término,* podrá estar ligeramente dignificado.

Un planeta que sólo esté fortificado por hallarse en su propio término, nos mostrará a una persona mucho más influenciada por el tipo de físico o el temperamento que otorga el planeta en cuestión que por poseer una extraordinaria fortuna o ser una eminencia dentro de su comunidad.

Cara. Si un planeta se halla en su cara o decanato, gozará de la menor de las dignidades esenciales ya que al estar en su propio decanato, no podrá ser considerado como peregrino.

Un planeta situado en su decanato, nos describe a una persona que está en las últimas, a alguien al que le resulta muy difícil seguir manteniendo su crédito y su reputación y, en cuanto a las genealogías, representa los últimos vestigios de una familia, su decadencia y sus dificultades de mantenerse a flote.

Los planetas también pueden tener fuerza de otra forma; es decir, accidentalmente como, por ejemplo, cuando son directos, su movimiento es rápido, son angulares o están en aspecto de trígono o de sextil con Júpiter o Venus, etc. o cuando está en conjunción con algunas de las estrellas fijas, tal y como explicaremos más adelante. A continuación, incluimos una tabla sobre las dignidades esenciales a través de la cual, echándole un vistazo, podrá determinar la dignidad esencial o la imbecilidad de cualquier planeta.

Existieron innumerables diferencias entre los griegos, los árabes y los indios en cuanto a las dignidades esenciales de los planetas; es decir, en cuanto a distribuir los grados de los signos apropiados a cada uno de los planetas. Hasta muchos años después, y aun en época de Ptolomeo, los astrólogos todavía no se habían puesto de acuerdo al respecto, pero a partir de Ptolomeo los griegos siguieron de forma unánime el método que éste les dejó, método que por lo demás está considerado hasta ahora como el más racional por el resto de los cristianos de Europa. Pero, en la actualidad, los moros de Berbería y aquellos astrólogos de su nación que vivían en España, aun hoy en día continúan siguiendo un método algo distinto. De todos modos, presento aquí las tablas según la doctrina de Ptolomeo.

CAPÍTULO XVIII

TABLA DE LAS DIGNIDADES ESENCIALES DE LOS PLANETAS, ETC.

EXPLICACIÓN DE LA TABLA

Cada uno de los planetas tiene dos signos como CASAS, excepto el Sol y la Luna que sólo tienen uno. Saturno tiene a Capricornio y a Acuario; Júpiter a Sagitario y a Piscis; Marte a Aries y a Escorpio; Venus a Tauro y a Libra, y Mercurio a Géminis y a Virgo. A una de estas casas se la llama *diurna* y está representada por la letra D en la segunda columna de la tabla y, la otra, denominada *nocturna*, está representada por la letra N. Las EXALTACIONES de los planetas se encuentran en la columna tercera de la tabla; así el Sol la tiene a 19° de Aries; la Luna a 3° de Tauro; el Nodo Lunar a 3° de Géminis, etc. Estos doce signos se encuentran divididos en CUATRO TRIPLICIDADES, y en la cuarta columna se explica qué planeta o planetas, tanto diurnos como nocturnos, gobiernan cada triplicidad; así, nos encontramos que para Cáncer, Escorpio y Piscis, es Marte el que gobierna en esta triplicidad, tanto de día como de noche y, en cuanto a Aries, Leo y Sagitario, veremos que los que los gobiernan son el Sol y Júpiter; es decir que el Sol dominará esta triplicidad durante el día, y Júpiter lo hará durante la noche; los primeros seis grados de Aries son los TÉRMINOS de Júpiter y a partir del grado seis, hasta el catorce, son los TÉRMINOS de Venus, etc. Con respecto a Aries y en las columnas número 10, 11 y 12, nos encontramos con Marte, 10; Sol, 20; y Venus, 30. Es decir, que los primeros diez grados de Aries son el DECANATO de Marte; del diez al veinte, el DECANATO del Sol; del veinte al treinta, el de Venus, etc.

En la columna número 13 de la tabla, siguiendo la línea de Aries, nos encontraremos al planeta Venus en EXILIO. En la columna 14, y de nuevo en la línea de Aries, comprobaremos que Saturno está en CAÍDA, ya que en Aries este planeta se encuentra en el signo opuesto al de su exaltación y por ello es desafortunado, etc. Aunque todos estos datos ya se encuentran implícitos en la naturaleza de los planetas, esta tabla además de hacerlos mucho más evidentes ante nuestros ojos, puede resultarnos muy útil como referencia.

Signos	Casas	Exaltaciones	Triplicidad Día	Triplicidad Noche	Términos					Faces			Detrimento	Caída
♈	♂ D.	☉ 19	☉	♃	♃ 6	♀ 14	☿ 21	♂ 26	♄ 30	♂ 10	☉ 20	♀ 30	♀	♄
♉	♀ N.	☽ 3	♀	☽	♀ 8	☿ 15	♃ 22	♄ 20	♂ 30	☿ 10	☽ 20	♄ 30	♂	
♊	☿ D.	☊ 3	♄	☿	☿ 7	♃ 14	♀ 21	♄ 25	♂ 30	♃ 10	♂ 20	☉ 30	♃	
♋	☽ D. N	♃ 15	♂	♂	♂ 6	♃ 13	☿ 20	♀ 27	♄ 30	♀ 10	☿ 20	☽ 30	♄	♂
♌	☉ D. N.		☉	♃	♄ 6	☿ 13	♀ 19	♃ 25	♂ 30	♄ 10	♃ 20	♂ 30	♄	
♍	☿ N	☿ 15	♀	☽	☿ 7	♀ 13	♃ 18	♄ 24	♂ 30	☉ 10	♀ 20	☿ 30	♃	♀
♎	♀ D.	♄ 21	♄	☿	♄ 6	♀ 11	♃ 19	☿ 24	♂ 30	☽ 10	♄ 20	♃ 30	♂	☉
♏	♂ N.		♂	♂	♂ 6	♃ 14	♀ 21	☿ 27	♄ 30	♂ 10	☉ 20	♀ 30	♀	☽
♐	♃ D	☊ 3	☉	♃	♃ 8	♀ 14	☿ 19	♄ 25	♂ 30	☿ 10	☽ 20	♄ 30	☿	
♑	♄ N.	♂ 28	♀	☽	♀ 6	☿ 12	♃ 19	♂ 25	♄ 30	♃ 10	♂ 20	☉ 30	☽	♃
♒	♄ D.		♄	☿	♄ 6	☿ 12	♀ 20	♃ 25	♂ 30	♀ 10	☿ 20	☽ 30	☉	
♓	♃ N.	♀ 27	♂	♂	♀ 8	♃ 14	☿ 20	♂ 26	♄ 30	♄ 10	♃ 20	♂ 30	☿	☿

CAPÍTULO XIX

CONSIDERACIONES PREVIAS AL JUICIO

Todos los antiguos que han escrito algo sobre Astrología Horaria, no cesan de prevenir al astrólogo que antes de emitir un juicio considere bien si la figura es radical[1] y está capacitada para el dictamen.

La pregunta no deberá ser tomada como radical cuando:

Si el Ascendente se encuentra en el primer o segundo grado de un signo (y en particular en aquellos de corta ascensión como Capricornio, Acuario, Piscis, Aries, Tauro o Géminis) ya que entonces no es posible aventurar juicio alguno a menos que el solicitante sea muy joven y que tanto su físico como su cutis, o lunares y cicatrices, estén en consonancia con el signo ascendente.

Si el Ascendente se halla a 27 grados o más de cualquier signo, ya que en este caso no resulta nada seguro emitir juicio alguno a menos que el consultante tenga la misma edad que grados tiene la cúspide del Ascendente o que la figura haya sido levantada con una total seguridad en el tiempo, es decir que si por ejemplo, ante cualquier acontecimiento, una persona escapase o huyese de éste en un momento determinado y quisiese saber el resultado, entonces sí que se podría juzgar ya que no se trataría de ninguna cuestión planteada de antemano.

1. Este término, al igual que la base o la raíz, denota el tema de nacimiento ya que cuando una persona hace su primera pregunta al astrólogo, suele darse el caso de que el Ascendente de la pregunta acostumbra a ser el mismo que el de su Tema Natal, encontrándose incluso a menudo a los mismos grados.

Tampoco resulta muy seguro realizar ningún juicio cuando la Luna está situada en los últimos grados de un signo y, sobre todo, en Géminis, Escorpio o Capricornio, así como cuando ésta se halla en *Vía Combusta*, tal y como dicen algunos, y que significa que se encuentra entre los últimos 15 grados de Libra y los primeros 15 de Escorpio.

La resolución de todo tipo de cuestiones resulta muy dificultosa (a menos que los principales significadores se encuentren fuertemente dignificados) cuando la Luna se halla vacía de curso; aunque algunas veces y, a pesar de estar vacía de curso, puede llegar a funcionar si se encuentra en el signo de Tauro, de Cáncer, de Sagitario o de Piscis. También debe de mostrarse cauteloso cuando con respecto a la pregunta formulada, se encuentre con que la cúspide de la Casa VII está afligida o con que el regente de la casa está en movimiento retrógrado o mal situado y que el asunto en cuestión en ese momento no concierna a la Casa VII, sino que pertenezca a cualquier otra casa. Éste es un argumento en el que el juicio del astrólogo no alegrará ni complacerá en absoluto al que formule la pregunta, dado que, por regla general, la Casa VII es la que corresponde al astrólogo. Los árabes, como Alkindus y otros, nos ofrecen las reglas siguientes como algo conveniente a ser considerado antes de establecer un juicio ante cualquier cuestión; es decir, que si Saturno se encuentra en el Ascendente y sobre todo en movimiento retrógrado, el asunto por el que se pregunta o bien nunca será llevado a cabo, o bien, si se consigue, será con muchísimas dificultades. Saturno en la séptima, o bien puede alterar el juicio del astrólogo, o bien puede significar que el asunto propuesto irá de desgracia en desgracia y de mal en peor. Si el regente del Ascendente está combusto, ni la cuestión planteada se resolverá, ni el consultante conseguirá arreglarlo. Cuando el regente de la Casa VII se encuentra inarmónico, en caída o en los términos de infortunio, el astrólogo difícilmente podrá llegar a emitir un juicio sólido.

Cuando los testimonios de fortuna y los de infortunio están equilibrados, el juicio puede diferir ya que no resulta posible saber hacia qué lado se inclinará la balanza; pero, de otros modos, lo más sensato es reservarse la opinión hasta que una nueva pregunta logre aclarar un poco el asunto y nos presente una información más veraz.

CAPÍTULO XX

EN QUÉ CONSISTE EL SIGNIFICADOR, EL CONSULTANTE Y LO CONSULTADO, Y UNA INTRODUCCIÓN PARA EL DICTAMEN DE UNA PREGUNTA

«El consultante» es aquel que nos plantea la cuestión y desea una solución; «lo consultado» o «solicitado» es aquello por lo que se pregunta, tanto cuando se trata de cosas como de personas, etc., y «el significador» no es más que aquel planeta que rige la casa por la que se identifica a la persona o a la cosa solicitada; si, por ejemplo, Aries está en el Ascendente, al ser Marte su regente, éste será el significador del consultante, lo que significará que el signo ascendente, en cierto modo representará su físico, constitución y estatura. El regente del Ascendente en consonancia al signo que ocupe, a la Luna y a los planetas que se encuentren en el Ascendente, mezclados de forma uniforme, nos mostrarán las características y condiciones del consultante, por lo que, así, cualquiera que sea el signo ascendente, el planeta que lo gobierne será el regente de la casa o significador de la persona que realice la consulta.

Así pues, en primer lugar y cuando se plantea una pregunta, el signo ascendente y su regente se relacionan siempre con la persona que la hace.

En segundo lugar, hay que considerar la cuestión planteada y ver a cuál de las doce casas corresponde y, una vez encontrada la casa, habrá que tener en cuenta el signo y al regente de éste, así como al signo y al sector celeste en el que éste esté situado, si está dignificado, qué aspectos recibe del regente del Ascendente, qué planetas se encuentran mal aspectados con él, qué aspectos le resultan armónicos, o de qué planetas son, de qué casa son los regentes y dónde se hallan situados, ya que a través de los hombres o mujeres representados por tales planetas y según cómo se encuentren éstos situados, se podrá averiguar si serán de alguna ayuda al consultante o si, por el contrario, le resultarán un estorbo. Si el planeta es regente de una casa conflictiva, entonces éstos serán enemigos, sobre todo cuando la casa se refiera a las enemistades y, si por el contrario, se encuentra en una casa amistosa, entonces, éstos serán amigos.

Si estas palabras son bien comprendidas y asimiladas, toda la clave de la astrología se halla implícita en ellas. A, través de los siguientes ejemplos, intentaré facilitarle las cosas al estudioso ya que no deseo reservarme ningún conocimiento a causa del cual éste se vea privado de poder comprender aquello que resulte útil para él y necesario conocer. En cada cuestión o pregunta, presentamos a la Luna como cosignificadora junto al regente del Ascendente. Una vez consideradas las múltiples aplicaciones y separaciones de los regentes de aquellas casas que nos reflejan las preguntas, así como la Luna, su situación y tipo de aspectos con los que cuente y qué significador tiene cada uno, ya puede comenzar a emitir el juicio y a considerar si aquello por lo que se pregunta será llevado a cabo o no, por quién o por qué medios y cuándo y si será bueno para el consultante proseguir sus indagaciones a este respecto, sí o no.

CAPÍTULO XXI

PARA SABER SI AQUELLO QUE SE HA SOLICITADO PODRÁ SER O NO LLEVADO A BUEN TÉRMINO

Nuestros antiguos astrólogos ya habían formulado cuatro maneras o medios para descubrir si la pregunta formulada por una persona, se cumplirá o no.

Conjunción. Primero, por conjunción: ya que, cuando se encuentre al regente del Ascendente y al de la casa representativa de la cosa solicitada en conjunción y en la primera Casa o en cualquiera de los ángulos y sin que reciban ningún aspecto negativo, de freno o de prohibición antes de haber alcanzado una conjunción perfecta, podrá juzgar entonces que aquello por lo que se ha preguntado será llevado a buen término sin impedimentos o retrasos de ningún tipo, siempre de forma más rápida si la velocidad de los planetas regentes es acelerada y éstos se encuentran accidental o esencialmente fuertes; pero, si la conjunción de estos planetas tiene lugar en una casa *sucedente,* entonces la cuestión podrá llevarse a cabo, pero no tan rápidamente y, si ésta se da en una casa *cadente,* sucederá que las pérdidas de tiempo y las dificultades o trabas retrasarán su realización.

Aspectos de sextil o de trígono. Las preguntas realizadas también se harán efectivas cuando los significadores principales se encuentren en sextil o en trígono y, aun fuera de las Casas y de los lugares en los que están esencialmente bien dignificados, siempre y cuando no reciban ningún mal aspecto antes de haber alcanzado a formar un sextil o un trígono perfectos.

Aspectos de cuadratura o de oposición. Aquello por lo que se pregunta también será llevado a buen término cuando los significadores se encuentren en cuadratura, siempre y cuando los planetas ocupen los grados del signo en los que se hallan dignificados y el aspecto sea con respecto a una Casa propicia si no, no. A veces un asunto puede realizarse a pesar de que los significadores estén en oposición, pero ello tan sólo ocurre cuando existe una *recepción mutua por casa,* y fuera de las casas amistosas y con la Luna alejándose del significador de la cosa solicitada y aplicándose al regente del Ascendente. Pero, personalmente, yo rara vez he podido comprobar que con esta clase de oposición la cuestión planteada se llevase a cabo de forma realmente positiva ya que, para el consultante, hubiera sido muchísimo mejor que ésta no se realizara jamás; pues, si la pregunta concernía al matrimonio, la pareja rara vez llegaba a complementarse y las discusiones o las peleas eran muy frecuentes ya que cada uno de ellos se quejaba por haber errado en su elección y echaba las culpas de ello a la codicia de sus respectivos padres en lugar de dárselas a sí mismo. Y, si, por ejemplo, la pregunta formulada era referente al dinero o a la dote, el consultante acababa por conseguirlo, pero le costaba más caro el proceso judicial que debía de entablar para poder recuperarlo que lo que realmente se le adeudaba. Y he podido comprobar que lo mismo ocurría en otras muchas cuestiones, etc.

Traslación. Por *traslación* de luz y de naturaleza, las cuestiones planetarias son llevadas a buen término de la siguiente forma: cuando ambos significadores, tanto el del consultante como el de lo consultado, se encuentran separados entre sí por un aspecto de conjunción, de sextil o de trígono, y existe otro planeta que también se aleja de aquel significador que le resulta más afín, tanto por casa, como por triplicidad o por término,[1] y se acerca al otro significador por conjunción o aspecto antes de entrar también en conjunción o aspecto con otros planetas; de este modo, éste traslada la influencia, la fuerza y las ventajas del primer significador al otro y, entonces, el planeta que interviene (o el hombre o mujer por él representados), logrará llevar a buen término la cuestión planteada.

Considere la casa de la que es regente aquel planeta que se interpone o traslada la naturaleza y la luz de los otros dos y que es el que

1. Esto significa estar en aquellas dignidades de este significador.

nos describe a la cosa o a la persona por la que se pregunta y explique al consultante si tal o cual persona resultará o no beneficiosa para sus negocios, etc. Es decir, que si por ejemplo fuese el regente de la segunda Casa, sería un buen capital el que haría que la cuestión fuese efectiva y, si por ejemplo, fuese el regente de la tercera Casa, entonces los que harían que ello se llevase a buen término serían los parientes o los vecinos, siguiendo, de este modo, con el resto de las casas, de las qué más adelante veremos otros ejemplos.

Colección. Los asuntos también pueden resolverse favorablemente cuando los dos significadores principales no están relacionados entre sí, sino que dirigen sus diversos aspectos hacia un planeta más pesado que ellos mismos y ambos le reciben en alguna de sus dignidades esenciales ya que, entonces, este planeta que *recoge* así la luz de ambos, hace que aquello por lo que se está preguntando se lleve a cabo de forma perfecta. Esto significa que una persona en cierto modo interesada en ambas partes y descrita y representada por este planeta, será la que lleve a buen término aquel asunto que, de otra forma, no hubiese podido llegar a realizarse. Como muchas veces podrá comprobar, existen desavenencias entre las dos partes que, sin una tercera persona, no lograrían jamás llegar a ningún tipo de acuerdo y que, entonces y debido a la aparición accidental o fortuita de algún vecino o amigo que es el que reconcilia y contenta a ambas partes, éstas acaban por llegar a un arreglo. A todo este proceso, se le denomina colección.

Por regla general, en todas las preguntas que le sean planteadas, deberá de seguir el siguiente método: el Ascendente representa al consultante (su físico, personalidad, etc.); la Casa segunda, su estado económico; la tercera, sus parientes; la cuarta, su padre; la quinta, sus hijos; la sexta, sus criados o sus enfermedades; la séptima, su esposa; la octava, su tipo de muerte; la novena, sus viajes o su religión; la décima, su honor, estimación, comercio, o su madre, etc.; la undécima, sus amigos, y la duodécima sus enemigos secretos. También hay que tener en cuenta que cuando alguien hace una pregunta con respecto a una mujer o a alguna persona relacionada con la Casa VII y su regente, entonces la Casa VII será el Ascendente de ésta y la que determine su personalidad o su físico; la VIII será la que refleje su estado financiero y será su segunda Casa; la IX representará a sus hermanos y parientes; la

Casa X representará a su padre; la XI a sus hijos o a su capacidad para poder tenerlos; la XII a sus enfermedades o a la servidumbre; la Casa primera, a su amado; la segunda, a su muerte; la tercera, a sus viajes; la cuarta, a su madre o al comercio, etc.; la quinta, a sus amigos, y la sexta, a sus problemas, dificultades y enemigos ocultos. Y, si la cuestión hace referencia a un hombre de iglesia: un pastor, eclesiástico, etc., o a un hermano de la esposa o de la amada, entonces será la Casa IX la que represente a cada uno de éstos, la que refleje sus bienes será la décima; la undécima será la que represente a sus parientes o hermanos y, así, en este mismo orden… Lo mismo ocurrirá en cualquiera de los casos que nos sean planteados y que la casa que corresponda a lo que se consulta siempre será el Ascendente de la persona o de la cosa por la que se pregunta, y la próxima casa será su Casa II, continuando así hasta haber recorrido las doce casas. Si la pregunta concierne a un rey o a un noble, tomaremos a la Casa X como su Ascendente; la once, su Casa II, etc. Pero, en los Temas Natales, el Ascendente siempre influencia al nativo, tanto se trate de un rey como de un mendigo. Una vez comprendido y asimilado lo expuesto anteriormente, ya puede proceder a emitir un juicio. No es necesario aprender de memoria todas estas explicaciones, sino ser capaz de percatarse de cuándo se está cometiendo un error y de cuándo no.

EL MOMENTO MÁS ADECUADO PARA LEVANTAR UNA FIGURA

El momento propicio para ello es aquel en el que se encuentre más ansioso o preocupado con respecto a cualquier cuestión y adopte por primera vez la resolución de levantar una carta astral sobre ésta. Si encuentra que la figura es radical y se decide a dejar a un lado todo su amor propio y abandonar sus prejuicios, ya puede comenzar a juzgar sin ningún temor la carta astral que haya levantado para ese preciso momento.

Si una persona se dirige al astrólogo, la figura debe de ser levantada en el preciso momento en el que ésta le hable del asunto por primera vez y, si la pregunta viene planteada en una carta o misiva, la figura tendrá que levantarse en el momento en el que el astrólogo la lea y la comprenda por primera vez. Pero, si no se trata de una pregunta, sino de un acontecimiento súbito; entonces, la figura astral levantada en el preciso momento del inicio de tal o cual evento, será la que nos confirme el resultado de éste, como, por ejemplo, el inicio de un viaje, el comienzo de una carta o de un negocio, etc., o también cuando uno se percata por primera vez de que ha perdido algo, o escucha por vez primera una noticia, ya que, en todos estos casos, la primera impresión causada es la que sirve para determinar el verdadero momento para erigir la figura.

PLANETA O PLANETAS QUE OBSTACULIZAN O RETRASAN TODO AQUELLO POR LO QUE SE PREGUNTA

En toda consulta se debe considerar cuidadosamente cuál es el planeta que obstaculiza o impide que aquello por lo que se pregunta se resuelva favorablemente. Para esto recibimos toda la información a través de aquel planeta que se halle en conexión con el del regente del Ascendente (tanto por contacto físico, o sea, por conjunción; como por aspecto), o bien a través del planeta significador de la cosa por la que se está preguntando; si es la Luna misma, si ésta participa con el regente del Ascendente, o bien si representa a la cosa solicitada.

Observe cuidadosamente el planeta que esté en contacto con el del significador del consultante, o la Luna. Fíjese también en la forma en que éste se encuentra situado y cómo está aspectado porque, si la Luna, el regente del Ascendente o el significador de aquello por lo que se pregunta están en aspecto con algún planeta inarmónico, mal situado o sin recepción, o bien, aunque no se encuentre mal situado, esté aspectado a un planeta desafortunado y este planeta no lo recibe, esto indicará destrucción de la cosa solicitada. Un planeta se encuentra mal situado cuando es *peregrino, retrógrado o combusto* y también cuando es *cadente* y no advierte al regente o a la cúspide de la casa representativa de la cosa solicitada. Hay que tener en cuenta que los aspectos hacia la cúspide son mejores que hacia el regente de la casa.

Si tal como ocurría anteriormente, el significador está relacionado con un planeta desafortunado; es decir, retrógrado, combusto o cadente, entonces deberá fijarse si interviene una recepción mutua ya que ésta es la que nos indicará que el asunto será llevado a buen término, aunque sea con mucho trabajo y con muchas dificultades. Si no existe recepción mutua, el asunto no se llevará a cabo aún a pesar de haber existido un sinfín de posibilidades para que así fuera.

Si el regente del Ascendente, la Luna o el significador de la cosa solicitada, o bien el planeta que recibe a cualquiera de ellos, se encuentra libre de aflicciones, aun a pesar de no existir una recepción mutua, el asunto se llevará a cabo con suma facilidad.

Si cualquiera de ellos se encuentra libre de la influencia de los maléficos y está unido a cualquier otro planeta benéfico que, por su parte, se encuentre aspectado por uno maléfico y sin recepción mutua, aquello por lo que se pregunta también será llevado a buen término.

Observe cuidadosamente si los planetas en aspecto están sin recepción, ya que cuando lo están, las cosas siempre acaban por suceder, aunque si el aspecto es maléfico acostumbrarán a verse acompañadas por una serie de retrasos, de problemas o dificultades, etc.

También debe tener en cuenta que si cualquier otro planeta impide que los significadores se unan en una conjunción perfecta con un planeta maléfico antes de haber entrado en contacto con él, entonces el resultado de aquello por lo que se ha preguntado se verá entorpecido y, de no existir tal impedimento, la cosa solicitada será entonces llevada a buen término.

Si un planeta desafortunado recoge la luz de otros planetas o si ésta es trasladada a un planeta desafortunado, el asunto no se llevará a cabo a menos de que sea por recepción; es decir, cuando el planeta desafortunado sea recibido, dispuesto o regido (que es lo mismo) por los significadores.

CAPÍTULO XXII

RESOLUCIÓN DE TODO TIPO DE PREGUNTAS Y DEMANDAS

PREGUNTAS RELATIVAS A LA PRIMERA CASA. ¿VIVIRÁ EL CONSULTANTE MUCHO TIEMPO: SÍ O NO?

Signos de salud y de larga vida

Considere si el signo es ascendente, el regente de éste y si la Luna se encuentra libre de aflicciones; es decir, combusta o en conjunción, cuadrada u opuesta a los regentes de las Casas VIII, XII, VI o IV, y si éstos están en movimiento directo, si se hallan fuertemente dignificados, si son rápidos, angulares y, sobre todo, si están en la Casa I o en la X, o bien si están en la Casa XI o en la IX y en buen aspecto con Júpiter, Venus o el Sol, o en los términos de Júpiter o de Venus… Estos serían argumentos de salud y de larga vida y lo contrario, es decir el Ascendente, la Luna o el regente de la primera Casa situados en casas desafortunadas y en aflicción, serían perjudiciales.

Si el regente del Ascendente se encuentra bajo los rayos del Sol (excesivamente cerca del Sol) o en combustión, lo que todavía es peor que cuando se está alejando del Sol, o si la Luna es cadente y desafortunada al resultar afligida por aquellos planetas con regencia en las Casas VIII o VI, o bien si Saturno, Marte o el Nodo Lunar negativo se encuentran en el Ascendente, o en la Casa VII y peregrinos, en exilio o retrógrados, se podrá dictaminar que la vida del consultante no será demasiado larga, sino que estará plagada de infortunios y de peligros, y ello siempre en consonancia con las características de los significadores y de las casas de las que estos planetas sean los regentes y a las aflicciones de la Luna, etc.

Momento en el que tendrán lugar cualquiera de estos acontecimientos

Primero. Si el regente del Ascendente va a formar una conjunción, etc., con el Sol o con los regentes de la Casa VIII o de la Casa IV, fíjese cuántos grados le separan y en qué signo de estos se encuentra y, entonces, para cada grado asigne una semana de tiempo en los signos cardinales, un mes en los mutables y un año en los fijos; esto es sólo como ejemplo ya que la medida del tiempo debe ser limitada en acuerdo al resto de los significadores implicados en el juicio.

Segundo. Tenga en cuenta también a los grados que separan a la Luna de cualquiera de los maléficos o de los regentes de las Casas VIII o VI, de acuerdo a los signos y a las casas en los que se encuentran, a su naturaleza y a sus características.

Tercero. Si en el Ascendente se encuentra alguno de los maléficos, deberá observar cuántos grados de separación existen entre la cúspide de la primera Casa y dicho planeta o si está en la Casa VII, observe a qué distancia se encuentra de la cúspide y calcule el momento de la muerte, de la enfermedad o del infortunio mediante los grados, según tenga lugar en un signo fijo, mutable o cardinal.

Si el regente del Ascendente se halla muy afligido por el regente de la Casa VI y se encuentra en esta casa o está combusto en ella, el consultante padecerá numerosas y tediosas enfermedades que difícilmente lo abandonarán hasta su muerte. Y todo ello resultará mucho más certero si los regentes del Ascendente, de la Casa VIII y de la Luna se encuentran todos situados en la Casa VI.

Si la Luna, el regente del Ascendente o el signo ascendente se encuentran muy afligidos por el regente de la Casa VIII o por cualquier planeta ubicado en esta casa, podrá dictaminar que la enfermedad que aflige o afligirá en breve al consultante, tendrá un desenlace fatal y su muerte estará próxima. Pero si la Luna y otros significadores se hallan principalmente afectados por los regentes de otras casas, entonces, juzgue el infortunio a través de la naturaleza de la casa o de las casas de las que sean regentes los planetas causantes de tal aflicción y, del mismo modo, determine su origen a través de alguna persona o cosa perteneciente o relativa a la casa en la que usted encuentre situados a los planetas afligidos. En este caso, podrá predecir las desgracias, pero nunca la muerte.

Si existiese alguna estrella fija, muy poderosa, cerca de la Luna, del regente del Ascendente, del grado ascendente o bien próxima al planeta que aflija a cualquiera de éstos, podrá juzgar el mal en acuerdo a la naturaleza de dicha estrella, cuya explicación encontrará en el capítulo dedicado a las estrellas fijas.

Advertencias

Evite los juicios drásticos y en especial aquellos que conciernan a la muerte, ya que ésta jamás debe ser determinada por un solo testimonio, por muy fuerte que sea; y, aunque el regente del Ascendente vaya a estar combusto en la casa de la muerte, observe también si la Luna, Júpiter o Venus (o Mercurio si está fuerte y bien aspectado) hacen algún buen aspecto con el regente del Ascendente antes de que éste entre en una conjunción perfecta con el Sol, ya que en este caso una medicación adecuada, o bien la inopia fortaleza del consultante, podrán contrarrestar estas influencias malignas o al menos evitar parte del infortunio. Cuando dos o más de estas reglas anteriormente citadas tengan lugar, podrá entonces mostrarse algo más atrevido con respecto a su dictamen; aunque, y con respecto a hacer cualquier tipo de predicción en cuanto al momento de la muerte, creo que es muchísimo mejor mostrarse cauteloso. Sin embargo, sí podrá juzgar con toda seguridad que la vida del consultante no será excesivamente larga y que se hallará sujeta a un sinfín de calamidades ya que, personalmente, poseo un profundo conocimiento de ello por haberlo podido verificar en múltiples ejemplos. Estos conocimientos resultarán de suma utilidad para aquellos que quieran utilizar la razón para poder evitar estos accidentes o acontecimientos poco gratos hacia los que, debido a su propia inclinación o naturaleza, parecen dirigirse.[1]

---

1. El estudiante podrá percatarse a través de esta observación del autor de la falsedad que encierra la afirmación de que la astrología enseña y apoya la fatalidad. Por el contrario, ésta nos demuestra que la más dañina de las influencias puede ser subsanada gracias al uso de la razón, lo cual, por supuesto, implica también la ayuda de Dios, ya que ésta, junto al uso de la razón, nos informa de que debemos rezar para cuando percibamos cualquier acontecimiento maléfico o perverso. ZADKIEL.

¿Hacia qué lugar sería mejor que el consultante enfocase sus asuntos, o dónde podría vivir éste más feliz?

Las doce casas están divididas en los cuatro cuartos del cielo: este, oeste, norte y sur. Desde la cúspide de la primera en donde tanto el Sol como los planetas se levantan, hasta la cúspide de la Casa X, es el cuarto del sureste; la Casa I corresponde al este; la XII está sobre unos dos puntos al sur del este; la mitad de la Casa XI es sureste; la cúspide de la Casa XI está sobre unos dos puntos al este del sur; y la Casa X, corresponde al sur. De este mismo modo, desde la Casa X hasta la VII, es el cuarto suroeste; desde la Casa VII hasta la IV, es el cuarto noroeste; y, finalmente, a partir de la Casa IV hasta el Ascendente, es el cuarto noroeste.

En aquel cuarto del cielo en el que encuentre a Júpiter, Venus, la Luna o a la Rueda de la Fortuna, o a varios de ellos, será el que encamine al consultante a proceder en esa dirección, sobre todo si la Rueda de la Fortuna y la Luna son fuertes y no están combustas. Si Júpiter o Venus fuesen los regentes de la Casa VIII, XII o VI, deberá prescindir de ellos y, también, deberá evitar aquel cuarto del cielo en el que se encuentren los planetas maléficos, a menos de que estos sean esencialmente fuertes y regentes de la Casa I, II, X u XI, donde podrían llegar a mostrarse amistosos.[2]

Si el consultante desea vivir en un lugar en el que pueda disfrutar al máximo de su salud, observe el cuarto del cielo en el que se encuentren el regente del Ascendente o la Luna y que siempre es el más fuerte o calcule los mejores aspectos recibidos por el grado ascendente y dirigidos hacia ese cuarto establecido para la salud. Si se puede llegar a considerar un incremento en la salud, observe dónde está situado el regente de la Casa II, la Rueda de la Fortuna y su ocupante, o ambos, y si allí estos se encuentran capacitados para dicha finalidad.

Sobre todo esto hablaré con mucha más precisión en otros juicios.

¿Qué parte de su VIDA será probablemente la mejor?

Observe en qué ángulo o cuarto del cielo se encuentran situados los planetas armónicos y prometedores, pues, para este tipo de juicio, nor-

---

2. Personalmente, no escogería las direcciones de los maléficos en ninguno de los casos. ZADKIEL.

malmente se le asignan más o menos cinco años a cada casa cuando los significadores presagian vida o muerte. Empiece con la Casa XII, después la XI, entonces la X, y así sucesivamente hasta haber llegado al Ascendente. Si Júpiter o Venus se encuentran en la Casa XI o en la X, podrá decirse que el consultante ha vivido con entera felicidad desde los cinco años hasta los quince; si éstos se encuentran en la Casa VIII o en la VII, vivirá o habrá vivido felizmente desde los quince hasta los treinta y, si Júpiter se encuentra en la Casa VI, V o IV, su mejor época será la de la madurez; es decir, desde los treinta años hasta los cuarenta y cinco. Pero, si los benéficos se encuentran en el último cuarto del cielo, entonces la época más próspera o feliz tendrá lugar durante la última etapa de su vida o a partir de los cuarenta y cinco años. Si encuentra que los significadores tienen mucha fuerza, entonces podrá añadir un año más a cada una de las casas. Finalmente, los aspectos de la Luna y del regente del Ascendente son distinguidos para mostrar qué tipo de acontecimientos han precedido a la cuestión, y su próxima aplicación determinará todo aquello que, en un futuro, se pueda llegar a esperar. Si considera la casa o las casas de las que los planetas separados son los regentes, éstas le informarán del asunto, de la naturaleza, de la persona y de las características de las cosas que ya hayan sucedido, de tipo maléfico, cuando los planetas son inarmónicos, y benéfico si éstos son armónicos. También al observar las características del aspecto siguiente por aplicación y la buena o mala posición de los planetas en juego, le mostrará el papel que jugarán los próximos acontecimientos, su naturaleza, proporción, etc., así como el preciso momento en el que éstos tendrán lugar.

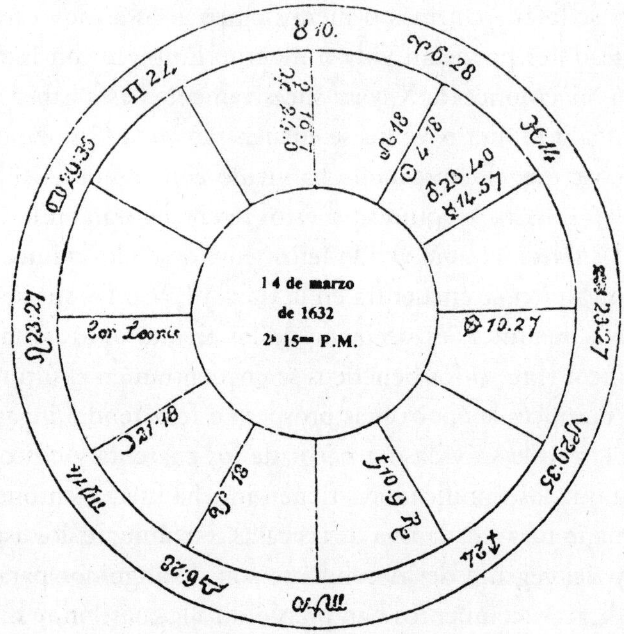

JUICIO ASTROLÓGICO en relación a las siguientes cuestiones formuladas por el consultante

¿Es posible que éste hubiese vivido mucho tiempo, sí o no?

¿En qué parte del mundo hubiera podido hacer funcionar mejor sus asuntos?

¿Qué etapa de la vida podría haberle resultado la más afortunada?

¿Qué tipo de acontecimientos en general le habían ocurrido ya?

¿Cuáles debía de haberse esperado en un futuro?

¿En qué momento hubiesen tenido lugar?

La estatura del consultante está representada por Leo, que es el signo Ascendente; una estrella fija de primera magnitud y de la naturaleza de Marte y de Júpiter, denominada *Cor Leonis,* «el corazón del león», que se encuentra cerca de la cúspide de la Casa I y a 24° 34' de Leo.[3]

3. Esta estrella ahora ha avanzado hasta los 27° 30' del signo de Leo. ZADKIEL. Para conocer la situación actual de las estrellas fijas, véase *Las Estrellas Fijas,* publicado por Obelisco en esta misma colección. *(N. del E.)*

Tanto la cúspide de la Casa I como el grado en el que el Sol, regente del Ascendente, se encuentran ubicados son términos de Júpiter; la Luna está en trígono con Júpiter y con Venus, que se encuentran situados en la Casa X; por lo que, tanto el tipo como la estatura del consultante resultaban decentes. Éste era de estatura media, de fuerte constitución y ni excesivamente obeso o entrado en carnes, ya que resultaba muy atractivo y agraciado; su rostro era muy hermoso, su cabello de un tono rojizo, el cutis límpido y tenía algunos cortes en su mejilla derecha (se trataba de un soldado), ya que, probablemente, la presencia de esta estrella fija en el Ascendente, que representa la cara, fue lo que le ocasionó estar heridas o cicatrices.[4]

Como tanto el signo ascendente como su regente se encontraban en la triplicidad de Fuego y eran cálidos y secos por naturaleza, el carácter y condición del caballero en cuestión también resultaba así, pues éste era extremadamente valiente, colérico, decidido y muy vital, ya que hay que tener en cuenta la exaltación del Sol; aunque, al estar la Luna en trígono con los dos benéficos, era discreto, modesto y muy bien educado y sabía cómo llegar a dominar sus pasiones, pero, como la Luna se encontraba opuesta a Mercurio, a menudo pasaba por momentos de cólera y de verdadera locura que perjudicaban en mucho sus asuntos.[5]

1.ª PREGUNTA. ¿Será larga su vida, etc.?

El Ascendente no resulta perjudicado ni por el regente de la Casa VI ni por el de la VIII; el regente del Ascendente está exaltado, no cuenta con ningún tipo de impedimento, es rápido en su movimiento y está

---

4. En este punto difiero con el autor, ya que creo que el que nos refleja estos cortes o cicatrices es el regente del Ascendente, ya que se encuentra situado en Aries y éste es el signo que rige la cabeza. Al ser un signo *masculino,* los cortes estaban en el lado derecho y, al estar *por encima de la Tierra,* se situaban en la parte delantera de la cabeza o en la cara. La causa de sus heridas o cicatrices fue la aflicción del Sol ya que éste se encontraba conjunto a Marte: si el Sol hubiese estado solo, estas cicatrices sólo hubiesen sido *lunares.* ZADKIEL.

5. El Sol en conjunción con Marte es lo que seguramente le volvería muy apasionado, al mismo tiempo que extremadamente valiente y afortunado (tal y como puede esperarse en un soldado).

situado en la Casa IX y en los términos de Júpiter; la Luna está en trígono por separación con Venus y, por aplicación (o aproximación), con Júpiter que está sumamente bien situado en el Medio Cielo. Todo el poder maléfico de Marte se ve atenuado por el sextil de Júpiter, el Sol está por encima de la Tierra y los benéficos son angulares y mucho más potentes que los maléficos. Por ello, he podido llegar a la conclusión de que, según unas causas naturales, el consultante podría vivir muchos años, lo cual, al menos hasta ahora, ha resultado cierto, ya que todavía está vivo y goza de plena salud en este mes de marzo de 1646.

2.ª PREGUNTA. ¿En qué parte del mundo hubiese podido hacer funcionar mejor sus asuntos?

El Sol, regente del Ascendente, está cerca de la cúspide de la Casa IX (en un signo cardinal) y, como se trata de la casa de los viajes largos, pude insinuarle que se había decidido súbitamente a emprender un *viaje* hacia el sureste o sur, debido a que el cuarto del cielo en el que se halla el regente del Ascendente está en el sur, y éste porque el signo en el que se encuentra el Sol está situado en el este *(*él me lo confesó*);* y como el Sol se hallaba a 2° 10' de distancia de la cúspide de la Casa IX, emprendió el viaje al cabo de unos dos meses.

Juzgué que aquellos países regidos por Aries podrían resultarle propicios. Si el consultante hubiese decidido quedarse en Inglaterra, podría haberle resultado muy favorable ya que ésta se encuentra regida por Aries. Personalmente, yo le hubiese aconsejado que se dirigiera hacia Kent, Essex, Sussex o Suffolk, ya que están en el sureste de Londres. Pero, si alguna vez se encuentra con que una de las ciudades, de las aldeas o de los reinos que se hallan sujetos al *signo* prometedor de buenos augurios, no están situados en la dirección señalada, al igual que antes, por el signo o por el cuarto del cielo; entonces, deberá de tener en cuenta que si la persona no tiene más remedio que vivir en esta ciudad, aldea, etc., resultará mucho más beneficioso para ella el enfocar sus asuntos y ocupaciones hacia aquellas partes de la ciudad que se encuentren situadas en el este, en el oeste, etc., tal y como implica la figura.

Como la aproximación del trígono de la Luna con Júpiter es muy fuerte, y tanto éste como Venus se hallaban situados en Tauro, que es el regente de Irlanda, anuncié al consultante que Irlanda resultaría muy acorde a su constitución y que, allí, podría recibir algunos honores, ya que el planeta hacia el que está aspectada la Luna se halla situado en la casa que representa el honor. El consultante realmente fue a Irlanda, donde realizó muy buenos servicios y obtuvo una aplastante victoria contra los rebeldes.

3.ª PREGUNTA. ¿Qué parte de su vida habría sido la mejor?

Teniendo en cuenta que los dos benéficos estaban situados en Casa X y que el Nodo Lunar Positivo y el Sol estaban en la IX, deduje que sus mejores y más afortunados años habrían tenido lugar durante su adolescencia; y, como Marte se encontraba en la Casa VIII que representa sus 24, 25 o 26 años de edad, juzgué que durante esa época habría sufrido contrariedades y que entonces sería cuando realmente habrían comenzado sus problemas.

Al no estar ninguno de los beneficios ni en la Casa VII, ni en la VI, ni en la V, o en la IV o Casa III, le dije que el resto de su vida, por muchos años, sería muy poco tranquila y estaría llena de problemas y de esfuerzos. Pero juzgué que todas estas calamidades no serían inmediatas, dado que al trígono de la Luna con Júpiter le faltaban todavía casi 3° para que el aspecto fuese perfecto. Por ello, deduje que alguna persona con autoridad, representada por Júpiter, le ayudaría en sus asuntos al menos durante unos tres años después de haber sido planteada la pregunta.

Si Júpiter hubiese estado esencialmente dignificado, le hubiese asegurado una fortuna mucho más duradera.

4.ª PREGUNTA. ¿Qué tipo de acontecimientos en general le habían sucedido ya?

Aunque no resulte muy frecuente mostrarse tan inquisitivo, al ser la figura tan radical, tuve en cuenta de qué planetas se habían separado por último el Sol y el regente del Ascendente. El Sol, últimamente, había estado en conjunción con Marte, en cuadratura con Saturno y en sextil con Júpiter. Ahora, como Marte es el regente de la Casa IV, que es la que representa las tierras, etc., y estaba situado en la VIII que simboliza *los bienes de la mujer;* consideré que, últimamente, el consultante había sido importunado a causa de algunas tierras o a causa de la parte o porción de su esposa, o de alguna mujer; lo que me confirmó al máximo al percatarme de que la Luna estaba opuesta a Marte en la Casa VIII; al estar ésta situada en la casa que representa las propiedades del consultante, nos demuestra que las disputas o conflictos estarían relacionados con el dinero o con aquellas cosas designadas por esta casa (y realmente, todo ello era cierto). Como el Sol había estado cuadrado, por último, con Saturno, significador de la esposa del consultante, le dije que su esposa y él habían tenido muchísimas desavenencias y, dado que Saturno, significador de su esposa, dominaba y disponía de la Rueda de la Fortuna de él, deduje que ella no tenía en mente que su marido dispusiera de ninguna de sus propiedades, ni que se ocupase de su administración, sino que deseaba hacerlo ella misma. El que Saturno esté retrógrado en un signo de Fuego y que el signo en el que se encuentra la Casa VII sea fijo, demuestran que esta mujer no deseaba ser doblegada ni sometida. (Ello me fue confesado).

Finalmente, como el Sol había estado por último en sextil con Júpiter y Júpiter en Casa X, le dije que algún importante abogado o cortesano[6] se había esforzado en reconciliar las diferencias existentes entre ellos y, como el Sol y Saturno iban a entrar en un aspecto de trígono, parecía como si por el momento existiera un afán de reconciliación por ambas partes. A este respecto tampoco puede percibir ningún obstáculo que lo impidiera, exceptuando a Mercurio que se encontraba cuadrado a Saturno. Juzgué que por lo general Mercurio se relacionaba con algún abogado o procurador, o con los escritos; pero como éste era el regente de la Casa II del consultante, es posible que él no hubiese consentido en asignarle a ella la suma solicitada o bien, y al disponer de pocos ingresos, no hubiese tenido los medios necesarios como para poder abordar su causa. Al ser Mercurio regente también de la Casa XI, cabía la posibilidad de que algún supuesto o falso amigo previniera la parte contraria o a alguno de los abogados de la mujer, o incluso, como la Casa XI es la V de la VII,[7] pudiera ser que un hijo de la esposa del consultante fuese el causante de que éstos siguiesen con la disputa.

---

6. Se trataba de lord Coventry.

7. Tomando a la Casa VII como I, etc. *(N. del T.)*

(Creo que cada uno de los puntos aquí expuestos resultaron ciertos, pero, de todos modos, ésta era la forma para dar con aquello que perturbaba su unidad).

Fíjese en que como Venus era la que dominaba sobre la Casa X y tenía a Júpiter, regente de la Casa VIII, a su disposición y éste significa la fortuna de la esposa, ella confió por esto todas sus propiedades a un hombre perteneciente a la nobleza.

5.ª PREGUNTA. ¿Qué ACONTECIMIENTOS debería de esperar en un futuro?

1.º: En esta pregunta, ante todo tuve en cuenta que el Sol, regente del Ascendente, ni estaba situado inarmónicamente, ni recibía ningún mal aspecto por parte de los demás planetas; sino que, por el contrario, se hallaba fuertemente dignificado: por ello, deduje que el consultante podría «comerse el mundo» (ya que un planeta tan poderoso y sin estar en aspecto con los demás, nos muestra a un hombre con entera libertad para hacer lo que quiera) y, durante muchos años *(quoad capax)* podría haber vivido prósperamente y haber recorrido un sinfín de lugares o haber llegado a visitar muchos países. Dado que Aries, signo en el que se encuentra el Sol, es cardinal y está situado en la cúspide de la Casa IX, que es la de los viajes largos, se podrían haber presagiado muchos cambios y una gran diversidad de movimientos en distintos lugares.

2.º: Observé que la Luna se encontraba en la casa de sus bienes en aspecto a Júpiter en la X, siendo éste el regente de la V y de la VIII, que respectivamente representan a los hijos y a los bienes de la esposa. Por ello, deduje que el consultante estaba deseoso de tratar sobre la educación de su hijo con algún noble (Júpiter en la décima) y que, para ello, el salario pagado debería de ser desembolsado de la dote de su esposa. (Antes de abandonar Inglaterra, dejó arreglado todo este asunto).

3.º: Encontré a la Luna en Virgo, *peregrina.*

4.º: Mercurio, regente de su Casa II, que es la que representa sus bienes, al estar en Piscis, se encuentra en *exilio;* pero en sus propios términos, afligido por Marte y, finalmente, opuesto a la Luna. Por ello, juzgué que, un poco antes de que esta pregunta hubiera sido planteada, el consultante había pasado por una mala racha, teniendo incluso una acuciante necesidad de dinero. Y, si además, tenemos en cuenta que la distancia de la oposición entre la Luna y Mercurio era de 6° 21', podríamos demostrar que su falta de dinero tuvo lugar unos seis meses y pico antes de que éste me formulase la pregunta. (Ello me fue confesado).

5.º: Al ver que la Luna estaba en aspecto de trígono con Júpiter y que, antes de abandonar el signo de Virgo, se ponía en oposición a Marte, previne al consultante de que tras algunos años de satisfacciones, estaría en grave peligro de perder su vida, sus bienes, sus tierras y su fortuna. Su *vida,* dado que Marte estaba en la Casa VIII; sus *bienes,* porque la Luna estaba en la Casa II, y sus *tierras* o *herencia,* debido a que Marte es el regente de la Casa IV y está situado en la VIII, y no debemos olvidar que la Casa IV es la que representa las *tierras,* etc.

6.ª PREGUNTA. ¿Cuándo podrían tener lugar dichos acontecimientos?

1.º: En esta pregunta consideré el trígono de la Luna con Júpiter, al que le faltaban unos 3° para que fuese exacto y, por ello, deduje que podría vivir agradablemente al menos durante los próximos tres años.

2.º: Al ver que el Sol, regente del Ascendente, al pasar por Aries no formaba ningún aspecto inarmónico con los demás planetas y que todavía tenía que recorrer unos 26° antes de salirse de este signo, pronostiqué lo siguiente: le dije que podría vivir libremente en todos aquellos lugares hacia los que tuviese la intención de viajar.

Finalmente, tuve en cuenta los grados que le faltaban a la Luna para la oposición con Marte.

Longitud de Marte	28° 40'
Longitud de la Luna	21° 18'
Diferencia	7° 22'

Como esta diferencia se halla en proporción con el tiempo y no puede darnos años porque los significadores no se encuentran en signos fijos, sino en mutables, y tampoco puede traducirse por meses, ya que los signos significan e implican algo más. Lo que hay que hacer es representarla como un término medio entre ambos. El tiempo, así limitado, equivaldría a unos 3 años y tres cuartos antes de que la oposición de Marte con la Luna se hiciese efectiva. Pero, como esta pregunta era en general, me permití asignar un grado por cada año.[8] Sobre este período, o después de él, el consultante se vería involucrado en diversas situaciones tan peligrosas con respecto a su fortuna como a su propia persona; y, a partir de ese período hasta el momento presente y por intervalos, pasaría por momentos de buena suerte y por momentos desafortunados.

Como en el momento de formular la pregunta el Sol gozaba de una excelente posición, pudo superar todo tipo de dificultades durante muchos años y contó con un honorable empleo al lado de Su Majestad. Pero, como la Luna[9] se hallaba opuesta a Marte, todo ello se vio acompañado por las quejas, las exclamaciones y el desagrado de la gente del pueblo; y, aunque a menudo no resultase grato obedecer las órdenes de Su Majestad, el consultante siempre le prestó un gran servicio. Sin embargo, más tarde y por justa sentencia del Parlamento, éste se vería privado de la felicidad de poder terminar sus días en Inglaterra; lo que en cierta medida podría haber sido previsto a causa de la oposición de la Luna con Marte, siendo este último regente de la Casa IV que representa el fin de todas las cosas.[10]

N. B. Al comenzar, todos los jóvenes principiantes deberían anotar con todo detalle sus juicios sobre cada una de las figuras, para así poder contraer luego sus opiniones de forma más precisa; ya que de este modo pronto adquirirán experiencia. También resulta positivo registrar cada una de las figuras en una libreta y tenerlas como referencia y anotar o registrar aquellos acontecimientos que hayan sucedido tal y como se pronosticaran o aquellos cuyos augurios no llegaron a cumplirse, para, así, tomar conciencia de los propios errores y estar capacitados para, en un futuro, poder corregir posteriores juicios.

8. En realidad, siempre hago lo mismo. ZADKIEL.

9. En todas las preguntas, la Luna significa el pueblo.

10. Saturno retrógrado en Casa IV supone una catástrofe final.

CAPÍTULO XXIII

En caso de que el contratante (la persona) se encontrase en casa, ¿hablaría con él?

El Ascendente y el regente de éste representan al consultante, y la Casa VII y su regente, a la persona con la que se desea hablar, pero, de existir alguna relación entre ambos, tendrá que utilizar la casa representativa de dicha relación y su regente; por ejemplo, en el caso del padre, debe utilizarse la Casa IV; en el de un niño, la V; y, para un amigo íntimo, la XI. Si el regente de la Casa VII o significador de la otra persona está situado en cualquiera de los cuatro ángulos, el contratante se encontrará en el hogar, pero si está en una casa sucedente, se hallará muy cerca de éste, y si está en una cadente, entonces es que todavía está bastante lejos de la casa.

Si se encuentra con que el regente del Ascendente forma un aspecto perfecto con el significador de la otra persona, el mismo día en el que intente visitarlo, puede estar seguro de que lo encontrará cuando vaya hacia su casa, o de que oirá hablar de él por el camino. O bien si un planeta se separa del regente de la casa que representa a la otra persona y transfiere su luz al regente del Ascendente, tendrá conocimiento de dónde está a través de la persona representada por dicho planeta. La descripción del planeta personifica al individuo y la naturaleza de éste, del signo y del cuarto del cielo en el que se encuentra; y, por pluralidad de testimonios, nos mostrará si se trata de un hombre o de una mujer.

Una cosa que ha sucedido de repente, ¿significa algo bueno o malo?

Levante una Carta del Cielo en el momento exacto en el que esté ocurriendo cualquier acontecimiento, o bien cuando escuche hablar de éste por primera vez; entonces, considere cuál es el regente del Ascendente y qué planetas son los que mandan sobre el Sol y la Luna, y observe si cualquiera de éstos se encuentra en el Ascendente y, si es más de uno, tenga en cuenta al más poderoso y considere su posición como buena. Si éste se encuentra en buen aspecto con el Sol, Júpiter o Venus, ningún mal se desprenderá de dicho acontecimiento, rumor o suceso, sea el que fuere; pero, si en la Carta del Cielo halla a este planeta debilitado, combusto o en aspecto inarmónico con Urano, Saturno, Marte o Mercurio, es que lo que va a acontecer será más bien de índole negativa. Si observa el planeta causante de la aflicción, su naturaleza y su posición, podrá llegar a saber qué tipo de desgracia es la que va a ocurrir. Si es el regente de la Casa III, ésta provendrá sin duda a través de algún pariente o vecino, o bien será causada por algún viaje corto; si es el regente de la Casa II el que capta las influencias negativas o bien, el planeta maléfico se halla situado en esta casa, entonces lo que se indica es una pérdida de dinero;[1] si se trata del regente de la Casa IV, los problemas serán causados por el padre o la madre de la esposa, o bien, a través de las tierras o casas; y, si está en la Casa V, entonces la causa de las desgracias serán la intemperancia, los niños, etc., y así, sucesivamente.[2]

---

1. Sucederá lo mismo si la Rueda de la Fortuna recibe influencias maléficas.
2. La naturaleza del planeta que recibe estas influencias también puede mostrarse de forma maléfica; Marte representa a los ladrones; Saturno a las personas ancianas; Mercurio a los jóvenes y a los abogados; Urano a los acontecimientos súbitos e inesperados; Venus a las mujeres; el Sol a los poderosos; Júpiter a los eclesiásticos y magistrados, y la Luna a los marineros, a la gente del pueblo, a las multitudes, etc. Pero tenga en cuenta que a menos que los planetas benéficos sean los regentes de las casas maléficas, sus malos aspectos no resultan demasiado maléficos y, si son los regentes de casas afortunadas, o están situados en buenas casas y potentes, sus aspectos armónicos también denotan beneficios y, en cualquier caso, la Rueda de la Fortuna señala pérdidas o ganancias según esté aspectada, mientras que el Nodo Norte de la Luna con el significador principal aporta beneficios y con el Nodo Sur, todo lo contrario.

PREGUNTA. ¿Qué marca, lunar o cicatriz, tiene el consultante en cualquiera de las partes de su cuerpo? Esto resulta muy útil para demostrar que una cuestión es radical, y para satisfacer así a los escépticos en cuanto a la verdad de esta ciencia.

Cuando, con respecto a cualquier petición, ya haya levantado la figura del consultante, observe a qué miembro del cuerpo humano representa el signo Ascendente, ya que será alrededor de esta parte de su cuerpo donde el consultante tenga el lunar, la marca o la cicatriz; si el Ascendente es Aries, ésta se encontrará en la cabeza o en la cara; si es Tauro, en el cuello; si es Géminis, en los hombros o en los brazos, etc.[3] También pueden existir otras marcas en aquellas partes del cuerpo gobernadas por el signo en el que se encuentre el regente del Ascendente.

Los signos de la cúspide de la Casa VI y el signo en el que se encuentre su regente, proporcionarán otras marcas en aquellas partes del cuerpo regidas por ellos. El signo en el que esté situada la Luna proporcionará una marca en la parte del cuerpo gobernada por éste.

Si Saturno es el planeta que proporciona la marca, ésta será oscura, opaca o negra, mientras que Marte acostumbra a proporcionar lunares rojizos, siempre y cuando no se encuentre en un signo de Fuego ya que, de ser así, lo que da son cortes o cicatrices. Si el signo o el planeta representativos de la marca o del lunar se hallan muy afligidos, entonces la marca, el lunar, etc., serán mucho más obvias y evidentes. Si el signo o el planeta son masculinos, la marca estará situada en la parte *derecha* del cuerpo; pero, si son femeninos, se encontrará en la parte *izquierda*.

---

3. Partes del cuerpo humano regidas por los doce signos:
ARIES: La cabeza y la cara.
TAURO: El cuello y la garganta.
GÉMINIS: Los brazos y los hombros.
CÁNCER: El pecho y el estómago.
LEO: El corazón y la espalda.
VIRGO: Los intestinos y el vientre.
LIBRA: Los riñones y el lomo.
ESCORPIO: Los órganos sexuales.
SAGITARIO: Las caderas y muslos.
CAPRICORNIO: Las rodillas y corvas.
ACUARIO: Las piernas y tobillos.
PISCIS: Los pies y los dedos de los pies.

Si el significador del lunar, etc. está *por encima* del horizonte, entonces la marca o el limar estarán situando en la *parte exterior* del cuerpo y en un lugar visible, pero, si el planeta está *por debajo,* éstas se encontrarán en el interior y en un *lugar oculto* y no visible. Si la cúspide de la casa o el planeta que representa al lunar, etc., se encuentran a pocos grados del signo, la marca o el lunar, etc., podrán ser localizadas en *la parte superior* de este miembro. Si se encuentran hacia la mitad del signo, podrán ser localizadas *en medio* del miembro que éste represente, pero, si están en los últimos grados de un signo y éstos o sus regentes se encuentran en la Casa VI; o bien, si la Luna se halla en los últimos grados del signo, entonces, la marca, el lunar o la cicatriz estarán ubicados *cerca de las partes bajas* del cuerpo. Si su pregunta es radical y la hora es la correcta, estas reglas siempre darán buenos resultados con respecto al consultante y también *(mutatis mutandis)* con respecto al cuerpo de la persona por la que se pregunta, ya que si alguien nos hace una pregunta en relación a su esposa, entonces el signo de la Casa VII y sus regentes serán los que denoten sus marcas o lunares, mientras que el signo que ocupe la Casa XII (que es la VI de la VII*)* y su regente, serán los que nos señalarán otras dos marcas. A menudo, si la Luna está en conjunción u opuesta al Sol, el consultante tiene algún defecto en los ojos o cerca de éstos: y ello siempre resulta cierto, sobre todo si la conjunción o la oposición están situadas en los ángulos, y la Luna o el Sol se encuentran afligidos por Marte.[4]

---

4. Si Júpiter es el que proporciona la marca, ésta tendrá un tono azulado o púrpura; si se trata de Venus, será amarillenta; si es Mercurio el que la proporciona, tendrá un color pálido o blanquecino; si es el Sol, será de color avellana u oliváceo y, si se trata de la Luna, será de un tono blanquecino y del color que representen los planetas con los que ésta se encuentre aspectada. Los maléficos, Saturno y Marte, especialmente cuando están conjuntos o en aspecto exacto, producen un tipo de marcas en acuerdo a su posición; éstos se encuentran en el Ascendente, el lunar, etc., estará situado en la cara; si se encuentran en la Casa II, éste podrá ser localizado en el cuello y, si se encuentran en la Casa III, entonces el lunar estará en los brazos, etc. Y todas estas reglas son tan aplicables al tema de nacimiento como a las figuras horarias; pero *defectos* tales como un esternón prominente, una joroba, etc., (para las personas nacidas con Cáncer o Leo levantándose) a veces pueden ser hallados en lugar de lunares, de marcas o cicatrices. Por ejemplo, su presente majestad, al tener a Saturno en Piscis, que es el que gobierna los pies, y al estar el

¿Está la persona ausente viva o muerta?

Si la persona por la que estamos preguntando no tiene ningún tipo de relación con el consultante, entonces el Ascendente, su regente y la Luna representarán a la persona ausente.[5] Pero, si por quien se pregunta es alguien conocido, entonces debe de tomar la casa y el regente de ésta más representativos de la relación por la que estén unidos; la Casa III, para los hermanos o las hermanas; la Casa IV, para el padre; la VI, para un tío o una tía paternos; la X, para la madre, etc.

Al juzgar la cuestión, fíjese si el regente de la Casa I y el de la Casa VIII de la persona por la que se pregunta están conjuntos en la Casa VIII o en oposición desde la Casa VI u VIII. Éstas son señales de que el ausente está muy enfermo o moribundo. Mire a ver si existe alguna traslación de la luz entre el regente de su Ascendente y la Casa VIII, o bien si el regente de su Casa VIII está situado en el de la IV y éste en la VIII; o si el regente de la Casa VIII está situado en la IV, y el regente de la IV en la VIII, ya que todo esto son indicios de que la persona ha fallecido, sobre todo si su significador está muy afligido por los malos aspectos o si los planetas maléficos se encuentran angulares, mientras que los benéficos se hallan cadentes. Si el regente de su Ascendente se está alejando de los malos aspectos del regente de su Casa VI, la persona ausente ha estado enferma últimamente y, si de quien se está separando es de los malos aspectos de la Casa VIII, entonces es que esta persona ha estado al borde de la muerte. Pero, a menos de que existan otros testimonios similares a los anteriormente citados, no habrá fallecido. Si el regente del Ascendente se aleja de los malos aspectos del de su Casa XII es que, seguramente, la persona habrá estado preocupada o angustiada a causa de algún arresto, o bien muy atemorizada por un encarcelamiento o reclusión; si su significador se encuentra en la

planeta situado en la cúspide de la Casa XII, ya nació con una *debilidad* o defecto en los pies. Y quizás, de tan sólo haber existido un único testimonio, o de haberse encontrado Saturno en Piscis, pero a otra distancia distinta, entonces probablemente tan sólo hubiese tenido algún lunar o marca en los pies.

5. Siempre debemos de tomar el Ascendente, etc., para el consultante y la Casa VII y su regente para aquella persona sobre la cual se pregunta. Pero si la figura es levantada por un artista y bajo propia sugerencia, entonces dejaremos que el Ascendente sea el que represente a la persona ausente.

Casa XII, es que está sufriendo por el acoso de algún enemigo secreto, y si está en un signo fijo y otros indicios lo corroboran, seguramente se hallará en prisión. Si el regente del Ascendente está separado por un mal aspecto del regente de la Casa II, en esos momentos la persona estará padeciendo por falta de dinero. Y, si esto mismo sucediera con el regente de la Casa VII, entonces es que está sufriendo a causa de alguna disputa o contienda.

Si sucede con el regente de la Casa IX, los problemas que tenga vendrán ocasionados por los viajes, por la ley, etc., y lo mismo con el resto de las casas. Personalmente siempre me he encontrado que cuando el regente del Ascendente de la persona por la que se preguntaba estaba situado en la Casa IX, en la X o en la XI y, a pesar de que todos los indicios la dieran por muerta, ésta se encontraba viva. Cuando todos los indicios le señalen que la persona por la que está preguntando se halla con vida y quiere saber cuándo tendrá noticias suyas o cuándo podrá verla de nuevo, observe en las efemérides el momento en el que el regente de la Casa XI del consultante y el Ascendente de la persona por la que se pregunta forman un aspecto de sextil o de trígono, ya que será entonces cuando le lleguen noticias suyas. Si la Luna está en sextil o en trígono con su significador, entonces asigne un día, una semana o un mes por cada grado y de acuerdo a la situación de los significadores en casas angulares, sucedentes o cadentes y en signos cardinales, mutables o fijos.[6]

6. En cualquier tipo de pregunta lo que realmente resulta más difícil es saber juzgar el tiempo con toda precisión. Debo prevenir a los jóvenes principiantes que eviten emitir cualquier juicio precipitado, a menos de que todos los puntos estén muy claros. En este caso, si la figura es radical y tomamos al planeta que se está acercando al otro, las siguientes reglas pueden resultar de gran utilidad: EN SIGNOS CARDINALES Y EN CASAS ANGULARES: DÍAS. EN SIGNOS MUTABLES Y EN CASAS ANGULARES: SEMANAS. EN SIGNOS FIJOS Y EN CASAS ANGULARES: MESES. Las casas sucedentes dan semanas, meses y años, según el signo sea cardinal, mutable o fijo, y las casas cadentes representan meses en los signos cardinales, años en los mutables y un tiempo indefinido en los signos fijos. ZADKIEL.

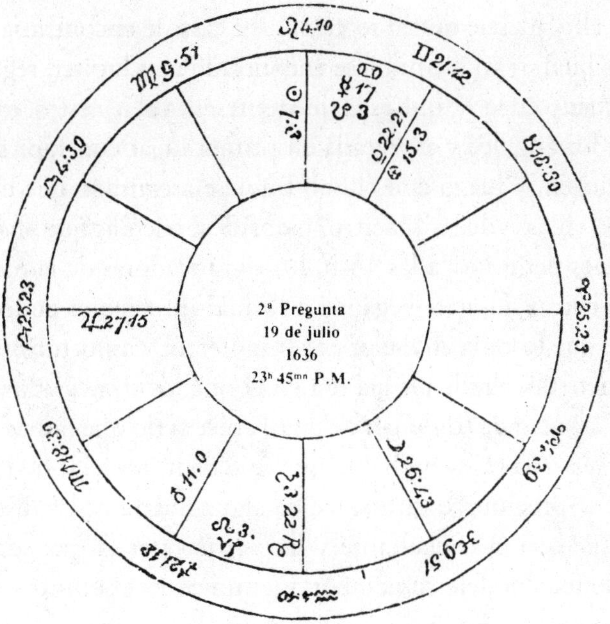

ESTA FIGURA FUE LEVANTADA PARA LA RESOLUCIÓN DE LAS PREGUNTAS SIGUIENTES:

1.ª ¿Podría encontrarse a una persona en casa?
2.ª Una cosa que sucede de repente, ¿reportará buenas o malas consecuencias?
3.ª ¿Qué lunares o marcas tiene el consultante?
4.ª ¿Está viva o muerta la persona ausente?

1.ª PREGUNTA. Una mujer preguntaba si su hijo estaría con su maestro en su propia casa, ¿sí o no?

En esta figura, Venus, gobernadora del Ascendente, representa al consultante. La Casa V, que es la de los niños, es la que describe el asunto por el que se pregunta. Encontré a Júpiter, regente de la Casa V y significador del joven, en el ángulo este; un argumento que señalaba que el sujeto se hallaba en casa de su madre. La Luna formaba un sextil con Saturno, regente de la Casa IV y significador de la vivienda del consultante: por ello, juzgué que al regresar a su casa, le encontraría allí; y así fue. Ahora bien, si yo me hubiese encontrado con Júpiter, regente de la Casa V, situado en la X, que es la que representa al Maestro, o a la Luna en uno de los ángulos y aspectada en primer lugar con Júpiter, significador del joven, y luego con el Sol, hubiese asegurado que el joven se encontraba en casa de su Maestro. Consideré además que el día 25 del próximo mes de julio y a las 14 h, los significadores de la madre y los del hijo (Venus y Júpiter) llegaban a formar un trígono perfecto y por ello juzgué que lo vería en ese preciso momento; y así ocurrió. Y es que, por regla general, alrededor del día en el que los *significadores* llegan a formar un aspecto de trígono o de sextil entre sí (lo que puede verificarse en las *Efemérides),* es probable que se tengan noticias de la persona por la que se pregunta o que se reciba alguna carta, si las distancias lo permiten. Pero si el consultante y la persona por la que se pregunta no están demasiado lejos una de otra, entonces, y sin lugar a dudas, se reunirán en ese mismo día.

Si la persona por la que se pregunta hubiese sido un extraño, hubiera estado representada por Marte, regente de la Casa VII, y al estar éste situado en la dos, que es una casa *sucedente,* hubiese afirmado que no se encontraba en la casa, pero que, sin embargo, tampoco estaría demasiado lejos de ésta. Y, como el signo de Sagitario es oriental y la Casa II se halla situada al noreste, hubiese dicho que él iba hacia esa dirección; y también, como Sagitario gobierna los campos, las montañas o las tierras altas, hubiese enviado a un mensajero para que partiera en esa dirección y lo buscase en esos sitios; pero, si la persona se encontrase en una ciudad, y como Sagitario rige los establos, los lugares cerca del fuego, etc., hubiese asegurado que ésta se encontraría cerca de algún establo, de alguna herrería o carnicería, etc., ya que el planeta Marte se complace en este tipo de lugares.

2.ª PREGUNTA. Una cosa que sucede de repente, ¿reportará buenas o malas consecuencias?

Aquí el Sol es el regente del signo en el que se encuentra; Júpiter es el regente de Piscis, que es donde está situada la Luna; y Venus es la dueña del Ascendente y forma un trígono con él y con Júpiter, que está allí situado. Por todo ello, podemos deducir, sin temor a equivocarnos, que éste era el momento propicio para que tuviese lugar un acontecimiento súbito o para que sucediese alguna cosa que no tuviese por qué afectar o resultarle injuriosa al consultante. Pero, si Venus hubiese formado una oposición con Marte y, encontrándose este último en la Casa II, hubiese predicho que el consultante sufriría en breve debido a alguna pérdida de dinero, y así con el resto.[7]

3.ª PREGUNTA. ¿Qué marcas o lunares tiene el consultante?

Encontré al Ascendente a 25° de Libra y a Júpiter en el Ascendente, que es el que representa la cara. Esta consultante tenía una verruga o lunar situado en la parte derecha de su cara y cerca de la boca, pues Júpiter y Libra son *masculinos.* Y, como el Ascendente estaba en los últimos grados de Libra, la consultante confesó tener un lunar más abajo de los riñones, casi tocando a las caderas. Al ser Aries el signo de la Casa VI, también tenía uno en la frente, cerca del nacimiento del cabello, ya que la cúspide de esta casa estaba situada a 4 grados del signo. Marte, regente de la Casa VI, se hallaba en Sagitario, que es un signo masculino y por debajo de la Tierra, lo que provocó que ésta también tuviese un lunar situado en medio del muslo derecho y en la parte trasera o no visible. Como la Luna estaba a 27 grados de Piscis, que es un signo

---

7. Consideramos que el autor se ha mostrado excesivamente breve en cuanto a este punto, ya que en muchas ocasiones la mente está deseosa de saber el resultado de tales acontecimientos. Si Venus ha estado entre los orbes de una oposición con Marte, lo que representa *la mitad de la distancia de la unión de los dos orbes,* o 7 grados, podríamos haber juzgado que esta pérdida de dinero vendría causada por una persona representada por Venus y consideraríamos su situación a través de las casas que ésta gobernase. Por ejemplo, si Venus rigiese la Casa XII, alguna enemiga secreta sería la que entorpeciera la relación de la esposa o del marido, ya que Venus se encuentra en la Casa III a partir de la séptima. Y como Marte está opuesto a la Rueda de la Fortuna, podríamos predecir pérdidas a causa de algún sirviente (dado que Marte rige la Casa VI); y como la Rueda de. la Fortuna está en la Casa VIII, podría ser a través de alguien que viniese como asistenta o como mensajera. Si la Rueda de la Fortuna se hubiese encontrado en un signo de Agua, con toda seguridad, se hubiese tratado de alguna lavandera. Pero, dado que los testimonios generales resultan bastante buenos, podríamos afirmar que los daños causados resultarán sin duda insignificantes. Sin embargo, la propia experiencia será la mejor enseñanza que, con respecto a estos puntos, pueda llegar a adquirir el estudiante.

femenino y por debajo de la Tierra, le dije que tenía un lunar situado por debajo de su pie izquierdo.

Como la persona por la que ella preguntaba era su hijo, éste tenía a Piscis por Ascendente, lo que demostraba que poseía un lunar en su mejilla izquierda y, como Piscis rige los pies, también tenía uno en el pie izquierdo y situado un poco más abajo del tobillo, ya que el Ascendente se encontraba a pocos grados del signo. La Casa VI a partir de la V, en la figura es la décima, que al estar situada a 4 grados del signo de Leo, mostraba que por debajo del pecho, y situado a la derecha, este joven debería de tener alguna cicatriz, lunar o marca.

Y, de este mismo modo, siga las demás instrucciones de las reglas.

4.ª PREGUNTA. ¿Está viva o muerta la persona ausente?
En la anterior figura, el Ascendente, Júpiter (que está allí situado), Venus (que es su regente) y la Luna son los significadores de la persona ausente. El signo ascendente y Júpiter nos describen su físico y personalidad,[8] y la Luna y Venus su condición. La Luna y Venus no reciben ningún aspecto inarmónico por parte del regente de la Casa VIII, y un planeta benéfico (Júpiter) está situado en el ascendente mientras que Venus se encuentra en la Casa IX; por todo ello, debo afirmar que la persona ausente goza de plena salud. Pero, como Venus había estado opuesta recientemente con Marte, regente de la Casa II y de la VI, éste, últimamente, había pasado apuros económicos y estaba predispuesto a alcanzar un estado febril a causa de éstos. Pero, al estar Júpiter en el Ascendente y en trígono con Venus, debo decir que esa medicina o persona descrita por Júpiter logró aliviarle en sus males. Y, como Mercurio, regente de su Casa XI, está cuadrado a Júpiter (y ambos situados en signos de larga ascensión, lo que

8. De no haber ningún planeta situado en el Ascendente de la persona, habrá que fijarse en dónde está situado su regente para, así y en relación al signo, poder describirla y juzgarla a través de éste y del signo Ascendente. Pero si el regente del Ascendente se encuentra excesivamente *afligido*, entonces habrá que tomar a la Luna y al signo en el que se encuentre.

equivaldría a un trígono),[9] debo juzgar que el consultante recibirá noticias de la persona ausente a partir de unas diez semanas después de formulada la pregunta, ya que a Mercurio le faltan 10 grados para formar una cuadratura perfecta con Júpiter. Si se supiese que el ausente se halla a poca distancia de la persona por la que se pregunta, entonces hubiese asegurado que en diez días a lo sumo oirían hablar de él dado que los signos son cardinales.[10]

---

9. Esta doctrina sobre los signos de larga ascensión que hacen que un sextil sea igual a una cuadratura, y una cuadratura igual a un trígono, y viceversa, en los signos de corta ascensión, tan sólo puede ser utilizada en casos de Astrología Horaria o Mundana y nunca en las natividades o temas natales.
10. En este último caso, más vale mirar en las Efemérides, ya que el día en que Mercurio forme un trígono con Júpiter será el día en el que se reciban noticias suyas, y el día en el que sea Venus la que forme una conjunción, será el de su regreso.

CAPÍTULO XXIV

EN CUANTO A UN BARCO, A SU SEGURIDAD O DESTRUCCIÓN

El Ascendente y la Luna representan al barco y su cargamento, y el regente del Ascendente a su tripulación. Si se encuentra con un maléfico, dignificado en la Casa VIII, situado en el Ascendente, o bien al regente de éste en la Casa VIII y mal configurado con los regentes de las Casas VIII, XII o VI, o si la Luna está combusta y por debajo de la Tierra, podría juzgar que el barco se ha perdido y que los hombres se han ahogado. Pero si al mismo tiempo se encuentra con que existe una recepción mutua, significará que el barco naufragó, pero que parte de la tripulación logró ponerse a salvo: si todos los significadores precedentes no reciben ningún tipo de aflicción, entonces tanto el barco como su carga se encontrarán a salvo, y si existe alguna recepción mutua, más todavía. Si el Ascendente y la Luna están en infortunio, pero el regente del Ascendente no lo está, entonces significará que aun a pesar de que el barco se haya perdido, los hombres se habrán logrado salvar.

Pero cuando el consultante pregunte por cualquier barco que ya haya emprendido su camino y quiera conocer su estado antes de que éste regrese, así como cuáles serían las expectativas de este viaje, entonces debe prestar atención a los ángulos de la figura y mirar si los benéficos se encuentran situados allí y si los maléficos se hallan alejados, cadentes, combustos o bajo la fuerte influencia de los rayos solares, ya que entonces podrá juzgar que el barco seguirá a salvo con toda su carga. Pero si encuentra a los maléficos situados en los ángulos o en casas sucedentes, es posible que se presenten algunos problemas. Si el planeta maléfico es Saturno, el barco encallará. Si tanto Marte como él se encuentran en un signo de Tierra, significará esto mismo o muchos daños y peligros. Pero si los benéficos envían sus buenos aspectos a los lugares donde se encuentran ubicados Saturno o Marte y los regentes de los ángulos y de que dispone de la Luna están libres, entonces el barco se balanceará mucho y sufrirá algunos daños, pero la mayor parte del cargamento y de la tripulación se conservarán. Si Marte aflige a los regentes de los ángulos y al que dispone de la Luna, la tripulación estará en peligro a causa de los piratas o de algún enemigo; pero, si además de estas configuraciones negativas, existen otras, habrá peleas a bordo, así como robos, hurtos, etc., con derramamiento de sangre: Saturno, situado de esta forma, produce robos, pero sin derramamiento de sangre.

Si los signos afligidos por Saturno, Marte, el Nodo Lunar Negativo (Cola del Dragón) o Urano (si está mal aspectado) son los que representan la parte trasera del barco, o aquellas que están situadas por debajo del agua, es que el barco tiene un escape; si los signos son poco afortunados en el Medio Cielo, en Fuego y con Marte allí situado, hay peligro de incendio a causa del fuego o de los rayos; y si ello mismo sucede en los signos de Aire y con Mercurio afligido, entonces los daños vendrán causados por los fuertes vientos o los temporales. Si Marte se encuentra en la Casa IV y mal situado, indica que el fuego se encuentra en el interior del barco; y si Urano le acompaña, es que éste ha sido repentino. Si el signo es el de Géminis, Libra o Acuario, significará que el causante del incendio ha sido algún enemigo.

Si Saturno está situado en el Medio Cielo y denota algún perjuicio, éste se deberá sin duda al mal estado de las velas o de los aparejos, o bien será causado por el mal tiempo, los temporales, etc. Un maléfico situado en el Ascendente señala que los daños pueden ser localizados en la proa del barco, y si el regente del Ascendente es retrógrado, entonces indica que el barco va a hacer escala en algún puerto; y si éste se encuentra en un signo cardinal, nos señala que el barco regresará a su puerto de origen. Si el regente de la Casa VIII aflige al de la Casa I y éste se encuentra situado en la VIII, el tipo de daño que sufra el barco será acorde a la naturaleza del planeta que los aflija. Si este regente obstaculiza al que dispone de la Luna, al regente del Ascendente o a la Luna en sí misma, representará la muerte del capitán y probablemente también la de sus compañeros. Si la que está afligida es la Rueda de la Fortuna, entonces indicará fallos en el cargamento del barco y por tanto una mala venta de éste. Pero si Júpiter, Venus o el Nodo Lunar Positivo (Cabeza del Dragón) se encuentran situados en la Casa II o benefician a su regente o al regente de la Rueda de la Fortuna, indicarán que los beneficios serán excelentes, en consonancia a la fuerza de estos planetas.

Si los regentes del Ascendente o de la Luna y sus gobernadores se mueven lentamente, el viaje será largo, y si por el contrario éstos son muy rápidos, el barco volverá pronto. Si existen malos aspectos entre el regente de la Casa I y el gobernante de la Luna, y ello sin recepción, habrá discordias a bordo, entre la tripulación o entre ésta y el propietario. Si el regente del Ascendente es el más fuerte, prevalecerá la tripulación, pero, si el más fuerte es el regente de la casa en la que se encuentra la Luna, entonces en que ganará será el propietario. Si el gobernador de la Rueda de la Fortuna no se halla en buena disposición con ella, o el regente de la Casa II es débil, las provisiones escasearán y, si éste se encuentra situado en un signo de Agua, entonces lo que faltará será el agua potable.

PARTES DEL BARCO REGIDAS POR LOS SIGNOS

ARIES	La proa o el corazón del barco.
TAURO	Es espolón y las partes bajas.
GÉMINIS	El timón o la caldera.
CÁNCER	La parte trasera del suelo.
LEO	Las obras mayores.
VIRGO	las bodegas.
LIBRA	Las partes más próximas al agua.
ESCORPIO	Los camarotes o cabinas de la tripulación.
SAGITARIO	La tripulación en sí misma.
CAPRICORNIO	Las partes finales del barco.
ACUARIO	El dueño o capitán del barco.
PISCIS	En las galeras: los remos; en los barcos a vapor; las ruedas; y en los demás tipos de barcos; las velas.

EJEMPLO DE UN BARCO EN EL MAR

En diciembre de 1644, un negociante londinense que había enviado su barco a las costas de España con fines comerciales, recibió un sinfín de mensajes en los que se le notificaba que su barco había naufragado. El comerciante quiso asegurar su barco, pero con unas condiciones que no fueron aceptadas por ninguna compañía de seguros.

Un amigo del comerciante me preguntó: «¿Se ha hundido este barco o, por el contrario, todavía permanece a flote?». Expresé mi opinión asegurándole que el barco no se había perdido, sino que, a pesar de haber pasado por múltiples peligros, ahora se encontraba a salvo. Fundé mi juicio en las siguientes apreciaciones:

En primer lugar, los grados del Ascendente en Cáncer mostraban la carga o el cuerpo del barco. Encontré a Saturno en cuadratura con éste y desde un signo cardinal, fuera de la Casa XI y muy cerca del Ascendente. Después de esta cuadratura, vi que la Luna estaba exaltada y en sextil con el Ascendente, interponiéndose su sextil entre los aspectos de oposición de Mercurio y del Sol en la Casa VII, los que de otra forma hubiesen resultado peligrosos dado que en este tipo de juicios cualquier aspecto de oposición con el Ascendente resulta nefasto. Dado que el Ascendente se encontraba afligido por la cuadratura de Saturno y por la presencia de un número de estrellas fijas de su misma naturaleza, juzgué que el barco pertenecía a la naturaleza de Saturno; es decir, que era lento, pesado y que no estaba en muy buenas condiciones. Al ser Cáncer un signo de los denominados débiles, deduje que, realmente, éste debía de pertenecer a esta categoría de barcos (y ello me fue confesado). Por eso, al estar el Nodo Lunar Negativo en la Casa IX, aseguré que en el transcurso del viaje el barco había pasado por diversos peligros ocasionados por el tipo de accidentes que representa Saturno, tales como escapes o averías en la proa del barco o cerca de ésta, ya que el signo de Aries, que es donde está Saturno, representa esta parte.

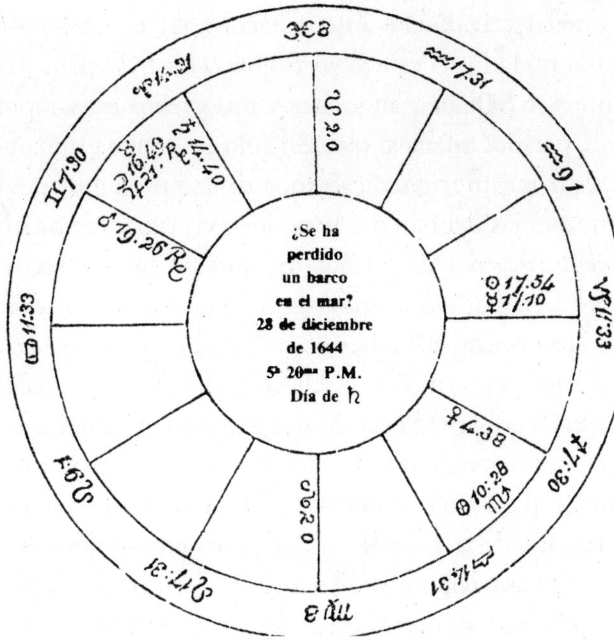

Pero, dado que la Luna, regente del Ascendente, está situada en la Casa XI, en exaltación, sin ningún impedimento y en trígono con el Sol y con Mercurio, y muy cerca de Júpiter, y como todos los demás significadores estaban por encima de la Tierra y los ángulos no estaban ocupados por los maléficos, estimé que tanto el barco como los marineros y los oficiales se encontraban a salvo y en perfectas condiciones. La otra pregunta fue: «¿Dónde estaba el barco, en qué costa y cuándo se recibiría alguna noticia suya?».

Aquí consideré que la Luna estaba fija y en la Casa XI; Tauro, signo meridional, estaba situado sin embargo en un cuarto del cielo este y orientado hacia el sur; su aplicación era de un trígono con Mercurio, y éste situado en Capricornio, que es un signo del sur y del ángulo oeste; todo ello me hizo considerar que el barco se hallaba al suroeste de Londres y sobre nuestras propias costas, o bien cerca de aquellas que se encuentran entre Irlanda y Gales. Deduje que en esos momentos, el barco estaba atracado en algún puerto, donde lo estaban reparando, pues Tauro es el signo en el que se encuentra la Luna y, además de ser fijo, está situado en la Casa XI, o casa del auxilio y del confort. (Se comprobó que, efectivamente, éste se encontraba en un puerto situado en el este). Como la Luna estaba en trígono con Mercurio y con el Sol y estos últimos se hallaban angulares y todos ellos muy rápidos en su movimiento, y dado, además, que tan sólo les faltaba unos pocos minutos para alcanzar un trígono exacto, estimé que en muy poco tiempo se recibirían noticias del barco o se conocería su paradero. Al estar los significadores tan cerca de formar un aspecto tan perfecto, aseguré que en el transcurso de esa misma noche, o en el plazo de dos días a lo sumo, llegarían noticias del barco (esto fue comprobado). Lo que más me ayudó a hacer este tipo de predicción fue el ver que la Rueda de la Fortuna estaba gobernada por Marte y que Mercurio, hacia el que la Luna dirigía su buen aspecto, se encontraba en recepción mutua con Marte; también me animó el que la Luna estuviese tan bien aspectada con el Sol, regente de la Casa II, o casa de los *bienes:* pues esto era una señal de que el comerciante se beneficiaría a través de esta aventura. Además de todo esto, por regla general, cuando la Luna está aspectada armónicamente con un planeta retrógrado, hace que de una u otra forma el asunto llegue a resolverse rápidamente y cuando menos se espera. Una de las principales reglas de todo este proceso, es que cuando la Luna se encuentra en buen aspecto con los benéficos o en armonía con los planetas situados en los ángulos, existe un motivo aparente para que podamos tener esperanzas o aguardarnos lo mejor, etc.

EJEMPLO DE OTRO BARCO EN EL MAR

Aquí el Ascendente y la Luna son los significadores del barco y de su tripulación. La Luna se ha separado últimamente de la cuadratura con Saturno, que es el regente de la Casa VIII y de la IX, y más tarde ha formado un trígono con él y una oposición con Mercurio, regente de la Casa XII y de la IV. Esto demostraba que, últimamente, el barco había estado en gran peligro de naufragio: y al encontrarse la Luna vacía de curso, todavía no se había recibido ninguna noticia de éste. Observé que la Luna, después de haber estado en cuadratura con Saturno, en signos fijos y casa cadente, no formaba después ningún aspecto armónico con los planetas benéficos, sino que se encontraba vacía de curso y volvía entonces a aplicarse desde la Casa IV hasta Saturno, que seguía siendo el regente de la Casa VIII, pero con un buen aspecto, formaba además una oposición con Mercurio, su gobernador, que por cierto estaba combusto y en exilio; también me di cuenta de que Júpiter, su regente, era subterráneo y estaba en conjunto a Marte y en los términos de un maléfico y, como por otro lado, Marte estaba en caída y cerca de la cúspide de la Casa II, pude deducir por todo ello que el comerciante sufriría graves pérdidas. Además, la Rueda de la Fortuna se encontraba situada en Casa VI, gobernada por Júpiter y éste retrógrado y afligido en la Casa II, y sin aspectar con la Rueda de la Fortuna, ya que por el contrario ésta se encontraba cuadrada a la Luna y a Mercurio. A tratarse todos ellos de testimonios bastante negativos, juzgué que esta persona perdería todo o casi todo lo que hubiese en el barco, por lo que, y con toda seguridad, éste había naufragado. (Y me fue confirmado). El principal significador, mal aspectado y situado además en Casa IV, era una señal inequívoca de que el barco había naufragado.

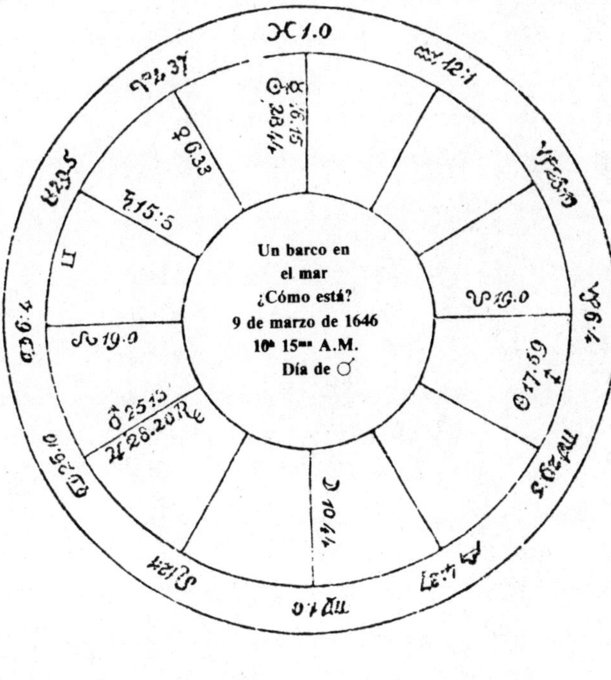

CAPÍTULO XXV

JUICIOS CONCERNIENTES A LA SEGUNDA CASA

¿Será rico el consultante o dispondrá acaso de una fortuna considerable? ¿Cuándo y cómo la logrará? ¿Hasta cuándo podrá seguir gozando de ésta?

Quienquiera que sea el que nos formule esta cuestión, el regente del Ascendente y la Luna serán invariablemente sus significadores.

Considere el signo situado en la Casa II, a su regente y a los planetas allí ubicados o en aspecto con la cúspide, con su regente o con la Rueda de la Fortuna.

Si encuentra que todos los planetas son angulares o incluso sucedentes, directos y de rápido movimiento, se tratará de una buena señal. Si están situados en casas armónicas, directos y moderadamente bien dignificados, también será buena señal. Estas dos reglas son generales.

Si el regente de la Casa I, la Luna y el regente de la Casa II están en conjunción, en buen aspecto con el regente de la Casa II, o si Júpiter o Venus aspectan armónicamente a la Rueda de la Fortuna, o si el regente de la Casa II o bien el regente de la Luna, se encuentran en el Ascendente, o bien si el regente de la Casa I está situado en la II o el Nodo Lunar Positivo también está allí, son testimonios de que el consultante no necesitará preocuparse por la pobreza. Al ser bastante fuertes los significadores y numerosos los testimonios, el consultante será proporcionalmente rico. Recuerde siempre que el juicio emitido debe de estar en consonancia a la condición de vida del consultante.

¿Por qué medios alcanzará la fortuna?

Si el regente de la Casa II está situado en el Ascendente, podría ganarla de forma inesperada (especialmente si está aspectado con Urano, y el planeta es poderoso), o bien sin demasiado esfuerzo. Si el regente de la Casa II o la Luna aseguran riquezas por estar en aspecto mutuo, observe de qué casa proviene dicho aspecto o qué casas son las que rige la Luna; si ninguna de éstas promete fortuna, entonces fíjese en la casa en la que se encuentra la Rueda de la Fortuna y en los planetas que la ocupen.

Si el planeta auxiliar se halla en el Ascendente, el consultante alcanzará la fortuna a través de su propio negocio y, si por ejemplo, éste fuese un mecánico, entonces la lograría gracias a su trabajo, a sus invenciones y destreza. Pero, si el planeta auxiliar no es regente de la Casa II, el consultante alcanzará la fortuna gracias a saber manejar muy bien sus propios asuntos, negocios, etc., o bien por aquellas cosas que pertenezcan a la naturaleza de ese planeta, debiendo de considerar también y en todo momento el signo en el que se encuentre.

Si el regente de la Casa II se encuentra situado en esta misma casa, los beneficios provendrán de su propia industria. Si el regente de la Casa III beneficia al de la Casa II o a la Rueda de la Fortuna u otros significadores de riqueza, el consultante se verá favorecido y ayudado por sus vecinos, parientes o hermanos.

El regente de la Casa IV proporciona riquezas a través del padre o de alguna persona de edad y también a través de la adquisición de tierras, compra de casas, etc., así como por los beneficios adquiridos a través de la administración de los bienes de sus parientes y vecinos, o bien por propiedades que le hayan sido legadas por sus antepasados.

El regente de la Casa V provoca ganancias a través de las cartas o de otros juegos de azar, así como mediante ocupaciones tales como la de embajador o diplomático.

Si el que nos plantea la pregunta es un hombre de bajo rango, entonces ello significaría que ha adquirido una taberna o que es portero de alguna institución, o está en conexión con el mundo del teatro, etc., ya que todo ello está representado por la Casa V. También es posible que éste maneje muy bien los negocios de su padre o que reciba algún dinero a través de éstos.

El regente de la Casa VI proporciona ganancias a través de la servidumbre o del ganado menor, así como por ejercer la profesión de médico, siempre y cuando se esté capacitado para ello.

El regente de la Casa VII indica ganancias a través de la esposa, de la espada o de las armas y de la guerra, o bien por adquirir ganancias en este tipo de negocios, o también por ganar algún proceso judicial, etc.

El regente de la Casa VIII, o los planetas que estén allí situados, proporcionan legados a través de la dote de la esposa que, en esos momentos, podría ser inesperada (sobre todo si Urano se muestra benéfico), o bien por instalarse repentinamente en alguna otra ciudad en la que el consultante iría prosperando y enriqueciéndose.

El regente de la Casa IX, otorga propiedades a través de las relaciones o conocidos de la esposa, de algún vecino suyo o a través de algún hombre de iglesia o magistrado. O, si el signo de Cáncer o de Piscis están situados en la Casa IX, es posible que la fortuna le provenga a través de un viaje largo por mar. Pero si esta casa se encuentra situada en un signo de Tierra, las ganancias tendrían lugar en el momento en el que el sujeto se mudase a cualquiera de los sitios representados por el signo, o bien por comerciar con aquellos productos propios de ese lugar, etc. El regente de la Casa X augura ganancias gracias al servicio o a la ayuda de un rey, de una persona importante, etc. Si el consultante todavía es joven y no goza de una gran fortuna, entonces lo mejor para él sería que emprendiese un negocio o similar en consonancia con el signo y con el planeta que ocupen la Casa X.

La Casa XI y su regente indican ganancias inesperadas por mediación de los amigos del sujeto o bien por servir éste a un rey, a un noble o a otras personalidades importantes.

Si el aspecto de fortuna proviene de la Casa XII o de su regente, el consultante incrementará su fortuna gracias a la compra-venta de ganado mayor, a las carreras de caballos o bien, si el signo es un signo de los denominados humanos (Géminis o Libra) éste provendrá a través de un trabajo en la prisión, pudiendo ser el consultante abogado, gobernador, sheriff, etc., de una cárcel. Si el signo es el de Aries, Tauro o Capricornio, las ganancias vendrán dadas por el ganado y, si el signo es el de Virgo, por el maíz. En todos estos puntos, debe de comenzar a mezclar sus juicios con la razón.

Los testimonios más claros y seguros de riqueza con los que se pueda encontrar se dan cuando los regentes de las Casas I y II, además de Júpiter, se encuentran conjuntos en la Casa I, X, VII, IV, XI y, sobre todo, en la II. Y si éstos no están en conjunción, al menos deben estar en trígono o sextil y con recepción mutua. Si, por el contrario, se encuentran aspectados por una cuadratura o una oposición, aun con recepción, significará que el consultante logrará también hacer fortuna, pero ésta se deberá al fruto de su trabajo y de su propio esfuerzo.

Signos de riqueza y sus causas

Si se encuentra con que el consultante no va a poder ser rico y éste desea saber por qué, de forma en que pueda ordenar mejor sus asuntos y mostrarse precavido ante las dificultades, entonces deberá de observar cuidadosamente los siguientes puntos. El planeta que más aflija a los regentes de la Casa II y de la Casa I, la Luna, la Rueda de la Fortuna o sus gobernantes, o la cúspide de la Casa II y el planeta que la ocupe ya que estos son los puntos que explicarán dicho motivo. Si el que está afligido es el regente de la Casa I, entonces la causa estará en el mismo consultante y el porqué o la forma en que ello se manifestará vendrán dados por la casa en la que el regente de la uno se encuentre ubicado. El regente de la Casa II denota necesidad de dinero o de un capital para poder establecerse. El regente de la Casa III indica que sus parientes o vecinos se opondrán con fuerza al consultante o lo tendrán en desconsideración, etc. Y, de esta misma forma, puede seguir juzgando el resto de las casas, teniendo en cuenta que el resultado será totalmente opuesto al que le había sido indicado cuando los aspectos, etc., eran positivos.

Precauciones. Si el regente de la Casa II o el que dispone de la Rueda de la Fortuna son desafortunados pero están fuertes y bien aspectados, pueden producir tantas ganancias como Júpiter o Venus, pero siempre con muchas menos satisfacciones y más quebraderos de cabeza. Al igual que el resto de los planetas, cuando Júpiter o Venus están afligidos, también pueden llegar a obstruir todo tipo de ganancias y es que, cada uno de los planetas, está llamado a realizar aquella misión que le haya sido encomendada por la Providencia. Dondequiera que se encuentre el Nodo Lunar Negativo (Cola del Dragón), denotará siempre una serie de perjuicios y de dificultades provenientes de la casa en la que se halle ubicado, si ésta, por ejemplo, se tratara de la Casa VI, entonces los problemas vendrían ocasionados por los sirvientes del sujeto o por alguna enfermedad, etc.

¿Recuperará el consultante la suma que ha dejado, o bien conseguirá que le presten el dinero que pide?

El regente del Ascendente y la Luna son los significadores del consultante, mientras que la Casa II y su regente representan sus bienes.[1]

La Casa VII y su regente señalan a la persona a quien se pretende pedir el dinero, y la Casa VIII, su regente, etc., representa sus propiedades. Observe si el regente del Ascendente o la Luna se hallan conjuntos al significador de las propiedades de la persona a la que se le pide el dinero, o bien en buen aspecto con éste. Si esto sucediese y el significador es una de las fortunas o bien se halla fuertemente configurado, el consultante recibirá sin ninguna duda ese dinero. Si se trata de alguno de los desafortunados, pero existe una recepción mutua entre éste y el significador del consultante, también en ese caso recibirá el dinero que pida, etc., pero, si el significador de la persona a la que se le pide el dinero es un planeta maligno y no existe ninguna recepción mutua, entonces el consultante quizás reciba este dinero, pero con tantos retrasos y dificultades que, en el fondo, le hubiese resultado mucho mejor no recibirlo.

Del mismo modo, si el regente de la Casa VIII se encuentra ubicado en la dos y con recepción, es signo de que le dejarán o podrá recuperar su dinero, etc. Pero si el regente de la Casa VII o el de la VIII están situados en la dos y sin ninguna recepción con los significadores del consultante o con los regentes de la Casa II, no sólo no se cumplirán sus deseos, sino que además deberá de esperar muchos perjuicios a causa de éstos.

Si el regente de la Casa I y la Luna están conjuntos a una de las fortunas con dignidad en el signo ascendente o *interceptada* en el *Ascendente,* el asunto se resolverá, y si está en conjunción con alguno de los infortunios dignificado y *con recepción,* el asunto será ejecutado.

---

1. Cuando cualquier planeta se encuentre situado en alguna de las distintas casas, debe de ser considerado al igual que el regente de dicha casa.

O, si los significadores están conjuntos a alguna de las fortunas en la Casa X o en la XI, y aun sin recepción mutua, el asunto llegará a ser perfeccionado.

¿Va a poder el consultante adquirir ganancias, beneficios o algún salario a través del gobierno, de algún noble o de alguna persona de rango elevado, etc.?

Esta misma pregunta podría servir también para cualquier otra de similares características y en la que el consultante sea de un rango mucho inferior al de la persona que está buscando para que cumpla sus deseos.

El Ascendente, su regente y la Luna representan como siempre al consultante y la Casa X y su regente a la otra persona. La Casa II es la casa de las propiedades del consultante y la XI representa las de la otra persona.

Si se encuentra al regente de la Casa I o a la Luna en conjunción al regente de la Casa XI o a cualquiera de las fortunas situadas en la Casa XI y sin ningún tipo de aflicción, podrá afirmar sin temor a equivocarse que el consultante podrá obtener un dinero, ganar un salario, recuperar una deuda, etc. O si, por ejemplo, la Luna y el regente del Ascendente se encuentran conjuntos a un planeta maléfico y sin recepción, el consultante también obtendrá lo que desea, pero después de haberlo suplicado infinidad de veces y de haberse esforzado mucho para conseguirlo. Si existen varios planetas maléficos entre los significadores y uno de ellos es un infortunio y no se da además una recepción mutua, el consultante jamás llegará a conseguir lo que desea.

En este tipo de peticiones, debe de mostrarse muy cauteloso a la hora de observar las verdaderas dignidades esenciales de los planetas y sus recepciones mutuas, así como fijarse por cuál de sus mutuas dignidades se reciben unos a otros.[2]

---

2. La recepción por Casa es la más poderosa, después viene la exaltación, la triplicidad, el término y la cara (o decanato): aunque ésta última es muy débil.

Momento en el que pueden ocurrir todos aquellos acontecimientos tratados a lo largo de este capítulo

Anote con sumo cuidado el planeta hacia el que tanto el regente del Ascendente o la Luna se dirigen por conjunción o por aspecto. Considere cuántos grados faltan para que esta conjunción o este aspecto sean totalmente exactos, y considere que cada grado es igual a un día, si ambos planetas ocupan una casa cadente; si ambos están en una casa sucedente, cada grado corresponderá a una semana, pero si ambos planetas se hallan ubicados en una casa *angular,* entonces cada grado representará a un mes. Pero, si por cualquier motivo, el asunto no pudiera ser llevado a cabo ni en días ni en semanas, sino que precisara de mucho más tiempo, entonces, en lugar de meses, pronostique años; en lugar de semanas, meses; y en lugar de días, semanas, etc. Y si un planeta se encuentra en un ángulo, mientras que el otro se encuentra en una casa sucedente, entonces significará meses; en una casa sucedente y en otra cadente, denotará semanas, y, cuando un planeta es angular y el otro cadente, meses.[3]

Algunos de los antiguos astrólogos decían que si en el momento en el que la cuestión era planteada, el planeta que representaba la consumación positiva de aquello que se pedía se encontraba en el mismo signo que el del regente del Ascendente, el asunto llegaría a llevarse a cabo en el momento en el que estos dos cuerpos formaran una conjunción exacta, siempre y cuando el regente del Ascendente fuese el planeta más pesado, y tanto si existía recepción mutua como si no. Pero, si el regente del Ascendente era el planeta más ligero pero con recepción, tan sólo se llevaría a cabo si éstos se encontraran angulares en el momento en que la conjunción se hiciese efectiva o bien cuando el otro planeta estuviese situado en alguna de sus propias casas y, especialmente, en aquellas en las que se halla exaltado.[4]

---

3. En este tipo de arreglos, parece haber una especie de confusión ya que se contradice con el sistema usual en el que los acontecimientos producidos por las casas angulares son mucho más rápidos que los de las casas cadentes. Por ello debemos prevenir al estudiante de que antes de adoptar este sistema, lo experimente con sumo cuidado.
4. Alegrías planetarias: Acuario: Saturno; Sagitario: Júpiter; Escorpio: Marte; Libra: Venus; Virgo: Mercurio. Los astrólogos modernos no suelen hablar de ellas.

A menudo he observado que cuando existía una recepción por casa y a pesar de que el aspecto fuera de cuadratura o incluso de oposición, el asunto llegaba a llevarse a cabo, aunque en este caso no funciona ningún otro tipo de recepción.

En cuanto al momento en el que estos acontecimientos tendrán lugar, me he percatado de que si la Rueda de la Fortuna, la Luna o el regente de la cosa solicitada se encontraban en el Ascendente y allí ocupaban una de sus dignidades esenciales, el número de grados entre el planeta y la cúspide del Ascendente eran los que señalaban el tiempo; días si se trataba de un signo cardinal y el asunto podía ser resuelto de una forma rápida y efectiva, y meses o años de acuerdo con el signo y con el calibre del asunto.

EJEMPLO:

Un comerciante londinense, en el año 1634, me formuló las siguientes preguntas:

¿Llegaría a ser rico o a poder subsistir sin necesidad de casarse?
¿Por qué medios lograría conseguir la riqueza?
¿Cuándo la alcanzaría?
¿Cuánto tiempo le duraría?

1.ª PREGUNTA. ¿Podría llegar a ser rico el consultante o a poder subsistir sin necesidad de casarse?

Ante todo, consideré la disposición de los planetas en general y me encontré con que la mayoría de éstos y, en especial, aquellos que denotaban fortuna, eran muy rápidos en sus movimientos, se hallaban bien situados y no se encontraban afligidos. También observé que Venus, regente del Ascendente, se hallaba situada cerca del *Cor Leonis,* una estrella de gran virtud e influencia, así como que la Luna aumentaba en luz y que Júpiter estaba casi en su culminación. Por esto, y en relación a su demanda, pude juzgar que el sujeto ocuparía un alto rango entre sus vecinos y que estaría muy bien considerado por éstos, etc., (*quoad capax*). Luego, para saber si sería rico o no, consideré que el regente de la Casa II estaba situado en el Ascendente y que también era regente de la Rueda de la Fortuna, encontrándose ésta muy cerca de *Spica Virgi-*

nia, a unos 18° de Libra.[5] Entonces, me fijé en que Júpiter (significador natural de la riqueza), se hallaba en exaltación y angular, proyectando una cuadratura hacia la cúspide del Ascendente, cuadratura que en los signos de larga ascensión se considera normalmente como un trígono.[6] Pude observar asimismo que la Luna estaba separada por un sextil de Marte, quien era regente de la Casa II y significador de aquello que se solicitaba y que ésta se hallaba también en conjunción a Mercurio y a Venus, significadora del consultante, y transfería la luz y la virtud de ambos: Marte y Mercurio hacia el propio significador del consultante. El que disponía de la Luna era el Sol, que se mostraba muy fuerte y poderoso, y la Rueda de la Fortuna se encontraba situada en un signo fijo y en los términos de Marte. Por todo ello, a través de estos testimonios, juzgué que el consultante podía hacerse con una fortuna considerable y disfrutar de una holgada situación económica. Pero, como todo ello se hallaba representado por uno de los infortunios, pude deducir que tan sólo conseguiría hacer fortuna. Como Marte, regente de la Casa VII (casa del matrimonio), tenía un significado muy material, o sea, de riquezas, le aconsejé que se casara, asegurándole que si no contraía matrimonio, jamás podría gozar de una situación económica tan desahogada.

5. Ahora, esta estrella ha avanzado ya hasta los 22 grados de Libra.
6. Los signos de larga ascensión son Cáncer, Leo, Virgo, Libra, Escorpio y Sagitario, y los de corta ascensión son Capricornio, Acuario, Piscis, Aries, Tauro y Géminis. Anteriormente, ya vimos que un sextil era tomado por una cuadratura y una cuadratura por un trígono, y después que una cuadratura era tomada por un sextil y un trígono por una cuadratura. Debo aconsejar al estudiante que haga caso omiso a todas estas distinciones, ya que éstas sólo le pueden crear una gran confusión.

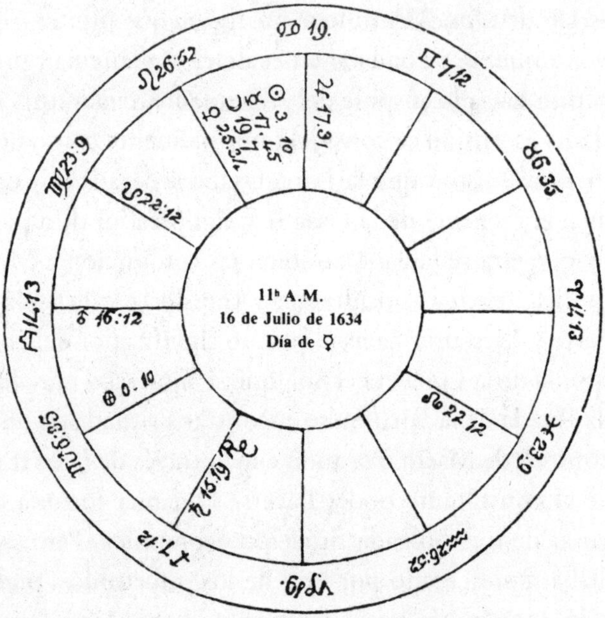

2.ª PREGUNTA. ¿Por qué medios conseguiría la riqueza?

En este esquema, como Marte era el planeta que representaba a la riqueza por ser el regente de la Rueda de la Fortuna y de la Casa II y por encontrarse además situado en el Ascendente, se deducía que tanto la fortuna como la riqueza del consultante provendrían de su propia industria; como Marte también era el regente de la Casa VII, le dije que se casaría con una mujer que además de incrementar su fortuna sería una persona muy tranquila y segura de sí misma, ya que Venus, regente de la casa de las propiedades de la esposa, estaba fuertemente situada. Como la Luna era la regente de la Casa X (casa del comercio) y transfería la luz de Mercurio y de Marte a Venus, su significadora, le avisé que si se mostraba diligente en sus empresas, conseguiría una situación económica muy buena y estable. (A raíz de su matrimonio, pudo disponer de una gran fortuna y, gracias al dinero y a las tierras de su esposa, comenzó a gozar de un gran éxito comercial).

3.ª PREGUNTA. ¿Cuándo alcanzaría esta fortuna?

Todos los significadores orientales y cinco planetas con una velocidad rápida, auguraban la posesión de las propiedades al poco tiempo de formulada la cuestión, y Marte, principal significador de aquello por lo que se preguntaba, al ser también muy rápido, indicaba exactamente lo mismo. La distancia entre el Ascendente y Marte era de unos dos grados, que significaban dos años y, precisamente al cabo de ese mismo período de tiempo, el consultante recibió una gran suma, gracias a la dote de su esposa. A la Luna le faltaban todavía unos 6° y 27' para formar una conjunción exacta con Venus, por lo que predije que hacia el año 1640, sus negocios aumentarían y gozaría de una excelente reputación. Como Venus estaba situada en la cúspide de la Casa XI (o casa de las amistades), le aseguré que tendría muchísimos amigos, gracias a los que podría ver incrementar sus ganancias y mejorar su actual situación.

4.ª PREGUNTA. ¿Cuánto tiempo seguiría siendo rico?

Como la cúspide de la Casa II estaba en un signo fijo, con la Rueda de la Fortuna allí situada, Júpiter se encontraba angular y exaltado y Venus, que era la que disponía de Marte, estaba situada en Leo, que también es un signo fijo y la Luna también se encontraba allí; se veía claramente que el consultante podría seguir disfrutando de una desahogada situación económica y que sus riquezas, si la bendición de Dios le acompañaba, serían permanentes y no se vería reducido a la necesidad ni a la pobreza.

CAPÍTULO XXVI

EN CUANTO A LA TERCERA CASA; ES DECIR, A LOS HERMANOS, LAS HERMANAS, LOS PARIENTES, LAS NOTICIAS, LOS VIAJES CORTOS, ETC.

Los asuntos más importantes, aunque no los únicos, relacionados con esta casa son los que conciernen a los hermanos, los primos y los vecinos y a los viajes cortos.

Pregunta. ¿Estará de acuerdo el consultante con su hermano o con su vecino?

Los significadores del consultante son los mismos de siempre y los de la persona sobre la que se consulta son el regente de la Casa III, la cúspide de ésta y los planetas que se encuentren allí situados. Si el regente de la Casa III es un planeta benéfico, está situado en el Ascendente o bien una de las fortunas está en la Casa III y los respectivos regentes se hallan en buen aspecto o en recepción mutua o el regente del Ascendente arroja un buen aspecto a la cúspide de la Casa III, no existe duda alguna de que entre la relación de estas dos personas existe una gran unidad. Si los planetas maléficos o el Nodo Lunar Negativo (Cola del Dragón) se encuentran ubicados en la Casa III, a menos de que estén muy bien dignificados y aspectados, serán una señal inequívoca de discordia, y el consultante no deberá de esperar nada bueno por parte de sus hermanos o de sus vecinos; lo mismo sucederá cuando los significadores sean los que se hallen aspectados inarmónicamente y, si los significadores estuvieran afligidos por encontrarse peregrinos, retrógrados o combustos, entonces significaría que la conducta de éstos podría llegar a ser odiosa y mal intencionada.

Saturno o el Nodo Lunar Negativo situados en la Casa III, demuestran que los vecinos son unos maleducados y los hermanos unos egoístas; si Marte es el que está allí emplazado, entonces es que los vecinos son deshonestos y las relaciones que con ellos pueda tener, engañosas y traicioneras. Y, si ambos se encuentran fuera de sus dignidades, estas características tan sumamente negativas se harán todavía más palpables. Pero, cuando los planetas maléficos o el Nodo Lunar Negativo están situados en el Ascendente, entonces el que obra mal es el consultante mismo.

¿Cómo se encuentra el hermano ausente?

La Casa I, su regente y la Luna son los significadores del consultante y la Casa III es la que representa a la persona sobre la que se consulta, así como la IV será la que represente sus bienes, etc.

Considere la situación del regente de la Casa III; es decir, en qué casa se encuentra ubicado y cómo está aspectado. Si se encuentra en la Casa III y no recibe ningún mal aspecto por parte de los infortunios, no cabe duda alguna de que el hermano ausente se halla sano y salvo. Si éste se encuentra situado en su propia casa, pero afligido por algún planeta maléfico y sin recepción, podrá juzgar que a pesar de encontrarse sano y salvo, hay algo que le apena o que le preocupa enormemente. Cuando el regente de la Casa III se encuentra afligido por estos mismos planetas, pero esta vez con recepción, podrá juzgar que a pesar de encontrarse sano y salvo, hay algo que le apena o que le preocupa enormemente. Cuando el regente de la Casa III se encuentra afligido con estos mismos planetas, pero esta vez con recepción, es que éste está pasando por un mal momento, pero pronto lo superará y conseguirá liberarse de sus problemas. Si se encuentra aspectado por alguna de las fortunas a través de un sextil o de un trígono y sin recepción o, por una cuadratura o una oposición, pero con recepción, se puede estar totalmente seguro de que el hermano ausente por el que se pregunta se encuentra perfectamente; y cuando estos mismos aspectos son de sextil o de trígono, podrá asegurar al consultante que su hermano goza de salud, vive feliz y no necesita nada.

Si el regente de la Casa III está situado en la IV y sin recibir ningún aspecto por parte de los maléficos, es que el hermano se está asentando y adquiriendo propiedades en aquel país o lugar en el que se encuentre. Si está en Casa V y en conjunción o aspectado armónicamente con el regente de esta casa y más tarde no provoca ninguna aflicción importante, que éste se encuentra muy bien de salud, contento de sí mismo y de la sociedad en la que vive. Y cuando una de las fortunas esté situada en Casa V y tenga lugar una recepción mutua entre los regentes de estas dos casas; es decir, la Casa III y la Casa V (o su Casa III), puede estar convencido de que su situación es totalmente afortunada y favorable. Pero si se trata de uno de los maléficos o se encuentra aspectado inarmónicamente con uno de ellos y en la Casa V, y sin recepción, o bien se halla vacío de curso durante su estancia en dicha casa, podrá deducir que el hermano del consultante está algo descontento e intranquilo y muy a disgusto en su actual domicilio. Por regla general, cuando el regente de la Casa III se encuentre afligido en cualquiera de las casas, exceptuando a la Casa VI, a la VIII y a la XII, se podrá decir que la salud de la persona no es mala, pero que sin embargo su situación no resulta excesivamente cómoda.

Si el regente de la Casa III está situado en la VIII y bien aspectado por una de las fortunas, significará que, aunque el hermano ausente pueda encontrarse algo indispuesto, realmente no se tratará de nada peligroso. Pero si éste se halla conjunto a un maléfico o recibe algún aspecto inarmónico procedente de la Casa VI, entonces es que se encuentra gravemente enfermo. Y lo mismo sucederá cuando el regente de su Casa VI se encuentre en la III, a menos de que allí esté fuertemente dignificado, ya que en este caso, si el regente de la Casa III se halla conjunto al de la Casa VIII o entrando en combustión al mismo tiempo con otros testimonios que tengan relación con las enfermedades, es que existirán razones suficientes como para preocuparse por su muerte.

Si se encuentra con su significador situado en la Casa VII, es que sigue en aquel mismo lugar o país al que se fuera y que su salud es bastante regular. Si el regente de la Casa III está en la VIII, el hermano ausente sabe que su muerte está próxima, y si su significador se halla combusto, en conjunción al regente de la Casa VIII o afligido por algún planeta maléfico, es que está realmente asustado por la inminencia de ésta.

Si su significador se encuentra en la Casa IX, el hermano habrá dejado aquel lugar o país en el que se hallaba para irse a otro mucho más alejado, o bien se encuentra metido en algún asunto legal, científico o eclesiástico, o está viajando continuamente por causas profesionales.

Si éste se halla ubicado en la Casa X y bien aspectado por las fortunas y en especial si existe una recepción mutua, es que dispone de un buen ejemplo u oficio en aquel lugar o país al que se haya marchado. Pero, si éste se halla combusto o afligido, existe la posibilidad de que se haya muerto. Si su significador está en la Casa XI y conjunto al regente de ésta, indicará que se encuentra muy bien situado, que cuenta con infinidad de amigos y que es sumamente feliz. Pero, si éste está afligido por algún planeta maléfico, entonces significará que no se siente tan satisfecho con su actual situación.

Si el regente de la Casa III se halla ubicado en la XII y está bien aspectado, indica que el hermano ausente, en estos momentos, está trabajando con caballos o con ganado, etc., regentando una taberna, o bien puede significar también que se está convirtiendo en ganadero, etc. Pero si éste se encuentra mal aspectado tanto aquí como en la Casa II, indicará que está metido en algún lío y, si el signo en cuestión es uno de los signos fijos, entonces es que probablemente en esos momentos se encuentra en la prisión, aunque si su significador está retrógrado, se las ingeniará para poder escapar. Si éste se encuentra en el Ascendente, querrá decir que está muy bien situado y que se trata de una persona muy respetada por los demás, siempre y cuando éste no se encuentre aspectado inarmónicamente.

Si se consulta algo sobre alguien que no sea un hermano, se puede llegar a conocer su estado o situación aplicando las reglas que hemos citado anteriormente a aquella persona por la que se esté preguntando. Si, por ejemplo, se trata del padre del consultante, el regente de su Casa V (que será su II, si tomamos a la IV como su Ascendente) representará sus bienes y propiedades. Y, si el consultante desea información sobre algún amigo suyo, entonces éste se verá representado por la Casa XI, mientras que su Casa II (o casa de los bienes materiales), será la XII, y su Casa X (o casa del honor, etc.) será la Casa VIII, y así hasta haber completado las doce casas. Sin embargo, hay que comprender que aunque de cada una de las casas pueda derivarse otra Casa VI, VIII y XII, será la Casa VI de la figura real la que refleje las enfermedades de aquella persona por la que se pregunte, mientras que la Casa VIII será la que nos indique su muerte, y la XII su encarcelamiento o reclusión.

En cuanto a si los informes, las noticias, los rumores, etc., serán ciertos o falsos y a si éstos reportarán buenas o malas consecuencias

A través de la experiencia adquirida (en estos últimos y desgraciados tiempos de guerra), se me confirmó lo siguiente: si la Luna estaba situada en el Ascendente, en la Casa X, en la XI o en la III, separándose de cualquiera de los planetas por un buen aspecto y aplicándose más tarde de forma armónica al regente de la Casa I, podía estar seguro de que la noticia o el rumor eran ciertos, pero que, e independientemente de que sus consecuencias pudieran ser positivas o negativas, siempre contaba con el beneplácito del parlamento. P ero, si la Luna enviaba algún buen aspecto al regente de la Casa VII, entonces no cabía duda de que nosotros nos llevaríamos la peor parte y nuestro enemigo la victoria. Si la Luna se encontraba vacía de curso, las noticias difundidas serían totalmente vanas y falsas y muy contradictorias. Si la Luna y Mercurio estaban cuadrados u opuestos, sin recepción y sin que ninguno de los dos pudiera conectarse con el grado ascendente a través de algún aspecto armónico, es que las noticias eran totalmente falsas y habían sido planeadas con el único propósito de asustarnos.

El momento preciso para levantar una figura ha sido siempre el de la hora en la que, por primera vez, se oyese algún comentario sobre el rumor la noticia, etc. Pero, si otra persona era la que me planteaba la pregunta, entonces levantaba la figura en el preciso instante en el que ésta me lo pidiera por primera vez.

Si, con respecto a cualquier noticia o rumor que pudiera suscitarse, usted desea saber si éste va a resultarle perjudicial o no, observe si Júpiter o Venus se encuentran en el Ascendente o si la Luna o Mercurio están en cualquiera de sus dignidades esenciales y en sextil o trígono con el regente de la Casa XI, ya que entonces podrá juzgar que éste no va a causar ningún daño a la persona que pregunte por ello. Pero, si el regente de la Casa VI, de la VIII o de la XII, se encuentran en el Ascendente, en mal aspecto con el regente de éste y con un planeta maléfico o retrógrado situado en el Ascendente, o bien afligiendo a su regente o al grado ascendente, podrá estar seguro de que el consultante se verá seriamente perjudicado por el asunto; aunque, y si este rumor está relacionado con la opinión pública, significará que algo malo ha sucedido a sus amigos o ministros. En este caso, si el portador del mal es Saturno, indicará que los saqueos, las pérdidas de ganado o de maíz, etc., serán numerosos. Marte señala violencias militares, derramamientos de sangre, etc. Mercurio indica extravío de cartas o de papeles y resulta extremadamente negativo para los mensajeros o comunidades literarias. El Sol provoca desgracias a los reyes, a los jefes, líderes o a cualquier personalidad importante. Venus resultará extremadamente perjudicial para los caballeros o para los amigos de éste, y la Luna reflejará violencia en las multitudes y, si se encuentra afligida, señalará que el pueblo está resultando injuriado.

Sobre la veracidad o falsedad de los rumores, de acuerdo a las reglas de los antiguos

Si el regente del Ascendente, la Luna o el que dispone de ella, están situados en un ángulo o en un signo fijo y en buen aspecto con las fortunas o con el Sol, podría juzgar que el rumor es cierto. Si se encuentran en signos cardinales, cadentes y en mal aspecto con los infortunios, juzgue entonces todo lo contrario y considere la mayoría de los testimonios. Cuando los ángulos de la figura, la Luna y Mercurio se encuentren en signos fijos y se separen de los infortunios para *aspectarse* con cualquiera de las fortunas, es porque el rumor en cuestión resulta totalmente cierto. Los rumores negativos pueden ser ciertos o verificados en cierta forma si los ángulos de la Casa IV y de la X son fijos y la Luna está situada allí. Si recibe malas noticias y a pesar de que cualquiera de las fortunas se halle en el Ascendente, significará que el rumor se quedará en nada o bien se convertirá en algo bueno. Si el regente del Ascendente se encuentra bajo los rayos del Sol,[1] el asunto se mantendrá en el más estricto secreto y muy pocos serán los que, algún día, lleguen a conocer la verdad.

---

1. Esto significa estar a una distancia del Sol de unos 12 grados, aunque los autores modernos le atribuyen una distancia de 17 grados.

Sobre el consejo o parecer dado por un vecino, un conocido o un amigo, etc.

Levante la figura una vez haya pedido el consejo por primera vez y podrá saber entonces si la persona o las personas que se lo dan le aprecian de verdad y si le resultará beneficioso o no seguirlo.

Si el Sol, Júpiter, Venus o el Nodo Lunar Positivo están ubicados en la Casa X o si la Luna se encuentra en buen aspecto con el regente del Ascendente, es que quien le haya aconsejado lo ha hecho de corazón y con el único propósito de beneficiarle. Pero si Urano, Saturno, Marte o el Nodo Lunar Negativo se encuentran situados allí o si la Luna está mal aspectada, es mejor que no siga ningún consejo, ya que la persona que se lo dé tan sólo pretenderá engañarle. Haly asegura que si el signo ascendente es cardinal y si la Luna y el regente del Ascendente también están situados en signos cardinales, entonces la persona acabará sintiéndose defraudada.[2]

En cuanto a los viajes cortos: ¿será mejor ir o no ir?

Entiendo como viajes cortos a aquellos cuya distancia permita a la persona ir y volver en el día o en el plazo máximo de dos días. Considere al regente del Ascendente, o sea, si su velocidad es rápida, si está situado en la Casa III o en alguna de las dignidades del regente de esta casa; o bien, si se encuentra en buen aspecto con su regente o con algún otro planeta que esté allí situado; fíjese también en si la Luna se aplica a alguno de dichos aspectos, o si está en la Casa III, o bien en aspecto de sextil o de trígono con el grado ascendente y también tenga en cuenta si la velocidad de ésta es muy rápida, ya que dichos argumentos son una buena señal e indican que el viaje que pueda emprender el consultante resultará un éxito total. El sector del cielo que represente al lugar hacia el que desee dirigirse el consultante, puede conocerse gracias a la situación de la Luna, el signo de la cúspide de la Casa III o su regente,

2. Aunque el consejo dado tan sólo intente beneficiarle, es posible que no siempre sea tan bueno seguirlo y ello se puede saber observando al regente de la Casa IV y a los planetas allí situados, ya que si éstos son maléficos, o el regente de la Casa IV aflige al del Asc., el asunto acabará mal y, si por el contrario, los planetas allí ubicados son de naturaleza benéfica, entonces acabará bien. ZADKIEL.

que será mucho más fuerte si se encuentra en una de sus dignidades esenciales. Si, por ejemplo, el significador principal se encuentra situado en un signo septentrional, significará que el viaje emprendido por el consultante será hacia el norte, etc.

EJEMPLOS:

Un ciudadano londinense, cuyo hermano había emprendido un viaje hacia la parte oeste de Inglaterra, al estar durante semanas y semanas sin recibir ninguna noticia suya, en el mes de noviembre de 1645, se decidió, aunque de forma algo inoportuna, a plantearme las siguientes cuestiones, suplicándome que le diera mi opinión en cuanto a éstas.

La figura levantada en el momento de la pregunta está en la página siguiente y, a continuación, podrá encontrar los detalles particulares relativos al juicio y a cada una de las tres cuestiones planteadas.

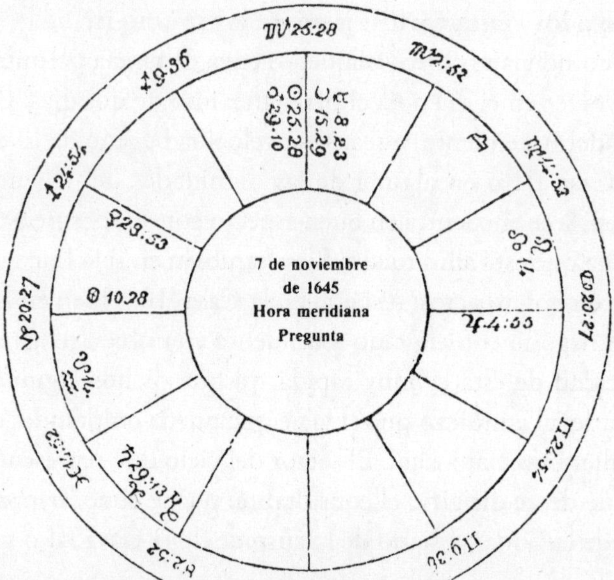

Preguntas relacionadas con un hermano ausente:

¿Estaba su hermano vivo o muerto? Y, si estaba muerto, ¿acaso lo mataron los soldados? (ya que en esa época, nuestro miserable reino estaba plagado de éstos).

Si estaba vivo, ¿dónde estaba? Y, ¿cuándo tendría noticias suyas?

¿Cuándo regresaría de nuevo a casa?

1.ª PREGUNTA. ¿Estaba vivo o muerto?

Aquí, el Ascendente representaba el físico y las apariencias de la persona que hacía la pregunta y, como Saturno era el regente del signo, el consultante en cuestión era muy delgado, magro y huesudo y, realmente, del tipo *saturnino.*

Tauro, Ascendente de la tercera Casa y Venus, su regente, representaban al hermano ausente. Venus, significadora de la persona por la que se preguntaba, no recibía ningún tipo de aflicción ni por parte de Mercurio, regente de la propia Casa VIII; y como la Luna se encontraba muy bien aspectada pues estaba en trígono con Júpiter y conjunta a Mercurio, quien a su vez también estaba muy bien aspectado con Júpiter e iba a entrar en conjunción con el Sol en la cúspide del Medio Cielo; jugué que el hermano ausente estaba vivo y que no le había ocurrido nada malo y gozaba de plena salud.

2.ª PREGUNTA. ¿Cuándo tendría alguna noticia suya?

Venus, regente de la Casa III, se encontraba aspectada amistosamente mediante un trígono con Saturno, que es el regente del Ascendente y, como Saturno estaba en movimiento retrógrado, también se aplicaba al aspecto de Venus. Esta señal era excelente e indicaba que dentro de muy poco tiempo el consultante recibiría noticias de su hermano. Si se fija en las efemérides, constatará que el día 7 de noviembre del año 1645 y sobre las 4:00 h de ese mismo día, se formaba el aspecto de trígono entre Venus y Saturno. Por todo ello, aconsejé al consultante que se dirigiera a aquellas regiones en las que hubiera podido estar su hermano y preguntase a los cocheros si le habían visto. Le dije que probablemente tendría noticias suyas en ese mismo día. (Después, de forma confidencial, me aseguró que en el preciso momento en el que yo le predije, o sea sobre las 4:00 h de ese día, un cochero se presentó de forma casual ante él y le informó que su hermano estaba vivo y gozaba de salud).

3.ª PREGUNTA. ¿Dónde estaba?

En su viaje se dirigía hacia el oeste. En el momento en el que me fue planteada la pregunta, me encontré a Venus, su significadora, abandonando a Sagitario que es un signo noreste, y entrando en Capricornio que es un signo sur; por ello, afirmé que su hermano se encontraba en la parte sureste de aquella región a la que en su día se marchara. Y como Venus no estaba demasiado alejada del Ascendente y se hallaba situada en el cuarto del cielo oriental y éste no estaba a más de uno o dos días de viaje de Londres, teniendo además en cuenta que Venus había dejado a Sagitario y estaba entrando en un signo en el que resultaba dignificada tanto por triplicidad como por término, deduje que el sujeto en cuestión había abandonado la ciudad en la que no tenía ni posesiones, ni domicilio alguno y regresaba a Londres y a su casa, donde disponía de un sinfín de propiedades. Como a Venus le faltaba tan sólo un grado para dejar el signo, le dije al consultante que en menos de *una semana* su hermano estaría de nuevo en casa, dado que Sagitario es un signo mutable y en estos casos, un grado puede muy bien significar una semana. Volvió a casa *al martes siguiente* cuando la Luna estaba entrando en conjunción con Venus, situada ésta ya en Capricornio, en su propio término y triplicidad diurna. Al encontrarse los dos significadores en trígono, estos dos hermanos siempre continuaron viviendo juntos y de forma muy amistosa.

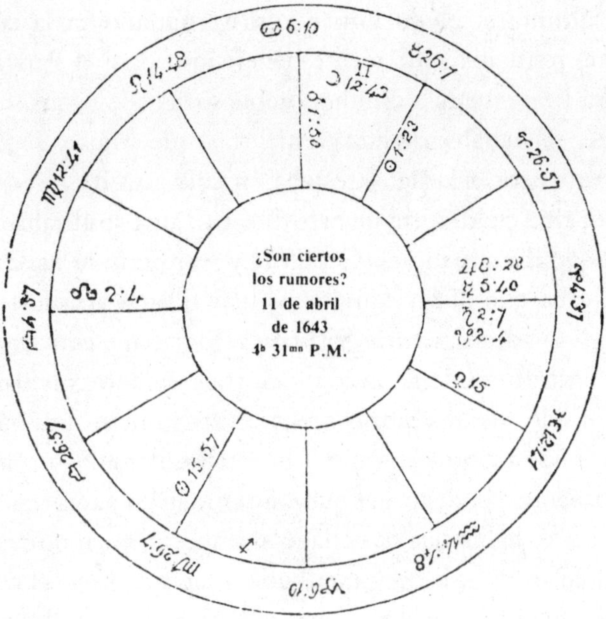

¿Los informes o el rumor, eran ciertos o no?

En el año 1643 y al disponer su majestad de un abundante ejército, se difundió el rumor de que Cambridge había sido tomada, y una persona muy afectada por la noticia me preguntó si ésta era cierta o si, por el contrario, tan sólo se trataba de un falso rumor. Por ello, levanté la figura y emití el juicio siguiente: «Todo aquello cuanto habíamos oído era totalmente falso y la ciudad ni había sido ni sería tomada ni por él, ni por sus hombres».

1.ª PREGUNTA. ¿Era cierta la noticia de que Cambridge había sido tomada por las fuerzas del rey?

Primero consideré que todos los ángulos eran cardinales y que Marte, el maléfico, entorpecía la cúspide de la Casa X y Saturno la de la Casa VII, siendo éste ya de por sí un claro argumento de que la noticia era absolutamente falsa.

En segundo lugar, me fijé en que la Luna era cadente y estaba situada en Géminis, un signo en la que ésta se encuentra muy débil; otro argumento que aseguraba la falsedad de tal noticia.

Y, por último, el Nodo Lunar Positivo situado en la cúspide del Ascendente, resultaba sumamente beneficioso para el Parlamento, ya que la Casa I representa a esta honorable sociedad. Venus, regente del Ascendente, se hallaba exaltada, mientras que Marte, regente de la Casa VII (nuestros enemigos), estaba en caída, es decir, en Cáncer y afligido por una cuadratura de Saturno. La Luna se alejaba de Júpiter, que se encontraba situado en Casa VII y transfería su luz a Venus, lo que significaba que dicho rumor nos beneficiaría a nosotros y no al enemigo. La cuadratura entre Saturno y Marte me convenció de que existía un espíritu tal de desunión y de traición entre nuestros enemigos, que no sólo sus esperanzas se verían frustradas, sino que además este rumor no le reportaría ningún beneficio. Por ello, a través de tan pocos argumentos, pude juzgar que Cambridge no había sido tomada y que todo cuanto habíamos escuchado al respecto, era totalmente falso.[3]

Si en lugar de ésta, la pregunta hubiese sido la de si «el consultante podría tener algún hermano», debería de interpretarse de la siguiente forma: el signo de la tercera Casa, Escorpio, es muy fértil y Cáncer, signo en el que se encuentra el regente de ésta, también lo es, y por otra parte, la Luna se aplica a Venus, resultando todos estos testimonios un claro índice de que el consultante puede con toda probabilidad esperar a tener algún hermano y, dado que la mayoría de signos son femeninos, contará por ello con un mayor número de hermanas que de hermanos.

---

3. Si se levanta una figura para las 10:53 h, del día 23 de diciembre de 1834, se hallará la Casa X a 15° de Sagitario, y a la Luna a 0° 15' de Libra, en la VII y en cuadratura con el Sol, regente de la Casa VII. Levantamos esta figura al oír un rumor de que un montón de personas habían sido cruelmente masacradas por los soldados en Rathcormac, Irlanda. La Luna, al encontrarse angular y afligida, indicaba que este horrible rumor era cierto, y el que Urano estuviese exactamente en la cúspide del ascendente: Acuario 23° 30', también lo confirmaba. El Nodo Lunar Negativo se encontraba en Sagitario, a 16° 35' y en cúspide de X, lo que desacreditaba al Gobierno que provocó tal transacción. El jurado de la Corona, al emitir su veredicto, calificó de «asesinato salvaje» a este horrendo suceso.

CAPÍTULO XXVII

RESPECTO A LA CASA CUARTA Y A LOS JUICIOS QUE DE ESTA VIDA SE DERIVEN

Esta casa es la de los padres, de las tierras, de las propiedades, de las ciudades, de las aldeas, de los pueblos, de las granjas, de los castillos y también la de los tesoros encontrados o de cualquier cosa que esté oculta bajo tierra, así como la de las sepulturas.

REGLAS para poder recuperar aquello que se haya perdido o llegar a encontrar algo que esté escondido

Muéstrese muy cuidadoso al considerar a quién pertenece el objeto perdido o extraviado, etc., ya que si el propietario es el consultante mismo, deberá tomar al regente de la Casa II; pero si se trata del hermano o de la hermana de éste, entonces deberá fijarse en la de la Casa IV; si el que ha perdido el objeto es su padre, considere al regente de la Casa V, y si es su madre, el de la Casa XI, etc., pero si la persona a la que se le ha extraviado el objeto no tiene nada que ver con el consultante ni está unido a él por ninguna relación, entonces la casa a tener en cuenta será la Casa VIII. Si se encuentra con la casa de los bienes y de las propiedades situada en cualquiera de los ángulos, podrá deducir que el objeto perdido se halla dentro de la casa misma de su propietario; y si el regente de esta casa se encuentra en el Ascendente o dispuesto por el regente de éste, por casa, o situado en el mismo signo que el Ascendente, podrá estar seguro de que dicho objeto se encuentra en aquella parte de la casa más frecuentada por el sujeto o en el sitio en el que éste acostumbre a guardar sus pertenencias. Pero si el regente de los bienes y de las propiedades de la persona por la que se pregunta se halla ubicado en la Casa X, entonces, si el sujeto en cuestión resulta ser dueño de alguna tienda o almacén, será en ese preciso lugar en el que se encuentre el objeto perdido. Si se trata de un caballero, entonces aquello que se ha perdido estará en el salón, y si es un granjero, el objeto extraviado podrá ser hallado en la primera habitación de la casa o salita. Si el regente de las propiedades y de los bienes está situado en la Casa VII, aquello que se ha perdido estará en la parte de la casa más frecuentada por la esposa del sujeto o por las criadas. Y si el regente se encuentra en la Casa IV, entonces el objeto a buscar podrá ser recuperado si se busca en aquella parte de la casa que ocupen los ancianos o en la que se encuentre alojado el padre o algún abuelo del propietario del objeto, así como en el mismo centro de la casa o en su parte más antigua.

La naturaleza y características del lugar podrán deducirse a través de los signos en los que estén ubicados los significadores, por lo que si el signo en el que se encuentre la Rueda de la Fortuna también lo es, aquello que se haya perdido se encontrará en el alero o en la parte más alta de la habitación; y si el lugar en el que debemos buscar dicho objeto es un huerto o un jardín, entonces lo encontramos fácilmente encima de algún árbol, de una verja, etc.

Si los significadores son fuertes y están situados en signos de *Agua,* aquello que se haya extraviado estará sin duda en el lavadero o en el abrevadero, o bien en alguno de los lugares situados cerca del agua. Si los significadores están en un signo de *Fuego,* entonces el objeto en cuestión podrá ser localizado cerca de la chimenea, de las paredes de la casa o en los lugares en que haya o hubiese habido hierro. Y si los significadores están ubicados en un signo de *Tierra,* aquello que se haya extraviado estará en el suelo, en la tierra o cerca del pavimento y, si por ejemplo estuviese fuera de la casa, se encontrará seguramente cerca de alguna escalera, de algún puente o de una verja.

Si la casa en la que el significador se encuentra ubicado está repartida entre dos signos distintos, la cosa extraviada se habrá quedado olvidada detrás de algo, o bien estará cerca del umbral o entre dos habitaciones y se encontrará más hacia arriba o hacia abajo dependiendo del signo en cuestión (o sea de si éste es de *Aire,* de *Agua,* etc.). Cuando se haya perdido algo y se tenga la certeza de que no ha sido robado, deben de considerarse los siguientes puntos:

1. El signo Ascendente, su naturaleza y el cuarto de cielo indicado por éste.
2. El signo en el que se encuentre el regente del Ascendente.
3. El signo de la Casa IV.
4. El signo en el que esté el regente de la Casa IV.
5. El signo en el que se encuentre la Luna.
6. El signo de la Casa II.
7. El signo en el que esté el regente de la Casa II.
8. El signo en el que se encuentre la Rueda de la Fortuna.

Entonces, deberá de examinar el mayor número de testimonios para descubrir en qué cuarto del cielo se encuentra el objeto extraviado y poderlo relacionar así con las distintas partes de la casa. Una vez determinado el rumbo, observe la naturaleza del signo, ya que si, por ejemplo, se trata de un signo de *Aire,* el objeto estará más arriba del suelo; si es de *Fuego,* estará cerca de alguna pared o separación; si es de *Tierra,* en el suelo y, si es de *Agua,* estará cerca de la parte más húmeda de la habitación, etc.

Orientación a través del rumbo de los signos

Aries	Este	Escorpio	N. hacia el este
Libra	Oeste	Tauro	S. hacia el este
Cáncer	Norte	Sagitario	E. hacia el sur
Capricornio	Sur	Acuario	O. hacia el norte
Leo	E. hacia el norte	Piscis	N. hacia el oeste
Géminis	O. hacia el sir	Virgo	S. hacia el oeste

En cuanto a la compraventa de tierras, de casas o solares, de granjas, etc.

El Ascendente, su regente y la Luna simbolizan al comprador, y la Casa VII, su regente y los planetas que estén allí situados, al vendedor. La Casa IV, su regente y los planetas allí ubicados representan las tierras o la casa, etc., y la Casa X, su regente y los planetas allí situados, reflejarán su precio; o sea si resultará cara o barata.

Si se encuentra a los regentes de la Casa I y de la Casa VII bien aspectados entre sí, y al regente de la Casa VII en aspecto armónico (o inarmónico, pero con recepción) con el regente del Ascendente, podrá asegurar que el vendedor actuará de forma totalmente honrada con el comprador, y si los planetas no se encuentran en absoluto dignificados, la compra se realizará; pero si el aspecto es inarmónico, habrá muchas disputas, controversias y regateos antes de que ésta pueda llevarse a cabo.

Si el regente del Ascendente o la Luna se encuentran en aspecto con el regente de la Casa IV o viceversa, o bien los lugares están intercambiados, es decir, el regente de la Casa I o la Luna en la Casa IV o bien el regente de la Casa IV es el Ascendente y además se da cualquier recepción mutua, la venta será efectuada.

Pero si éstos no se encuentran en la situación anteriormente mencionada y a pesar de que la Luna transfiera la luz del regente de la Casa IV al del Ascendente, la negociación tendrá lugar pero a través de los agentes intermediarios más que por los propios interesados. Finalmente, y si no se cumple ninguna de estas reglas, significará que el trato en cuestión no se llevará a cabo.

En cuanto a la calidad de las tierras, de las casas, etc.

Si encuentra a alguno de los maléficos o infortunios en la Casa IV, y especialmente peregrinos, o bien al regente de esta casa está retrógrado o afligido, la tierra o la casa no beneficiará al comprador en absoluto ni le acompañará en su posteridad.

Pero si Júpiter, Venus o el Nodo Lunar Positivo están situados en la Casa IV, o bien el regente de dicha casa se encuentra fuerte y bien aspectado, el comprador podrá estar seguro de que las propiedades adquiridas van a darle unos excelentes resultados. Si la Casa IV está situada en un signo fijo, estos resultados seguirán beneficiando a la familia del comprador.

Si el dueño del Ascendente es un infortunio, los inquilinos o arrendatarios serán deshonestos y mentirosos, y causarán un sinfín de problemas. Si el Nodo Lunar Positivo o una de las fortunas se encuentran allí situados, entonces se dará el caso contrario. En el primer caso, si el planeta maléfico está en movimiento retrógrado significará que los inquilinos se marcharán sin hacer efectivas las rentas o bien descuidarán el pago de los alquileres.

Si una de las fortunas está situada en la Casa X y es directa, la casa dejará buenos beneficios, o bien de los árboles que la rodeen se podrá obtener muy buena madera. Si es retrógrado, también habrán muchos árboles, pero no serán aprovechables; y si en lugar de una de las fortunas nos encontramos con un infortunio y en movimiento directo, significará que habrá muy pocos árboles o que la casa dará muy pocos beneficios y, si el infortunio está en movimiento retrógrado, la madera será robada, o bien lo serán las rentas después de haber sido pagadas, o las condiciones de pago no serán respetadas, etc. De no haber ningún planeta situado en la Casa X, considere entonces al regente de dicha casa y según la fuerza o debilidad de éste podrá llegar a juzgar si los beneficios que se deriven de la madera o del alquiler de la casa serán o no provechosos. Pero el ángulo de la Casa VII debe ser considerado también para poder determinar la calidad del césped, de los maizales, de las hierbas, etc.

En cuanto a la descripción del terreno, fíjese en la Casa IV y si se encuentra con que su cúspide está situada en un signo de Fuego, significará que el suelo será pedregoso, seco y montañoso, en particular cuando el regente de esta casa se encuentre también en un signo de Fuego, o sea en Aries, en Leo o en Sagitario. Si el signo de la cúspide es de Tierra, el terreno será liso, llano y excelente, tanto para pastos como para ser cultivado. Si el signo es de Aire, la naturaleza del terreno será intermedia, es decir que una parte de éste será montañosa, pedregosa y de difícil cultivo, mientras que la otra será muy llana y fácilmente cultivable. Y, finalmente, si nos encontramos con un signo de Agua, significará que el terreno será muy húmedo y contará con algún estanque, arroyo, río, etc., y si en la Casa IV hubiera algún infortunio retrógrado, peregrino, etc., la tierra o el terreno en cuestión compartiría muchas de las características de dicho infortunio; si por ejemplo y en el caso de que el signo fuese el de Escorpio y Saturno estuviese allí situado, el terreno sería abrupto y pantanoso y, de estar Saturno afligido; entonces la tierra todavía sería muchísimo peor. Si el terreno en cuestión estuviese situado cerca del mar, las inundaciones, etc., serán de temer. Cuando Saturno se encuentra en la Casa IV y en un signo de Fuego, el terreno será poco fértil y estará necesitado de agua; y si está afligido, el suelo todavía será mucho más pedregoso y se encontrará en peores condiciones. Si Saturno está en la Casa IV, pero en un signo de Aire, el terreno será bastante defectuoso y, si se encuentra afligido, sobre todo en Géminis, significará que no se ha sabido sacar provecho de éste ya que la utilidad asignada al terreno en cuestión habrá sido infructuosa y muy poco adecuada o acorde a sus características. Cuando Saturno se encuentre en la Casa IV y en Tierra, el terreno será bastante bueno, pero arcilloso; y, si el planeta se halla afligido, querrá decir que aquellos granjeros a cargo del terreno difícilmente sabrán sacarle suficiente partido o el provecho adecuado.

De esta misma forma deberá juzgar también los asentamientos de las casas o de los edificios: si, por ejemplo, la cúspide de la Casa IV está situada en un signo de Agua, significará que habrá muchísima humedad, y si Saturno se encuentra en Escorpio, la casa estará plagada de ratas, etc.

En cuanto a si las tierras o las casas resultarán caras o baratas

Esto puede llegar a saberse gracias a la posición del regente de la Casa X ya que si éste es fuerte y angular, el precio será alto y el vendedor insistirá en que éste se respete; pero si el regente de la Casa X se muestra débil, cadente o afligido, etc., el coste no será excesivo.

En cuanto a si beneficiaria al consultante el adquirir o el dejar la casa, las tierras, o la granja, etc.

La Casa X, etc., será la que nos refleje las ventajas o beneficios que se deriven de dicho compromiso, aunque también tendrá que fijarse en aquellos significadores que por su naturaleza representen a las propiedades, o sea, en el regente de la Casa II, la Rueda de la Fortuna, etc.

La Casa IV nos mostrará cómo va a terminar el asunto en cuanto a la adquisición de las propiedades. Si una de las fortunas está ascendiendo o la Rueda de la Fortuna se halla ubicada en el Ascendente, o bien es el regente de éste el que se encuentra allí situado o está en sextil o en trígono con el grado de la cúspide y sin ningún tipo de aflicción, el consultante conseguirá la casa o la granja, etc., y hará por ello un buen negocio. Pero, si el que se encuentra en el Ascendente es uno de los infortunios, entonces el consultante no conseguirá hacerse con la propiedad y, en el caso de que ésta ya fuese suya, no deseará conservarla e intentará por todos los medios venderla o deshacerse de ella.

Si se encuentra al regente de la Casa VII en la Casa VII o en buen aspecto con la cúspide de ésta, o bien alguno de los beneficios está situado en esta casa, el vendedor mantendrá su palabra en cuanto al precio de la casa, pero saldrá siempre muchísimo más beneficiado por el negocio que el comprador. Si uno de los infortunios ocupa la Casa VII y el regente de ésta no se encuentra situado allí, deberá de mostrarse muy cuidadoso en cuanto a las cláusulas del contrato ya que en este caso el propietario de las tierras actuará tan sólo en su propio beneficio y sin preocuparse por nada más. Considere la Casa X y si se da el caso de que una de las fortunas se encuentra allí situada o en aspecto armónico con su cúspide, a pesar de existir algunos roces entre las dos partes, la negociación se llevará a cabo y el consultante acabará por conseguir las tierras, o la casa, etc. Pero si uno de los infortunios se encuentra en la Casa X o en aspecto inarmónico con ella, la negociación jamás llegará a llevarse a cabo. Si se trata de tierras, las partes diferirán en cuanto al valor de la madera, etc., o bien en cuanto a la construcción de nuevos edificios; y, si se tratase de una casa, etc., entonces los desacuerdos o diferencias surgirían a causa de las posibles reparaciones.

Y en cuanto al desenlace o culminación del asunto, deberá fijarse en la Casa IV. Si alguna de las fortunas está situada allí o si el regente de ésta se encuentra en aspecto armónico con la cúspide de dicha casa, el negocio terminará de forma favorable y ambas partes quedarán complacidas. Pero si el que está situado allí es uno de los infortunios o bien el regente de la Casa IV está en aspecto de cuadratura o de oposición, el asunto terminará muy mal y no satisfará a ninguna de las dos partes.

PREGUNTA. ¿Podrá disfrutar el consultante de las propiedades de su padre?

Si en esta pregunta se encuentran con el regente de la Casa II y con el de la Casa V en recepción y a cada uno de ellos ocupando la casa del otro, no existirá duda alguna de que el consultante dispondrá de una gran fortuna proveniente de las propiedades del padre. Pero si el regente que representa a los bienes o propiedades del padre, se encuentra afligido o retrógrado, entonces parte de estas propiedades prometidas al consultante serán dilapidadas o empleadas para otros fines. Si desea conocer «el porqué» o el «cómo», deberá fijarse en el planeta que obstaculice al regente de la Casa V así como en la casa de la que dicho planeta sea el regente. Si por ejemplo el planeta fuese regente de la Casa VI, el que intentaría beneficiarse haciendo cambiar de opinión al padre en cuanto a dejar sus propiedades al consultante sería sin duda algún vecino o algún hermano o hermana del padre. Si fuese el regente de la Casa VII, se trataría de su esposa, de alguna mujer o bien de una persona con la que el consultante hubiese mantenido algún pleito; y si fuese el regente de la Casa XII, entonces el que haría cambiar al padre de opinión sería, sin duda, alguno de los parientes de la madre, o bien algún ministro o clérigo (especialmente si el planeta es Júpiter). Ahora bien, si una vez descrita a la persona el consultante ha sabido reconocerla, y quiere ganarse su confianza, evitando así los posibles daños que ésta pudiera ocasionarle, deberá hacer lo siguiente: en las proximidades de cualquier sextil, trígono o conjunción entre los planetas que representen a esta persona y el regente del Ascendente, deberá observar en las efemérides el día en el que la Luna se separe de uno de estos planetas y se aplique al otro (a ser posible, mediante un aspecto armónico) y ese mismo día deberá intentar una reconciliación: no existe duda alguna en cuanto a que el consultante pueda lograr sus deseos, ya que me he encontrado con muchos casos como éste y mi experiencia al respecto, siempre ha sido favorable.[4]

---

4. Este método, que consiste en escoger el momento para pedir un favor, para ganarse la confianza de alguien, etc., puede ser utilizado sin ningún miedo tanto en este mismo caso como en cualquier otro tipo de pregunta horaria. ZADKIEL.

Si el regente de la Casa V dispone de la Rueda de la Fortuna y se halla situado en el Ascendente o en la Casa II, el consultante podrá ver realizarse sus deseos y, si Júpiter o Venus están en la Casa V y en aspecto de sextil o de trígono con cualquier otro planeta que esté situado en la Casa II, también significará lo mismo.

Si la Luna se separa del regente de la Casa V, e inmediatamente después forma un aspecto de sextil o de trígono con el regente de la Casa II o con el Ascendente, indicará que el consultante puede esperar con toda seguridad recibir las propiedades del padre. Si encuentra a uno de los infortunios mal dignificado en la Casa IV, significará que el padre no tiene ninguna intención de dejar su dinero o sus bienes al consultante y no cambiará de opinión hasta el momento en el que este planeta maléfico transite fuera del signo. Pero si no puede esperarse tanto tiempo, observe entonces el momento en el que el planeta se ponga directo, oriental, se vuelva más rápido o se ponga en aspecto de sextil o de trígono con Júpiter, Venus o con el regente del Ascendente, ya que ese será el momento en el que el padre permitirá que el consultante participe en el negocio. La observación de estas influencias no *obligará* al padre a cambiar de opinión, pero sin embargo hará que éste se muestre mucho más benevolente en cuanto a sus intenciones.

Si los regentes de las Casas II y V se aplican a cualquier buen aspecto por retrogradación, el consultante recibirá algunas de las propiedades del padre de forma repentina y mucho antes de lo que él mismo pueda imaginarse. Si tiene lugar algún buen aspecto o recepción, etc. entre el regente de la Casa IV y cualquier otro planeta que sea más fuerte que los que se encuentren situados entre el regente de la Casa IV y el regente del Ascendente, el padre tendrá en mucha más consideración a aquella persona representada por dicho planeta que al consultante mismo. Si, por ejemplo, ese planeta fuese el regente de la casa o alguno de los allí situados, entonces la persona en cuestión sería uno de los hermanos del propio consultante, etc.

En cuanto a trasladarse de una casa o de un lugar a otro, etc.

Observe al Ascendente, a las Casas IV y VII, así como a sus respectivos regentes y a los planetas que se encuentren allí situados, etc. Si el regente de la Casa IV está en la VII y se trata de un planeta benéfico y los regentes de la Casa I y de la VII también lo son y además se encuentran en una posición fuerte y poderosa, resultará muchísimo mejor para el consultante quedarse donde está. Pero si el regente de la Casa VII está junto a un planeta benéfico y el de la VII junto a uno maléfico, entonces será mucho mejor que el consultante no se quede en donde está, sino que se mude a otro lugar. Si la Luna o el regente del Ascendente se separan de los malos aspectos de los infortunios y sus regentes de las Casas IV o VII o de los regentes de la Casa VI, de la VIII o de la XII, o bien si algún planeta maléfico está situado en el Ascendente o en la Casa IV o el regente de la Casa II se muestra débil; personalmente, aconsejaría al consultante que se mudase.

Siempre que el regente de la Casa VI se encuentra en el Ascendente o aflija a su regente o a la Luna, he podido constatar que la servidumbre acostumbra a ser bastante malvada y a causar más de un problema al consultante o bien que el lugar en el que éste se halla instalado resulta sumamente perjudicial para su salud. Si el planeta maléfico resulta ser el regente de la Casa XII, el consultante tendrá unos vecinos muy engañosos y murmuradores. Y, si la Rueda de la Fortuna estuviese en la Casa VI, en la VIII o en la XII; o bien el regente de la Casa II formara un mal aspecto con el del Ascendente, sería casi como si el consultante hubiese vuelto a la vida, etc. Si el regente de la Casa X fuese el planeta aflictivo, se podría deducir que la persona no tiene ninguna suerte en los negocios o bien que ha perdido todo crédito, estima y confianza. Si del que se desprendiera la aflicción fuese del regente de la Casa IV, significaría que el consultante pudiera resultar perjudicado a causa de las reparaciones de la casa, etc. El regente de la Casa VII señala injurias o agravios a causa de la enemistad de algún vecino, que le malvende, etc.

En cuanto a decirle al consultante hacia dónde dirigir sus pasos en busca de unas mejores esperanzas de éxito, en el esquema observo al planeta con más fuerza y con mejores aspectos hacia los regentes del Ascendente de la Casa II y, de acuerdo al significado del cuarto del cielo ocupado por éste, aconsejo al sujeto si debe mudarse a otro sitio o no y hacia qué lugar debe hacerlo. Hasta este momento, todavía no me he encontrado con nadie que se haya arrepentido por hacerme caso, dado que, por el contrario, muchas de las personas que siguieron mis consejos, más tarde vinieron a agradecérmelos y a recompensarme por ellos.[5]

Si la Luna se aleja de uno de los benéficos, es mejor permanecer en el sitio y si ésta se aleja de uno de los maléficos, entonces resultará más aconsejable mudarse. Con uno de los infortunios situado en el Ascendente, o con una de las fortunas en la Casa VII, será mucho mejor mudarse, pero con una de las fortunas en el Ascendente o uno de los infortunios en la VII, lo más apropiado sería quedarse.

En cuanto a los tesoros o a las minas, etc., que permanecen ocultos bajo tierra

Para descubrir minas o cualquier otra cosa susceptible de hallarse enterrada bajo tierra, el consultante deberá observar la presencia de un planeta fuertemente dignificado en la Casa IV. La naturaleza del tesoro, de la mina, etc., podrá ser juzgada a través de este planeta, si guarda cualquier tipo de afinidad con la Casa VII. La naturaleza de la mina, etc., dependerá siempre de la del planeta ya que, si por ejemplo, se trata de Saturno y éste es el regente de la Casa VII y se encuentra dignificado en la cuatro, las minas serán de carbón y muy bueno; y si la pregunta está relacionada con piedras o rocas, entonces lo que encontrará el consultante será una cantera de excelente calidad. Deberá juzgar de este mismo modo cualquier otro caso que se le presente, siempre en acuerdo a su naturaleza y fuerza en las dignidades esenciales.

EJEMPLO:

¿Podría c*omprar las casas del señor «B»?*

En el año 1634, me propusieron comprar la casa en que vivo en este presente 1647, así como otras cuantas más. Como estaba muy preocupado y deseaba saber si tendría que enfrentarme al vendedor y se dispondría de la suma necesaria para hacer efectivo el pago de las casas en el plazo fijado, pues sabía que mi capital, debido a una serie de circunstancias, no estaría disponible hasta pasados seis meses después de

---

5. También habrá que decir al consultante que tenga en cuenta a aquellos lugares que estén regidos por los signos en los que se encuentre el planeta, como por ejemplo Londres para Géminis, Dublín para Tauro, etc.

haberme sido dada la noticia. Por ello, deseando poder adquirir las susodichas casas, me hice la pregunta a mí mismo en el preciso momento en el que me encontraba más preocupado y perplejo por el asunto. El Mapa del Cielo levantado para el momento en el que yo mismo me formulara la pregunta, es el siguiente.

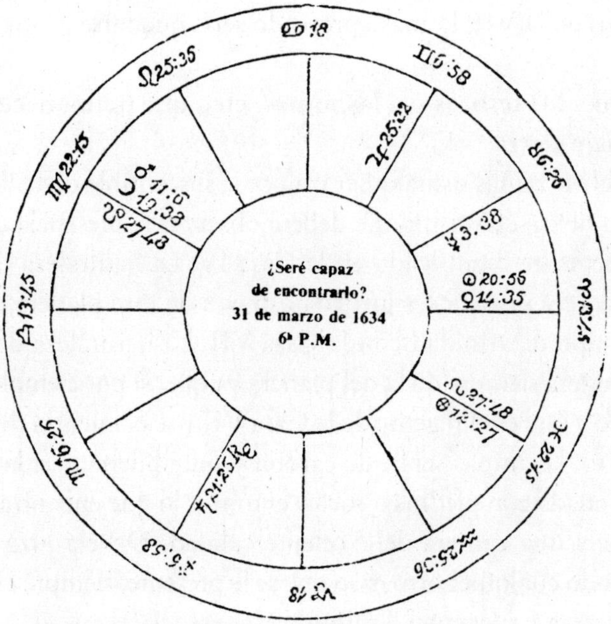

Resolución de la pregunta

El signo Ascendente es Libra y su cúspide se encuentra situada en el mismo grado en el que yo tengo situado a Júpiter en mi Tema *Radical:* por lo que, para empezar, ya me di cuenta de que esto se trataba de un buen augurio. Venus me representa a mí y el Sol, que está en Casa VII, al vendedor. El Sol recibe a Venus en su exaltación y, al encontrarse ésta cerca de la cúspide de la Casa VII y no haber ningún planeta más allí situado parte del Sol, se podía deducir que exceptuándome a mí mismo, por el momento no había nadie más interesado por comprar estas casas. El Sol, así exaltado y angular, indicaba que el vendedor exigía un precio altísimo por las casas (y, realmente, así era) y que además ninguna necesidad imperiosa le obligaba a tener que venderlas. El encontrar a mi significador recibido por el Sol y tan próximo a la cúspide de la Casa VII, fue un claro argumento de que debía de seguir con el proceso, a pesar de las múltiples debilidades de Venus. El Sol era el regente de la Casa VII, pero también lo era de la XI, lo que significaba que mis esperanzas no se verían defraudadas. Venus estaba en trígono (por aplicación) con Saturno, que era el regente de la Casa IV, es decir, de la casa hacia la que iba dirigida la pregunta y no recibía ningún tipo de aflicción antes de haber formado un aspecto exacto con Venus, quedando por ello claramente indicado que yo debía comprar las casas. Al estar ambos significadores en aspecto y Saturno retrógrado, consideré también que el Sol se hallaba en trígono con Saturno y que éste era regente de mi Casa XI, y Saturno el de la IV, y Saturno, al tener relación con el Ascendente por estar allí dignificado, me representaba a mí. Ahora, considerando a Saturno como el planeta que disponía de sus dignidades en el Ascendente o como regente de la Casa IV, deduje que el trígono que formaba con el regente de la Casa XI sólo podía significar que yo debía seguir con el asunto y que, al final, acabaría consiguiendo las casas. La Luna trasladaba las influencias de Marte, regente de la Casa VII, a Saturno, dignificado en el Ascendente (aunque por una cuadratura y fuera de los signos de larga ascensión) y ello, realmente, me facilitaba mucho el asunto aun a pesar de que éste fuese muy despacio a causa del aspecto de cuadratura. Como la Luna estaba afligida y Venus en infortunio, tuve muchos problemas y enfrentamientos al respecto, pues el vendedor no quería rebajar ni un solo penique del precio que estipulara en un principio y que era de 530 libras. Al encontrarse el Sol muy cerca de formar un aspecto de sextil con Júpiter, hacía que un hombre de carácter jovial se empeñase también en conseguir estas casas (aunque una vez ya iniciadas mis negociaciones), sin embargo, al ser Júpiter cadente y encontrarse en exilio, quedaba ampliamente reflejado que el esfuerzo de esta persona sería en vano pues jamás lograría sus propósitos. Venus angular y en aspecto con Saturno y con el Sol, regente de la Casa XI (o de la V, a partir de la VII) indicaba que una hija del vendedor era mi aliada en este asunto y que no le importaba en absoluto intervenir a mi favor aun cuando alguien no cesara de hacerle prometedoras proposiciones si se decidía por fin a perjudicarme y a obstaculizar mis negociaciones. Como Marte, regente de mi Casa II, estaba retrógrado, significaba que yo no podría disponer de mi propio dinero de cara a cubrir todos los gastos que me ocasionara esta compra. Júpiter, regente de la Rueda de la Fortuna, en sextil con el Sol y sin ningún tipo de impedimentos, pero en exilio y en sextil plático con la regente del Ascendente, me dio tales esperanzas que no dudé ni por un solo instante el poder conseguir ese dinero en el momento preciso en el que éste entrase en Cáncer, su exaltación y Marte se pusiera directo, lo que sucedió al cabo de doce días, siendo ese el momento en el que un amigo pudo prestarme 500 libras.

La naturaleza y las características de las casas se ven reflejadas por Capricornio, signo de la Casa IV, y por Saturno, su regente, que no poseía ni una sola debilidad material (si exceptuamos el ser retrógrado y cadente) y como éste se encontraba en trígono con el Sol, las casas eran realmente excesivamente viejas, pero muy sólidas y susceptibles de durar aún muchos años más en pie. Cuando Venus y el Sol se pusieron en conjunción en el signo de Tauro (el 25 de abril), inicié mis negociaciones y cuando fue la Luna la que se pusiera conjunta a Venus (el 17 de mayo), pagué las 530 libras y cerré el trato. Como a Venus le faltaban únicamente seis grados para entrar en conjunción con el Sol (a partir del momento en el que yo había formulado la pregunta), tardé exactamente seis semanas y algunos días en hacer realidad lo que me augurase la figura.

En cuanto a los lunares o cicatrices de mi cuerpo, coinciden perfectamente ya que Venus se encuentra en Aries, que representa la cara, y yo tengo un lunar en medio de la mejilla; y, como Libra está en el Ascendente, también tengo uno en la espalda, cerca de los riñones. Como la Luna se encuentra en Virgo, y afligida por Marte, tengo un pequeño lunar rojo debajo del ombligo. Júpiter, regente de la Casa VI, está situado en Géminis y, como éste es un signo masculino, tengo otro lunar en una parte bien visible de mi mano derecha, así como otro en mi pie izquierdo, pues mi Casa VI está situada en Piscis.

Volviendo a la compra de las casas, las negociaciones fueron muy duras tal y como se ve reflejado en la figura. Como Venus está en Aries, signo opuesto al de su propia casa, salí bastante mal parado por el asunto, al menos en la cuestión económica, pues, sentimentalmente, siento mucho amor por la casa en la que todavía vivo y en la que conocí a mi primera esposa, con la que fui tan feliz que llegué incluso a olvidar rápidamente todos los problemas que en su día me causara la compra de estas casas. Por todo ello, doy gracias a Dios, pues creo que en este asunto fueron su bendición y su ayuda las que me iluminaron y me permitieron seguir adelante.

CAPÍTULO XXVIII

EN CUANTO A LA CASA QUINTA Y A LAS PREGUNTAS QUE DE ÉSTA SE DERIVEN

¿Tendrá uno hijos o no?

Aquí, por regla general, deberá considerar si los signos del Ascendente y de la Casa V son fértiles[1] y si el regente del Ascendente o la Luna están en aspecto con el regente de la Casa V, ya que, de ser así, deberá fijarse entonces en la fuerza del regente de esta casa y en la de los planetas que la ocupen o se encuentren en aspecto con su regente. Todas estas señales nos indicarán que el consultante, antes de morir, podrá contar con tener descendencia. El que el regente de la Casa V esté en el Ascendente o el del Ascendente en la Casa V, también son buenas señales. Si entre los significadores se da una traslación de luz o colección, se podrá afirmar sin lugar a dudas que el consultante podrá tener algún hijo, aunque quizás no de una forma tan clara y tan segura como sucedía en el primer caso.

Si una mujer pregunta si tendrá hijos o no

Si la que formula esta pregunta es una mujer casada, fíjese entonces en si el regente del Ascendente se encuentra situado en la Casa V o en la VII, o si el regente de la Casa V está en el Ascendente o en Casa VII, o bien en si el regente de la Casa VII se encuentra ubicado en la V, o en compañía de la Luna, así como si tanto en el Ascendente como en los

1. Signos fértiles son los que pertenecen a la triplicidad de Agua; es decir: Cáncer, Escorpio y Piscis.

ángulos o junto al regente de la Casa V se puede observar la presencia de algún planeta benéfico, pues, en este caso, resultará muy probable que sí pueda concebir. Pero si ninguno de estos testimonios tiene lugar y se encuentra con signos estériles y con los planetas en las situaciones anteriormente descritas (especialmente si los infortunios son angulares y las fortunas cadentes), significará que la mujer ni ha concebido todavía ningún hijo, ni lo concebirá. Si los planetas benéficos y los maléficos se encuentran entremezclados, es posible que la consultante tenga hijos, pero que éstos no le vivan. Si el Ascendente o la Casa V se encuentran en Géminis, Leo o Virgo y, Urano, Saturno, Marte o el Sol están situados en la V, será sinónimo de esterilidad, aunque el Sol más que causar esterilidad lo que hace es provocar la muerte del niño.

¿Tendrá un hombre algún hijo de su esposa o de su prometida, o bien podrá tenerlos una mujer de su marido, etc.?

Observe el Ascendente, su regente y la Luna; y si el regente del Ascendente o la Luna están en conjunción con el regente de la Casa V, el consultante tendrá hijos con aquella persona por la que pregunta; si no, observe entonces si se da alguna *traslación* o *colección* de luz entre los significadores, o si la Luna o el regente del Ascendente están en la Casa V, o bien si el regente de la Casa V se encuentra en el Ascendente, ya que todos estos testimonios son afirmativos. Si Júpiter o Venus están en Casa V y no reciben ningún tipo de aflicción, significa que el niño nacerá muy pronto y, si alguno de éstos se encuentra en el Ascendente o en la Casa XI, también tendrá descendencia, aunque no tan rápidamente. Pero si las fortunas se hallan afligidas mientras ocupan estos lugares, existirá el peligro de que el niño nazca muerto o de que fallezca poco tiempo después de haber nacido. Aunque todos los testimonios indiquen que va a haber un nacimiento, si Venus se halla afligida por Saturno o por Marte, existirá el peligro de que la madre sufra algún accidente, etc., antes de haber podido dar a luz.

Si Saturno, Marte o el Modo Lunar Negativo (y Urano si está afligido), se encuentran en la Casa V, o si los dos primeros se oponen a su cúspide, la mujer no ha tenido ningún hijo ni los tendrá. Las cuadraturas formadas entre los infortunios y la cúspide de la Casa V indican que no habrá concepción, a menos de que éstos sean muy fuertes y existan otros testimonios positivos. Si el regente de la Casa V se encuentra debilitado, etc., significará que el recién nacido será un niño muy enfermizo.

Cuando una mujer pregunte si está o no embarazada

Será afirmativo en los siguientes casos: cuando el regente del Ascendente o la Luna se relacionen mediante algún aspecto con el regente de la Casa V, o cuando entre ellos haya tenido lugar alguna traslación de luz. Cuando el regente del Ascendente o la Luna estén en la Casa V y sin ningún tipo de aflicción por parte de los infortunios, de los regentes de las Casas VI, VIII y XII o del Nodo Lunar Negativo. Cuando Júpiter se encuentre en la Casa I, en la V, en la VII o en la XI y sin estar en aspecto ni con Saturno, ni con Marte, y éstos muy lentos de movimiento o retrógrados. Cuando el regente del Ascendente o de la Casa V se hallen bien aspectados con algún planeta angular y en recepción mutua. Cuando la Luna esté en recepción con un planeta angular y se encuentre esencialmente reforzada. Cuando el regente del Ascendente esté en buen aspecto con su cúspide, o si la Luna se encuentra situada en la Casa VII y relacionada con el regente de ésta, en Casa XI; o bien si la Luna está en la XI y mira al regente de la Casa VII en la VII. Cuando el regente del Ascendente se encuentre en recepción mutua por casa, por triplicidad, por exaltación o por término con un planeta que tenga exactamente la misma recepción (es decir, que cada uno esté situado en la casa del otro), etc. Cuando la Luna se aplique al regente del Ascendente o al de la Casa V a través de un buen aspecto desde la Casa X, o por uno malo si la recepción es mutua. Y, finalmente, si el signo Ascendente es fijo y una de las fortunas está allí situada, o bien si el regente de la Casa V se halla fuertemente ubicado en el Ascendente o en la Casa X, será cuando se podrá predecir una verdadera concepción.

Y será negativo cuando: ni un solo testimonio de los anteriormente citados tenga lugar, o cuando tanto la Casa V como el Ascendente se encuentren situados en algún signo estéril, así como en el caso de que los planetas maléficos estén allí ubicados o en mal aspecto con sus regentes, o con la Luna.

Cuando es el hombre el que formula la pregunta y sin que la mujer lo sepa

La mujer está embarazada: si el regente de la Casa V se relaciona con un planeta angular y con recepción, o si los regentes del Ascendente o de las Casas V y VII, o bien Júpiter, Venus, el Sol, la Luna, Mercurio o el Nodo Lunar Positivo se encuentran situados armónicamente en la Casa V.

N. B. Aunque si Mercurio recibiese algún aspecto por parte de algún maléfico, pero ninguno por parte de los benéficos, sería mucho mejor ignorarlo ya que por lo común se trata de un testimonio bastante engañoso.

La mujer no está embarazada: si Júpiter o Venus se hallan afligidos; si Venus se encuentra conjunta a Saturno o a Marte (o a Urano, si está mal aspectado) y éstos combustos, retrógrados o situados en Leo, en Virgo o en Capricornio. Tampoco estará en estado si Marte o Saturno se encuentran en la Casa V y en cuadratura o en oposición con su regente; pero si otros testimonios más poderosos indicasen que sí existe concepción, es que probablemente haya peligro de aborto.

Tampoco habrá concepción si el regente del Ascendente se encuentra conjunto a un planeta retrógrado o a uno situado en una Casa cadente, o bien si está aspectado por un planeta retrógrado o combusto, o si no se da ningún aspecto o traslación de luz entre el regente de la Casa I y el de la Casa V, aunque de todas formas deberá de juzgarse a través de la mayoría de los testimonios.

¿Será niño o niña?

Si los regentes del Ascendente, de la Casa V, la Luna y los signos ocupados por el Ascendente y por la Casa V son masculinos, será un niño y, si sucede al contrario, entonces será una niña.

N. B. A menos de que esto sea sólo una parte de la pregunta, es mejor que no se exponga a emitir un juicio y tampoco asegure nada a menos de que tanto para un caso como para otro pueda contar con una mayoría de testimonios. El signo en el que se encuentre aquel planeta que disponga de la Luna también debe ser considerado.

¿Vivirá el niño, o morirá?
El regente de la Casa V retrógrado, combusto, cadente, en caída o en exilio y afligido por el regente de la Casa VIII de la figura, o de la VIII a partir de la V (que es la XII) indican que el niño morirá. Si el regente de la Casa V es débil y está afligido por algún planeta maléfico en la Casa VIII o en la XII, y a menos de que otros testimonios demuestren lo contrario, significará que el niño no tardará en morirse. Y si el regente del Ascendente está situado en la Casa V y recibe las aflicciones anteriormente mencionadas, o bien si Urano, Saturno, Marte o el Nodo Lunar Negativo se encuentran en Casa V y, sobre todo retrógrados, indicará lo mismo.

¿Serán gemelos?
Si existe alguna posibilidad que se trate de gemelos y se encuentra con el Ascendente o con la Casa V en un signo de doble cuerpo y con una de las fortunas allí situadas, o bien el Sol y la Luna, así como los regentes del Ascendente y de la Casa V también en signos de doble cuerpo, no existirá ninguna duda de que serán gemelos. Pero, y a menos de que todos o casi todos estos testimonios concurran, nunca resultará demasiado seguro emitir juicio alguno al respecto.

N. B. El que dispone de la Luna (y que es el planeta de la casa en la que ésta se encuentra situada) también debe ser considerado. Por otra parte, si el Nodo Lunar Positivo está en conjunción con Júpiter, con Venus o con la Luna, o si todos estos se encuentran en Géminis, Virgo, Sagitario o Piscis, será un testimonio muy claro de que la mujer está esperando gemelos.

¿Cuánto tiempo hace que la mujer está embarazada?
Observe el regente del Ascendente, la Casa V o la Luna y fíjese en el que se encuentre más cerca de cualquier aspecto que ya haya pasado, y entonces emita su juicio en relación a la naturaleza del aspecto. Si este planeta se separa de un trígono, la mujer estará en su quinto o tercer mes de embarazo, si de un sextil, en su segundo o sexto mes; si se separa de una cuadratura, estará embarazada de cuatro meses, y, si se trata de una oposición, lo estará de siete meses. Pero siempre que el aspecto

sea de conjunción, entonces tan sólo hará un mes que se encuentra en estado.

¿Cuándo dará a luz?

Observe el momento en el que Marte o el Sol se encuentren en conjunción con el regente de la Casa V, o bien aquel momento en el que se dé una conjunción en la Casa V entre el regente de ésta y el del Ascendente; ya que entonces será cuando ésta dé a luz. Fíjese en el momento en el que el regente del Ascendente pase de un signo a otro, pues éste también será un período propicio para el alumbramiento. Deberá observar de igual modo a cuánta distancia de la cúspide de la Casa V se encuentra su regente y, a cada signo, asignarle un mes. De todas formas, siempre deberá juzgar el momento del alumbramiento en relación a la mayoría de estos testimonios.[2]

EN CUANTO A LOS MENSAJEROS O EMBAJADORES

El regente de la Casa V y la Luna representan al embajador o mensajero. El planeta hacia el que cualquiera de éstos se aplique, nos mostrará la causa y naturaleza del mensaje. Si la aplicación procede de una de las fortunas y se trata de una cuadratura, de una oposición o de una conjunción y entre estos planetas se da una recepción mutua, una traslación o colección y ese planeta se encuentra en la Casa X, o es regente de la misma, la misiva tendrá que ver con algún asunto muy importante y de connotaciones políticas. Si el planeta recibido, o el que traslada o colecta (recoge) es regente de la Casa XI, el mensaje servirá para reanudar viejos lazos de amistad. Si el regente de la Casa V se muestra débil o afligido en la Casa VII, y tanto éste como el regente del Ascen-

2. Este es un punto en el que cualquier decisión puede llegar a ser realmente difícil de tomar por lo que, a menos de que el consultante se muestre muy ansioso al respecto, lo que a menudo puede suceder, aconsejamos al estudiante que evite emitir juicio alguno a no ser que su propia experiencia le permita estar completamente seguro de que su método es el correcto. Por regla general siempre nos encontraremos con que el momento de parto tiene lugar cuando el Sol forma algún aspecto con la cúspide de la Casa V o con su regente.

dente se encuentran mal aspectados y Marte aspecta inarmónicamente a cualquiera de ellos, ninguna señal de paz o de beneficios se derivará de esta embajada o mensaje. Si el regente de la Casa V y la Luna están bien relacionados con el Ascendente, su regente y con los planetas que estén allí situados, podrá predecir que el mensaje en cuestión aportará muchas ventajas al consultante o a su nación, según tenga que ver éste con un asunto público o con uno privado.

Un mensaje enviado por dinero

El mensaje se halla representado por la Luna, el mensajero por el regente de la Casa V y los otros significadores siguen siendo los mismos que de costumbre.

Si el regente de la Casa V se separa del de la Casa VII y se aplica luego al regente del Ascendente, podrá asegurar que el mensajero ha cumplido con su misión y ya ha emprendido el regreso a casa. Si el regente de la Casa V se está separando del de la Casa II, indicará que éste trae consigo el dinero. La respuesta que nos pueda proporcionar el mensajero será de la naturaleza de aquella casa cuyo regente sea el que se separa del de la Casa V, así como de la naturaleza del planeta en sí mismo. Por ello, si se separa de un planeta benéfico, las esperanzas serán de recibir buenas noticias, y si se separa de uno maléfico, todo lo contrario. Si el regente de la Casa V se aplica a través de una cuadratura o de una oposición con uno de los infortunios, y ello antes de haberse separado del regente de la Casa VII, significará que el mensajero ha tenido sin duda bastantes dificultades en el momento de desempeñar su trabajo a causa de la persona que lo haya enviado y que, durante su viaje, se habrá topado con una infinidad de obstáculos. Pero si la aplicación con uno de los infortunios tiene lugar *después* de que el regente de la Casa V se haya separado del de la Casa VII, el mensajero tendrá problemas, pero serán a su regreso. Si se encuentra con un infortunio (sobre todo con Marte) situado en la Casa IX, el mensajero podrá tener dificultades a causa de los ladrones, pero si lo que hay en Casa IX es una de las fortunas, entonces irá y volverá sano y salvo.

De existir una recepción (a pesar de que sea a través de una cuadratura o de una oposición) entre los regentes de la Casa V y de la VII, el mensajero será bien recibido; aunque los aspectos inarmónicos siempre indicarán retrasos o excusas por parte de la persona a la que le haya sido enviado dicho mensaje. En cuanto al regreso del mensajero, éste tendrá lugar aproximadamente cuando el regente de la Casa V forme un sextil o un trígono con el regente del Ascendente, o bien cuando la Luna se separe del regente de la Casa V y se aplique al del Ascendente, ya que entonces será cuando el consultante reciba noticias de éste. La aplicación del *significador* hacia un planeta poderoso será el que nos indique el día con mucha más precisión. Muéstrese siempre muy discreto al juzgar la naturaleza del viaje, su duración, etc., y según la propia naturaleza de los signos y de las casas en los que estén los planetas que se aplican, calcule entonces si su regreso tendrá lugar dentro de unos días, de unas semanas, de unos meses, etc.

PREGUNTA. ¿Podrá tener algún hijo la consultante?
Aquí, el Ascendente está situado en Virgo, que es uno de los signos estériles y la Casa V se encuentra en Capricornio, que a pesar de tratarse de un signo bastante neutro en cuanto a esta cuestión, también resulta estéril al ser el domicilio de Saturno. El regente de la Casa V, o sea Saturno, se encuentra en Sagitario y en movimiento retrógrado, Mercurio, regente del Ascendente, está situado en Géminis, dándose el caso de que ambos signos son más estériles que fértiles. La Luna se encuentra en los términos de Marte y en cuadratura con Saturno, que es regente de la Casa V. Mercurio, regente del Ascendente, se encuentra en los términos de Saturno, afligido por Marte y próximo a entablar una oposición con Saturno que es el regente de la Casa VI así como de la V y, al mismo tiempo, el Nodo Lunar Negativo se halla ubicado en el Ascendente. Como todos ellos eran importantes argumentos para predecir esterilidad, deduje que la consultante nunca había estado embarazada, ni lo estaría. Al encontrarse los principales ángulos afligidos por parte de los maléficos, este mal que la impidiera el poder concebir la había acompañado durante largo tiempo y sin duda alguna seguiría haciéndolo. Como tampoco pude encontrar ningún testimonio prometedor, y de acuerdo a las normas de esta ciencia, declaré con toda seguridad que esta persona jamás podría tener ningún hijo.

Al estar la Luna cuadrada a Saturno, y Mercurio, regente de la Casa I, aplicándose a una oposición, la consultante se encontraba muy enferma a causa de los cólicos y de los gases. El Nodo Lunar Negativo, que estaba situado en el Ascendente, indicaba grandes dolores de cabeza, y Mercurio en Géminis señalaba lo mismo.[3]

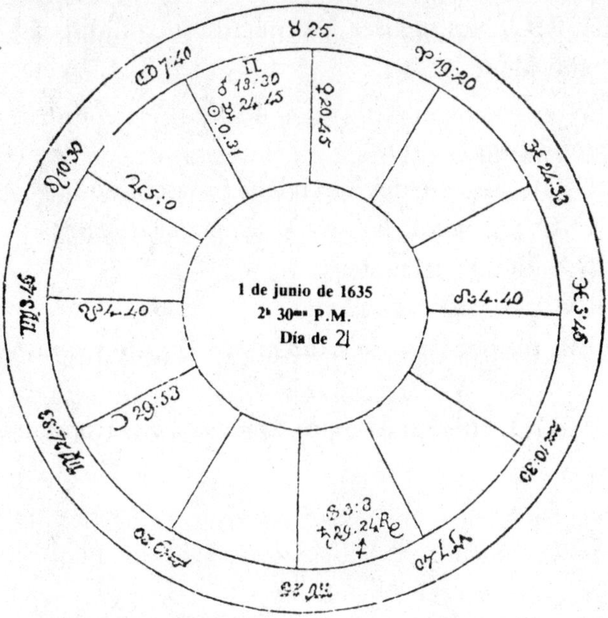

Los lunares de la consultante, etc., se correspondían con fiel exactitud a la figura, ya que tenía uno situado cerca del ombligo, uno encima del tobillo derecho, uno cerca de la rodilla derecha, otro situado en la parte inferior del muslo, uno cerca del miembro indicado por la Luna en Virgo y, finalmente, otro en la parte exterior del brazo derecho.

PREGUNTA. Una mujer embarazada me preguntó si tendría un niño o una niña y cuándo daría a luz.

1.ª PREGUNTA. ¿Será niño o niña?

En este caso, seguí el procedimiento que consiste en tomar únicamente la pluralidad de testimonios de los propios significadores y, fijándome en si éstos eran masculinos o femeninos, emití el siguiente juicio:

---

3. En la tabla observe las partes del cuerpo que rigen los planetas para cada uno de los signos (*Véase* pág. 133).

Argumentos para una niña:

VIRGO, como signo Ascendente: femenino.

CAPRICORNIO, como signo de la Casa V: ídem.

LUNA, situada en un signo: ídem.

MERCURIO, regente del Ascendente y conjunto a Venus, que es un planeta: ídem.

Argumentos para un niño:

MERCURIO, regente del Ascendente: masculino.

SATURNO, regente de la Casa V, un planeta: ídem.

LA LUNA, en una casa: ídem.

SATURNO, en una casa: ídem.

JÚPITER, un benéfico, situado en un ángulo y en un signo que es: ídem.

MERCURIO, aplicándose por aspecto a Marte, que es un planeta: ídem.

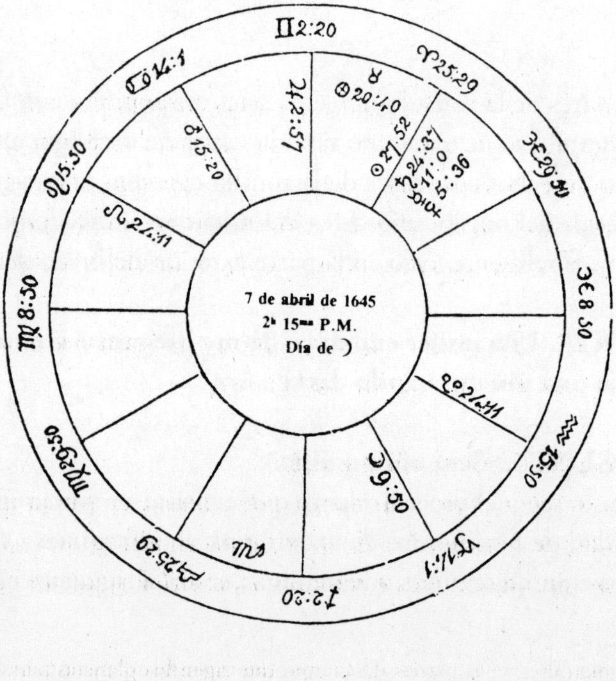

Como siete de los testimonios señalaban que se trataría de un niño, mientras sólo cuatro de ellos indicaban lo contrario, aseguré a la consultante que daría a luz a un varón (y así se demostró).

2.ª PREGUNTA. ¿Cuánto tiempo le faltaba para dar a luz?

El signo de la Casa V es cardinal, al igual que Aries, signo en el que se encuentran tanto el regente de la Casa I como el de la V, lo que indicaba sin duda que tardaría muy poco tiempo en dar a luz. Pero, y como Saturno, regente de la Casa V, resultaba ser un planeta bastante poderoso en cuanto a esta pregunta y su velocidad era muy lenta, lo tuve en alta consideración así como a la Luna, ya que ésta se encontraba situada en la Casa V. Calculé la distancia entre:

Saturno en Aries	24° 37'
Luna en Capricornio	9° 50'
Diferencia	14° 47'

Y también entre Saturno y Mercurio:

Saturno en Aries	24° 37'
Mercurio en Aries	11° 00'
Diferencia	13° 37'

Al faltar tan sólo un grado y diez minutos entre el aspecto de la Luna y Saturno y el de Mercurio y Saturno, asigné una semana por grado y, por ello, juzgué que daría a luz transcurridas unas catorce semanas después de que esta pregunta hubiese sido formulada. El nacimiento tuvo lugar el día 11 de julio de ese mismo año y en el preciso momento en el que Marte transitaba por el grado Ascendente y Mercurio formaba una oposición con la Luna (a 9° de Cáncer). Ese mismo día, el Sol también se encontraba a 27° 48' de Cáncer y formaba una cuadratura exacta con el Sol de su figura, mientras que la Luna estaba conjunta a Mercurio en el signo de Cáncer. El momento del parto fue al cabo de trece semanas después de que la consultante me hubiese planteado la pregunta.

CAPÍTULO XXIX

LA CASA SEXTA O EN CUANTO A LAS ENFERMEDADES, A LOS CRIADOS, AL GANADO, ETC.

Primero, deberemos levantar la figura para el momento exacto en que la persona caiga enferma, o mejor aún, para aquel momento en el que ésta se sienta obligada a guardar cama.[1]

En segundo lugar, y si no consigue llegar a saber el tiempo exacto que hace que la persona se ha puesto enferma, deberá dar por bueno el momento en el que ésta consulte a un físico o a un médico, etc., por primera vez. Si esta consulta ha sido llevada a cabo con su consentimiento, el Ascendente representará al médico, pero, si no, a quien representará será al consultante, mientras que la casa que describa su relación a la persona que hable de la enfermedad, representará al paciente (esto suponiendo que, tal y como sucediera antiguamente, el físico o el médico, etc., fuese también astrólogo); pero si el amigo del paciente hablase directamente con un astrólogo, habría que seguir estas mismas reglas.

Y, en tercer lugar, deberemos anotar el momento en el que el físico o médico haya hablado con el paciente por primera vez, y levantar la figura para entonces.[2] Considere en primer lugar cuidadosamente al

1. Si la enfermedad se produjese a causa de algún accidente, entonces el tiempo más correcto para levantar la figura sería el del momento en el que éste hubiese tenido lugar.
2. Nuestro autor añade: «O cuando la muestra de orina le fuera presentada por primera vez», lo que demuestra que los «doctores de Agua», tal y como se les denominara entonces, utilizaban la astrología como recurso para averiguar y comprobar la naturaleza de las enfermedades de sus pacientes. Debido a nuestra amplia

Ascendente y a los planetas que se encuentren ubicados allí; en segundo lugar, a la Casa VI y a los planetas que la ocupen; en tercer lugar, el signo de la casa en la que esté la Luna y, finalmente, la forma en que ésta se halle aspectada; es decir, por qué planeta, en qué casa se encuentra éste y de qué casa es el regente.

¿Qué parte del cuerpo es la afectada?

Si el Ascendente se encuentra afligido por un planeta maléfico y retrógrado, combusto, peregrino, lento en velocidad o en cuadratura u oposición al regente de la Casa IV, de la VI, de la VIII o de la XII, el mal estará situado en la cabeza o bien en aquella parte o partes del cuerpo que representen el planeta o los planetas situados en el signo que en esos momentos esté ascendiendo.

Si, por ejemplo, el Ascendente es Cáncer y Saturno es el planeta que está allí situado, la parte afectada será la de la cabeza ya que ésta se halla representada por el Ascendente, pero el enfermo sufrirá también trastornos intestinales o renales, o bien en los órganos sexuales, ya que Saturno en Cáncer refleja a esas partes. También podría tener ataques de tos, pues Saturno rige la tos y Cáncer el pecho. Si el regente del Ascendente, la Luna o el regente de la Casa VI se encuentran situados en un signo que represente también a los mismos miembros o partes del cuerpo regidos por Saturno, o bien si sucede lo mismo con el signo de la Casa VI, entonces el juicio que pueda llegar a emitir será todavía mucho más seguro; casi me atrevería a asegurar que infalible.[3]

También, y de este mismo modo, hay que observar la Casa VI, su regente, el signo en el que ésta se halle situada y los planetas que la ocupen. Tampoco debemos descuidar la casa en la que esté la Luna, ni los aspectos que pueda llegar a formar (tanto por aplicación como por separación) ya que entonces, y con toda seguridad, podremos determinar

---

experiencia, estamos seguros de que estos procedimientos pueden ser fielmente utilizados por la ciencia y de que, aun hoy en día, muchos médicos recurren a ellos. Llegará el momento en el que esta norma sea la más generalizada.

3. En todos aquellos casos en los que la Luna esté afligida por Saturno o por Marte, deberemos observar las reglas con todo cuidado, ya que en este caso son de vital importancia y todavía no nos han fallado nunca.

cuál es la parte del cuerpo de la persona enferma que se encuentra afectada, así como la naturaleza y las características de dicha enfermedad.

Causa y naturaleza de las enfermedades

Los significadores en signos de Fuego, y signos de Fuego ocupando el Ascendente y la Casa VI, indican fiebres altas y dolorosas, tisis, erisipelas, etc.

Los signos de Tierra presagian largas y tediosas enfermedades, fiebres intermitentes, escalofríos, etc., así como todos aquellos malestares derivados de la melancolía o del aburrimiento.

Los signos de Aire indican infecciones en la sangre y enfermedades tales como la gota, la escrófula o los trastornos de la piel.

Y finalmente, los signos de Agua representan a todas las enfermedades procedentes del frío o de la humedad, así como la tos o los trastornos estomacales.

Enfermedades representadas por las casas

1.ª Casa: todas aquellas enfermedades localizadas en la cabeza, en los ojos, en la cara, en las orejas (u oídos), en la nariz y en la boca, como por ejemplo el mal aliento, etc.

2.ª Casa: dolores de garganta, escrófula, amigdalitis, ganglios, afonías, etc.

3.ª Casa: los hombros, los brazos y las manos.

4.ª Casa: el estómago, el pecho y los pulmones.

5.ª Casa: la espalda, la parte inferior de los hombros, el hígado, el corazón, los costados y el estómago.

6.ª Casa: la parte baja del abdomen, los intestinos, el hígado y los riñones.

7.ª Casa: la corva, el costado, el intestino delgado, la vesícula, la matriz y los órganos reproductores.

8.ª Casa: la espina dorsal, el recto y las ingles.

9.ª Casa: Las caderas y los muslos.

10.ª Casa: las rodillas y la parte superior de las piernas por detrás de las rodillas.

11.ª Casa: las piernas, pero desde la rodilla hasta los tobillos, la tibia, etc.

12.ª Casa: los pies, los dedos de los pies y los tobillos, así como todos aquellos trastornos o accidentes relacionados con éstos.[4]

En cuanto a la duración de la enfermedad

Deberá tener en cuenta la época del año y considerar que las enfermedades que comiencen en invierno, por regla general, serán más largas, mientras que las que lo hagan en verano serán más cortas. Las enfermedades que procedan de Saturno serán más permanentes y generalmente se hallarán muy reguladas por el movimiento de la Luna. Saturno provoca enfermedades largas y crónicas, caídas, magulladuras, golpes, etc. Las enfermedades de Júpiter y del Sol son más cortas; las de Marte también son cortas, pero violentas y rápidas, como por ejemplo los cortes, las hemorragias, etc. Las de Venus son un intermedio entre ambos, así como las provocadas por la intemperancia. Las enfermedades de Mercurio son cambiantes y variables, como por ejemplo los ataques, los accesos, etc. Y, finalmente, las enfermedades de la Luna son más bien periódicas o intermitentes, como la epilepsia, los vértigos, los mareos, la gota, o el período en las mujeres, etc.[5]

Signos de una enfermedad corta

Cuando la cúspide de la Casa VI, la Luna y los regentes de la Casa I y de la Casa VI se encuentran situados en signos *cardinales,* o bien el regente del Ascendente es rápido en su movimiento, sale de su propia casa para entrar en otra (que no sea ni el signo de la Casa VI, ni de la XI) o cuando una de las fortunas está situada en la Casa VI, se puede juzgar con toda seguridad que la enfermedad en cuestión será muy corta.

Signos de una enfermedad larga

Cuando el regente de la Casa VI es uno de los maléficos o está afligido y situado en esta casa y con un signo fijo en su cúspide, o bien si los

4. Para las enfermedades significadas por los signos, fíjese en el capítulo XV, y para las de los planetas podrá observar la naturaleza, etc., de cada una de ellas en el capítulo V.

5. Urano provoca todas aquellas enfermedades fuera de lo corriente, o bien proporciona a 1a enfermedad unas características muy singulares y poco comunes.

significadores (y sobre todo la Luna) también se encuentran ubicados en signos fijos, la enfermedad será larga y penosa. Si Saturno resulta ser el regente de la Casa VI y está en un signo fijo, o bien es retrógrado y su velocidad es lenta, alargará mucho el proceso de la enfermedad; pero si se encuentra en un signo cardinal o en alguno de sus propios términos, o bien si es muy rápido en su movimiento, entonces la enfermedad no será realmente tan penosa.

Signos generales

Si la cúspide de la Casa VI se encuentra en el signo de Piscis, la enfermedad durará poco tiempo. Si la Luna se aplica con un aspecto inarmónico al regente del Ascendente, la enfermedad se agravará. Si la Luna está situada en la Casa VI y en mal aspecto de Venus, la enfermedad habrá sido provocada por la intemperancia, y ello tanto por carencia como por exceso. Y si Venus está en Escorpio, la enfermedad será sin duda venérea; aunque si el paciente es una mujer, entonces también podría tratarse de flujo o de otras enfermedades relacionadas con la matriz.

Cuando la cúspide de la Casa VI se encuentra a últimos grados de cualquiera de los signos, indicará que la enfermedad en cuestión ya casi ha llegado a su fin. Si el regente de la Casa VI está mal aspectado con el del Ascendente, es señal de que la enfermedad se está agravando y lo mismo sucederá cuando el regente de la Casa VI se encuentre situado en la VIII y en la XII. Si el regente del Ascendente está en la Casa VI y el de la Casa VI en el Ascendente, la enfermedad habrá sido larga y durará hasta que uno de los significadores abandone el signo en el que se encuentre. Y, si en el momento en el que éste transite fuera del signo se encuentra con los malos aspectos de los Infortunios o de los regentes de la Casa IV o de la VIII y éstos de velocidad lenta y además el aspecto tenga lugar entre dos signos totalmente inarmónicos entre sí, resultará una señal bastante inequívoca de que el consultante va a pasar a mejor vida.

El regente de la Casa VI afligido por una cuadratura o por una oposición por parte del regente del Ascendente, indicará que la enfermedad es grave y de difícil curación. Si el regente de la Casa VI está situado en el Ascendente, el paciente seguirá estando enfermo, pero a veces el dolor disminuirá. Si éste se encuentra en una casa cadente, la enfermedad no será importante, ni tampoco durará mucho tiempo. Si en la Casa VI hay planetas armónicos, es señal de que la enfermedad terminará de forma favorable, pero, si éstos son inarmónicos, entonces sucederá lo contrario.

El regente de la Casa VI afligido en esta Casa, en la VIII o en la XII, o bien uno de los infortunios situado en la Casa VI, denotan un tipo de enfermedad de difícil curación. Cuando el regente del Ascendente y la Luna no reciben malos aspectos, ni están afligidos y se hallan fuertemente situados (excepto en la Casa VI, en la VIII o en la XII), es un testimonio muy claro de recuperación y de salud. El regente de la Casa I, situado en la Casa IV o en la VIII, si no está afligido, no tiene porque indicar la muerte; pero si es desafortunado, significará que el paciente tendrá muchas dificultades y le costará mucho curarse. Si dicho planeta es desafortunado debido a una retrogradación, combustión, etc., entonces el paciente sanará, pero con el tiempo volverá a recaer. Si el regente del Ascendente está aspectado inarmónicamente con la Luna, significa que hay peligro. Si el regente resulta, por ejemplo, ser Saturno y además se muestra lento en su movimiento o retrógrado, existirá razón suficiente como para pensar que la enfermedad será larga y tediosa. Pero si Saturno se muestra fuerte y bien dispuesto, entonces sucederá lo contrario. Cuando el regente del Ascendente es angular, poderoso y además no se encuentra afligido, el consultante no se hallará en peligro. Si el movimiento de la Luna es lento y ésta forma algún aspecto con el regente del Ascendente, la enfermedad se prolongará, pero existirán esperanzas de curación. Si en el preciso momento en el que esté aspectando al regente del Ascendente, la Luna se muestra rápida, el paciente se curará en muy poco tiempo. Si la luz de la Luna va disminuyendo y ésta va a entrar en una conjunción, cuadratura u oposición con Saturno, a menos de que la enfermedad ya casi haya remitido, podría llegar a ser sumamente peligroso para el paciente. Cuando la Luna se encuentra en conjunción con un planeta oriental, directo o rápido en su movimiento, indica que la enfermedad será breve y, cuando está conjunta a un planeta occidental y retrógrado, entonces indicará todo lo contrario.

Si Escorpio está ascendiendo, significará que el paciente mismo es el causante de su propia enfermedad, bien sea por testarudez, por locura, por irritabilidad o por algo similar, y en especial cuando Marte está situado allí. Si ambas luminarias se encuentran cadentes y los que disponen de ellas son poco afortunados, la enfermedad será bastante seria, aunque y si las fortunas apoyan a las luminarias, a pesar de que la enfermedad vaya a ser larga, el paciente, contra todo pronóstico, se irá recuperando favorablemente: contra más fuerza tengan las Fortunas, más seguro podrá estar en cuanto a su testimonio. Cuando Marte sea el regente del Ascendente y esté situado en la Casa VI, pero en aspecto armónico con Venus, indicará que no hay por qué temer ningún peligro, ni asustarse demasiado aun en el caso de que el aspecto sea de cuadratura o de oposición.

Si el regente de la Casa VI se encuentra combusto, retrógrado, en caída o en exilio y situado además en la Casa VIII y en conjunción, cuadratura u oposición con Saturno o con Marte, podrá contar con que la enfermedad ya no abandonará al paciente hasta el momento de su muerte; y si la Luna también aspecta del mismo modo al regente de la Casa VIII, todavía podrá mostrarse más seguro al respecto. Si la Luna o el regente de la Casa I se encuentran en conjunción, cuadratura u oposición con un benéfico, pero retrógrado, el paciente se recuperará aunque lentamente, ya que es posible que pase de una enfermedad a otra y tenga algunas recaídas. Cuando la Luna deja tras ella una oposición con el Sol y pasa seguidamente a formar una cuadratura u oposición con Marte, acostumbra a conllevar un desenlace fatal en cuanto al proceso de la enfermedad; pero si ésta recibe un sextil o un trígono de Júpiter o de Venus, el enfermo se recuperará. Si la Luna está situada en el Ascendente y en conjunción, cuadratura u oposición con Saturno o con Marte, o cualquier otro maléfico, será señal de que la enfermedad es grave y peligrosa a no ser que la Luna esté en recepción mutua con el planeta que en esos momentos se encuentre afligiéndola.

Testimonios de recuperación

Cuando la Luna se aplica a una fortuna poderosa, indica que la persona recuperará totalmente la salud. Si la recepción se da entre los regentes del Ascendente y de la Casa VIII, y ello por casa o por triplicidad y las fortunas apoyan además al grado Ascendente o al de la cúspide de la Casa VI, o a la Luna, por conjunción, sextil o trígono, el enfermo podrá recuperarse perfectamente. Si el regente del Ascendente resulta ser un planeta benéfico, o si cualquiera de las fortunas está situada en uno de los ángulos y además no recibe ni un solo mal aspecto, será un claro índice de salud. Un cierto testimonio de recuperación podría darse también cuando, por ejemplo, Júpiter, Venus o la Luna se encuentran en el Ascendente y sin ninguna aflicción por parte del regente de la Casa VI o de la VIII; pero sobre todo si ello tiene lugar en las casas de alguno de los benéficos o de las luminarias. Cuando la Luna se halle situada en su domicilio o en las casas de Júpiter o de Venus y en cualquier aspecto con éstos y sin aflicciones por parte de Urano, de Saturno o de Marte, significará que la salud es buena y la vida larga. Sea el que fuere el signo en el que tenga lugar una conjunción entre la Luna y Júpiter, será un índice de recuperación; aunque, en Capricornio, ésta será algo menor y más lenta que en cualquier otro signo. Si la Luna se aplica por buen aspecto al regente del Ascendente y no se encuentra afligida (sobre todo por el regente de la Casa VIII, ni por el de la VI), la recuperación será totalmente segura. Si cuando la persona cae enferma por primera vez, la Luna resulta vacía de curso y en la siguiente crisis, ésta recibe un sextil o un trígono por parte de Júpiter o de Venus y en el grado exacto en el que se esté formando este aspecto crítico, la persona se recuperará sin duda alguna. Si al principio de una enfermedad, el Sol, la Luna y el regente del Ascendente no se encuentran mal aspectados por los infortunios o por el regente de la Casa VIII, las esperanzas de vida estarán aseguradas.

Argumentos de muerte

Cuando el regente del Ascendente y la Luna estén en conjunción al regente de la Casa VIII y sin que ningún aspecto por parte de las fortunas llegue a interponerse entre ellos. Cuando el regente del Ascendente sea cadente y el de la Casa VIII se encuentre situado en uno de los ángulos, especialmente si este último es un infortunio. Cuando la Luna se aplique a un planeta situado en la Casa VIII, y en aflicción, y el regente del Ascendente aplicándose a su vez al de la Casa VIII o a los planetas que estén situados allí. Si la Luna transfiere la luz del regente de la

Casa VIII al del Ascendente, por regla general casi siempre suele indicar la muerte. Y lo mismo sucederá si el regente de la Casa VIII está en el Ascendente y tanto el regente de éste como la Luna están afligidos, o si el regente del Ascendente se encuentra en la Casa VIII y afligido al mismo tiempo que la Luna se halla debilitada y sin ocupar ninguna de sus dignidades. Otro de los argumentos tiene lugar cuando el regente del Ascendente está por debajo y en mal aspecto con el regente de la Casa VIII y éste allí situado, o bien cuando estos dos regentes se hallan conjuntos en la Casa IV. También acostumbra a ser muy mala señal mando el regente del Ascendente se encuentra conjunto a los regentes de las Casas IV, VI, VIII o XII.

El regente del Ascendente combusto y allí situado, o el regente de la Casa VIII en la X y el del Ascendente en la IV, VI, o XII y afligidos por los maléficos, son muy peligrosos. El regente de la Casa VIII retrógrado y conjunto a la Luna o en cuadratura u oposición con ella, puede ser sinónimo de muerte. El regente del Ascendente situado en el signo de Leo o en el de Acuario y aspectado inarmónicamente por el regente de la Casa VI o el de la XII, proporcionará muy pocas esperanzas de recuperación, y si éste se halla conjunto a *Aldebarán, Antares, Caput, Algol* o a otras estrellas fijas violentas, también resultará ser un testimonio bastante negativo. Y, si además, ambas luminarias están afligidas por Saturno en uno de los ángulos, significará que la enfermedad en cuestión resultará sumamente larga y tediosa.

La Luna situada junto a Marte y en la Casa IV, o el Sol situado junto a Saturno, son testimonios de muerte, así como cuando la Luna se halla situada cerca de la cúspide del Ascendente y recibe además una cuadratura por parte de Marte y desde la Casa IV. También sucederá lo mismo si la Luna está combusta en la Casa VIII o si es regente de la Casa VI y también se halla combusta y situada en el Ascendente o en la Casa IV (sobre todo si el regente de la Casa VIII se encuentra afligido).

La Luna conjunta al Sol es mala señal y en particular si ésta todavía no lo ha adelantado. De todas formas, cuando la conjunción se da en Aries o en Leo, no es tan maligna.[6] En todos los casos que se le

6. Deberíamos decir: «si se encuentra en Cáncer, en donde la Luna dispone del Sol, no será tan negativa».

presenten antes de atreverse a predecir la muerte, deberá de observar atentamente la multiplicidad de los testimonios, la fuerza de los planetas aflictivos y la ausencia o presencia de elementos que neutralicen las malas influencias.

Para saber si el consultante está realmente enfermo o no

Si el Ascendente o su regente, y fuera de todas sus dignidades esenciales, no se encuentran afligidos ni por Saturno ni por Marte o por el regente de la Casa VI, el consultante no estará realmente enfermo. Y si ningún planeta, debido a su presencia, se encuentra afligiendo a la Casa VI, o bien si la Luna no está afligida ni en la Casa VIII, ni en la XII, o incluso si se encuentra con Venus, Júpiter o el Nodo Lunar Positivo en el Ascendente o con el Sol en la Casa VI, o con la Luna o el regente del Ascendente en buen aspecto, y a Júpiter o a Venus en sextil o trígono con la cúspide del Ascendente o de la Casa VI, el consultante, en verdad, no estará muy enfermo, ya que a lo sumo tan sólo se verá aquejado por una leve y pasajera indisposición.

Para saber si la enfermedad está localizada en el cuerpo, en la mente o en ambas partes

Si el Ascendente, el Sol y la Luna se hallan afligidos, la enfermedad atacará a todo el cuerpo; pero si los planetas que disponen del Sol y de la Luna, el regente del Ascendente, o ambos, también se encuentran afligidos, entonces la enfermedad será más bien de origen mental. Si el Ascendente, la Luna y el gobernador del Sol están todos (o al menos dos de ellos) afligidos y ni el regente del Ascendente, ni el que dispone de la Luna lo están, significará que todo el mal proviene de la mente, y no del cuerpo.

Si Saturno es el que aflige a la Luna, indicará que existen problemas mentales, vejaciones y preocupaciones, pero si el que la aflige es Júpiter, entonces indicará lo contrario, pues este planeta nunca oprime la mente, sino el cuerpo. Si el regente de la casa en la que se encuentre la Luna y el regente del Ascendente están afligidos por el Sol, combustos o demasiado próximos a sus rayos, el malestar será totalmente físico. Pero, si el que rige a la Luna y el gobernador del regente del Ascendente se muestran *muy afligidos,* el dolor será más mental que físico. Del mismo modo, si el grado Ascendente y el grado en el que esté ubicada la Luna resultan más afligidos que los regentes de estos signos, la enfermedad también será mucho más mental que física; pero si los que resultan más afligidos son los regentes, entonces sucederá todo lo contrario. Cuando los que disponen de las luminarias se encuentran muy débiles y afligidos, y el grado Ascendente está en cuadratura con la Luna, pero no recibe ningún mal aspecto por parte de Saturno, ni por parte de Marte, significará que la persona se halla mentalmente muy atormentada. En estos casos, el Sol hace, por ejemplo, que la mente tenga problemas a causa del orgullo, de la autosuficiencia, de la altivez, etc. Venus proporciona lujuria o un grado tal de lascivia que tanto el cuerpo como la mente pueden llegar a sufrir grandes disturbios; Mercurio provoca miedos imaginarios o fantasías insensatas, etc.

En cuanto a las crisis o a los días críticos

Si no se trata de una enfermedad crónica, podrá notar cómo el paciente sufre grandes alteraciones en aquellos momentos en los que la Luna se sitúe a una distancia de 45, 90 o 135 (180) grados de la de la figura. Para llegar a conocer si estas *crisis* resultarán positivas o negativas, deberá fijarse en cómo está aspectada la Luna en esos momentos, ya que si ésta se encuentra bien aspectada a un planeta benéfico, serán de esperar tanto una mejora como un alivio en el estado del enfermo; pero en el caso de que se encuentre con los malos aspectos de algún maléfico o de los regentes de la Casa VI o de la VIII, será de temer que su estado empeore y que las medicinas no le resulten ya de ninguna ayuda. Siempre he podido observar que cuando la Luna, en los momentos de crisis, llega a formar una conjunción, una cuadratura o una oposición con el planeta que está afligiendo al Ascendente, a la Luna o al regente del Ascendente; o bien cuando lo forma con el regente de la Casa VI o con los planetas allí situados, el paciente sufría mucho, los dolores y las fiebres aumentaban y las medicinas ya casi no le surtían ningún efecto. De todos modos, y si después ésta llegaba a formar un sextil o un trígono con los regentes del Ascendente, de la Casa IX, de la X o de la XI, siempre pude percatarme de que se daba un intervalo de mejora y de alivio para el enfermo. Así pues, cada vez que el regente del Ascendente se ponía en buen aspecto al Sol (siempre que éste no ejerciera ningún poder o dominio sobre la enfermedad), podía constatar con toda certeza que, mentalmente, el paciente parecía hallarse mucho más tranquilo y aliviado.

¿Cuánto tiempo pasará antes de que el paciente se recupere?

Cuando, a Dios gracias, existen suficientes razones como para creer que la persona enferma va a poder recuperarse y lo que se quiere saber es cuándo, observe qué planeta es el regente del Ascendente, y con qué planeta benéfico se encuentra aspectado, y seguidamente fíjese en qué casa se hallan ubicados (o sea, desde qué casa *parte* el aspecto), si es angular, etc., y de qué tipo son los signos que posee, si cardinales, fijos, etc. Entonces, de acuerdo a la clase y a las características de la enfermedad, establezca la medida del tiempo. Por regla general, yo acostumbro a calcular tantos días como grados le falten al aspecto para llegar a ser totalmente exacto, siempre y cuando el signo sea cardinal y el planeta angular, y si además éste es muy rápido, todavía tengo muchísima más seguridad al respecto. Si el signo en el que se da el aspecto es mutable, no calculo ni días ni semanas ni meses, sino que, tras haber observado la naturaleza de la enfermedad, actúo con total discreción y sensatez.

Antiguamente, las reglas eran las siguientes:

Los signos cardinales indicaban *días.*
Los signos mutables indicaban *semanas.*
Los signos fijos indicaban *meses.*
Los ángulos o casas angulares equivalían a *signos cardinales.*
Las casas sucedentes equivalían a *signos mutables.*
Las casas cadentes equivalían a *signos fijos.*

También resultará aconsejable observar si el movimiento de la Luna es rápido o bien lento, el signo en el que ésta se encuentre situada y su posición con respecto a los ángulos, etc. A menudo me he encontrado que cuando el regente del Ascendente abandonaba el signo en el que estaba situado y entraba en otro en el que se hallara dignificado, el paciente recobraba la salud o mejoraba mucho. Si un signo mutable ocupa la Casa VI y se encuentra a 28 grados o más, mi opinión es que la enfermedad podrá *variar* en el plazo de dos semanas.

Juicio sobre la enfermedad a través de las aflicciones de la Luna en el momento en que aquélla se origine o en el que la pregunta sea formulada por el paciente[7]

Quienquiera que se ponga enfermo por primera vez o se sienta obligado a guardar cama cuando la Luna se encuentra afligida por Saturno, o por Mercurio (si posee la naturaleza de Saturno), sufrirá en gran medida los males siguientes:

La Luna en Aries y en conjunción, cuadratura u oposición a Saturno: dolores de cabeza o jaquecas, mucosidad excesiva, vista cansada; pulso débil, somnolencia y apatía; náuseas, sudores repentinos; sensación de un gran calor interior, pero exteriormente helado. El paciente se sentirá mucho más afectado durante la noche que durante el día. *La Luna en Tauro y en conjunción, etc., a* Saturno: fiebres provocadas por alguna obstrucción cerca del corazón, del hígado o de los pulmones y causadas por el estrés, los excesos, etc. El pulso es alto e inmoderado, el cuerpo se hincha y existe una opresión en los pulmones o ulceración, etc. Si la Luna no se ve apoyada por los benéficos, existirá peligro de muerte en un plazo de 14 días.

La Luna en Géminis y en conjunción, etc., a Saturno: el origen de la enfermedad es más bien de índole mental y podría derivarse del exceso de trabajo, de las preocupaciones, del ajetreo ocasionado por viajar continuamente o por una práctica inmoderada del deporte. Existe el peligro de pequeñas fiebres; el dolor se encuentra repartido por todo el cuerpo, pero principalmente en las articulaciones. Los órganos vitales también se ven afectados y el pulso es escaso y débil. Los sudores son frecuentes, así como los síntomas de depresión o de tuberculosis. Si Marte también se encuentra afligido y no recibe ningún aspecto de apoyo, etc., el paciente apenas vivirá unos diez días más. Pero si Júpiter o Venus apoyan a la Luna, entonces cabe la posibilidad de que, tras un largo período, el enfermo pueda llegar a recuperarse.

La Luna en Cáncer y en conjunción, etc., a Saturno: el pecho se halla muy afectado a causa de la tos, las flemas, las mucosidades o las supuraciones viscosas. Abunda la tos y las descargas salivares, así como

---

7. El estudiante puede confiar en que si aplica bien estas reglas, las encontrará infalibles. ZADKIEL.

la ronquera, los catarros, etc. El pecho se encuentra muy cargado y la tráquea algo obstruida. Las fiebres son leves o intermitentes, pero permanecen durante mucho tiempo; los dolores intestinales, renales, etc., así como los desarreglos en los órganos reproductores, son frecuentes. Si la Luna está menguando y se encuentra situada cerca de Saturno, la enfermedad durará todavía mucho tiempo.

La Luna en Leo y en conjunción, etc., a Saturno: la enfermedad tiene su origen en la sangre; el paciente sufre de opresiones en el pecho, de acedía, de fiebres violentas, pulso desigual; temperatura corporal excesiva, tanto interna como externamente, mareos y desmayos, así como de cálculos o piedras y, a menudo, también de ictericia. De no existir ningún aspecto armónico que pueda evitarlo, el paciente acostumbrará a fallecer cuando la Luna llegue a formar una oposición con Saturno.

La Luna en Virgo y en conjunción, etc., a Saturno: la enfermedad procede de alguna indigestión, obstrucción intestinal, etc. El paciente acostumbra a sentir punzadas por debajo de las costillas y flatulencias, gota y dolores en las piernas o en los pies. La persona, por lo general, permanecerá enferma durante mucho tiempo.

La Luna en Libra y en conjunción, etc., a Saturno: la causa de las dolencias se debe a un abuso de las comidas ricas en grasas, al exceso de vino, a la carne mal digerida, etc., pudiendo también tener lugar a causa de una actividad sexual desenfrenada. Las partes más afectadas son el pecho y la cabeza; existe falta de apetito y un gran peso en el estómago, también una tos fuerte y algo de ronquera, así como un dolor intenso en las articulaciones, en las rodillas y en las piernas acompañado por fuertes picores y cierta propensión a la ciática.

La Luna en Escorpio y en conjunción, etc., a Saturno: esta posición conlleva enfermedades en el recto o en el músculo esfínter, así como una cierta propensión a las almorranas, a las hemorroides o a las fístulas. Existe una excesiva retención de orina, o bien todo lo contrario; las piedras en la vesícula son muy frecuentes, al igual que lo son también los humores hidrópicos, etc. El enfermo podría llegar incluso a padecer de gonorrea o de algún trastorno en la matriz.[8]

---

8. Y estos últimos, especialmente cuando Venus o el regente de la Casa V envían algún aspecto maléfico.

La Luna en Sagitario y en conjunción, etc., a Saturno: al paciente le duelen las articulaciones o bien tiene fiebre, escalofríos, etc. Las enfermedades suelen derivarse de un abuso excesivo del cuerpo o de la mente, o por los enfriamientos y estados melancólicos. Si la Luna se encuentra opuesta a Saturno, por regla general suele conllevar algo de gota, tumores o hinchazones en las manos, en las piernas y en los pies, etc. Y si Marte también se halla en mal aspecto con la Luna, entonces tendrán lugar fiebres muy altas y violentas.

La Luna en Capricornio y en conjunción, etc., a Saturno: la enfermedad puede proceder del frío o de algún estado melancólico. Provoca pesadez de estómago y hace también que el pecho se encuentre muy cargado, los pulmones estén oprimidos y que la tos sea muy fuerte y aparezca la fiebre. El dolor se intensifica durante la noche y el paciente se queja continuamente del mal de cabeza, de molestias en el oído izquierdo y de oír ruidos ensordecedores en su cabeza.[9]

La Luna en Acuario y en conjunción, etc., a Saturno: lo que suele provocar la enfermedad es un excesivo esfuerzo físico o mental y los enfriamientos o la falta de sueño. El proceso de la enfermedad es sumamente desigual ya que el paciente puede mejorar o empeorar indistintamente.[10] Las jaquecas, el flato y los mareos son frecuentes, así como los ahogos provocados por los ataques de histeria o los dolores de garganta.

La Luna en Piscis y en conjunción, etc., a Saturno: el malestar es causado por el frío[11] y el paciente se encuentra muy molesto por las continuas fiebres, suspira sin cesar y le duelen los pezones y el corazón;

9. Nos podemos referir a ello a título personal ya que caímos enfermos durante la noche del 1 de marzo de 1829, cuando la Luna estaba a 19° de Capricornio y Saturno a 28° de Cáncer, y esa misma noche tuvimos unos dolores muy agudos en la parte izquierda de la cabeza y la sensación de oír en ella unos ruidos similares a los que hacen las máquinas de vapor. A todo ello, siguió una intensa fiebre que nos obligó a guardar cama durante tres semanas. En nuestra natividad, las direcciones eran las del M. C. conjunto al Sol, que al estar conjunto a Marte en el nacimiento, compartió estas inarmónicas características y afligió al Ascendente a través de su aspecto mundano de cuadratura.

10. Es decir, cuando la Luna desde su propio lugar ha dejado atrás a una oposición y los aspectos que se dan son buenos, el enfermo será recuperable.

11. Y especialmente por llevar ropas mojadas, tener los pies húmedos, etc.

la tos es muy ronca, la garganta está cargada y existe un exceso de mucosidad.

Quienquiera que se ponga enfermo cuando la Luna se encuentre muy afligida por Marte o por el Sol, sufrirá los males siguientes:

La Luna en Aries y en conjunción, etc., a Marte: la enfermedad se debe a algún malestar o desorden en las membranas cerebrales. La fiebre y el cansancio son constantes y el paciente continuamente tiene sed y la boca seca, así como el hígado inflamado, el pecho dolorido, el pulso excesivamente alto y frecuentes delirios. Por regla general, los dolores intestinales (cólico, cólera, etc.) son frecuentes. Si después de separarse de Marte, la Luna formase una conjunción u oposición con Saturno, las esperanzas de vida serán pocas y si además su luz está menguando y es muy lenta en su movimiento, éstas serán entonces prácticamente nulas.

La Luna en Tauro y en conjunción, etc., a Marte: la presión es muy alta, las fiebres continuas y todo el cuerpo se halla resentido; también se padece de dolor de garganta y de inflamaciones en el cuello. Los huesos se encuentran muy doloridos, el insomnio es frecuente y el paciente está ansioso por beber vino y agua fría. Se acostumbra a padecer de ronquera, de afonías y también de piedras, anguria, cálculos y de trastornos renales. *La Luna en Géminis y en conjunción, etc., a Marte: la* fiebre es muy violenta, el pulso alto y desigual y suele existir alguna infección en la sangre, así como dolores por todo el cuerpo, y especialmente en los riñones y también expectoraciones en la sangre. Del mismo modo, son frecuentes las fracturas o debilidad en los brazos y dolores localizados en las articulaciones, etc.

La Luna en Cáncer y en conjunción, etc., a Marte: es causa de trastornos estomacales debidos a la bebida, a los excesos de comida o a la vida disipada. Estos desarreglos pueden llegar a degenerar y, con el tiempo, pasar a convertirse en accesos de tos, de disentería y en expectoraciones en la sangre.

La Luna en Leo y en conjunción, etc., a Marte: existe un exceso de presión sanguínea, el pulso es débil y el paciente sufre de una alteración cerebral y de fuertes ataques. La enfermedad provoca un apetito voraz o una total carencia de éste. Son frecuentes los trastornos en el corazón, la pesadez del cuerpo, las somnolencias y la apatía. El cuerpo del paciente parece abrasar por dentro, y por fuera está muy reseco. La pleuresía y los desmayos o desvanecimientos son de temer. Siempre me ha dado muchísimo más miedo la conjunción u oposición de la Luna en este signo que en ningún otro.

La Luna en Virgo y en conjunción, etc., a Marte: provoca trastornos intestinales, pequeñas fiebres, pulso decreciente, cólicos, flatulencias, debilidad o flojera en las piernas y en los tobillos. Si la Luna se encuentra regida por Marte y en Virgo, la enfermedad no desaparecerá fácilmente.

La Luna en Libra y en conjunción, etc., a Marte: el paciente se siente molesto a causa de una excesiva presión sanguínea y, por ello, su pulso también resulta muy alto. No descansa, tiene fiebre e inflamaciones por todo el cuerpo y, con toda probabilidad, habrá caído enfermo a causa de los excesos cometidos en la dieta o a causa de la presión. También puede tener piedras o arenilla en los riñones, y éstas a menudo se verán acompañadas por unas fiebres muy altas.

La Luna en Escorpio y en conjunción, etc., a Marte: generalmente suelen aparecer úlceras, gonorrea, etc., y si se trata de un niño, entonces suele provocarle el sarampión. Del mismo modo, también puede padecer de almorranas o de hemorroides. Con frecuencia, en la cabeza tiene lugar alguna oclusión provocada sin duda por un resfriado muy fuerte o mal curado y, como la sangre está viciada, podremos encontrarnos con algún derrame o con manchas en la piel, etc. Si existen suficientes razones como para pensar que el paciente pudiera padecer de alguna enfermedad venérea, ésta se pondrá de manifiesto sobre todo si Venus también se encuentra afligiendo a la Luna.

La Luna en Sagitario y en conjunción, etc., a Marte: por regla general, la enfermedad es muy violenta y se deriva de la glotonería y de las indigestiones. Aunque la fiebre sea muy alta y los ataques de ira frecuentes, el pulso sin embargo acostumbra a mostrarse bastante débil; el exceso de ejercicio pudiera ser también otra de las causas de esta enfermedad. El paciente sufre de fiebres pestilentes o muy nocivas, etc., así como de gota en las manos o en los pies, manchas, dolores de garganta, inflamación de ojos, etc., siendo también las caídas o los accidentes causados por los caballos algo sumamente frecuente.

La Luna en Capricornio y en conjunción, etc., a Marte: las náuseas, los vómitos y las mucosidades son muy comunes y los tendones se hinchan, mientras que los calambres hacen padecer continuamente al paciente. El pecho también aparece algo inflamado, así como las manos y los dedos; el rostro adquiere un tono amarillento y se encuentra como más hundido de lo normal. El cuerpo se halla muy desgastado y la sangre viciada; el pulso acostumbra a ser muy lento, y bajo estos aspectos resulta frecuente enfermar de ictericia. *La Luna en Acuario y en conjunción, etc., a Marte:* si la Luna se mueve lentamente y su luz está menguando, la enfermedad podría proceder de alguna afección violenta o de algún ataque. El corazón se halla dolorido y el paciente sufre desmayos y fuertes dolores en el pecho que le impiden respirar con normalidad; el pulso del enfermo es muy alto.

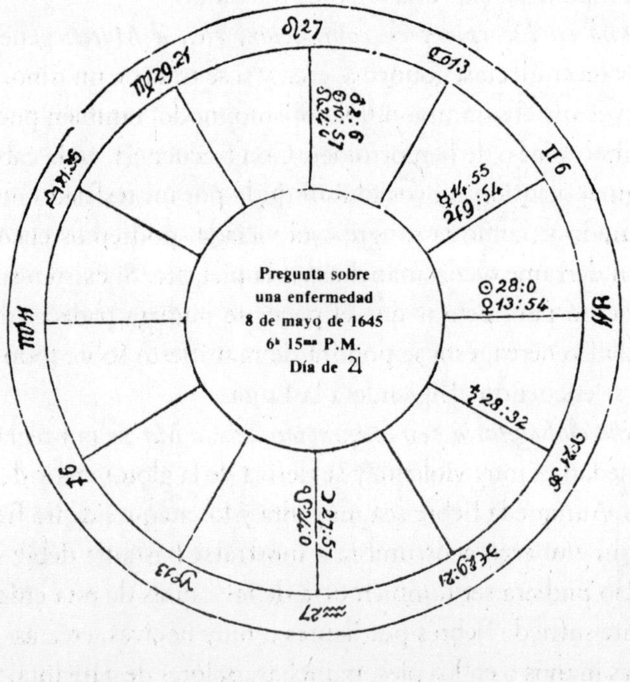

La Luna en Piscis y en conjunción, etc., a Marte: el cuerpo tiene exceso de líquidos y la enfermedad se debe a los abusos, sobre todo en la bebida. El dolor aumenta durante la noche y el paciente se siente aquejado por continuos delirios (lo que demuestra que con frecuencia se encuentra totalmente borracho). Tiene muchísima sed, fiebres altas y un incontenible deseo de beber vino. Por regla general, los intestinos se hallan muy dañados, la tos es fuerte y los ahogos provocados por las mucosidades también son frecuentes. El cuerpo, a menudo, aparece hinchado y existe peligro de hidropesía.[12]

PREGUNTA. Un doctor se encuentra enfermo, ¿cuál es su enfermedad?, ¿es curable?

Para saber qué parte del cuerpo es la afectada, debe de tener en cuenta que como el Ascendente no se halla afligido, tendrá que fijarse a ver si la Casa VI lo está. Allí nos encontramos a Saturno en caída, y como la presencia de este planeta denota ya de por sí enfermedades, llegué a la conclusión de que sería a través de él y de esta casa como podría llegar a encontrar la parte agraviada.

Aries representa la cabeza y Saturno en Aries, el pecho.[13]

Marte, regente del Ascendente, al estar situado en Leo, representa al corazón. El regente del Ascendente se acaba de separar de una cuadratura con Saturno y al mismo tiempo se encuentra situado en el signo de Cáncer, que es el que rige el pecho y el estómago. A partir de estos testimonios, llegué a la conclusión de que las partes del cuerpo que se hallaban afectadas eran la cabeza, el pecho, el corazón y el estómago, y que en el pecho o en el estómago había alguna obstrucción que era la causante de la enfermedad y de todo su sufrimiento.

¿Cuál era la causa de la enfermedad?

Al ser Saturno el principal significador y estar situado en sus propios términos, y al hallarse la Luna dispuesta por él y aplicándose a él, reflejaba aquellas enfermedades representadas por él que podrían ser localizables en la cabeza o en el pecho. Marte, regente del Ascendente,

12. Cuando se nombren distintas enfermedades, el estudiante deberá fijarse también en los demás testimonios para poder averiguar así de qué enfermedad se trata realmente.

13. Esto podrá comprobarse en la tabla al final de este capítulo.

también estaba en los términos de Saturno y se aplicaba a una cuadratura con el Sol, estando éste en los términos de Marte. Y, realmente, cuando fui a hablar con el enfermo, éste se sentía triste y melancólico, estaba muy callado, tenía un fuerte dolor de cabeza, dormía poco, su tos era muy seca y continuamente se quejaba de sufrir dolores y debilidad en el pecho y en el corazón. Su tinte, entre negro y amarillento, parecía predisponerlo a la ictericia. También padecía debilidad crónica por todo el cuerpo y dolores en las articulaciones, quedando esto reflejado por la posición de la Luna en un signo de Aire. El Ascendente es Escorpio y refleja los órganos sexuales, piedras en la vejiga, etc. Así pues, la Luna en Acuario muestra los órganos sexuales y los trastornos allí localizados, etc., y, por esto mismo, tenía muchas dificultades en la evacuación de líquidos, ya que tenía arenilla y sufría constantemente de dolor en estas partes.

¿Será curable la enfermedad o no?
Al ser Saturno el autor de la enfermedad, indicaba que ésta sería bastante larga y penosa, ya que se trata de un planeta muy lento y muy pesado. Además, los ángulos de la figura son todos fijos y el regente del Ascendente, el Sol y la Luna también se hallan situados en signos fijos. Las luminarias, desde los ángulos, se encuentran formando entre sí un aspecto de cuadratura y ambas en los términos de un planeta maléfico, mientras que el regente de la Casa VI está en un signo fijo: todo ello demostraba que la enfermedad sería muy larga. Al estar la Luna en la Casa IV, su aspecto con Saturno en la VI y aplicándose al Sol a través de una cuadratura, y estar el Sol dignificado en la Casa VI y el regente de la Casa IV situado en la VI, y el regente de la Casa VIII en la VIII, los testimonios de muerte eran muy fuertes. (Efectivamente, murió el 14 de agosto siguiente).

PREGUNTA. ¿Cuál es la enfermedad? ¿Vivirá o morirá el paciente?
El Ascendente está en Virgo y se halla afligido por la presencia de Marte, en cierto modo es regente de la Casa VIII, ya que la mayor parte del signo de Aries se encuentra situado allí. Por ello y principalmente a través del Ascendente, deberemos averiguar la causa y naturaleza de la en-

fermedad, así como la parte afectada. Acuario, que es un signo fijo, está en la Casa VI afligido por el Nodo Lunar Negativo y Saturno, regente de la Casa VI, está en Tauro, que es un signo de Tierra y de iguales características que Virgo, el Ascendente. La Luna, significador general en todas las enfermedades, también se encuentra en Virgo y en conjunción a Marte. Todo esto nos demostraba que el paciente se encontraba muy afectado a causa del bazo y de los cólicos, así como por culpa de alguna obstrucción intestinal, de pequeñas fiebres, de flatulencias y de debilidad en los muslos. Y como la Luna y Marte están en el Ascendente, el paciente se sentía muy inquieto a causa de los dolores de cabeza, no tenía un sueño tranquilo, etc. (Todo ello era cierto).

El paciente, ¿vivirá o morirá?

Todos los significadores indicaban muerte.

1° El Sol, luz del tiempo; estaba en cuadratura casi exacta con Saturno, regente de la Casa VI, y en signos fijos.

2° El Ascendente se encontraba extremadamente afectado por la presencia de Marte, siendo éste el regente de casi toda la Casa VIII.

3° La Luna se hallaba afligida por Marte en la casa de la vida.

4° La Luna se estaba separando de un sextil de Mercurio, regente del Ascendente, en signos de larga ascensión y transfería su luz a Júpiter, regente de la Casa IV y de la VIII, señalando la muerte y la sepultura.

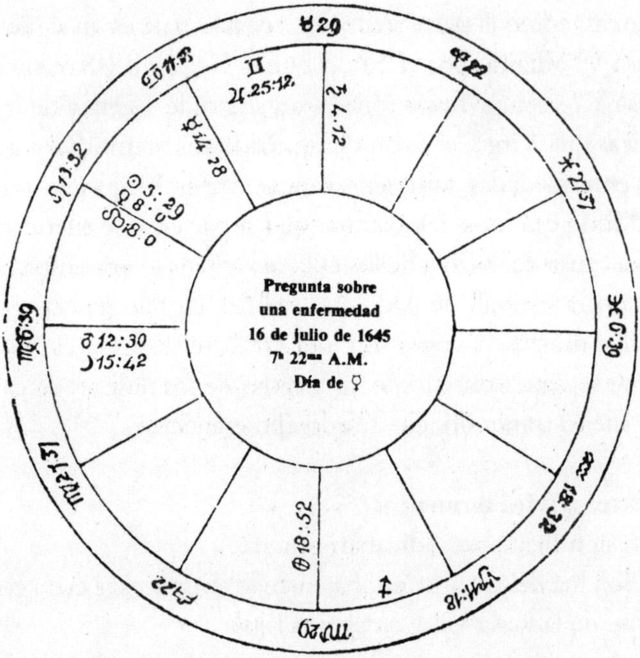

N. B. El paciente, efectivamente, falleció el día 28 de ese mismo mes, cuando en la figura Mercurio llegó a formar una cuadratura con Saturno y una conjunción con el Sol. La Luna se puso entonces opuesta al Sol y el día anterior transitó la cúspide de la Casa VI, es decir los 14° de Acuario.

Signos	Saturno	Júpiter	Marte	Sol	Venus	Mercurio	La Luna
Aries	pecho brazos	cuello garganta	cabeza intestinos	muslos	riñones	órganos sexuales	cabeza rodillas
Tauro	corazón pecho	cuello hombros	garganta riñones	rodillas	órganos sexuales	muslos pies	garganta piernas
Géminis	corazón intestinos	pecho riñones	pecho brazos	piernas tobillos	garganta muslos	cabeza rodillas	hombros brazos muslos
Cáncer	intestinos riñones	corazón piernas	pecho pies	pies	brazos hombros	ojos garganta	cabeza pecho estómago
Leo	riñones órganos	intestinos muslos	cabeza intestinos	cabeza	corazón pecho	garganta brazos	brazos rodillas
Virgo	muslos órganos	riñones rodillas	intestinos piernas	garganta cuello	estómago corazón	cabeza pecho	brazos hombros
Libra	rodillas musió	cabeza ojos piernas	riñones pies órganos	brazos hombros	cabeza intestinos	garganta corazón estómago	pecho corazón riñones intestinos
Escorpio	rodillas piernas	muslos pies	cabeza brazos muslos órganos sexuales	pecho corazón	garganta riñones órganos sexuales	brazos hombres espalda intestinos	estómago corazón intestino órganos sexuales
Sagitario	piernas pies	cabeza muslos rodillas	garganta manos muslos	corazón intestinos	brazos hombros muslos	pecho corazón riñones	espalda intestinos muslos
Capricornio	cabeza pies	ojos cuello	brazos hombros	espalda intestinos	pecho corazón	estómago corazón	riñones muslos rodillas
Acuario	cuello cabeza-	brazos hombros	pecho corazón	riñones órganos	corazón rodillas	corazón intestinos	piernas tobillos partes sexuales
Piscis	brazos hombros cuello	cabeza pecho corazón	corazón intestinos tobillos	muslos órganos sexuales	cuello garganta intestinos	riñones órganos sexuales	muslos pies

Las enfermedades que por naturaleza representa cada planeta cuando es el que aflige y está situado en cualquiera de los doce signos

Enfermedades de Saturno

Saturno en Aries: proporciona reúma, melancolía, vapores, fríos en la cabeza, obstrucciones, oclusiones en el estómago, dolores de muelas, sordera, etc.

Saturno en Tauro: produce ganglios en el cuello y en la garganta, escrófula, escorbuto, ronqueras, melancolía y dolores crónicos localizados en el cuello y en la garganta.

Saturno en Géminis: provoca enfermedades y accidentes en los brazos y en los hombros, tisis, ictericia, etc., así como trastornos derivados de una mala circulación sanguínea.

Saturno en Cáncer: indica tisis, ulceraciones en los pulmones, obstrucciones y contusiones en el pecho, escalofríos, escorbuto, cáncer, etc.

Saturno en Leo: significa que el corazón se encuentra afligido por los dolores; trastornos progresivos en los riñones o en los órganos internos, vapores y debilidad y dolores de espalda, etc.

Saturno en Virgo: indica que la sangre se halla corrompida, obstrucciones intestinales, estreñimiento, debilidad en los muslos, melancolía, dolores, cálculos, etc.

Saturno en Libra: denota corrupción en la sangre; dolores de espalda y en los riñones, angurria, dolores progresivos en las rodillas y en los muslos, ciática y gota.

Saturno en Escorpio: provoca inflamaciones o trastornos en los órganos sexuales, melancolía, parálisis, hemorroides y gota en las manos y en los pies.

Saturno en Sagitario: produce debilidad en las caderas y en los muslos, morados y magulladuras en estas partes y ciática o gota.

Saturno en Capricornio: provoca gota en las partes bajas del cuerpo, dolores y obstrucciones en la cabeza, escalofríos, etc.

Saturno en Acuario: significa que hay trastornos en la cabeza y en los dientes, defectos en el oído, dolor en las articulaciones, magulladuras, hinchazón en las piernas y, a veces, irritaciones de garganta.

Saturno en Piscis: provoca reúma, escrófula, trastornos y problemas en los pies o en los dedos de los pies (como la gota), y todas aquellas enfermedades que se deriven del frío.

Enfermedades de Júpiter

Júpiter en Aries: indica trastornos en la cabeza, irritación de garganta o amigdalitis a causa de la mala calidad de la sangre que circula por las venas de la cabeza; también conlleva sueños extraños e imaginaciones.

Júpiter en Tauro: produce dolores de garganta, aire en la sangre, molestias intestinales y gota en las manos y en los brazos.

Júpiter en Géminis: indica pleuresía, pero asimismo también puede denotar algún trastorno renal.

Júpiter en Cáncer: provoca hidropesía, trastornos estomacales, desgana, corrupción en la sangre, escorbuto y excesos.

Júpiter en Leo: señala fiebres, pleuresías y trastornos en el corazón.

Júpiter en Virgo: provoca obstrucciones en los pulmones, melancolía, trastornos hepáticos.

Júpiter en Libra: indica que la circulación sanguínea del paciente es excesiva y conlleva obstrucciones, sangre corrompida, fiebres, hemorroides, tumores, inflamaciones, etc.

Júpiter en Escorpio: provoca angurrias, hemorroides, sangre que circula con humores acuosos y produce hidropesía, etc.

Júpiter en Sagitario: provoca fuertes dolores a causa de la putrefacción de la sangre y también fiebres, dolores e hinchazones alrededor de las rodillas, etc.

Júpiter en Capricornio: el paciente se ve afectado por la melancolía y por obstrucciones en la garganta, etc.

Júpiter en Acuario: la sangre es tan abundante que está corrompida; el cuerpo se encuentra afectado por múltiples dolores y enfermedades, así como por el lumbago. *Júpiter en Piscis:* hay un exceso de líquido en la sangre y ello provoca hidropesía.

Enfermedades de Marte

Marte en Aries: significa que el paciente está casi enloquecido a causa de los violentos dolores de cabeza, del reúma en los ojos y por la falta de descanso.

Marte en Tauro: provoca dolores de garganta y de cuello, escrófula, debilidad en el lomo y cálculos o piedras.

Marte en Géminis: indica que la sangre se halla corrompida, hay rupturas o fracturaciones, excesos, fiebres, molestias en los brazos y en los hombros, trastornos en los órganos sexuales, angurria, etc.

Marte en Cáncer: provoca dolores en el pecho y en el estómago, tos seca, tumores en los muslos y accidentes en los pies.

Marte en Leo: señala afecciones en el corazón, humores coléricos, arenilla en los riñones, dolores en las rodillas, etc.

Marte en Virgo: produce humores coléricos, obstrucciones intestinales, flujo en la sangre, humores en las piernas y lombrices en los niños.

Marte en Libra: provoca enfermedades renales, piedras o cálculos, orina caliente, sífilis, etc., podría ser de esperar.

Marte en Escorpio: puede indicar algún tipo de enfermedad venérea o úlceras en los órganos sexuales, trastornos de la vesícula, dolor de cabeza, derrames, etc.

Marte en Sagitario: provoca dolores o úlceras en las caderas y en los muslos a causa de los humores que se hallan localizados en dichas partes y produce también un calor excesivo en la boca y en la garganta.

Marte en Capricornio: señala debilidad en las rodillas, en las manos o en los brazos y gota.

Marte en Acuario: indica que la sangre está excesivamente caliente y provoca dolores en las piernas, excesos o fiebre.

Marte en Piscis: produce debilidad en las piernas a causa de los humores corrompidos y que están allí situados; algunas veces también señala afecciones en el corazón, etc.

Enfermedades del Sol

El Sol en Aries: produce escozor en los ojos, migrañas, dolores de cabeza, fiebres altas, etc.

El Sol en Tauro: denota tumores en las rodillas, amigdalitis o irritaciones en la garganta y rupturas e hinchazones en estas partes.

El Sol en Géminis: sangre inflamada, fiebres pestilentes, rupturas en varias partes del cuerpo, escorbuto, dolores y debilidad en las piernas.

El Sol en Cáncer: provoca el sarampión, la viruela, trastornos estomacales, ronquera, hidropesía o hinchazones en los pies.

El Sol en Leo: produce dolores violentos de cabeza, locura, piedras o cálculos, dolores de espalda, plagas y tifus.

El Sol en Virgo: hay humores intestinales, obstrucciones estomacales, flujo sanguíneo, dolores de garganta e irritaciones en el cuello.

El Sol en Libra: indica inflamaciones en la sangre, dolores en los brazos y en los hombros, piedras y arenilla y también enfermedades venéreas, etc.

El Sol en Escorpio: proporciona desarreglos en los órganos sexuales, acidez en la orina, obstrucciones estomacales, la menstruación de las mujeres y también cualquier tipo de dolencias flemáticas.

El Sol en Sagitario: los muslos están afectados a causa de los humores calientes; posibilidades de fístulas, de fiebres, de desmayos, etc.

El Sol en Capricornio: indica que existe una debilidad alrededor de las rodillas, trastornos intestinales y fiebres.

El Sol en Acuario: produce dolores e hinchazón en las piernas o en las rodillas causados por el frío, así como afecciones en el corazón.

El Sol en Piscis: los órganos sexuales se hallan afectados, produce angurrias y dolores violentos en todas estas partes.

Enfermedades de Venus

Venus en Aries: indica que la enfermedad procede de la cabeza debido al exceso de humores, letargias, afecciones en los riñones y trastornos en la cabeza causados por el frío.

Venus en Tauro: provoca dolores de cabeza o en los órganos sexuales, así como hinchazones o irritaciones en el cuello causadas por los humores de la cabeza.

Venus en Géminis: señala corrupciones en la sangre, escrófula, hidropesía y una afluencia reumática.

Venus en Cáncer: produce trastornos estomacales causados por el frío, por las indigestiones y, a menudo, también por culpa de los excesos, etc.

Venus en Leo: indica alguna afección en el corazón provocada a causa de amores apasionados, etc., también puede conllevar dolores en las piernas y con muy malas consecuencias.

Venus en Virgo: denota algún trastorno de tipo intestinal, flujo o lombrices y mucosidad intestinales.

Venus en Libra: produce gonorrea o trastornos renales, excesos en la bebida o en la comida y gases.

Venus en Escorpio: provoca enfermedades venéreas y dolores en los órganos sexuales, etc.

Venus en Sagitario: conlleva gota en las caderas, excesos y humores fríos.

Venus en Capricornio: provoca gota en las rodillas y en los muslos, así como hinchazones en estas partes.

Venus en Acuario: produce dolores e hinchazón en las piernas o en las rodillas causadas por el frío y también indica afecciones en el corazón.

Venus en Piscis: produce debilidad en las piernas y en los pies, hinchazón, flujo y molestias causadas por los gases, etc.

Enfermedades de Mercurio

Mercurio en Aries: nos muestra que la enfermedad reside en la cabeza y en el cerebro, causa vértigos y espasmos en la cabeza y también trastornos en la matriz.

Mercurio en Tauro: provoca defectos en la garganta, inflamación o irritaciones en el cuello, ronquera y también molestias y dolores en los pies.

Mercurio en Géminis: produce aires en la sangre, dolores de gota en la cabeza y en los brazos, etc.

Mercurio en Cáncer: produce trastornos estomacales, dolores, gases, destilación del reúma, debilidad o flojera en las piernas y en las rodillas causadas por el frío, etc. *Mercurio en Leo:* produce temblores, melancolía y dolores de espalda provocados por haber cogido frío en los pies.

Mercurio en Virgo: aporta un exceso de gases a los intestinos, obstrucciones, dolores de cabeza, ahogos, cólicos y gases.

Mercurio en Libra: indica retención de orina, obstrucciones, desarreglos en la sangre y afecciones en el pecho, en los pulmones y en los riñones.

Mercurio en Escorpio: proporciona desarreglos en los órganos sexuales, afecciones intestinales y dolores muy fuertes en los brazos y en los hombros.

Mercurio en Sagitario: provoca dolores en los riñones, debilidad en la espalda, obstrucciones estomacales, tos e hinchazón de las caderas y de los muslos.

Mercurio en Capricornio: indica retenciones de orina, humores y gota alrededor de las rodillas, dolores de espalda, melancolía, etc.

Mercurio en Acuario: aporta gases a la sangre, dolores agudos en distintas partes del cuerpo, flujos y trastornos intestinales.

Mercurio en Piscis: provoca dolores de cabeza, debilidad en las piernas y en los pies, gonorrea o trastornos en los riñones, etc.

Enfermedades de la Luna

La Luna en Aries: provoca convulsiones, bajada del reúma desde la cabeza, debilidad en los ojos y dolores en las rodillas.

La Luna en Tauro: produce dolores en las piernas y en los pies, irritaciones, obstrucciones y dolor de garganta.

La Luna en Géminis: indica que hay gota en las piernas, en los brazos, en las manos y en los pies, también excesos y grandes obstrucciones.

La Luna en Cáncer: hace que el estómago se encuentre muy afectado, también puede provocar excesos, convulsiones, viruela, epilepsia, afecciones en los tímpanos e hidropesía.

La Luna en Leo: el corazón se halla muy afectado; también pueden haber dolores de garganta, amigdalitis, escrófula, etc.

La Luna en Virgo: denota trastornos y dolores en los riñones, debilidad de la sangre, obstrucciones y poca fuerza o flojera en los brazos y en los hombros.

La Luna en Libra: indica que la parte más afectada son los riñones, obstrucciones en el estómago, debilidad en la espalda, flujo en las mujeres, excesos, pleuresía, etc.

La Luna en Escorpio: nos muestra que los trastornos están localizados en los órganos sexuales, viruela, hidropesía, afecciones en el corazón, hinchazones, etc.

La Luna en Sagitario: provoca debilidad o cojera en los muslos, trastornos intestinales, etc.

La Luna en Capricornio: produce cálculos, debilidad en la espalda, gota en las rodillas, flujo en las mujeres, etc.

La Luna en Acuario: señala histerismo, hinchazones y dolores en las piernas y en los órganos sexuales.

La Luna en Piscis: indica que el sujeto acostumbra a coger siempre frío en los pies y a causa de ello sufre trastornos por todo el cuerpo; provoca también hinchazones en las piernas, hidropesía y una carga excesiva o sobrecarga de humedades por todo el cuerpo.[14]

---

14. Esta tabla está tomada de los antiguos astrólogos árabes, quienes tuvieron su época más floreciente hace ya varios siglos: estos utilizaban una infinidad de términos desfasados y obsoletos y realmente algo faltos de consistencia en relación a las modernas nomenclaturas sobre las enfermedades; pero como la constitución del hombre sigue siendo la misma, las enfermedades también lo son, aunque ahora reciban distintos nombres. Así pues, se decía que *Mercurio en Acuario* provocaba «gases en la sangre» y suponemos que, a través de ello, lo que querían decir es que había una acción espasmódica que procedía a causa de la debilidad.

CAPÍTULO XXX

LA CASA SÉPTIMA Y SUS PREGUNTAS

Ésta es la casa que representa el matrimonio, las cuestiones de amor, los pleitos y controversias, los contratos, las guerras, los duelos, los enemigos declarados, las negociaciones, los ladrones, los fugitivos y cualquier asunto relacionado con los extranjeros.

Las cuestiones que deben ser juzgadas a través de esta casa, resultan mucho más dificultosas que las de cualquier otra casa; por ello me he mostrado muchísimo más extenso al querer reflejar aquí las opiniones de los antiguos astrólogos, así como la de los modernos, y he escrito también una multitud de aforismos relativos a estas preguntas.

AFORISMOS Y CONSIDERACIONES

Para poder juzgar mejor cualquier pregunta horaria y, en especial, aquéllas relativas a la Casa VII.

Observe si la pregunta es radical y es apta para ser juzgada.

No confíe demasiado en el juicio si el Ascendente está situado a los primeros o últimos grados de un signo. Si está en los primeros grados, indicará que el asunto todavía resulta algo prematuro como para ser juzgado y, si se encuentra en los últimos grados, entonces ya será demasiado tarde para juzgar este asunto, o bien también puede significar que el consultante ha estado buscando consejo entre otros astrólogos, ya que éste está desesperado por conseguir el éxito. En todos estos casos, resultará mucho más seguro no dejarse involucrar por el consultante.

Si Saturno, Marte o el Nodo Lunar Negativo están situados inarmónicamente en la Casa X, todo el asunto acabará por desacreditar al astrólogo.

No juzgue todas aquellas preguntas que le resulten extremadamente banales o totalmente carentes de importancia, ni tampoco lo haga cuando el consultante no esté realmente seguro de lo que quiere preguntar.

Observe atentamente la fuerza y condición de la Luna, ya que incluso es mucho mejor que el regente del Ascendente sea inarmónico antes de que lo sea ésta.

Los planetas maléficos indican retrasos y dificultades en cada una de las preguntas planteadas (exceptuando a la Luna), y se reciben mutuamente en la significación.

Los benéficos Júpiter y Venus nunca aportan nada malo a menos de que sean los regentes de alguna casa maléfica; y si éstos son los significadores, y aun a pesar de no estar en recepción, incluso así pueden hacer también que el asunto siga adelante.

Si la Luna está vacía de curso, no podrán tenerse grandes esperanzas en cuanto a la pregunta formulada a menos de que ésta se encuentre situada en el signo de Cáncer, de Tauro, de Sagitario o de Piscis.

Observe de qué planeta se ha separado la Luna en último lugar, ya que éste será el que nos indique lo que ya ha sucedido: si se trata de una de las fortunas, esto habrá sido algo bueno; pero si se trata de algún planeta maléfico, entonces será algo negativo; y todo ello siempre de acuerdo a la naturaleza de la casa que ocupe el planeta y de la que sea el regente.

La aplicación de la Luna siempre muestra la condición actual del asunto, así como lo que de él puede esperarse. Si, por ejemplo, la Luna se aplica un planeta que esté en caída, lo que indicará serán retrasos y dificultades.

Si los planetas maléficos nos predicen algo bueno, esto siempre resultará imperfecto, o al menos no resultará tan bueno como se esperaba, ya que todo lo que se consiga será con mucho esfuerzo; y si lo que éstos presagian es algo negativo, siempre será muchísimo peor de lo que se haya podido esperar.

Si los planetas maléficos presagian algo malo, mire a ver si el Sol, Júpiter o Venus les envían algún buen aspecto ya que, entonces, todo este mal será mitigado.

Si las fortunas presagian algo bueno, pero se muestran débiles o no guardan ningún tipo de conexión con el Ascendente, actuarán, aunque muy poco si no están en recepción. Un planeta peregrino, es decir sin ninguna dignidad esencial, es bastante peligroso.

No confíe excesivamente en las fortunas a menos de que éstas se encuentren en sus dignidades esenciales.

En una figura en la que tanto las fortunas como los infortunios se encuentren igualmente débiles y mal situados, no debe apresurarse a emitir juicio alguno y será mucho mejor que posponga su respuesta al consultante para una ocasión más propicia.

En todas aquellas preguntas en las que el significador de aquello que se solicite se encuentre combusto o en oposición al Sol, nada podrá ser llevado a cabo con total perfección.

Si uno de los infortunios está en conjunción con otro, todo lo bueno que éstos pudieran presagiar se quedará en nada, mientras que todo lo malo resultará todavía muchísimo más violento.

El regente del Ascendente situado fuera de sus dignidades o cadente, etc., nos indicará que el consultante no tiene puesta ninguna esperanza en este asunto.

Un planeta que se encuentre bajo los rayos del Sol (es decir, a un máximo de 12 grados) no tiene fortaleza;[1] pero si se encuentra a unos dieciséis minutos del Sol, estará en *Cazimi* o corazón del Sol y entonces será muy fuerte y poderoso.

Si el que dispone del significador es *oriental* y se trata de Saturno, de Júpiter o de Marte, el asunto se llevará a cabo rápidamente; pero si se trata de Venus o de Mercurio, entonces tardará más tiempo: y si éstos son *occidentales,* sucederá todo lo contrario.

Si el significador de la cosa deseada se encuentra ubicado en un signo fijo, denotará estabilidad y hará que el asunto en cuestión pueda proseguir, tanto si ya se ha iniciado como si no. Si se encuentra en un

1. Deberemos tener en cuenta que si el planeta, por casa, dispone del Sol, esta regla no será válida. No tenernos ninguna confianza en la doctrina del *Cazimi.*

signo *mutable,* indicará las probabilidades con las que pueda contar el asunto, pero no su conclusión. Y si el significador se encuentra en un signo cardinal, hará que sea una resolución súbita la que, de una forma o de otra, resuelva el asunto. Por esta misma razón los edificios siempre comienzan a ser construidos cuando los significadores están situados en signos fijos; los viajes cortos, cuando están en signos cardinales y todas aquellas cosas en las que una cierta mediocridad es deseable, se empiezan cuando éstos se encuentran en algún signo cardinal.

La Luna o el regente del Ascendente conjuntos al Nodo Lunar Negativo, conllevan una serie de daños o perjuicios siempre en relación con la casa en la que éstos se encuentren situados. El Nodo Lunar Positivo, en cierto modo, siempre resulta beneficioso.

Si en cualquiera de las preguntas que le sean formuladas se encuentra con que la Luna está afligida, entonces el asunto difícilmente podrá conllevar nada bueno.

Si la Luna o el regente del Ascendente se encuentran en caída, el consultante habrá perdido toda esperanza en cuanto al asunto en cuestión y dejará de preocuparse de si éste se lleva a cabo o no.

Considere cuidadosamente al planeta que aflija al significador de la cosa solicitada, observe de qué casa es el regente y dónde está situado; a partir de la naturaleza de estas casas se podrá determinar la causa de dicha obstrucción.

La más poderosa aflicción que pueda recibir la Luna es la de encontrarse combusta, y si ésta se aplica al Sol, todavía resultará muchísimo peor.

Si uno de los infortunios se encuentra en aspecto con su significador y ambos son peregrinos o retrógrados, podrá estar seguro de que el daño o el perjuicio que amenaza al consultante resultará prácticamente inevitable.

Deberá considerar en particular a cualquier frustración o prohibición que tenga lugar antes de que los significadores hayan llegado a formar un aspecto exacto, ya que el planeta causante de dicha frustración será el que impida o el que obstaculice que se lleve a cabo aquello por lo que se pregunta.

En todas aquellas cuestiones relacionadas con posibles ganancias, fíjese bien en la Rueda de la Fortuna, ya que el consultante podrá conseguir estas ganancias gracias a las personas o a las cosas que estén relacionadas con la casa en la que ésta se encuentre situada; pero si se halla afligida, también podrá perderlas del mismo modo.

En aquellas cuestiones que estén relacionadas con el matrimonio, la presencia de un planeta maléfico en Casa VII indicará desacuerdos matrimoniales.

Si el regente de la Casa VIII es desafortunado y está allí situado, el consultante sufrirá a causa de la muerte de alguna mujer o bien por culpa de una deuda por parte de un hombre ya fallecido.

En cualquiera de las casas en las que se encuentre con Júpiter o con Venus bien dignificados, podrá esperar beneficios a través de aquellas personas o cosas simbolizadas por éstas; si están en la Casa III, los beneficios provendrán a través de algún pariente; si están en la IV, será gracias al padre, o a las tierras, etc.; si están en la V, entonces se deberán al juego o a los placeres; y lo mismo sucederá con el resto de las casas. También deberá de tener mucho cuidado con los escándalos o perjuicios que pueda ocasionarle aquella casa en la que el Nodo Lunar Negativo se encuentre en caída.

CUESTIONES RELATIVAS AL MATRIMONIO

¿Se casará este hombre?

Si el que nos plantea esta pregunta es un hombre, sus significadores serán el regente de su Ascendente, la Luna, Venus y los planetas que estén situados en el Ascendente. Y entonces, si la Luna aspecta favorablemente al Sol, a Venus, o al regente de la Casa VII; o si el regente de la Casa I se encuentra en aspecto con el de la Casa VII o está allí situado; o bien, el regente de la Casa VII está en el Ascendente, o si la mayoría de estos significadores se encuentran ubicados en signos fértiles o dispuestos por Venus, el hombre, sin duda, contraerá matrimonio.

¿Se casará esta mujer?

Deberá de seguir las mismas reglas que antes, pero en lugar de la Luna y de Venus, tendrá que utilizar al Sol y a Marte. Si Marte no está en aspecto con el Sol o no guarda ningún tipo de familiaridad con éste, será un fuerte testimonio de que la mujer no se casará.

La fecha de la boda

El grado de la aplicación de la Luna hacia el Sol o hacia Venus, o del Sol hacia Marte, o de los regentes de la Casa I y de la Casa VII hacia un buen aspecto o hacia una cuadratura u oposición (si existe una fuerte recepción mutua), o del regente del Ascendente hacia la cúspide de éste, o del regente de la Casa VII hacia la cúspide del Ascendente, deberán de tenerse en cuenta. Y si los significadores son rápidos y los testimonios que indiquen boda resultan muy fuertes y numerosos, los signos cardinales se traducirán por días, semanas o meses teniendo en cuenta si el planeta que se aplica es angular, sucedente, o cadente; de esta misma forma, los signos mutables darán semanas, meses o años; y los signos fijos, meses o años.

En cuanto al matrimonio con la persona particularmente deseada

Si el regente del Ascendente o la Luna (o si el consultante es una mujer, el Sol) se hallan conjuntos al regente de la Casa VII en cualquiera de sus dignidades y en el Ascendente, en la Casa X, o en la XI, el consultante logrará casarse con la persona deseada.

Si ambos significadores están relacionados entre sí a través de un sextil o de un trígono y fuera del Ascendente y de la Casa XI, o fuera de la Casa VII y de la IX, o bien fuera de la VII y de la V y no tiene lugar ninguna frustración o retrogradación por parte del significador principal antes de que se haya completado el buen aspecto, el matrimonio se llevará a cabo siempre que el consultante esté de acuerdo. Porque nosotros siempre tenemos en cuenta que existe una LIBERTAD DE ACCIÓN en todos nuestros actos. Y si el aspecto entre los significadores es de cuadratura o de oposición y sin recepción, el asunto no seguirá adelante.

Un aspecto de cuadratura con recepción también podría posibilitar el matrimonio, pero con ciertas dificultades. De no darse ninguna recepción, puede haber esperanza, pero ningún fundamento sólido en el que podamos basar un juicio favorable.

Cuando el regente del Ascendente se encuentra situado en Casa VII, el que está más enamorado es el propio consultante; pero cuando el regente de la Casa VII es el que está en el Ascendente, entonces la más enamorada será sin duda la otra persona.

A pesar de no darse ningún aspecto entre los significadores, si existe una buena traslación de luz, la boda también podrá llevarse a cabo, sobre todo si el planeta causante de dicha traslación es una de las fortunas o no se encuentra retrógrado, combusto, en infortunio, o afligido por Saturno o por Marte. La persona representada podrá llegar a conocerse a través de la descripción del planeta y teniendo en cuenta al signo en el que éste se halle situado y la forma en que se encuentre aspectado; y en cuanto a las características de esta persona, las veremos reflejadas a través de la casa regentada por este planeta. Un planeta diurno y masculino indicará que se trata de un hombre, y uno femenino y nocturno señalará a una mujer o a un hombre afeminado y viceversa.

Testimonios de que el matrimonio va a ser obstaculizado

Observe al planeta que reciba la luz de los significadores. Si es un planeta pesado y se encuentra en cuadratura o en oposición con alguno de los maléficos, o resulta ser un planeta cadente, el supuesto matrimonio no se llevará a cabo, aunque, y hasta ahora, ello no siempre ha resultado certero.

Fíjese bien en la persona a la que le corresponda el significador más fuerte, ya que será ésta la que, tras la disolución de dicho matrimonio, la que primero se case.

Si los significadores se aplican a través de un aspecto inarmónico y sin excepción, o si no hay ningún buen aspecto entre las luminarias, no habrá matrimonio, a menos de que los regentes del Ascendente y de la Casa VII se hallen intercambiados, es decir situados cada uno en la casa del otro y de que, además, los otros signos se muestren muy fuertes en cuanto a apoyar el matrimonio.

Si Saturno, el maléfico, se encuentra situado en el Ascendente hará que el consultante se muestre frío y muy poco inclinado hacia el matrimonio, a menos de que este planeta sea muy fuerte o se halle muy bien aspectado. Si está en la Casa VII, el efecto será el mismo, pero con respecto a la otra persona. Por regla general, Saturno acostumbra a ser un acérrimo enemigo del matrimonio, mientras que Venus, por su parte, lo apoya e inclina hacia éste a las personas.

¿Cuál será la causa de que el matrimonio se haya visto obstaculizado?

Considere cuál es el planeta maléfico que intercepta sus rayos entre los significadores y obstaculiza así el matrimonio; observe también de qué casa es el regente y dónde está situado. Si se trata del regente de la Casa II, la falta de dinero resultará ser un obstáculo para el consultante, o bien éste podría tener miedo a casarse por carecer de medios económicos.

El regente de la Casa III nos indicará que el matrimonio no se llevará a cabo por culpa de algún pariente o vecino del consultante, o bien a causa de algún viaje. El regente de la Casa IV hará que el padre del consultante no se muestre de acuerdo en que se lleve a cabo dicho matrimonio, aunque (y sobre todo si el planeta es femenino) es posible que la que no esté de acuerdo con ello sea la madre de la otra persona; la falta de tierras, de casa o de asentamiento, etc., podrían ser también causas que obstaculicen dicho matrimonio.

El regente de la Casa V denotará una serie de obstáculos provocados por los niños, o bien por el carácter extremadamente disipado del propio consultante.

La Casa VI indicará que el consultante padece alguna enfermedad, o bien reflejará una cierta oposición por parte de algún amigo o conocido de su padre, así como a través de los sirvientes o de algún enemigo secreto de la otra persona.

El regente de la Casa VII y los planetas allí situados, harán que el obstáculo proceda de algún pleito o proceso, de algún enemigo público o de un rival del consultante.

La Casa VIII indicará falta de dinero por parte de la otra persona y, de concurrir otros testimonios, también podría significar que la muerte del consultante fuese la que impidiera la boda.

La Casa IX, en cierto modo, reflejará que la oposición procede de los amigos o conocidos de la otra persona o bien hará que sea un abogado o sacerdote el que interfiera en dicha unión, aunque también cabría la posibilidad de que el consultante se viera obligado a emprender un largo viaje y éste fuese el que impidiera llevar a cabo el matrimonio.

La Casa X y su regente harán que el padre de la otra persona, la madre del consultante, o bien alguien con autoridad sobre éste, sean los que obstaculicen el matrimonio.

Si se trata de la Casa XI o de su regente, entonces serán los amigos de la pareja los que desaprueben dicha unión y aquellos que en su día los presentaran, o bien que siempre habían apoyado esta relación, ahora intentarán separarlos.

Si el obstáculo proviene a través del regente de la Casa XII o de algún planeta que esté allí situado, nos indicará que el consultante tiene algún enemigo secreto, o bien que algo muy turbio se está tramando contra él. El asunto en cuestión contará con muchos retrasos, pero el consultante nunca llegará a saber muy bien por qué; también cabe la posibilidad de que algún escándalo privado pueda perjudicar al consultante e interrumpir por ello el asunto. Del mismo modo que hemos podido llegar a saber quiénes eran las personas que se oponían al consultante, también podremos conocer a aquéllas que lo apoyen en sus deseos. Y, combinando las casas, podrá llegar a descubrir tanto a las personas que vayan a ayudar al consultante, como a aquellas que vayan a perjudicarlo.

Para describir el físico o las cualidades y características concernientes a la futura esposa o al futuro marido, si el que nos plantea la pregunta es un hombre, entonces deberá observar al planeta más cercano hacia el que se encuentre aspectada la Luna en *aplicación;* si se trata de Venus, podrá asegurar al consultante que se trata de una mujer muy hermosa, esbelta y agradable en el trato. Y en consonancia al signo en el que se encuentre dicho planeta, deberá describir su físico; si el planeta está aspectado y dignificado, también podrá describir sus cualidades. Del mismo modo, deberá observar el signo en el que esté situada la Casa VII y si en ésta hay más de un planeta, tendrá que tomar a aquel que se encuentre más cerca de la cúspide, a menos de que la Luna esté en aspecto con alguno de los planetas allí situados ya que, en este caso, deberá tomarlo a él. Si la que hace la pregunta es una mujer, deberá seguir el mismo proceso que antes, pero teniendo en cuenta al planeta hacia el que se aplique el Sol, y si el Sol se encuentra en sextil o en trígono con Saturno, se tratará de alguien muy serio y trabajador; si el planeta es Júpiter, será muy honesto; si es Marte, algo violento; si es Venus, se tratará de una persona sumamente agradable y gran amante de los placeres; si es Mercurio, será muy activo y estudioso; y si el planeta es Urano, entonces se tratará de una persona bastante rara y excéntrica.

Si el Sol y la Luna se aplican entre sí a través de una cuadratura o de una oposición, tendrán lugar un sinfín de controversias y de discordias.

Para saber si el futuro marido o la futura esposa serán ricos o no

Observe al regente de la Casa VIII y a los planetas que estén situados allí. Si la Luna se aplica a través de algún aspecto armónico al regente de la Casa VIII, o los planetas allí situados son benéficos, o el regente de la Casa VIII se halla en buen aspecto con la Rueda de la Fortuna del consultante o con otros de los significadores de las propiedades, el futuro marido o la futura esposa serán ricos. Si los planetas situados en la Casa VIII son inarmónicos o sus regentes se encuentran en aflicción con la Luna o con la Rueda de la Fortuna, el consultante en cuestión saldrá realmente muy poco beneficiado con este matrimonio. Y si tanto Saturno como Marte se encuentran en la Casa VIII, entonces no se beneficiará en absoluto; pues, y aun en el caso de que la otra persona dispusiese de algunas tierras o propiedades, el consultante resultaría engañado al respecto o, en cierto modo, siempre saldría perdiendo. Aquellas personas o medios por los que estas propiedades pudieran verse perjudicadas, podrán llegar a conocerse observando de qué casas son regentes los planetas aflictivos (en cuanto a las personas) y fijándose bien en las casas que ocupen dichos planetas (en cuanto a los medios). Si, por ejemplo, Mercurio fuese el regente de la Casa VIII y estuviese situado en la IX y en cuadratura con la Rueda de la Fortuna, haría que todo el perjuicio procediese de algún pleito o proceso relacionado con las propiedades de la futura esposa o del futuro marido.

¿Será o no legitimado el matrimonio?

Si los significadores de cualquiera de los dos están afligidos por Saturno o por Marte, o en conjunción al Nodo Lunar Negativo, tendrá lugar alguna disputa en cuanto al matrimonio; y si además otros testimonios lo apoyan, las consecuencias de dicha desavenencia podrían ser las de un proceso.

¿Cómo se llevará la pareja después del matrimonio?

Si el pronóstico de la figura indica matrimonio, deberá observar si los regentes del Ascendente y los de la Casa VII están en buen aspecto; o si la Luna se halla bien aspectada con aquel planeta que dispone de ella, tanto por casa como por exaltación; o si las luminarias están aspectadas armónicamente entre sí, ya que en estos casos la pareja se llevará bien.

Si los regentes del Ascendente y los de la Casa VII se encuentran en cuadratura o en oposición, o la Luna está afligida y se muestra mal aspectada con el Ascendente, o bien si Saturno, Marte o el Nodo Lunar Negativo se encuentran situados en el Ascendente o en la Casa VII, la pareja será muy desgraciada. Si los planetas inarmónicos o el Nodo Lunar Negativo están situados en la Casa I, el culpable de todo será el propio consultante; y si el que está allí situado es Marte, significará que el consultante es muy propenso a perder sus estribos y gran amante de las riñas y de las peleas (y ello, siempre en relación al signo que ocupe); y si los planetas en cuestión se encontrasen en la Casa VII, entonces la culpable sería la otra persona. Y lo mismo sucederá si tanto el significador de la Casa I como el de la Casa VII se encuentran afligidos. La Luna en caída, o en cuadratura u oposición a Saturno, a Marte, o a cualquier planeta retrógrado y aspectando al Ascendente al mismo tiempo, indicará que el hombre es el causante de las disputas y de las peleas, etc. Y, si bajo estas mismas circunstancias, el que actúa así es el Sol, entonces la causante de éstas será la mujer.

Si el regente de la Casa VII y el planeta con más peso son angulares, siempre será la otra persona la que intente dominar la situación; pero si ni el regente del Ascendente, ni el de la Casa VII estuvieran situados en los ángulos, entonces deberá fijarse en el planeta con más peso ya que éste será el que señale a la persona que domine la situación. Si Venus se encuentra afligida, el hombre será el que resulte más perjudicado, y si el que está afligido es el Sol, entonces la que saldrá perdiendo será siempre la mujer. Si la que está en aflicción es la Luna, el matrimonio resultará perjudicial para ambos y, si las luminarias se hallan inarmónicamente aspectadas entre sí, reflejarán discordias constantes entre la pareja.

Causa de las controversias

Si el planeta que causa la aflicción es el regente de la Casa III y se encuentra situado en la Casa I o en la VII, denotará peleas o injurias por parte de los vecinos o de los parientes. Si se trata de uno de los infortunios y además está ubicado en la Casa X, significará que estas peleas serán continuas. Si se encuentra en Casa IV, señalará divorcio o deseos al respecto; aunque también podría significar que existe algún obstáculo en cuanto a la dote o a la fortuna de la mujer. Tener algún planeta maléfico situado en la Casa X o en la IV siempre hace que los causantes de todas las controversias o disputas sean los padres de ambos. Si la Luna está relacionada con el Ascendente y es desafortunada, indicará peleas y separaciones o un tipo de vida muy poco honrado. Y de no existir ningún tipo de aplicación entre el planeta del que se haya separado la Luna y el planeta hacia el que ésta se esté aplicando, las controversias y disputas serán continuas. Si la Luna se halla aspectada inarmónicamente o en conjunción a Saturno o a Marte, uno de los cónyuges morirá pronto o sufrirá grandes desgracias; si está en la Casa VIII o en la XII (y vacía de curso), la pareja se topará con un sinfín de problemas y padecerá grandes penurias y enfermedades; y si ésta se encuentra en los ángulos, vivirán en continuo desacuerdo, y si se encuentra en algún signo fijo, una separación resultará más que probable. De estar situada en la Casa X y en un signo masculino, el que más sufra será el hombre; pero si se encuentra en Casa IV y en un signo femenino, entonces, y sin lugar a dudas, la que más sufra será la mujer.

La causa de la felicidad

La Luna en sextil o en trígono con algún planeta armónico, indica regalos o beneficios a través de los amigos; y si ésta se encuentra en cuadratura, a través de la muerte. Si la Luna se halla conjunta a un planeta armónico, entonces la causa de la felicidad será debida a sus méritos o provendrá de su propia industria.

Aforismos árabes sobre los que no hay que confiar, a menos que concurran los otros testimonios

Si una mujer pierde a su marido o se separa de él cuando la Luna se encuentra en los últimos 13 grados del signo de Sagitario, nunca volverá con él ni se casará de nuevo. El hombre que se comprometa a casarse cuando la Luna se encuentre en los primeros 12 grados del signo de Capricornio, perderá a su prometida antes de la boda, o morirá en el plazo de unos seis meses, o bien vivirá en continua discordia con ésta.

¿De qué parte o lugar será aquella persona con la que se case el consultante?
Si el regente de la Casa IX se halla situado en la VII, el consultante se casará con alguien procedente del extranjero. Si los regentes de la Casa I y los de la Casa VII están en un cuarto del cielo, o en una casa o signo, el consultante contraerá matrimonio con una persona que vive cerca de su casa o de su lugar de residencia. Debe de considerar el signo de la Casa VII y el signo y cuarto del cielo en el que se encuentre el regente de ésta, ya que a través de la mayoría de estos testimonios deberá juzgar la dirección del lugar en el que se casará el consultante; si la mayoría de los testimonios son meridionales, será en el sur, etc. Combine el signo con el cuarto del cielo, pero siempre dando más prioridad a este primero.

¿Cuál de los dos será el más prestigioso en cuanto a sus relaciones o a sus contactos, etc.?
Si el regente del ascendente es angular y el de la Casa VII sucedente, el que esté mejor relacionado será sin duda alguna el propio consultante y viceversa. De este mismo modo, en cualquier relación entre dos individuos, también podrá llegar a determinar cuál de los dos resulta ser el más prestigioso en cuanto a sus relaciones, etc. Otra de las formas mucho más segura y eficaz para hacerlo es la de observar cuál de los dos significadores es el más poderoso en cuanto a sus dignidades. De todos modos, siempre podrá combinar estos dos sistemas.

¿Tiene la dama algún amante, además del propio consultante?
De haber algún planeta en la Casa VII (excepto si se trata de su propio regente), la dama tendrá un amante cuyas características podrán verse reflejadas a través de dicho planeta. Si el regente de la Casa VII o el Sol se encuentran conjuntos a Marte, tendrá un amante que le resultará familiar; pero (a menos que otros testimonios muy negativos actúen), no se tratará de ninguna relación indecorosa. El regente de la Casa VII vacío de curso o junto al Nodo Lunar Positivo, o bien si no hay ningún planeta en Casa VII, indicarán que la dama en cuestión no tiene ningún amante: y si el regente de la Casa VII tan sólo se encuentra aspectado con el del Ascendente, también indicará lo mismo.

Si tanto el regente de la Casa VII, como el Sol, se hallan conjuntos al regente de la triplicidad y ascienden, y el Sol se separa del regente del Ascendente, podría querer significar que, aparte del propio consultante, ella tiene algún amigo al que ama.

El regente de la Casa VII, el Sol, o ambos, separándose de cualquier otro planeta excepto del que sea el regente del Ascendente y sin que éste se encuentre a más de tres grados de separación, indicará que la dama ha tenido un amante, pero que ahora ya lo ha dejado. Si el regente de la Casa VII está junto al Nodo Lunar Positivo, ella será inocente, a menos de que haya algún otro planeta en conjunción a éstos, ya que entonces será culpable. Y si se trata del Nodo Lunar Negativo, la dama mostrará una cierta perversidad en cuanto a sus afectos y a sus deseos; y si además tienen lugar otros testimonios negativos tales como los aspectos de Marte, o si la conjunción se da en el signo de Escorpio, éste podría llevar a la práctica sus deseos.

Si el Sol o el regente de la Casa VII se encuentran conjuntos a Marte y el Nodo Lunar Positivo también está allí situado, la dama estará enamorada de un hombre de las características de Marte, aunque no se sentirá totalmente dominada por él. Si el que se encuentra allí situado es el Nodo Lunar Negativo, la dama se verá obligada, incluso en contra de su propia voluntad, a acceder a los deseos de esta persona. Si éstos se encuentran muy próximos o separados tan sólo por unos pocos grados, el caballero en cuestión residirá muy cerca de su casa; y si éstos se encuentran situados en el mismo grado, el caballero vivirá en su misma casa (si ocupan un signo fijo), o bien frecuentará la casa muy a menudo (si el signo es cardinal o mutable).

Si el Sol o el regente de la Casa VII se separan de Marte, la dama tuvo un amante, pero ahora ya han renunciado el uno al otro. Si el Sol es el regente de la Casa VII y se halla conjunto a Marte o a Júpiter, y sea el que sea el signo que éstos ocupen, la mujer ha amado o ama todavía a una persona de las características de Marte o de Júpiter y con rango de oficial, de caballero o de clérigo. Y, si la recepción es mutua, entonces significará que todavía se aman el uno al otro y siguen demostrándose una gran ternura.

Si el Sol o el regente de la Casa VII se encuentran conjuntos a Mercurio, el amante será un empleado o comerciante; un abogado o escritor; una persona muy aguda e ingeniosa. Su edad puede juzgarse a través del número de grados en los que Mercurio se encuentre situado en el signo.

Si el regente de la Casa VII se halla conjunto a Venus y con recepción (si sobre la que se pregunta es una mujer), indicará que a ésta le traen sin cuidado los hombres ya que se siente muy atraída por el mundo de la mujer al que profesa un gran afecto; resultará bastante liberal en cuanto a su modo de expresarse, pero no viciosa por naturaleza. Si sobre el que se pregunta es un hombre, éste se complacerá mucho con la compañía femenina y se sentirá atraído por todo aquello que se encuentre representado por Venus, siempre de acuerdo con el signo que ésta ocupe. Si el aspecto es de sextil o de trígono y con recepción mutua, la dama se sentirá muy inclinada hacia él, pero si la Luna o el regente de la Casa VII no disponen de Venus, indicará que a ésta él le trae sin cuidado; a menos, claro está, que el aspecto en cuestión sea muy exacto y tenga lugar en los ángulos. Si el aspecto es inarmónico significará que el afecto no es mutuo, a menos de que la recepción sea muy fuerte.

El regente de la Casa VII conjunto a Saturno indicará que la dama está enamorada (o lo estuvo, si los planetas ya se han separado) de alguna persona mucho mayor que ella o de algún granjero, etc.

El regente de la Casa VII en conjunción con el Sol significará que ésta ama a algún hombre importante, siempre en consonancia a la posición social o al rango que ella ocupe en la vida; y si la recepción es mutua, el amante en cuestión podrá hacer lo que quiera con ella y utilizarla a su antojo. Si no se da una recepción mutua o el aspecto ya se ha separado, indicará que estos sentimientos ya se han esfumado, o bien que nunca fueron mutuos. Si otros planetas están en aspecto con el Sol y con el regente de la Casa VII, y sobre todo si se trata de Saturno o de Mercurio, indicará que la dama tiene otros admiradores, etc. Si el regente de la Casa VII aspecta a la Luna, o ésta se encuentra en la Casa VII, sobre todo si entonces forman un aspecto, o bien si Marte se halla en aspecto con la Luna, la dama cambiará fácilmente de opinión y será propensa a actuar de una forma indecorosa, entregando sus afectos a quienquiera que los solicite.

Por regla general, deberá de considerar que si Marte se encuentra en la Casa VII y a menos de que esté en su propia casa, la dama siempre tendrá un amante; si se trata de Saturno, ella estará enamorada de alguien, pero entre ambos no existirá ningún tipo de familiaridad. Si el que se encuentra allí situado es Júpiter, la dama será totalmente honesta; si se trata de Venus, está será muy alegre, pero algo frívola y podría parecer promiscua aunque en realidad no lo sea; si el planeta es Mercurio, la dama tenía un amigo, pero ahora ya no lo tiene; y si se trata de la Luna, significará que todavía no tiene ningún amante, pero que con el tiempo tendrá más de uno. Si el Sol o el Nodo Lunar Positivo se encuentran allí ubicados, entonces la dama será extremadamente virtuosa y honorable y no tendrá más amante que el propio consultante. El Nodo Lunar Negativo, como mínimo, indicará que al menos sus deseos serán muy vergonzosos.

¿Tiene este caballero alguna amante, además de la propia consultante?

Esta cuestión puede ser juzgada siguiendo las mismas reglas que en el caso anterior, pero sustituyendo la Luna por el Sol y Venus por Marte. También de este mismo modo, podrá juzgar a los *amigos,* pero tomando la Casa XI en lugar de la VII.

¿Será virtuosa la dama?

Observe al regente de la Casa VII, la cúspide de esta casa y al Sol y si éstos se encuentran situados en signos fijos y están bien aspectados, podrá juzgar sin temor a equivocarse que la conducta de la dama es totalmente correcta. Si Marte estuviese situado en Leo y el descendente en Escorpio, aunque por el momento no lo fuese, con el tiempo, su conducta podría llegar a ser sospechosa. Si Escorpio está en el descendente y Marte se encuentra allí situado, sin lugar a dudas, la conducta de la dama será altamente sospechosa; y si un signo cardinal fuese el que ocupase la Casa VII, o el Sol y Marte estuviesen situados en algún signo cardinal o mutable y mal aspectados; o si Marte y Venus estuviesen aspectados inarmónicamente, o bien el Sol o la Luna en relación a Marte y las estrellas fijas aspectándolos desde los signos fijos, existirán una gran cantidad de razones o de motivos como para poder dudar de sus virtudes. Aunque no tenga lugar ningún buen aspecto ni hacia la Casa VII, ni hacia su regente, ni hacia Marte o al Sol, siempre resultará algo arriesgado el afirmar que la mujer ha sido infiel aun a pesar de que ésta se haya podido sentir inclinada a serlo. El estudiante hará muy bien en evitar cualquier juicio desfavorable al respecto a no ser que todos los testimonios se muestren muy claros.

Si las razones como para dudar de la dama fuesen muy poderosas, entonces deberá fijarse en si la Luna se encuentra en la última parte del signo de Géminis, o en un signo cardinal y en Casa V y también en si el regente de la Casa V está situado en el Ascendente o en la Casa VII y en un signo cardinal y cualquiera de estos en aspecto con Marte; o bien, si los regentes de la Casa V y de la Casa VII están en conjunción en un signo. Si concurren todos, o casi todos estos testimonios, podrá estar completamente seguro de que la mujer es culpable.

¿Será el consultante el verdadero padre del niño concebido?

Observe al regente del Ascendente y a la Luna que son los que representan al consultante y fíjese también en el signo de la Casa XI y en su regente, ya que todos ellos serán los que nos indiquen el resultado de esta concepción. Si estos significadores están relacionados entre sí a través de un sextil o de un trígono, con o sin recepción, la concepción será legítima, es decir que el niño en cuestión será del supuesto padre. Si los significadores se encuentran aspectados entre sí a través de una cuadratura o de una oposición y además de que el aspecto sea exacto, existe recepción: o el regente del Ascendente o la Luna se encuentran en la Casa V, o el regente de la Casa V en el Ascendente y sin recibir malos aspectos por parte de los infortunios, o bien si una de las fortunas se encuentra aspectada a la cúspide de la Casa V o a su regente, entonces el niño también será del supuesto padre. Pero si ninguno de estos testimonios tuviese lugar y Saturno, Marte o Mercurio estuviesen aspectados a la Casa V o a su regente, habría razones suficientes como para creer que el niño ha sido concebido en adulterio, o que no es el verdadero hijo del consultante.

¿Podrá volver junto a su marido la mujer que lo haya abandonado o conseguir al menos reconquistar sus favores?

Esta cuestión, también podrá resolver del mismo modo cualquier tipo de pregunta relacionada con alguna amante o persona querida. Si es la misma mujer la que formula la pregunta, deberá observar al regente de la Casa VII (ya que la Casa VII, siempre se toma para la persona que se haya ido) y si el regente de ésta se encuentra en relación con el Ascendente a través de un aspecto perfecto, y el regente del Ascendente también está relacionado con la Casa VII o con su regente, sin duda alguna la dama volverá a recuperar sus favores. Si el regente de la Casa VII no está relacionado con el Ascendente, pero lo está otro planeta que no se halle afligido, la mujer volverá a ser aceptada gracias a alguna persona que, por su amistad, intercederá por ella ante su pareja o su marido. Si nada de todo ello tiene lugar, entonces deberá de observar a la Luna y a Marte; y si la Luna se encuentra por encima de la Tierra y Marte aspecta al Ascendente a través de un sextil o de un trígono, ella volverá tranquilamente y sin demasiados problemas.

Si la Luna está por debajo de la Tierra y Marte por encima, y en aspecto con el Ascendente mediante un sextil o un trígono, sin duda también volverá, pero con algunas dificultades y retrasos y muchas habladurías. Si la Luna aspecta al Ascendente favorablemente y además no está afligida, la dama regresará junto a él, pero porque así le será solicitado. Si decrece la luz de la Luna, pero no se encuentra cerca de los rayos del Sol y además aspecta al Ascendente, ella regresará rápidamente y sin ninguna dificultad.

Si Marte se encuentra retrógrado y al mismo tiempo se apresura a formar algún aspecto con la Luna, la mujer misma será entonces la que se decida a volver. Pero si Marte y la Luna o los regentes de la Casa I y de la Casa VII se separan de los buenos aspectos, ni los deseos de que ésta vuelva serán mutuos, ni tampoco conseguirá la dama en un futuro llegar a respetar realmente al caballero.

EN CUANTO A LOS SIRVIENTES FUGADOS, AL GANADO EXTRAVIADO Y A LAS COSAS PERDIDAS

El significador de aquello que se ha perdido es la Luna y, por ello, si se encuentra con que ésta se halla en aplicación con el regente del Ascendente o con el de la Casa XII (estando ésta en el Ascendente), o bien con el regente de su propia casa, el objeto perdido se volverá a encontrar. Pero si la Luna no está en aplicación con ninguno de ellos, ni tampoco se halla en el Ascendente o en la Casa II, aquello que se ha perdido, jamás volverá a encontrarse.[2] Si el regente de la casa de la Luna está en la Casa III o en sextil con el Ascendente, todavía habrá alguna esperanza de poder encontrar aquello que se ha perdido durante el tiempo que dure este aspecto con el grado Ascendente. Del mismo modo, y si se separa del regente de la Casa VI, del de la VIII o del de la XII y se aplica mediante un aspecto cualquiera hacia la cúspide de la Casa II o hacia la Luna, también habrá esperanzas de poder recuperar aquello que se haya perdido. Pero si entre todas estas indicaciones algunas fuesen antagónicas, deberá de juzgar todo lo contrario.

Si la Luna se encuentra bien aspectada por ambas fortunas, lo que se ha perdido está en manos de alguna persona de confianza; y si la Luna o una de las fortunas estuviera en aspecto con el Ascendente, esta persona se lo devolverá a su propietario.

Lugar en el que se encuentra el objeto perdido

Éste se verá reflejado a través de la Luna y estará en relación al signo en el que ésta se encuentre; si por ejemplo el signo es oriental, el lugar estará en el este; si el signo es oeste, en el oeste, etc. Deberá de observar también la posición que ocupe la Luna en la figura, ya que si ésta se encuentra en el Ascendente, será este, etc. De todas formas, es mejor que otorgue más prioridad al signo. Si el regente de la casa de la Luna se halla situado en uno de los signos humanos (Géminis, Virgo, Acuario, o la primera mitad de Sagitario), aquello que se ha perdido estará sin duda en algún lugar frecuentado por los hombres. Si éste se halla situado en uno de los signos de ganado menor (como Aries o Capricornio), el objeto en cuestión podrá ser encontrado en alguno de los lugares frecuentados por éstos. Si la Luna está en un signo de Fuego, éste se encontrará en algún sitio en el que haya o haya habido fuego; y si está en un signo de Agua, en donde haya agua, etc. Si la Luna se halla situada en el mismo cuarto de cielo en el que esté el regente del Ascendente y no hubiera más de treinta grados de separación entre ambos, el objeto perdido estaría sin duda en aquella misma casa en la que viviese su

2. Esta regla se aplica principalmente al ganado extraviado.

propietario o en sus proximidades. Si ambos se encontrasen a más de treinta grados de separación, pero a menos de setenta, el objeto estará en la misma ciudad en la que resida su propietario; pero si éstos no se encuentran en el mismo cuarto del cielo, aquello que se ha perdido estará realmente muy lejos de su dueño.

¿Cómo se perdió el objeto?

Observe cuál ha sido el planeta del que el regente del Ascendente se haya separado en último lugar. Si se trata de Saturno, el objeto se perdió a causa de un descuido del propio dueño, o bien debido a que algún resfriado o enfermedad hubiesen podido mermar las facultades de su propietario (sobre todo si Saturno se halla retrógrado). Si se trata de Júpiter, la pérdida se deberá a una abstinencia, a un ordenamiento de leyes o a causa de haber depositado una excesiva confianza en aquella persona por culpa de la cual se extraviara el objeto. Si el planeta es Marte o bien el regente del Ascendente se encuentra situado en la casa de Marte, el objeto se perdió a causa del miedo o debido a alguna pasión súbita que provocó las iras de aquel que lo perdió, aunque también pudiera haberse extraviado a causa del fuego, de alguna enemistad o de una pelea. Si se trata del Sol, el objeto se habrá perdido por medio de algún rey, de algún caballero o por culpa del cabeza de familia; aunque también pudiera haber sido extraviado a raíz de una cacería o de algún pasatiempo similar. Si el planeta es Venus o ésta se halla ubicada en su propia casa, la pérdida del objeto será debida al juego, a la bebida, etc., o también por culpa de alguna juerga en la taberna, o bien por divertirse y coquetear con las mujeres. Si se trata de Mercurio, el objeto habrá sido extraviado a causa de algún escrito, carta o misiva, o en el momento de haber llevado a alguien algún mensaje, etc. Y finalmente, si nos referimos a la Luna, éste se habrá perdido a causa de haberle dado un excesivo uso, o por haberlo mostrado demasiado a los demás y haberlo convertido así en algo muy común, o también pudiera haber sido extraviado por un mensajero, una viuda o algún sirviente.

Para cuando se trate de un animal y quiera saber si ha sido robado o no

Si se encuentra al regente de la casa de la Luna separándose de cualquier planeta, podrá asegurar que el animal se marchó por su propia voluntad. Si este regente no se está separando, sino que es otro el planeta que se está separando de él, podrá decir que alguna persona fue la que se llevó al animal. Si el regente de la casa de la Luna no se encuentra en ninguno de estos casos, deberá fijarse en el regente de la Casa II, y a través de éste juzgar el asunto del mismo modo. Pero si ninguno de estos dos regentes se está separando, podrá asegurar sin temor a equivocarse que el animal en cuestión todavía sigue en donde estaba o muy cerca de allí, ya que no se ha escapado.

¿Está muerto el animal?

Observe la Luna y si el regente de la Casa VIII se encuentra en aplicación con ésta, podrá asegurar que sí lo está. Pero si no es éste el caso, deberá fijarse en el planeta que disponga de ella y si éste se aplica desde la Luna hacia el regente de la Casa VIII, podrá determinar asimismo que el animal ya está muerto, o que pronto lo estará. Pero si ninguno de ellos se está aplicando, deberá de hacer lo mismo tomando al regente de la Casa VIII de la figura. Y si ni la Luna, ni el que dispone de ella se encuentran en aplicación con éste, entonces significará que el animal no está muerto.

¿Fue robado el objeto perdido?

Si el significador del ladrón (que suele ser el regente de la Casa VII, a no ser que haya algún planeta peregrino situado en los ángulos), se encuentra situado en el Ascendente, o es el que dispone de la Luna, o bien ésta dispone de él; o el regente del Ascendente está dispuesto o dispone de él, o al menos éste se aplica a la Luna o al regente de la Casa I, de la Casa II, o a la Rueda de la Fortuna o a su regente a través de una conjunción, de una cuadratura o de una oposición, o bien haya algún planeta en el Ascendente y en cuadratura o en oposición con el significador del ladrón, el objeto en cuestión no habrá sido robado. Por regla general, cualquier mal aspecto de un planeta maléfico o del regente de la Casa VII hacia el Ascendente, hacia la Casa II o hacia sus regentes, o hacia la Luna o a la Rueda de la Fortuna o hacia los regentes de éstas, denotará que el objeto ha sido robado.

¿Volverá a encontrarse el objeto perdido?

Si la Luna se aplica hacia el regente del Ascendente, hacia el de la Casa II, o hacia aquel planeta que disponga de ella, el objeto perdido volverá a encontrarse. La Luna situada en el Ascendente, o el que disponga de ésta en sextil o en trígono con él, también resultan muy esperanzadores, así como si el que dispone de la Luna se separa del regente de la Casa VI, del de la VIII o del de la XII y se aplica luego al regente del Ascendente o a la cúspide de la Casa II. Y cuando la Luna se encuentre en aspecto con el planeta que dispone de ella, siempre será una buena señal. Pero, si la Luna se halla afligida por los regentes de la Casa VI, de la VIII o de la XII, el objeto perdido estará en manos de algún desaprensivo que no tendrá ninguna intención de devolverlo; sobre todo si uno de los infortunios aflige al Ascendente o a su regente. Si la Luna está en trígono con el Ascendente, con su regente o con el Sol, o bien se encuentra situada en el Ascendente; o el Sol es el que está allí ubicado y a no ser que todo ello tenga lugar en el signo de Libra o en el de Acuario, el objeto perdido volverá a ser encontrado.

¿En qué clase de lugar se encuentra el objeto perdido?

Si la Luna está situada en uno de los signos humanos,[3] el objeto podrá ser hallado en algún lugar frecuentado por los hombres; y si está en uno de los signos animales (Aries, Tauro, Leo, Capricornio y la última mitad de Sagitario) aquello que se ha perdido, se encontrará en algún sitio habitualmente frecuentado por los animales. Si la Luna está en uno de los signos de Fuego, éste se encontrará cerca del fuego, en un lugar en el que haya o haya habido fuego, o bien en algún sitio muy alto o en una montaña. Si la Luna se encuentra en un signo de Agua, el objeto estará en algún lugar en el que haya o haya habido agua;[4] si ésta se encuentra en uno de los signos de Aire, el objeto en cuestión podrá ser

3. Los signos humanos son Géminis, Virgo, Acuario y la primera mitad de Sagitario. Si el significador de una persona en particular o la Luna se encuentran en alguno de estos signos, la conducta de esta persona será sumamente humana y civilizada.
4. En este caso, por regla general, Cáncer simboliza al agua pura o corriente; Escorpio al agua y a los líquidos sucios, aceites, tintes, etc., y Piscis representa a las aguas estancadas, a los licores y a los vinos, etc.

hallado fácilmente en algún lugar abierto o a la intemperie, en sitios ventilados y en los que hayan muchas ventanas, o en alguna buhardilla, etc. Y si se encuentra ubicada en un signo de Tierra, el objeto estará en algún sitio en el que haya casas construidas de barro, de lodo o de arcilla, etc., o bien en algún lugar en el que haya ladrillos almacenados. Si la Luna o el que dispone de ella están en un signo cardinal, el objeto perdido podrá estar en alguna parte recientemente habitada, o en una casa acabada de construir, o bien en algún lugar en el que abunden las colinas y los valles: si están en un signo fijo, el objeto se encontrará en alguna planicie y, si están en un signo mutable, se encontrará en algún lugar en el que haya mucha agua y siempre en relación a la naturaleza del objeto en cuestión. Y de no tratarse de seres vivos, Géminis, Virgo, Sagitario y Piscis indicarán que éste también podrá estar dentro de la propia casa, etc. Pero si se trata de animales, de ganado o de algo similar, indicarán que pueden estar en alguna zanja, en una trampa o bien en algún mercado. Tauro, Leo, Escorpio y Acuario denotarán que el objeto se encuentra en algún lugar bajo tierra, o cerca de un valle o en algún agujero de un árbol, etc. Aries, Cáncer, Libra y Capricornio señalarán algún lugar elevado, techos, tejados, etc. Y los signos de Agua nos indicarán que éste puede encontrarse en los cimientos de las casas, o bien en algún sótano siempre y cuando haya agua por allí cerca.

En cuanto a los animales extraviados

Si el regente de la Casa VI se encuentra situado en esta misma casa, los animales serán pequeños y si el regente de la Casa XII se encuentra allí situado, serán grandes. Si el regente de la Casa VI está en la XII, los animales se encontrarán en algún redil o algo así y si ello se da en un signo de Fuego, éstos, sin duda, estarán encerrados. Si la Luna se halla ubicada en un signo mutable, los animales estarán en algún sitio muy abrupto; si está situada en los ángulos, éstos se encontrarán en algún terreno vallado; si la Luna está en una casa cadente, los animales se encontrarán cerca de alguna valla o alambrada; y si ésta se halla ubicada en una casa cadente, éstos se encontrarán sin duda en algún sitio ordinario o muy común. Cuando la Luna está en un signo de Agua o en Acuario, los animales estarán cerca de algún estanque con peces, etc., y si se encuentra situada en la última mitad del signo de Capricornio, estarán muy cerca de algún barco o dentro de una embarcación, o si no en las proximidades de algún bosque o de un lugar en el que haya mucha madera.

¿Será éste restituido?

Si la Luna está en aspecto con Júpiter o con Venus, estará en manos de un hombre honesto que lo devolverá. Si Júpiter o Venus forman algún aspecto con el Ascendente o la Luna se aplica a éste, también será devuelto. Si la Luna se halla ubicada en el Ascendente, podrá ser devuelto sin problemas y sin recibir ningún tipo de daños. El regente de la Casa VII o el de la XII situados en Casa XII, indicarán que el fugitivo ha sido encarcelado.

Si la Luna está a unos treinta grados del regente de la Casa I, aquello que se ha perdido estará junto al que lo haya extraviado o muy cerca de él; si la Luna está a más de treinta grados del regente de la Casa I, entonces aquello que se ha perdido estará muy lejos de su propietario.

Si se trata de animales y el regente de la Casa VI (o si se refiere a ganado mayor, el de la XII), son afortunados a causa de los buenos aspectos de Venus o de Júpiter, o bien se encuentran situados en Casa II, en Casa V o en Casa XI, los animales volverán a ser recuperados. Lo mismo sucederá si el regente del término en el que se encuentra la Luna o bien el regente de la cúspide de la Casa IV se encuentran conjuntos al regente del Ascendente, así como si el regente de la Casa VI o el de la XII están en trígono con el Sol y fuera de los ángulos.

¿Será hallado el fugitivo, o regresará éste de nuevo?

Si el regente de la Casa VII se encuentra en el Ascendente, éste regresará por propia voluntad.[5] Si la Luna se separa del regente del Ascendente y pasa inmediatamente a formar un aspecto de conjunción con el regente de la Casa VII o con la cúspide de ésta, pronto se recibirán noticias del fugitivo. Si el regente de la Casa VII está combusto, el fugitivo será encontrado de nuevo, pero en contra de su voluntad. Si la Luna se

5. Si se trata de algún sirviente, en cualquiera de los casos que pudieran presentársele, siempre deberá de tomar al regente de la Casa VI; y si la pregunta se refiere a algún hijo del consultante, deberá tomar al regente de la V, etc.

halla afligida por Urano, por Saturno, por Marte o por el Nodo Lugar Negativo, así como por algún planeta retrógrado, el fugitivo, y tras muchos sufrimientos, será encontrado de nuevo o regresará por su propio pie. Si la Luna se separa de Júpiter o de Venus, éste volverá muy pronto; y si ésta se encuentra en aspecto con su propia casa a través de un sextil o de un trígono, el fugitivo regresará, o bien, en pocos días, se tendrán noticias suyas.

Si el regente de la Casa VII, y desde esta misma casa, aspecta a un infortunio, el consultante descubrirá que la persona por la que preguntaba se encuentra en compañía de alguien al que deberá de entregar algún dinero si quiere que éste pueda regresar. El regente de la Casa VII retrógrado siempre acostumbra a ser un claro testimonio de que el fugitivo no tardará en regresar.

EN CUANTO A LOS LADRONES

Se toma el Ascendente para el consultante y su regente para aquel que haya perdido sus bienes y todo ello será lo que designe el lugar en el que éstos fueron robados.

La Casa VII y su regente, o algún planeta peregrino situado en uno de los ángulos representarán al ladrón. La Casa II, su regente y la Luna reflejarán los objetos perdidos o robados, mientras que la Casa IV y su regente indicarán el lugar al que hayan sido transportados.

Los aspectos del Sol y de la Luna, los regentes de la Casa I y de la Casa II y el planeta que dispone de la Luna, y todos ellos en aplicación mutua, serán los que nos señalen si el objeto en cuestión será o no recuperable.

Si el regente de la Casa II y la Luna se encuentra en Casa VII, y el regente de la VII está en aspecto con ambas a través de un sextil o de un trígono (aunque éste sea bastante largo), significará que los bienes no se han perdido, sino que alguien los ha robado.

Si la Luna es la regente de la Casa II y va a entrar en conjunción con el regente de la Casa VII, entonces será la persona misma quien haya extraviado el objeto ya que éste ni habrá sido perdido ni tampoco robado.

Si la Luna es la regente del Ascendente y está situada en Casa IV y el regente de la Casa II está en la VII o en la VIII y en sextil o en trígono a la Luna, el objeto no habrá sido robado, sino que alguien lo habrá escondido para gastar una broma.

Si la Luna es la regente del Ascendente y se encuentra situada allí y el Sol es regente de la Casa II y está en la X y conjunto al regente de la Casa VII y éste cuadrado a la Luna, entonces los bienes habrán sido robados y transportados a otro lugar. Si la Luna está en Casa III, cuadrada al regente de la Casa VII y el regente de la II está situado en la VII, el objeto en un principio fue escondido como broma, pero ahora ha sido robado y costará mucho volver a recuperarlo a no ser que el Sol y la Luna estén en aspecto con el Ascendente.

Si la Luna es regente de la Casa V, está en Capricornio, y Venus es la regente de la Casa II y se halla ubicada en la Casa X, y la Luna además está en oposición al regente de la Casa VII, no habrá duda que la persona ha perdido sus bienes por el camino o se los ha dejado olvidados en algún sitio. Si la Luna se encuentra en el signo de Cáncer y en Casa VIII, y el regente de la Casa II está en la V y ninguno de ellos aspecta al regente de la Casa VII, estando éste allí situado; el dueño de la casa será el que haya cogido los objetos en broma, aunque lo negará. Si la Luna está en Casa IV y opuesta a su regente, y el regente de la Casa II se encuentra en la XII y en sextil con el regente de la Casa VII, significará que alguien se ha llevado estos objetos para gastar una broma. Si la Luna se encuentra en la casa del regente de la VII y está situada en la XII sin aspectar al regente de la Casa VII, y el regente de la Casa II está en la VI, entonces también se habrán llevado los objetos en broma y, si en este caso, el regente de la Casa II hubiese sido el último en separarse del regente de la Luna, resultará sumamente difícil volver a recuperarlos. Si la Luna se ha separado del regente de la Casa II a través de una cuadratura, los bienes habrán sido robados y transportados a otro lugar; y lo mismo sucederá si la Luna, siendo regente de la Casa II, se separa del regente de la casa en la que se encuentra situada.

Si el regente del Ascendente se separa de Júpiter (y sin que éste sea regente de la Casa VII, o peregrino en uno de los ángulos) o del regente de la Casa II, el consultante mismo será el que haya perdido el objeto al habérselo dejado olvidado en algún sitio; pero, tanto cuando el regente de la Casa I, como el de la Casa II son los que se separan de Júpiter, resultará mucho más seguro. Si (y en tal caso) el regente de la Casa II o Júpiter se separan del regente del Ascendente, la persona habrá perdido el objeto por el camino o en alguno de los lugares en los que haya estado, aunque éste pudiera también habérsele caído accidentalmente del bolsillo; pero de todos modos, ni el objeto habrá sido robado, ni tampoco encontrado. Pero si no tienen lugar ninguna de estas separaciones, deberá observar si algún planeta peregrino o el regente de la Casa VII se aplican a Júpiter o al regente de la Casa II, ya que de ser así, el objeto habrá sido robado. Si el regente de la Casa II o Júpiter están en aplicación con el significador del ladrón, en realidad, éste jamás había tenido intenciones de robar nada, pero, y al ver los objetos tan desprotegidos, no pudo evitar el sentir tentaciones de llevárselos.

Si el significador del ladrón está en aspecto con el regente de la Casa I o de la II, o con la cúspide de la Casa II, con la Rueda de la Fortuna, con la Luna o con los que disponen de éstas, o con el planeta en cuyos términos se encuentra la Luna, o bien si éste se encuentra situado en el Ascendente, el objeto habrá sido robado; pero si entre ellos no tiene lugar ningún mal aspecto, entonces no lo habrá sido.

En cuanto a la edad del ladrón

Guido Bonatus dice que si el significador del ladrón es Mercurio, éste será alguien muy joven; si es Venus, será una muchacha algo mayor que en el caso de Mercurio, pero joven todavía; Marte nos indica que el ladrón se halla en la plenitud de su vida; Júpiter nos lo describe como a una persona de mediana edad, y Saturno, como a alguien ya entrado en años. Si su significador es el Sol y se encuentra situado entre el Ascendente y la Casa X, el ladrón será joven e irá aumentando en edad hasta llegar al ángulo de la Tierra. Si la que refleja al ladrón es la Luna, su edad se corresponderá a la de ella; y en cada uno de estos casos, también deberá de basar sus juicios a través de la posición que haya alcanzado el significador del ladrón dentro del signo en el que se encuentre. Si acaba de entrar en un signo, éste será bastante joven; si se encuentra situado hacia el centro, será de mediana edad y si está a finales del siglo, se tratará de alguien ya entrado en años; y si Saturno forma cualquier aspecto con el significador del ladrón, ello aumentará su edad. Los planetas orientales denotan también personas más jóvenes y los occidentales, más entradas en años. Antes de decidirse a juzgar la edad del ladrón, deberá de considerar cuidadosamente todos estos testimonios.

¿Es el ladrón hombre o mujer?
Si el significador del ladrón es masculino, está en un signo masculino y la Luna también lo está, se tratará de un hombre; si no, será al contrario. Si los ángulos de la figura son masculinos, el ladrón será un hombre, y si éstos son femeninos, una mujer. Si Venus o la Luna son los significadores o bien lo es Mercurio al aspectarlas, también se tratará de una mujer; pero si los significadores son Saturno, Júpiter, Marte y el Sol, o bien Mercurio al aspectarlos, entonces se tratará de un hombre.

¿Se trata de un solo ladrón, o son más de uno?
Si el significador se halla situado en un signo fijo, tan sólo se tratará de uno; pero si éste se encuentra en algún signo de doble cuerpo, serán varios y sobre todo si en el signo hay más de un planeta y además son peregrinos. Cuando el Sol y la Luna están ubicados en los ángulos y en aspecto de cuadratura, también serán más de uno. Si el significador está situado en Cáncer, en Escorpio o en Piscis, indicará que los ladrones son varios y si los ángulos son cardinales, también. La Luna situada en el ascendente y en un signo de doble cuerpo, denotará que hay más de un ladrón. Y si el significador se encuentra aspectado con más de un planeta, y a menos de que éste se halle ubicado en un signo fijo, también denotará pluralidad.

¿De qué color son las ropas del ladrón?
Esto debe ser juzgado de forma general y a través del color de los signos y de las casas del significador y del de los planetas que los gobiernen. Por ejemplo, Saturno es negro; Júpiter es verde, moteado o cenizo; Marte es rojo; el Sol es de un color arenoso, azafranado o tostado; y al combinar estos colores siempre en relación a los signos y a los planetas, etc., podrá juzgar con bastante aproximación el color general de las ropas del ladrón. De este modo, la combinación de Saturno y de Júpiter dará un color verde oscuro, o verde mezclado con negro; Saturno y

Marte darán un color rojizo, oscuro y amarronado o de un tono tostado; Saturno y el Sol proporcionarán un color anaranjado, oscuro y muy brillante; el color de Saturno combinado con Venus será el gris perla; el de Saturno y Mercurio, el azul oscuro; y el de Saturno y la Luna será el color verde o un tono pardo y oscuro. La combinación de Júpiter y de Marte proporcionará un tono rojizo y algo moteado; Júpiter y el Sol darán un color rojo muy oscuro y brillante; Júpiter y Venus, un gris verdoso; Júpiter y Mercurio, un color verde algo moteado y Júpiter y la Luna darán un tipo de verde con tonos muy vivos. La combinación de Marte y del Sol proporcionará un color rojo muy oscuro o escarlata; Marte y Venus darán un color rojo muy vivo, o carmesí; Marte y Mercurio, un tono rojizo o color ladrillo y, finalmente, Marte y la Luna proporcionarán un reluciente y brillante color rojo.

También deberá de tener en cuenta que, si el significador es Saturno y éste se encuentra situado en su propia casa, Capricornio, y no forma ningún aspecto exacto con cualquier otro planeta, el ladrón irá totalmente vestido de *negro,* pues tanto el signo como el planeta rigen este mismo color. Pero si Saturno estuviese en Casa I, que es la que rige el color *blanco,* el ladrón llevaría también algo *blanco* encima. Del mismo modo, si se tratara de Marte que representa el color *rojo* y estuviese ubicado en Escorpio, que representa al *marrón,* las ropas del ladrón serían de un color entre rojizo y amarronado, como de un tono algo sucio y oxidado; pero si Marte se encontrase en el signo de Leo que rige el *rojo y el verde,* y estuviese en aspecto con Júpiter, en las ropas del ladrón predominaría tanto el color *verde* como el *rojo;* y así para el resto…

¿Cuál es la relación que une al ladrón con el propietario?

Si el regente de la Casa VII, o significador del ladrón, está situado en el Ascendente, se tratará de alguien muy conocido o que frecuenta habitualmente la casa y de quien el consultante no sospechará en absoluto. Si el significador del ladrón se encuentra en Casa II, se tratará de alguien de la casa o de algún conocido; pero si está situado en un signo femenino, podría tratarse de la esposa del consultante o de alguna criada y el propietario siempre podrá volver a recuperar el objeto a cambio de algún dinero. Si está situado en la Casa III, el ladrón será algún pariente cercano o uno de los vecinos, aunque también pudiera tratarse de algún mensajero, o de una persona a la que el consultante viera a menudo.

Si el significador del ladrón se encuentra en la Casa IV, éste será su propio padre o alguna persona mayor, o bien alguien que viva en la casa de su padre, etc., así como algún granjero o agricultor.

Si está ubicado en la cinco, el ladrón será el hijo o la hija del consultante, algún amigo de su hermano o de su hermana, o un vecino próximo; aunque también pudiera ser alguien de la casa de su padre, o su ama de llaves, o bien alguna persona relacionada con tabernas, teatros, etc.

Si se encuentra en Casa VI, se tratará de algún sirviente o de un amigo del padre del consultante, o de alguna persona enfermiza.

Si está en la Casa VII, será su propia mujer o su amante, o bien alguna mujer sospechosa de haber mantenido cualquier tipo de relaciones con el consultante; o si no también podría tratarse de algún enemigo declarado, o de alguna persona con la que estuviese manteniendo un juicio público.

Cuando el significador está situado en la Casa VIII, el ladrón será un extraño o alguien que trabajase o hubiese trabajado en la casa a tiempo parcial, como por ejemplo un jardinero, una asistenta o una lavandera, etc. Si está en la Casa IX, se tratará de un viajante o de algún vagabundo, o bien de una persona empleada en alguna iglesia, etc., así como de alguien relacionado con algún carcelero o con el rector de algún asilo, etc.

Si se encuentra en Casa X, el ladrón será alguien de buena posición y con una gran reputación, o bien algún viajante de comercio, etc., alguien sin ninguna necesidad de robar y que, en el momento de cometerse el hurto, seguramente estaría alojado en la casa o la habría estado visitando frecuentemente.

Si se encuentra ubicado en Casa XI, el ladrón será un amigo o alguien de confianza del consultante a quien habrá hecho algún favor, o alguien relacionado con algún clérigo vecino, o bien también podría tratarse del ama de llaves de la madre del consultante.

Y, finalmente, si el significador del ladrón está situado en la Casa XII, éste será un extraño, o algún pobre mendigo o vulgar ladrón, una persona que vive inmersa en la miseria y prácticamente de lo que puede ir robando o mendigando.

Otras particularidades del ladrón

Si el significador del ladrón se encuentra a finales de un signo o se aplica a algún planeta situado en la Casa III o en la IX, éste ya se habrá marchado; y si el que está abandonando el signo es uno de los planetas superiores, entonces, sin lugar a dudas, el ladrón habrá dejado ya su casa o su alojamiento, etc.

Si su significador está en uno de los ángulos, indicará que todavía permanece en la ciudad; si está en una casa sucedente, no se encontrará demasiado lejos, pero si la casa es cadente, entonces ya estará muy lejos.

Si está situado en un ángulo, el ladrón se encontrará en una casa y si la Luna también se halla angular, será en su propia casa, etc.; si el significador es sucedente, estará en algún campo o recinto abierto y si la Luna también lo es, entonces el campo será de su propiedad o estará situado en donde vive. Si el significador se halla cadente, el ladrón estará en algún sitio abierto o muy común, y si la Luna también lo es, el lugar pertenecerá a la ciudad en la que vive, etc.

Si el regente del Ascendente y el significador del ladrón están en conjunción, el ladrón se hallará junto al consultante. Y si el significador del ladrón se encuentra en el Ascendente, éste llegará a la casa del consultante antes que él. Pero si el significador se halla ubicado en Casa VII, el ladrón permanecerá oculto en la casa y no se atreverá a que lo vean. La dirección en la que vive el ladrón puede juzgarse a través del signo y del cuarto del cielo en el que se encuentre situado el significador.

La Luna también simboliza las puertas de la casa del ladrón. Si ésta se encuentra situada en un signo fijo, en la casa tan sólo habrá una puerta; si se encuentra en un signo cardinal, la puerta será muy alta, aunque probablemente haya también otra más pequeña. Si Saturno se halla en aspecto con el signo ocupado por la Luna, la puerta estará rota y habrá sido reparada multitud de veces, o bien será muy vieja o de color negro. Si Marte aspecta al signo en el que se encuentra la Luna, la verja o la puerta tendrán alguna señal causada por el fuego. Si tanto Saturno como Marte se encuentran en aspecto armónico con el signo en el que esté la Luna, la puerta será de hierro o de algún material muy resistente. Si la Luna se halla afligida, la puerta estará rota o muy estropeada; y si la Luna va disminuyendo y se halla situada muy cerca del

Sol, la verja, el portal, etc., se abrirán por detrás del edificio y no habrá ninguna puerta en la parte delantera que comunique con la calle; si la Luna va aumentando y se halla situada cerca del Sol, la verja o la puerta estarán abajo y tendrán una escalera para poder descender y entrar así en la casa. Pero si la Luna se encuentra situada en un signo cardinal, las escaleras se utilizarán para subir a la casa.

¿Están los objetos robados en manos del ladrón?

Si el significador del ladrón se encuentra en aspecto con y dispuesto por cualquiera de los demás planetas, los objetos robados ya no estarán en sus manos; pero, de otro modo, sí lo estarán.

Lugar en el que se encuentran los objetos

La naturaleza del lugar puede juzgarse a través del regente de la Casa IV. Si éste se encuentra en un signo cardinal, el objeto estará en algún lugar por encima del suelo; si se encuentra en un signo fijo, el lugar en el que se encuentre el objeto estará a ras del suelo; y si se encuentra en un signo mutable, estará en los aleros de una casa, etc.[6] Y también deberá juzgarlo según las características del signo; por ejemplo, Aries indicará un lugar en el que se encuentra el ganado menor, tal y como las ovejas, los cerdos, etc. Leo señalará algún sitio en el que haya animales que muerdan, como los perros, los zorros, etc.; Sagitario representará un lugar en el que haya animales sobre los que habitualmente se pueda cabalgar, como por ejemplo los caballos, las mulas, etc., y también sus establos. Tauro, Virgo y Capricornio señalarán algún lugar en el que esté el ganado mayor; Tauro indicará un sitio en el que haya bueyes, etc.; Virgo y Capricornio, un sitio en el que haya camellos, mulos, asnos, etc. Y Virgo, al mismo tiempo representará también aquellos lugares en donde se almacene el grano, etc. Capricornio simbolizará a las cabras, a los cerdos, etc.; Géminis reflejará las paredes o particiones de una casa; Libra, la parte más elevada de la casa, o próxima a algún retrete o a un armario; Acuario indicará los lugares que están cerca de las puertas o

---

6. Deberemos prestar más atención a la naturaleza del signo; es decir, a si éste es de Fuego, de Tierra, etc.; y emitir nuestro juicio siguiendo las mismas reglas que en el caso de los objetos extraviados.

encima de éstas, así como los sitios altos; Escorpio señalará algún lugar en el que haya agua sucia; y Piscis, un sitio siempre húmedo. Pero si la Luna se encuentra en el mismo signo que el regente de la Casa IV y conjunto a él, deberá de tener más en cuenta a la Luna que a éste.

¿En qué parte de una casa pueden estar los objetos perdidos, robados o escondidos?

Si el objeto se encuentra en la casa (tanto haya sido robado, como si no), observe al regente de la Casa IV (o, si hay algún planeta allí situado, tómelo a éste de preferencia). Si se trata de Saturno, el objeto estará en algún lugar oscuro o escondido, y si se encuentra en aspecto con Marte, o en su casa, estará en algún lugar sucio al que la gente visitará pocas veces, algún retrete, etc.

Si se trata de Júpiter, se encontrará en un lugar en el que haya leña o en el que abunden los arbustos, etc.

Si es Marte, el objeto estará en la cocina o en un sitio en el que se pueda encender el fuego; y si Marte se halla en aspecto con Mercurio, entonces estará en algún almacén.

Si se trata del Sol, estará en el recibidor, en el salón o en la habitación principal que sea la más frecuentada por el dueño de la casa.

Si es Venus, el objeto podrá ser encontrado encima de una cama, entre las sábanas, o en aquellos lugares frecuentados habitualmente por las mujeres. En este caso, Libra indicaría la parte superior de la cama.

Si es Mercurio, el objeto se encontrará en algún lugar en el que se guarden libros, pinturas, esculturas, etc.; y si está situado en Virgo, éste se encontrará en donde se almacena el grano.

Y, finalmente, si se trata de la Luna, el objeto en cuestión estará en un pozo, en alguna cisterna o en el lavadero.

Descripción de la casa o del lugar en el que se encuentran los objetos perdidos, etc.

El Sol describe la casa y también su entrada principal. Si está situado en un signo de Aire, ésta se hallará en algún lugar elevado, etc., y su color podrá ser determinado gracias al signo y a la Casa en la que éste se encuentre ubicado. La Luna describe el sótano y algún surtidor o lugar en el que se almacene el agua; si por ejemplo ésta se encuentra situada en Acuario, se tratará de una cisterna que esté en un sitio bastante alto, etc.; si está en Escorpio, se tratará de algún hoyo o de una charca; y si está en Virgo, se tratará de un pozo muy profundo. Venus señala aquellos tipos de lugares en los que reina la alegría, habitaciones ocupadas por mujeres, etc. El Nodo Lunar Positivo, indicará las escaleras, etc., y el Nodo Lunar Negativo, el lugar en el que se almacena la leña o se guardan los animales. Mercurio representa las habitaciones, etc., si éste se encuentra en un signo mutable, se tratará de algún armario o de una pequeña habitación situada dentro de otra; si está en un signo fijo, señalará alguna casa sin sótanos o de una sola pieza. Si tanto Júpiter como Venus, o ambos, se encuentran situados en la Casa X, la puerta será de fácil apertura y de bonita apariencia; si Saturno está en Casa X, la puerta se encontrará cerca de algún pozo, de una zanja o de un lugar oscuro y profundo; si el que está allí situado es Marte, entonces cerca de la puerta habrá algún sitio en el que se pueda encender el fuego, o algún lugar para matar los animales. Si Mercurio se encuentra allí situado, próximo a la puerta habrá algún lugar que sirva para guardar utensilios o aparejos. Si se trata del Sol, entonces habrá un porche o un lugar donde sentarse muy cerca de la puerta. Y, finalmente, si la que está en la Casa X es la Luna, significará que al lado de la entrada habrá alguna bodega, o una puerta falsa, así como otros servicios de utilización muy frecuente.[7]

Naturaleza de los objetos robados

Ésta puede ser juzgada a través del regente de la Casa II. Saturno corresponde al hierro, a las cosas de color negro o azul muy oscuro, a la lana, a las prendas de color negro, a las cosas pesadas, a los aparejos utilizados en la agricultura, a los carros, a los materiales de tierra, etc. Júpiter simboliza a los aceites, a la miel, la seda, las frutas, a los trajes de hombre, a los caballos, etc. Marte se corresponde con las armas, la pimienta, con el cobre o el latón, con las prendas de color rojo, el vino tinto, y en general con todo aquello que sea de color rojo, tam-

7. Estas particularidades pueden resultar muy útiles en otras muchas cuestiones, como por ejemplo para saber dónde se encuentran los fugitivos, etc.; y también pueden utilizarse para descubrir criminales.

bién representa los instrumentos puntiagudos y afilados, así como a los caballos o al material de guerra. El Sol simboliza al oro, al cobre, a las prendas de color amarillo, a los diamantes y a las cosas de valor. Venus representa a las ropas femeninas o a los adornos utilizados por las mujeres, tales como anillos, pendientes, etc., y también corresponde a las prendas de color blanco, así como al vino blanco. Mercurio refleja todo tipo de papeles, de libros, cuadros y también representa al dinero y a las prendas de varios colores, etc., así como a todos aquellos enseres o instrumentos científicos y a los pupitres, etc. Y, finalmente, la Luna simboliza todos aquellos artículos comunes y ordinarios, como por ejemplo la loza, las vajillas, etc., y representa también al ganado y a las aves de corral.

¿Se recuperarán los objetos o no?

La Luna en Casa VII y en aspecto de trígono con el regente de esta casa; una de las fortunas dominando en el Ascendente, Júpiter en Casa II y directo; la Luna en la Casa X y en trígono a cualquier planeta situado en Casa II; la Luna en dos y en trígono con el regente de esta misma casa; el Sol y la Luna en trígono, o ambos aspectando a la cúspide de la Casa II a través de un trígono, o bien el regente de la Casa II situado en el Ascendente o en la Casa IV y bien aspectado por aplicación, y la Luna en Casa II a punto de formar una cuadratura con el Sol en XII y en un signo de corta ascensión: son una clara señal de que se recuperarán los objetos.

Y si los regentes del término y de la casa de la Luna están aumentando en luz y en velocidad[8] y se hallan libres de aflicciones, también podrán recobrarse los objetos sin que éstos hayan sufrido ningún daño.

Por regla general, si se da una disminución de luz y de velocidad, el objeto en cuestión estará ya medio destruido. Si los aspectos hacia los regentes o cúspides del Ascendente, o de la casa y hacia la Rueda de la Fortuna o hacia su regente son armónicos y se dan a través de alguno de los planetas situados en los ángulos, el objeto se recuperará muy pronto.

8. Eso quiere decir que va más rápido que el día anterior.

El regente de la Casa VIII situado en el Ascendente o conjunto a su regente, indicará recuperación del objeto, y el regente de la Casa VII situado en la VIII, indicará todo lo contrario: Saturno, Marte o el Nodo Lunar Negativo en el Ascendente o en la Casa II, denotarán una pérdida o partición del objeto.

El regente de la Casa II situado en el Ascendente, indicará que el objeto podrá ser recuperado y el regente de la Casa I en la dos, también indicará lo mismo, pero después de una larga búsqueda. Si la Casa II o su regente se encuentran en aflicción, nada de lo que se haya perdido volverá a ser recobrado. Si ambas luminarias están situadas por debajo de la Tierra, será un claro testimonio en contra de la recuperación de los objetos. Si tanto el Sol como la Luna se encuentran en aspecto con el Ascendente, el objeto no puede estar perdido, sino que muy pronto será encontrado.

Momento en el que se recobrará el objeto

Observe la *aplicación* de los planetas que indiquen una recuperación del objeto y determine el número de días, de semanas o de meses, según se encuentren en signos cardinales, mutables o fijos, y en casas angulares, sucedentes o cadentes. Y si los significadores son rápidos en velocidad, su recuperación se agilizará, mientras que si éstos son lentos, se retrasará.

En cuanto alas características del ladrón

Además de la descripción general de los planetas según el signo en el que se encuentren, también deberá de tener en cuenta sus aspectos y tomarlos en consideración. Si el significador es oriental y está situado en Leo, en Virgo o en Sagitario, la persona será *alta;* si es occidental y está en Cáncer, en Escorpio o en Piscis, el cuerpo será más *pequeño.* Si la latitud del planeta es sur, el ladrón será *muy ágil;* y si es norte, *sus movimientos serán lentos y algo torpes.* Si el significador está saliendo de un signo para entrar en otro, éste será *débil y poco enérgico.*[9]

9. Saturno refleja a alguien de cutis pálido y cenizo, de piel áspera y de cuerpo peludo; una persona de ojos lascivos y pequeños y de mirada amargada. Es esquelético, anda encorvado y parece como si estuviese algo mal hecho. Su barba es muy fina y sus la-

Indicios de que el ladrón ha sido capturado

Cuando el regente de la Casa VII (o significador del ladrón) se encuentra situado en la Casa I o en la VII y en conjunción al regente del Ascendente o a un planeta retrógrado. Si la Luna se separa del significador del ladrón y se aplica por conjunción al regente de la Casa I, o forma una conjunción desde el regente de la Casa I hasta él. O bien, si el Sol y la Luna se encuentran conjuntos a él, o si va a entrar en combustión o en conjunción con alguno de los infortunios y en la Casa VII. El ladrón habrá sido capturado si la Luna se encuentra ubicada en Casa VII y se aplica a través de una cuadratura con Marte, con el Sol o con Mercurio; si la Luna se separa a través de una cuadratura de Saturno o de Mercurio y se aplica también al Sol por una cuadratura, o si se separa de una conjunción con Saturno y forma una cuadratura con Mercurio; o bien si ésta se encuentra situada en Casa VIII y opuesta a Marte, o en Casa VII y dirigiéndose hacia el regente de la VIII.

Indicios de que el ladrón ha conseguido huir

Cuando su significador se encuentra en aspecto con una de las fortunas, o aspectado a Júpiter o a Venus y éstos en la Casa XI, el ladrón se habrá podido escapar gracias a la ayuda de sus amigos; y si todo ello tiene lugar en la Casa III, entonces su huida se habrá hecho posible gracias a la ayuda de algún extraño, o a causa de algún subterfugio legal, etc.

---

bios casi tan gruesos como los de los negros; es patizambo, anda arrastrando los pies y siempre ceñudo y con la mirada fija en el suelo; se trata de alguien muy propenso a los resfriados y al mal aliento. Es astuto, vengativo y malicioso y también muy sucio e insaciable; es una persona que aun a pesar de su codicia, difícilmente llegará a ser rica. Júpiter representa a alguien muy llenito de cara y de cutis sonrosado, sus ojos son profundos y está muy bien hecho; el color de su barba es más bien claro, pero ello dependerá principalmente del signo en el que se encuentre ubicado. El cabello es abundante y algo rizado, mientras que la dentadura acostumbra a ser muy buena, aunque tenga siempre algún pequeño defecto en los dos dientes delanteros. Si Júpiter se encuentra en un signo de Agua, será más bien grueso y rechoncho; si está situado en Tierra, será más bien alto y, si está en uno de Aire, se tratará de alguien bastante fuerte y de excelente moralidad.

EN CUANTO A LAS BATALLAS, A LOS DUELOS, LAS PELEAS, LAS RECOMPENSAS, O A OTRAS CONTIENDAS...

El regente del Ascendente, los planetas allí situados y la Luna se toman para el consultante o «atacante»; la Casa VII, su regente y los planetas que estén allí ubicados, para el adversario. Observe los significadores más angulares, que estén mejor dignificados y mejor aspectados ya que la victoria provendrá de la persona que así los tenga situados. Si hay planetas maléficos en el Ascendente y las fortunas se encuentran en Casa VII, el vencedor será el adversario, y viceversa: si el regente de la casa está situado en el Ascendente, la victoria será del consultante, y viceversa.

Para saber si alguien volverá sano y salvo después de una guerra, o de algún viaje peligroso, etc.

El regente del Ascendente fuerte, bien aspectado y dispuesto por un planeta armónico, o algún planeta benéfico situado en el Ascendente o en aspecto con su cúspide, resultarán buenos testimonios; y si se da el caso contrario, resultarán negativos. Si el regente de la Casa VII y la Casa VII son afortunados (aunque la primera no lo sea), la persona regresará aun a pesar de los muchos obstáculos e impedimentos; y si no, sucederá todo lo contrario. Fíjese en cómo está situada la Luna, ya que si ésta se encuentra en aspecto de aplicación con algún planeta armónico, será algo muy positivo; o viceversa. Los planetas maléficos situados en Casa VIII, son sinónimo de muerte o de temor; Saturno provoca contusiones y heridas causadas por alguna caída, etc., así como pérdidas. Marte tiene que ver con las heridas causadas por algún arma y el Nodo Lunar Negativo, con las injurias y las desgracias.

Si un planeta maléfico se halla conjunto al regente del Ascendente y otro benéfico está en el Ascendente, la persona sufrirá grandes pérdidas y aunque resultará muy mal herida, no morirá. Saturno situado en el Ascendente o en conjunción al regente de éste, significará que el consultante va a sufrir grandes pérdidas por culpa de alguien al que se encontrará en el camino. Saturno en Casa I y algún planeta maléfico conjunto a su regente, indicarán que el consultante resultará herido a causa de alguna piedra o por un palo. Marte señala un tipo de heridas provocadas por el fuego o por el hierro, y si el Nodo Lunar Negativo está en el Ascendente y Saturno aflige a su regente, recibirá una herida que lo dejará medio muerto. Tanto que el Sol esté en conjunción al regente de la Casa VII, como que se encuentre situado en la Casa VIII, significará algo extremadamente negativo. El regente del Ascendente situado en la Casa VIII o conjunto a su regente, o bien el regente de la Casa VIII ubicado en el Ascendente, significarán la muerte para el consultante; y el regente de la Casa VII en la II o conjunto a su regente, indicarán la muerte del adversario. Si el regente de la Casa VII es poderoso y recibe buenos aspectos de la Casa X o de su regente, el consultante conseguirá grandes honores; y si la cúspide de la Casa II, su regente y la Rueda de la Fortuna o el regente de ésta son armónicos, entonces ganará dinero a través de alguna guerra, etc. Del mismo modo en el que la Casa VIII y su regente indicaban la muerte, la Casa XII y su regente denotarán encarcelamiento. Y si la pregunta se refiere al resultado general de una guerra o de una expedición, etc., éste deberá ser juzgado a través del mismo procedimiento.

En cuanto a las asociaciones

Si la Casa I y la Casa VII están ocupadas por planetas armónicos, la asociación se llevará a cabo y resultará un éxito. Y si el regente de la Casa VII es poderoso y se encuentra situado en uno de los signos fijos, ésta durará mucho tiempo. Si ambos regentes se hallan armonizados a través de los buenos aspectos y de las recepciones mutuas, los socios se llevarán muy bien, pero si existen desacuerdos o disputas entre ellos, la culpa será de aquél que tenga a Urano, a Saturno, a Marte o al Nodo Lunar Negativo situados en su casa.

Los significadores de riquezas o de bienes denotarán los medios de los que dispone cada uno; y a este respecto, podrán ganar o perder dinero, según reciban éstos buenos o malos aspectos. La Casa VIII, su regente y los planetas allí situados, se referirán a las propiedades de la otra persona (o del asociado). Si la Luna se separa de una de las fortunas y se aplica a otra, ninguno de ellos llegará a beneficiarse en demasía del negocio. Si la Luna deja atrás a un planeta armónico y entra en aplicación con uno inarmónico, la asociación empezará muy bien, pero terminará muy mal: y si ésta se separa de un planeta maléfico y entra en aplicación con otro de iguales características, empezarán con problemas, continuarán con envidias y terminarán en pleito. Un planeta maléfico o el Nodo Lunar Negativo situados en la Casa II, indicarán que las ganancias del consultante serán mínimas ya que resultará engañado, o bien contraerá un gran número de deudas: si ello tiene lugar en la Casa VIII, el resultado sería el mismo, pero con respecto a la otra persona. Y si el regente de la Casa VII o el de la VIII se encuentran en cuadratura o en oposición con la Rueda de la Fortuna, el consultante deberá esperar muy pocos beneficios o ganancias por parte de su socio, ya que éste lo único que hará será dedicarse a cometer fraudes o a malversar los bienes comunes, etc.

En cuanto a trasladarse de un lugar a otro

Si el regente del Ascendente y los planetas allí situados son más poderosos que el regente de la Casa VII o que los planetas que se encuentran allí, será mucho mejor permanecer en el mismo sitio. Si hay algún planeta benéfico en Casa VII, o el Nodo Lunar Positivo, o sobre todo, si la Luna se separa de uno de los infortunios, resultará más aconsejable el trasladarse; y si algún planeta maléfico está allí situado, o bien el regente de la Casa I o la Luna están a punto de abandonar a alguno de los benéficos, lo aconsejable sería permanecer en el mismo sitio.

La Casa VIII representa las propiedades que tenga el consultante en aquel lugar al que espera trasladarse: por lo que si hay algún planeta maléfico situado allí, siempre será muchísimo mejor el no mudarse.

En cuanto a los pleitos, los procesos, y a sus éxitos

Si el regente del Ascendente o la Luna están opuestos al regente de la Casa VII, o en sextil o trígono y con recepción mutua, las partes llegarán fácilmente a un acuerdo y sabrán cómo arreglar las diferencias. Pero si uno de ellos dispone del otro y la recepción no es mutua, llegarán a un acuerdo sin necesidad de entablar ningún proceso legal, aunque gracias a la intervención de los amigos. Si éstos se encuentran en buen aspecto y sin recepción, o en mal aspecto pero con recepción; tras haberse esforzado en el juicio, llegarán a un acuerdo. De las dos partes, la más resuelta a pactar será siempre aquélla cuyo significador se encuentre dispuesto por el significador de la otra. Si los significadores se apresuran a aspectarse armónica y mutuamente y el regente de la Casa IX o el de la X se interponen a través de un mal aspecto, las partes se dejarán influenciar por algún abogado o juez y, por su culpa, llegarán a pelearse entre ellas. De existir entre los dos significadores alguna traslación de luz por parte de la Luna o de otro planeta, las partes se reconciliarán gracias a la intervención de una tercera persona descrita por este planeta.

Fíjese en si el regente del Ascendente o el de la Casa VII son los que gozan de más fuerza y de mejores aspectos, ya que el más beneficiado de los dos será el que nos refleja al triunfador. Y si la fuerza de éstos se encontrase equilibrada, el primer movimiento al respecto tendrá lugar del planeta más ligero, que es el que está dispuesto por el otro. Si el regente del Ascendente está situado en la Casa VII, el vencedor será el adversario y viceversa. Si tanto el regente de la Casa I como el de la Casa VII son retrógrados, significará que la persona representada por cualquiera de ellos se hallará convencida de no tener la razón de su parte y por esta causa tampoco se mantendrá excesivamente firme al respecto.

Si el regente de la Casa X, que es el que representa al juez, es directo, éste procederá de un modo ecuánime y se esforzará por agilizar la resolución del caso. Pero si éste es retrógrado, el juez ni actuará según las leyes, ni se dará ninguna prisa por resolver el asunto. Si el regente de la Casa X envía algún mal aspecto a cualquiera de los dos significadores, denotará una predisposición del juez en contra de esa persona.

Si el Sol o la Luna se encuentran en el ascendente, en aspecto con su regente, o en cualquiera de sus casas, será un buen testimonio para el consultante y si, por el contrario, el que está allí situado es el regente de la Casa VII, el que saldrá beneficiado será el otro. Si el regente de la Casa X recibe a ambos significadores, indicará que el juez conseguirá solucionar el asunto antes de que éste llegue a los tribunales.

Si el regente de la Casa X se encuentra allí situado, el juez actuará ecuánimemente y la resolución del caso le proporcionará grandes honores, a no ser que Saturno sea el regente de la X. Si el regente de esta casa, tan sólo se encuentra en su propio término o triplicidad, el juez también conseguirá resolver el asunto, pero se mostrará totalmente indiferente al respecto. Si un planeta sin dignidades o sin estar en recepción con el regente de la Casa X, se encuentra allí ubicado, las partes no quedarán satisfechas con la actuación del juez o de las cortes. Si Saturno representa al juez, la decisión de éste no será la más correcta; y si Júpiter, Venus, el Sol, Mercurio o la Luna forman algún aspecto con él (excepto de oposición), se elaborarán unos informes muy negativos en cuanto a su persona, aunque con el tiempo éste conseguirá aclararlos; pero si se trata de una oposición, los informes en su contra llegarán a perdurar durante mucho tiempo. Y si Marte está en oposición con Saturno, el juez resultará extremadamente difamado; y si a ello le añadimos una cuadratura del Sol con Saturno, éste se verá sometido a desgracias innumerables.

En cuanto a la decisión sobre el resultado, deberá observar atentamente al regente de la Casa IV y su forma de aspectar a los significadores o a los regentes representativos de sus propiedades, así como la *aplicación* de la Luna. Si ambos significadores están en aspecto con un planeta, una tercera persona actuará como mediadora entre ellos. Si el Ascendente y la Casa VII se encuentran situados en signos fijos, significará que ambas partes están totalmente resueltas a seguir adelante con el proceso; si éstos se encuentran en uno de los signos mutables, indicará que el proceso también tendrá lugar aunque durará mucho tiempo y será llevado de un tribunal a otro; y si el signo en el que están situados es cardinal, entonces las partes no estarán demasiado seguras en cuanto a si llevar adelante o no el proceso y muy pronto lo darán por terminado.

Aquella de las dos partes que más afligida se vea por los infortunios, será sin duda la que resulte mucho más perjudicada por la contienda.

En cuanto a las compras o a las ventas

Si la Luna está conjunta al regente de la Casa VII, el consultante podrá llevar a cabo la compra. El planeta más ligero de las dos casas (de la I y de la VII) será el que propicie la venta. Juzgue la naturaleza del producto a través de la casa que lo gobierne y así, por ejemplo, en cuanto a los libros, deberá de utilizar la Casa IX, la XII para el ganado mayor, la X para mercancías en general y la IV para una casa, etc.

Si se encuentra con alguno de los infortunios situados en Casa VII, deberá desconfiar del vendedor ya que éste lo único que intentará será engañar al comprador o aprovecharse de él. La Casa IV será la que nos refleje el resultado final: pero si la Luna se encuentra vacía de curso, y aun a pesar de las tentativas, de las discusiones al respecto, etc., el negocio no se llevará a cabo.

En cuanto a si una ciudad, una aldea o una fortaleza asediada, serán conquistadas o no

El Ascendente y sus regentes se toman para el consultante y para aquellos que asedian la ciudad o la fortaleza, etc.; la Casa IV representa el lugar asediado o próximo a serlo y su regente, al gobernador; y finalmente, la Casa V y los planetas allí situados son los que reflejarán las municiones, los soldados, etc., de los que dispone el lugar asediado.

Si se encuentra que el regente de la Casa I está en una posición fuerte y afortunada, o conjunto al regente de la Casa IV y en el Ascendente, o junto a la Luna o al regente de la Casa X, o en cualquier lugar a excepción de la Casa VI, de la VIII o de la XII y el regente de la Casa I dispone del de la IV, o si la Luna dispone de él, pero no está dispuesta por él, será un claro testimonio de que el lugar será tomado. O bien, si el regente de la Casa IV se halla ubicado en alguna de esas casas y sin aspectar a la Casa IV y además débil o conjunto a uno de los infortunios, el lugar será asediado y su gobernador podría resultar herido. Si los infortunios están situados en la Casa IV y sin recibir ningún aspecto por parte de las fortunas, el lugar en cuestión también será asediado. Si el Nodo Lunar Negativo se encuentra en Casa IV, la ciudad o la aldea, etc., será tomada y algunos de sus habitantes intentarán cometer traición o bien entregar al enemigo parte de la fortaleza: el signo será el que nos indique que parte de la ciudad, etc., será la que entreguen. En este caso, el gobernador no tendrá ninguna esperanza de poder protegerla.

Si el regente de la Casa IV se encuentra allí situado, en buena posición y sin estar afligido, ni retrógrado, ni aspectado por los infortunios, o bien si el que está allí situado es el regente de la Casa VII y libre de cualquier impedimento, o Júpiter, Venus o el Nodo Lunar Positivo y sin que ninguna recepción entre los regentes de la Casa I y de la Casa IV tenga lugar, entonces la ciudad, la fortaleza, etc., no llegará a ser tomada; y si en la Casa IV nos encontramos con una de las fortunas acompañada por un infortunio, la ciudad tampoco será tomada, siempre y cuando sea la fortuna la que esté más cerca de la cúspide o la que primero transite ese grado, y ello todavía resultará mucho más seguro si el regente del Ascendente se muestra débil o poco afortunado, y sobre todo si se trata de uno de los planetas rápidos. Pero si el regente del Ascendente es fuerte y poderoso o una de las fortunas está allí situada y la Luna aspectada a la cúspide de la Casa IV, la ciudad se verá atacada por sorpresa o acabará rindiéndose. Un infortunio en Casa II o su regente, etc., afligido, nos indicará que el consultante carece de medios como para proseguir con la conquista con fuerza o con valor.

En cuanto a si los comandantes de un ejército resultarán victoriosos o no

Si uno de los infortunios se encuentra situado en el Ascendente, significará que la justicia no está de parte del consultante o será sinónimo de luchas y de contiendas. Y si uno de los infortunios está en cuadratura con el Ascendente, la persona reflejada por éste (es decir, aquella persona por la que pregunta el consultante) no sabrá cómo llevar sus asuntos bien o con discreción. Si un planeta benéfico se encuentra ubicado en el Ascendente o en aspecto con él a través de un sextil o de un trígono, significará que se está luchando por una buena causa y que éste logrará llevarse a cabo.

Una de las estrellas maléficas situada en la Casa II y sin disponer de ninguna de sus dignidades, o aspectando a la cúspide de ésta a través de una cuadratura, será testimonio de que no tendrá lugar ninguna guerra, o de que si ésta tuviera lugar con ella, el consultante saldría realmente muy poco beneficiado. Y si en lugar de ser una estrella maléfica, ésta fuese benéfica, entonces sucedería todo lo contrario. Si Júpiter (o Marte bien dignificado) se encuentran situados en Casa III, significará que el bando del consultante se halla muy bien preparado para la guerra, ya que los soldados son muy valientes; pero si Marte está allí situado y se encuentra mal dignificado, entonces los soldados tendrán muy mal carácter y serán unos indisciplinados.

Si uno de los infortunios se halla ubicado en la Casa IV, el combate tendrá lugar en algún país lleno de dificultades. Si el signo nos describe un país montañoso, los obstáculos procederán de los caminos dificultosos y de un exceso de bosques y de arboledas; y si el signo refleja un país húmedo, éste no llegará a ser ocupado militarmente ya que un gran número de ríos y de pantanos, etc., lo imposibilitarán y el ejército no podrá llevar a cabo la conquista.

Si Marte está en la Casa V y bien dignificado o en aspecto con una de las fortunas, el ejército del que forme parte el consultante estará compuesto de hombres muy valientes y disciplinados; pero si el que está allí ubicado es Saturno o el Nodo Lunar Negativo, entonces significará todo lo contrario.

Si una de las fortunas o el Nodo Lunar Positivo ocupan la Casa VI, la artillería y las municiones, etc., serán de muy buena calidad; si Marte se encuentra allí situado, los caballos serán salvajes, fieros y resistentes; y si el que está allí es Saturno (y sin ninguna de sus dignidades), éstos serán lentos, viejos y realmente de muy poca ayuda.

Si una de las fortunas se encuentra ubicada en la Casa VII, significará que tanto las armas como todos aquellos elementos utilizados en la batalla estarán en óptimas condiciones y realizarán un buen servicio. Pero si el que está allí es uno de los infortunios, o tiene lugar algún aspecto inarmónico, entonces sucederá todo lo contrario. En el primero de los casos, el enemigo será muy valiente y luchará de forma abierta; y en el otro caso, el enemigo no actuará de forma honrada ya que llevará a cabo su lucha a base de trampas y de engaños, etc.

Una de las fortunas ubicada en la Casa VIII, denotará que el número de hombres asesinados en el bando del consultante será el mínimo y que la batalla no llegará a revestir la menor importancia. Si Saturno se encuentra allí situado, los saqueos y las destrucciones serán abundantes y muchos de los hombres serán hechos prisioneros y también en este caso tendrán lugar muchas muertes a causa de las enfermedades, la miseria o las necesidades, etc. Y si nos encontramos con que Marte ocupa la Casa VIII, entonces la lucha llegará a ser realmente sangrienta.

Una fortuna en la Casa IX o en aspecto con ésta, indicará que el enemigo se halla en muy buena posición y que se esforzará en alcanzar la victoria a través de falsas alarmas o de otras triquiñuelas, ya que ante todo se tratará de un buen político. Si uno de los infortunios está allí situado, las largas y penosas caminatas agotarán al enemigo, y éste, además, a menudo se sentirá engañado y decepcionado por su propia inteligencia; y si al mismo tiempo una de las fortunas se hallase ubicada en la Casa III, el ejército al que perteneciera el consultante alcanzaría la victoria gracias a la conducta errónea adoptada por el enemigo. Una de las fortunas en Casa X o en aspecto con su cúspide a través de un sextil o de un trígono, nos indicará que el comandante del ejército es un gran experto y está realmente capacitado para el puesto que ocupa. Pero si Saturno, el Nodo Lunar Negativo o Marte (desafortunado) son los que se encuentran en la Casa X, o cuadrados a ésta, entonces el comandante del ejército en el que lucha el consultante será un inepto total y tan poco digno de confianza que tan sólo acarreará desgracias.

Una fortuna o el Nodo Lunar Positivo en la Casa XI denotará una gran habilidad entre los oficiales y hará que éstos cumplan muy bien con su trabajo y mantengan unas excelentes relaciones con su comandante; sin embargo, si el que estuviese allí situado fuese el Nodo Lunar Negativo o uno de los infortunios, denotaría todo lo contrario.

Si una de las fortunas (o Marte bien dignificado) está situada en la Casa XII, indicará que el enemigo está muy bien preparado y que sabe cómo defenderse de los ataques. Pero si el que se encuentra allí ubicado es uno de los infortunios, los enemigos no serán ni muy fuertes ni muy valientes y estarán siempre en desacuerdo, lo que debilitará todavía más sus fuerzas. Si el Nodo Lunar Negativo está situado en Casa XII, indicará que el consultante puede esperarse alguna trampa o emboscada por parte del enemigo; y si el regente de la Casa XII se encuentra allí y sin ningún tipo de dignidades en el Ascendente, en el bando del consultante habrá más de un desertor.

Para saber si los dos ejércitos llegarán a luchar o no

Observe al Ascendente y a su regente, a la Luna y al regente de la Casa VII, y si en algún ángulo tiene lugar una conjunción, entonces lucharán. Si los regentes de la Casa I y los de la Casa VII no se encuentran en conjunción, pero están cuadrados u opuestos a los ángulos, el combate se llevará a cabo; y si hay algún planeta que transfiera la luz del uno al otro a través de una cuadratura o de una oposición y no existe recepción mutua, también habrá pelea. Pero si nada de ello sucede y el planeta más pesado es el que recibe al más ligero, el compromiso de lucha no será nada serio.

Para saber si el consultante cuenta con algún adversario o enemigo declarado

Si la pregunta no guarda relación con ningún tipo de parentesco, en cuanto a los enemigos declarados y de cara a alguna persona en especial, deberá de tomar la Casa VII. Si la pregunta se refiere a los enemigos en general, entonces la casa a ser considerada será la XII. Si se trata de un enemigo personal, deberá fijarse en si tanto el regente de la Casa VII como algún planeta allí situado envían alguna cuadratura u oposición al regente del Ascendente o a la Luna, ya que ello denotará que la persona por la que se pregunta es alguien sumamente hostil y envidioso. Si el aspecto es por aplicación, la enemistad aumentará y si el significador del enemigo dispone del significador del consultante y sin recepción mutua, éste sufrirá mucho por su culpa: y la forma en cómo sufrirá el consultante se verá reflejada a través de la casa en la que se encuentre situado. Si el aspecto ya ha pasado, la injuria ya se habrá llevado a cabo y la enemistad se estará desvaneciendo a menos de que el significador del consultante o la Luna estén a punto de recibir otro mal aspecto.

Si el significador de la persona por la que se pregunta está situado en la Casa XII, o recibe un buen aspecto por parte de algún planeta cuadrado u opuesto a la Luna o al regente del Ascendente y sin recepción, ésta sentirá una gran enemistad hada el consultante.

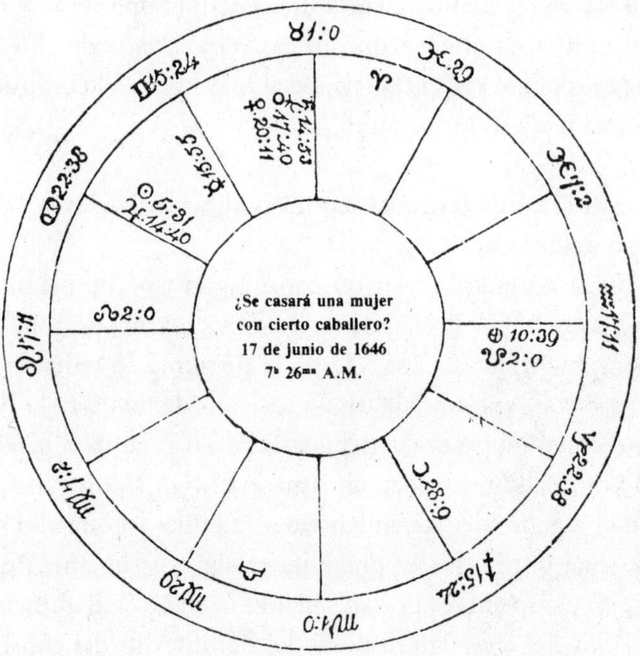

¿Se casará una mujer
con cierto caballero?
17 de junio de 1646
7h 26mn A.M.

Si se trata de una pregunta más generalizada, deberá de tener en cuenta al regente de la Casa XII y a los planetas que se encuentren allí ubicados, pues éstos nos indicarán que el consultante cuenta con enemigos secretos, a menos de que haya algún planeta benéfico situado en la XII y en sextil o trígono con los significadores del consultante. Si hay muchos planetas en la Casa VII significará que el consultante cuenta con un gran número de enemigos abiertos, pero si éstos se encuentran en la Casa XII, entonces los enemigos se mantendrán ocultos. La cuadratura es sinónimo de envidia y de maldad, pero se puede llegar a una reconciliación; la oposición, cuando es sin recepción, indica que los enemigos son irreconciliables. Si un planeta maléfico ubicado en la XII envía algún aspecto armónico al significador del consultante, significará que existe una persona que bajo una falsa y pretendida amistad, intentará injuriar y hundir al consultante; y lo mismo sucederá si el regente de la Casa XI se encuentra situado en la XII. La casa en la que esté el regente de la Casa XII, será la que nos describa las características de la persona que vaya a injuriar al consultante.

JUICIO SOBRE LA FIGURA ANTERIOR

Características del caso de la consultante

Un caballero la estuvo solicitando en matrimonio durante mucho tiempo, pero ella no hacía más que esquivarlo y finalmente le dio una respuesta negativa. Después de ello, se arrepintió de su conducta y deseó poder volver a tener su primera oportunidad. Éste era el estado en el que se encontraba la consultante cuando me formuló la pregunta.

El Ascendente y el Sol se toman para la consultante; Saturno, regente de la Casa VII y la Luna, para el caballero. La consultante era bastante alta, de cara redondeada, cutis sanguíneo, ojos grises y pelo castaño claro y todo ello a causa del Sol, regente del Ascendente, y situado en los términos de Marte. Era también muy modesta, comedida y bien hablada.

Al estar Saturno en el ángulo sur y en conjunción a Marte en Tauro, que es un signo de tierra y fijo, juzgué que el caballero sería alguien de estatura mediana, ni alto, ni esbelto; alguien con la cara alargada y no muy bien formada y de cutis pálido y algo cenizo; su cabello sería oscuro, de un triste y apagado tono color avellana, muy rizado y encrespado; los ojos muy penetrantes y con la mirada siempre fija en el suelo, como si estuviese meditando constantemente. También parecía tener como una especie de defecto en su forma de andar, tal y como si estuviese algo torcido, etc. (Todo ello me fue confesado). Al encontrarme a Saturno tan elevado y en conjunción a Marte, juzgué que el caballero estaba algo enfadado, entristecido, descontento y arrepentido de sus anteriores tentativas (al igual que hubiera reaccionado cualquier persona marcada por Saturno); también deduje que estaba sufriendo grandes injurias o molestias a causa de una relación con un caballero de gran respetabilidad, reflejado a través de Marte, regente de su Casa III y de su Casa X; y que tanto él como este hombre vivían en la misma casa, o muy cerca uno de otro y ello se podía deducir a causa que los significadores se encontraban en su Casa IV, fijos y angulares. (Y así era).

Le dije que el caballero en cuestión no sentía ninguna inclinación por ella, ya que la Luna se encontraba vacía de curso y se aplicaba a través de una oposición al Sol, regente del Ascendente, lo que demostraba que ella misma era su propia enemiga. Entonces, ella me confesó la verdad y me suplicó que la aconsejara para saber lo que tenía que hacer para lograr que él volviera con ella sin que por ello ésta tuviese que rebajarse o perder su honor. Como la dama parecía estar tan afligida, comencé a fijarme en la figura y a considerar todas las esperanzas que de ésta pudieran desprenderse. Vi que el Sol estaba en sextil con Saturno (por aplicación) y ello era lo que reflejaba todo el amor y deseo que ésta sentía por el caballero, pero al no darse ninguna recepción, las esperanzas eran mínimas. Al encontrarme con que sí existía recepción entre Júpiter y la Luna, y entre el Sol y la Luna y ver también que la Luna disponía de Saturno en la exaltación de ésta y que Júpiter estaba en su casa y muy próximo a formar un sextil con Saturno, por aplicación y no por separación, y que también estaba en su exaltación, siendo éste una de las fortunas, pude ser muy conciso gracias a la exactitud del aspecto y deducir por ello que la otra persona (o sea el caballero) había entablado una relación íntima con una persona de alto rango y muy honorable (tal y como reflejaba Júpiter); describí esta persona a mi consultante y ella me aseguró conocerla muy bien. Le aconsejé dirigirse a ésta con la verdad por delante y le aseguré que en esta persona tan sólo encontraría prudencia, discreción y una absoluta reserva; también le dije estar casi seguro de no equivocarme en cuanto a la reacción de esta persona, ya que ésta lo que haría sería revivir el asunto en el caballero y él volvería a tener de nuevo a mi consultante en su corazón. Pero al percatarme que el Sol y Saturno formarían un aspecto de sextil entre ellos el día 27 de ese mismo mes, le aconsejé apresurar su actuación y llevarla a cabo antes de que finalizara el aspecto; y como el 19 de junio, Saturno y Júpiter se ponían en sextil, le dije que esa tercera persona sería la que hiciese que el caballero en cuestión volviese de nuevo con ella aproximadamente hacia el anochecer. Mi consejo fue seguido y a través de este tercer personaje, la relación fue iniciada de nuevo y consumada al cabo de unos veinte días, lo que llenó de júbilo a la apenada (aunque para mí desagradecida) dama, etc. También informé a mi consultante de que poco antes este caballero había pedido en matrimonio a una dama de buena posición, de gran fortuna y características venusinas, pero la tranquilicé asegurándole que no necesitaba preocuparse al respeto, ya que algún oficial o caballero que había pertenecido al ejército (y representado por Marte) evitaría dicho matrimonio. Mi consultante conocía muy bien a ambas partes y me confesó que, efectivamente, había sucedido tal y como yo le dijera. Si la pregunta hubiese sido: «¿Cuál de los dos viviría más tiempo?», hubiese asegurado que la mujer, ya que el Sol iba a entrar en conjunción con Júpiter, y Marte afligía a Saturno.

Si la mujer me hubiese preguntado: «¿Es rico el caballero?», le hubiese contestado que, efectivamente, éste gozaba de una buena situación económica, ya que Júpiter, regente de su Casa II, era directo y se encontraba en exaltación, etc.

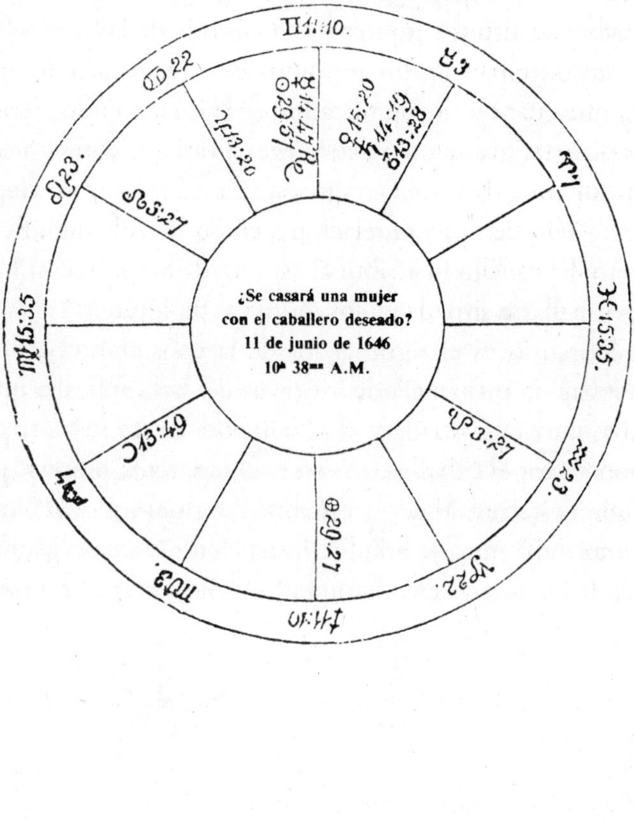

¿Se casará una mujer
con el caballero deseado?
11 de junio de 1646
10ª 38mn A.M.

Si la pregunta de la dama hubiese sido: «¿Nos llevaremos bien?», le hubiese contestado que su significador (el Sol) no recibía ningún tipo de aflicción por parte de Marte, que su Ascendente estaba situado en un signo fijo y que existía recepción entre Júpiter y la Luna, por lo que quedaba ampliamente demostrado que se trataría de una mujer muy virtuosa.[10] De este mismo modo, deberá de examinar cualquier figura a fin de descubrir todo aquello que considere necesario, etc.

JUICIO SOBRE LA PREGUNTA ANTERIOR

La consultante era de estatura alta y de tez rubicunda y también muy sensata, discreta y educada, etc. El caballero por el que preguntaba era muy alto, esbelto y delgado y tenía la cara alargada y el cabello de color negro. Atribuí su altura a Júpiter y a la cúspide de la Casa VII, ya que ambos se encontraban en los términos de Mercurio. Hay que tener en cuenta que cuando un significador está situado en los términos de cualquier planeta, realmente puede llegar a variar la constitución natural del consultante, de forma en que éste pasa a retener un cierto matiz del planeta y ello siempre en relación a como se halle dignificado.[11] El tono oscuro del cabello lo atribuí al aspecto de Saturno con Júpiter y a la Luna por hallarse situada en los términos de Júpiter.

Aquí, Mercurio es el significador de la consultante y al estar retrógrado y bajo la influencia de los rayos del Sol, indicaba que ésta se encontraba. muy angustiada y algo temerosa de no ser correspondida en sus amores por el caballero. Y, en realidad, tenía motivos para ello, ya que Júpiter estaba exaltado y próximo a formar un sextil con Venus, lo que demostraba que ese hombre insistía en retrasar el asunto y que, además, la había estado engañando al mismo tiempo con otra mujer.

---

10. Debemos de basarnos principalmente en su significador que es el Sol y que además está en conjunción a Júpiter.

11. Debemos tener en cuenta que Mercurio en Géminis en aspecto con la cúspide de la Casa VII y la Luna, significadora general del *caballero*, situada en Libra y en aspecto con Júpiter, eran los que nos reflejaban su altura. Géminis y Libra son dos signos que proporcionan altura.

De todos modos, como ambos significadores formaban un aspecto de *semisextil* y estaban situados en casas armónicas, mis esperanzas de que entre ellos tuviese lugar una mutua atracción amorosa aumentaron. Cuando vi que la Luna se estaba alejando de una cuadratura de Júpiter y se apresuraba a formar un trígono con Mercurio, transportando así la luz del significador del caballero hacia el regente del Ascendente al que recibía muy bien, dado que éste se encontraba en movimiento retrógrado, estuve completamente seguro de que el matrimonio se llevaría a cabo gracias a la intervención de una tercera persona, descrita por la Luna; y realmente, fue así como sucedió, ya que a pesar de ciertas dificultades de escasa importancia, la boda se llevó a cabo con gran satisfacción por ambas partes.

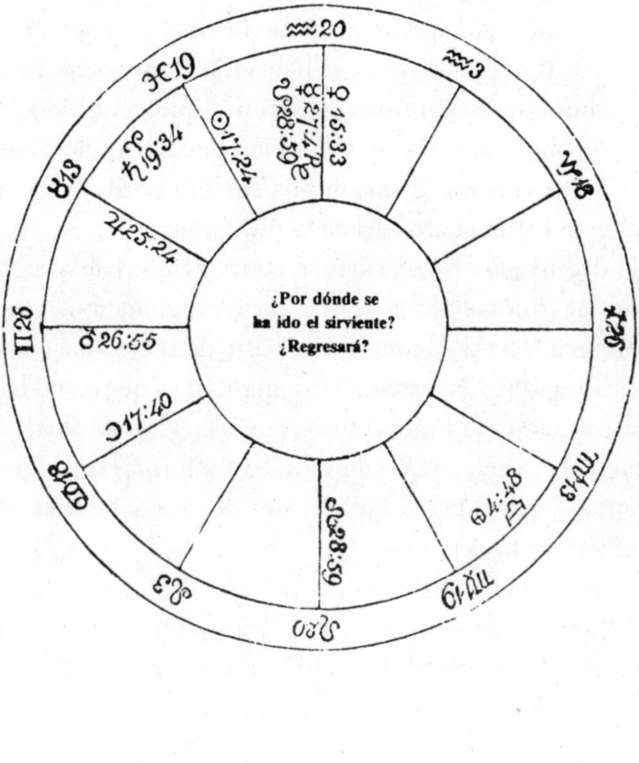

JUICIO SOBRE LA FIGURA ANTERIOR

El Ascendente, Mercurio en Acuario y Marte en Géminis, todos juntos, describían y representaban al consultante (y patrón del sirviente desaparecido). Era de estatura más bien baja, pero corpulento y de aspecto fresco y rubicundo. Atribuí su gordura a la latitud norte de Mercurio, que era de un grado, y también a que el Ascendente se encontraba en los términos de Marte y frente al Sol, que estaba en trígono partil con la Luna y ésta situada en un signo de Agua lo que nos reflejaba a una persona de una constitución más bien gruesa y de tipo flemático.

El sirviente o criado venía representado por Marte (regente de la Casa VI) y por Escorpio. Se trataba de alguien más bien bajo, pero bien formado y sus articulaciones eran grandes, su cara ancha y algo llenita, su cabello castaño oscuro, su dentadura irregular y su tez, a pesar de tener el cutis muy terso, era más bien oscura y parecía como quemada por el sol. Su edad era de aproximadamente unos 19 años.

Pude observar que el sirviente se había ido el domingo anterior, día en el que la Luna se encontraba en Géminis, que es un signo occidental y ocupado ahora por Marte, y también que Mercurio, significador general de los sirvientes, se encontraba situado en Acuario, un signo occidental pero en un cuarto del cielo sur.

Por ello deduje que en un principio el sirviente se había encaminado hacia algún lugar situado en el oeste y que en el momento de ser formulada la pregunta, éste se encontraba al oeste de la casa del consultante; basé mi juicio en que Marte se hallaba angular, ya que de no haber sido así, hubiese tomado a la Luna como referencia. Como Marte y Mercurio, regente del Ascendente, se apresuraban a formar un trígono fuera de los ángulos, le aseguré que en un plazo de uno o dos días, volvería a tener consigo a su sirviente.

El sirviente regresó al viernes siguiente y aseguró haber estado en Kingston upon Thames; y si ello era cierto, es que estuvo en el oeste, aunque ya casi tocando un poco al sur y cerca de una gran masa de agua (el Támesis), tal y como podría muy bien significar la Luna en Cáncer.

JUICIO SOBRE LA FIGURA SIGUIENTE

Las preguntas formuladas fueron: «¿En qué parte de la ciudad debían de buscar al perro?», y «¿lograrían encontrarlo?».

El consultante se hallaba representado por el signo Ascendente y por *Cauda* (Nodo Lunar Negativo) que estaba situado allí; y realmente, se trataba de una persona muy saturnina y viciosa, tanto física como mentalmente, ya que poseía un cuerpo algo deforme, su estatura era baja y tenía un carácter extremadamente codicioso, etc. El signo de la Casa VI representaba al perro, al igual que también podría haber representado a una oveja, a un cerdo, etc., así como a cualquier animal de ganado menor.

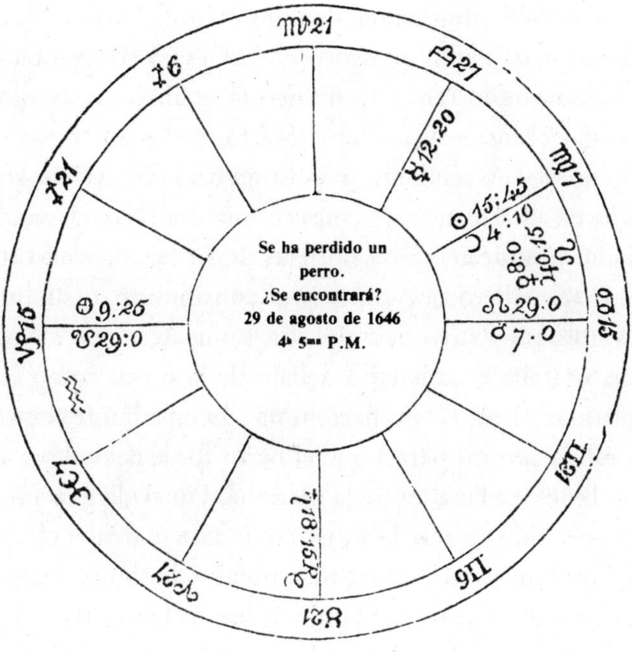

El signo de Géminis es suroeste y el cuarto del cielo, oeste; Mercurio, significador del perro, se encuentra situado en Libra, que es un signo occidental y en un cuarto de cielo suroeste. La Luna está en Virgo, un signo suroeste inclinándose hacia el ángulo oeste. La pluralidad de los testimonios indicaban que el perro debía estar al oeste del lugar en el que residiera su propietario, que era Temple-Bar; por ello juzgué que el perro se encontraría en las inmediaciones de Long Acre, o parte más alta de Drury Lane.

Como Mercurio estaba en un signo de la misma triplicidad que Géminis, que es el que representa a Londres, y formaba un aspecto de trígono con la cúspide de la Casa VI, deduje que el perro no se hallaba demasiado alejado del lugar, sino que estaba por los alrededores, dato que todavía se me confirmó más dado el trígono que formaba el Sol con Saturno. Al ocupar Mercurio un signo de Aire, pude asegurar que el perro se encontraría en alguna buhardilla o habitación superior, y como la Luna estaba bajo los rayos del Sol, y Mercurio, la Luna y el Sol se hallaban ubicados en la Casa VIII, también deduje que la persona que lo tenía, lo mantenía oculto o escondido. Pero, como al llegar el lunes siguiente el Sol formaría un trígono con Saturno, regente del Ascendente, y la Luna uno con Marte que estaba dignificado en el Ascendente, supuse que ese sería el momento en el que el consultante recibiría noticias de su perro; y ello fue cierto dado que un caballero que conocía al consultante, casualmente fue a visitar a un amigo suyo que vivía en Long Acre y se encontró con que el perro estaba encadenado debajo de la mesa; como él tenía la plena seguridad de que éste pertenecía al consultante, consiguió (y con gran júbilo por mi parte) que el perro fuese devuelto a su dueño ese mismo lunes y a las diez de la mañana. Por regla general, siempre me he encontrado con que la Luna era la que marcaba el camino de todos los fugitivos y que, cuando cambiaba de signo, éstos también variaban su rumbo y se inclinaban más hacia el este, al oeste, al norte o al sur. De todos modos, deberá basar su juicio en el significador o en la Luna, según cuál sea el más fuerte de los dos, y si los dos fuesen igual de fuertes, entonces deberá tomar a aquel que mejor nos describa al fugitivo, teniendo siempre en cuenta también al que se encuentre más cerca de formar un aspecto con la cúspide de la casa de la que hayamos tomado a dicho significador; es decir que si el fugitivo se trata de un sirviente o de algún animal pequeño, deberá de tomar la Casa VI; si el animal es grande, la Casa XII; si se trata de un hijo o de una hija, la V y, si se refiere a la esposa, la casa a tener en cuenta será la VII, etc.

JUICIO SOBRE LA FIGURA SIGUIENTE

Aquí, Escorpio está ascendiendo y describe en parte al consultante, mientras que Marte nos refleja su mentalidad y naturaleza; como Marte se encontraba cuadrado a Mercurio y a Saturno, éste era muy orgulloso, altivo, arrogante, derrochador y malhumorado, etc. Al estar Marte situado a 25° 2' de Leo, ya en sus propios términos y en su decanato, lo rechacé como significador del ladrón. Saturno, aunque situado en el ángulo oeste (y casa de los robos) también se encontraba en sus propios términos y decanato, por lo que tampoco lo tomé a él. Pero, al ver que Mercurio estaba ubicado en un ángulo, sin ninguna de sus dignidades esenciales y en conjunción partil con Saturno y cuadrado a Marte, lo escogí a él como significador del ladrón. Ahora; la cuestión era adivinar si el ladrón era un hombre o una mujer. Como los ángulos, en parte eran femeninos y en parte masculinos, no me sirvieron de ninguna ayuda. Sin embargo, la Luna estaba ubicada en un signo masculino y aplicándose a Marte (un planeta masculino), y Mercurio se hallaba en conjunción con Saturno y cuadrado a Marte (ambos masculinos), por todo ello deduje que el ladrón era de sexo masculino.

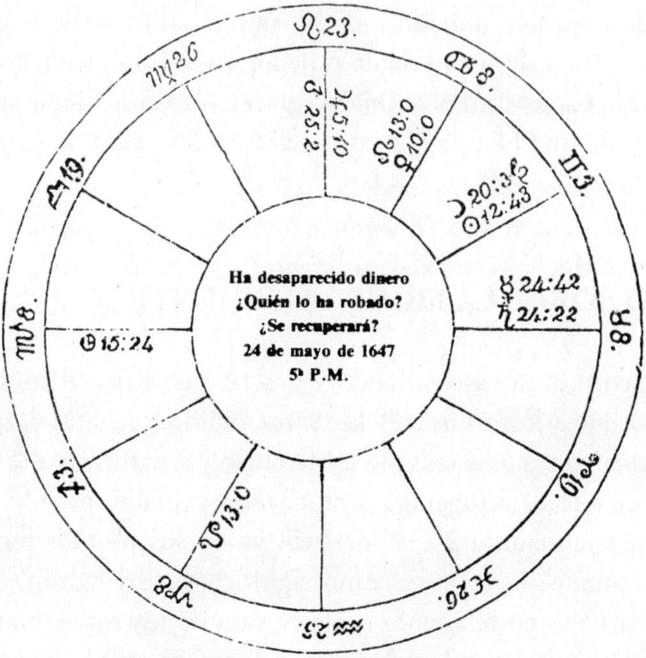

Ha desaparecido dinero
¿Quién lo ha robado?
¿Se recuperará?
24 de mayo de 1647
5h P.M.

Dado que Mercurio siempre ha simbolizado a la juventud y que la Luna se encontraba muy cerca del Sol y alejándose de él, estaba convencido de que el ladrón sería algún jovenzuelo de unos 15 o 16 años de edad. Lo describí como a alguien de estatura mediana, de rostro delgado y cejas fruncidas y con alguna marca o cicatriz en la cara dado que Marte estaba cuadrado a Mercurio. Como Mercurio se encontraba conjunto a unas estrellas fijas de tipo maléfico *(Las Pléyades)* y de naturaleza de Marte y de la Luna, el joven tenía la vista un poco mal y su cabello era muy oscuro debido a la proximidad de Saturno; su aspecto resultaba algo despreciable y con anterioridad ya había sido acusado de robo.

Al estar el significador del joven conjunto a Saturno, regente de la Casa III y de la Casa IV, llegué a la conclusión de que se trataba del hijo de algún vecino; y como la Luna se encontraba en Géminis y Mercurio en Tauro y en Casa VII, deduje que el joven ladrón debía de vivir seguramente justo enfrente del consultante o un poco más hacia el suroeste. Como la Rueda de la Fortuna estaba situada en el Ascendente y dispuesta por Marte, que era el regente del Ascendente y se encontraba en la Casa X, y teniendo en cuenta además que el aspecto de la Luna al aplicarse hacia éste a través de un sextil le faltaban tan sólo unos cuatro grados para ser exacto, pude deducir que el consultante no sólo recibiría noticias del ladrón, sino que además su dinero le sería devuelto en el plazo de unos cuatro días. El consultante no creyó ni una sola palabra de lo que yo dije y se empeñó en intentar convencerme de que una de sus sirvientas, representada por Marte, y otra, representada por Saturno, eran las verdaderas ladronas. Sin embargo, yo me mantuve firme en mi postura y rechacé su punto de vista, pues tanto Marte como Saturno se encontraban en sus dignidades esenciales. Finalmente, los acontecimientos vinieron a demostrar que yo tenía razón, y ello tanto con respecto a la identidad del ladrón como a la devolución del dinero que fue al cabo de tres días.

EXPLICACIÓN DE LA FIGURA SIGUIENTE

En el año 1637 cuando vivía en el campo, tuve que ir a Londres para comprar una gran cantidad de pescado y poder tener así suficientes provisiones como para pasar la Cuaresma. Todo el pescado que había adquirido me lo tenían que enviar a Walton en barca, y el sábado, día 10 de febrero, uno de los barqueros me informó que el almacén había sido saqueado durante la noche y que, por lo tanto, mi pescado también lo habían robado. Tomé como hora la del momento exacto en el que por primera vez oyera tal noticia y, de acuerdo a éste, levanté la figura con el único propósito de darme la satisfacción de averiguar lo que le había sucedido a mi mercancía y de saber si existía alguna posibilidad de poder recuperarla, en parte o en su integridad.

JUICIO

Lo primero que pude observar fue la total carencia de planetas peregrinos en los ángulos, a excepción de Júpiter que se encontraba en la cúspide de la Casa VII. Consideré por ello a este planeta que estaba situado en Escorpio, un signo de Agua, al significador de mi mercancía, Mercurio en Piscis (Agua) y a la Rueda de la Fortuna, ubicada en Cáncer (Agua) y uniendo la discreción al arte, llegué a la conclusión de que aquel que tuviese mi mercancía en su poder sería sin duda alguien cuya vocación o profesión estuviese relacionada con el agua, así como que mi mercancía debía estar guardada en una habitación baja o en algún lugar húmedo, dado que la Rueda de la Fortuna se encontraba situada en Cáncer y la Luna en Tauro, un signo de Tierra y por debajo de ésta.

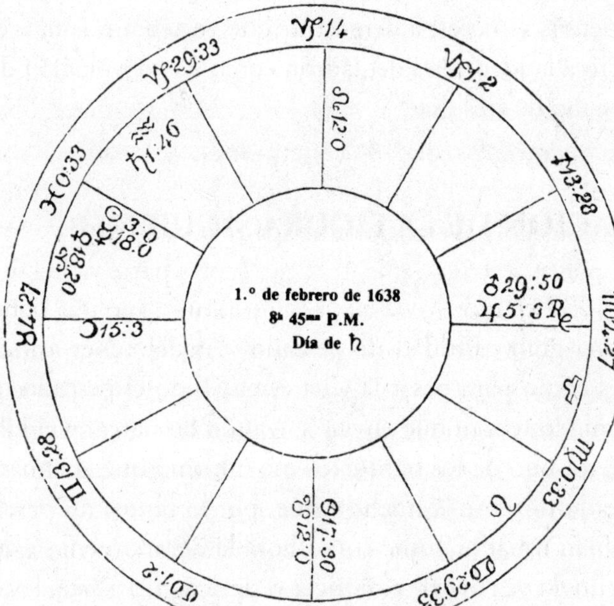

Estaba completamente seguro de que volvería a tener noticias sobre mi mercancía, ya que Mercurio, regente de la Casa II, se aplicaba a la Luna, regente de la Rueda de la Fortuna, a través de un sextil; y, aun a pesar de no existir esperanzas de lograr recuperarla entera, pues Mercurio estaba en caída y en exilio, como se hallaba en sus propios términos y recibía además un trígono por parte de la Rueda de la Fortuna, todavía cabía la posibilidad de que al menos pudiese recuperarla en parte.

Como en Walton no había ningún barquero descrito por Júpiter en Escorpio, presté atención a los pescaderos que reuniesen tales características: y como Marte, regente de la Casa VII, estaba abandonando a Escorpio, su propio signo, y entrando en otro, pregunté si últimamente algún pescadero de la naturaleza de Marte y de Júpiter había vendido algunas tierras o estaba a punto de dejar su casa y de trasladarse a otra; y de este modo descubrí a uno que vivía cerca de las orillas del Támesis. Se trataba de un simple pescadero y era una persona muy jovial sobre la que, sin embargo, recaían múltiples sospechas de robo. De estatura alta, era robusto, grueso y de buena apariencia, y el color de su cabello era entre rubio y pelirrojo.

Conseguí una autorización del Juez de Paz y la guardé con gran secreto hasta el domingo, día 18 de ese mismo mes, y entonces, acompañado por un guardia y por el barquero, me dirigí directamente a la casa del sospechoso. Una vez allí, comprobé que una parte de mi pescado había sido puesta a remojo mientras que la otra parte ya había sido consumida; todo me fue confesado y yo le pregunté a la mujer del pescadero sobre el paradero de siete *cebollas de Portugal* que también había perdido; pero, como ella no sabía lo que eran, me dijo que con ellas había hecho un potaje. Finalmente, dejé que se quedaran con el resto del pescado.

Así pues, como pueden ver, un planeta peregrino ubicado en los ángulos describe al ladrón y, tanto el Sol como la Luna en el Ascendente, pueden hacer que éste sea descubierto. La Luna en aplicación al regente de la Casa II indica recuperación de la mercancía; si ambos se encuentran en una de sus dignidades esenciales, la recuperación será *total,* pero si tan sólo están fortalecidos accidentalmente, entonces ésta será *parcial.* Si ambos son peregrinos y se encuentran en aplicación, la mercancía podrá llegar a ser descubierta pero no se recuperará jamás.

JUICIO SOBRE LA FIGURA SIGUIENTE

El Ascendente se toma para nuestro ejército, la Luna, Júpiter y Venus, para nuestros generales; es decir para *sir* William Waller y para el general de división Browne, un valiente y prudente ciudadano londinense quien podría haber reclamado y, con toda justicia, gran parte de los honores por sus servicios prestados durante la batalla de ese día. *Sir* Ralph Hopton está representado por Saturno, regente de la Casa VII y su ejército, por Capricornio, que se encuentra situado en el descendente y que es el que normalmente se suele tomar para describir a los amigos o ayudantes del enemigo.

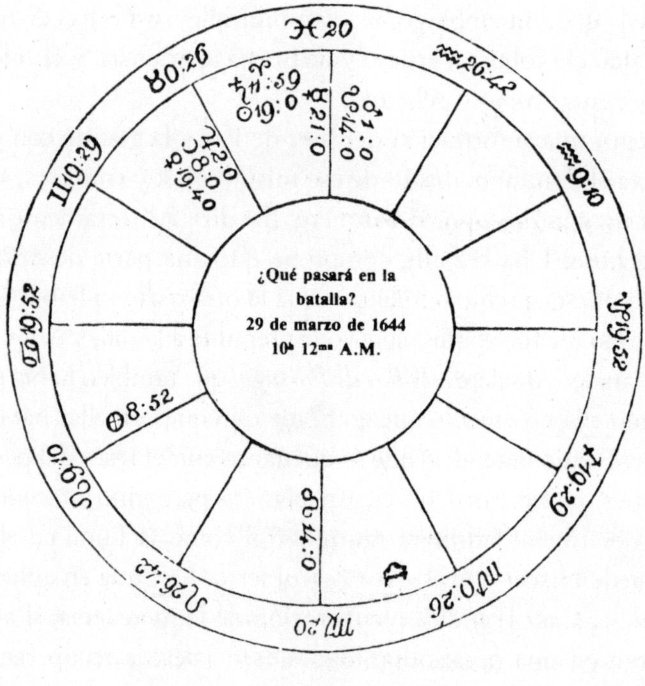

Como Marte y el Nodo Lunar Negativo son los únicos que están situados en la Casa IX, se podía deducir que ese día *sir* Ralph no se encontraba preparado como para conseguir la victoria, y ello debido a una carencia de municiones, etc. Como la Luna nos representaba a nosotros y a nuestro ejército y estaba exaltada y conjunta a Júpiter, llegué a la conclusión de que por nuestra parte todo había ido y seguiría yendo bien, así como que la victoria sería nuestra. A través de la separación de la Luna con Júpiter pude estar completamente seguro de que nuestro ejército había confiscado ya algunas municiones al enemigo o entablado algún ataque contra él. Ello me fue confirmado por el Sol, que reflejaba a nuestros ayudantes y también a todo el material con el que contábamos para la lucha, pues éste se encontraba ubicado en la Casa X y en el grado exacto de su exaltación (19). A pesar de que debido a la proximidad de Saturno con el Sol pensé que no ganaríamos *totalmente* la batalla ni obtendríamos una victoria absoluta o sin ninguna pérdida, estaba convencido de que conseguiríamos vencer al enemigo y ser nosotros los triunfadores que, en suma, era por lo único que se me había preguntado. Pude llegar a esta conclusión debido a que la Luna primero se aplicaba a Venus y después, a través de un sextil, a Mercurio, que era angular. Aseguré al consultante que en el plazo de unas once o doce horas después de haber sido formulada la pregunta, recibiríamos noticias y que, además, éstas resultarían satisfactorias; dado que había que considerar que la lucha se estaba desarrollando a unas cincuenta millas de Londres, tuve en cuenta al tiempo con gran discreción y en lugar de atribuirle días, lo conté como *horas,* y ello a causa de que la Luna se hallaba a una distancia de once grados de Venus, y que además su velocidad era muy rápida y su luz creciente. Esto también era señal de nuestra victoria y de la derrota del enemigo. Ese mismo viernes, y a través de una carta del ejército, se nos comunicó que durante el día anterior nuestros generales habían hecho prisioneros a 120 comandantes y caballeros, a 560 soldados y habían confiscado también una gran cantidad de municiones. Por ello, el enemigo resultó derrotado tal y como indicaba Saturno (significador de lord Hopton), por encontrarse *sub radiis,* en caída y sin aspectar a ningún planeta y todos ellos peregrinos, desafortunados y en cuadratura con la cúspide de la Casa VII. Todo ello indicaba que nosotros seríamos los que provocaríamos las pérdidas en su ejército y los que causaríamos su deshonra a través de la batalla, etc.

PREGUNTA. ¿Conseguiría su excelencia, Robert Earl de Essex, conquistar Reading, a la que ya tenía sitiada con su ejército?

El general Essex se encuentra representado por Marte, regente de Escorpio, y su majestad por el Sol, regente de la Casa X; las fuerzas que iban a liberar Reading se ven reflejadas a través de Venus en Piscis y del Sol en Tauro, y la ciudad está representada por Acuario, signo de la Casa IV; y su gobernador, *sir* Arthur Acton (soldado extremadamente hábil y de excelente reputación), por Saturno, regente de esta misma casa; todas las municiones y las provisiones se ven reflejadas a través de Júpiter, regente de la Casa V, y por Venus, que está allí situada.

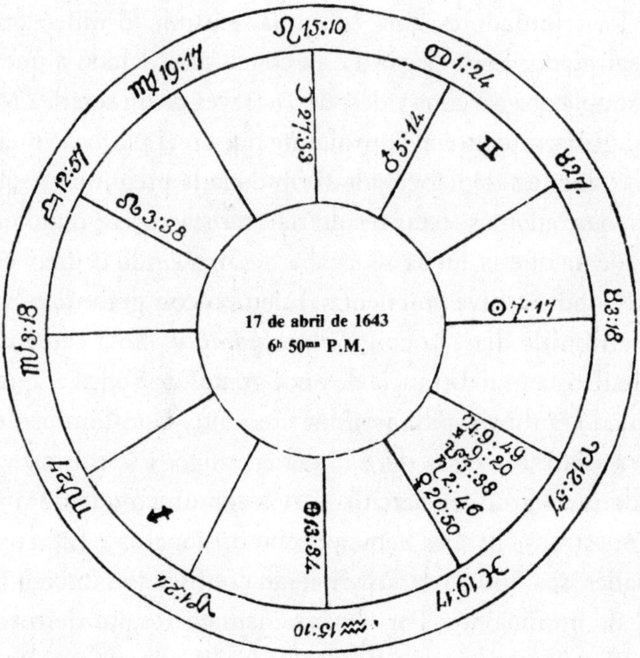

Marte, significador de su excelencia, se muestra sumamente fortalecido y exceptuando que se encuentra en caída, no recibe ningún tipo más de aflicción. Esta figura pone de manifiesto lo importante que puede llegar a resultar que en cualquier pregunta relacionada con la guerra Marte ocupe una oposición ventajosa o amistosa con respecto al consultante.

La Luna no recibía ningún tipo de separación y se hallaba vacía de curso y, verdaderamente, en esos momentos existían muy pocas esperanzas de poder ganar. Esta se aplicaba a través de un sextil con Marte y en unos signos de larga ascensión, lo que equivalía a una cuadratura, y significaba que su excelencia tendría que luchar y vencer un sinfín de obstáculos y de dificultades antes de poder conquistar la ciudad. Pero, como Marte y la Luna estaban en recepción; es decir, que Marte se hallaba ubicado en la casa de la Luna y ésta en los términos y decanato de Marte, cerca del *Cor Leonis* y en la casa del honor, llegué a la conclusión de que su excelencia lograría conquistar Reading y recibiría por ello grandes honores: al encontrarme con el Sol, significador de su majestad, en la Casa VII y en uno de los signos fijos, deduje que éste enviaría refuerzos a la ciudad e intentaría oponerse con todas sus fuerzas a la conquista, aunque no lo conseguiría ya que Marte estaba en una posición mucho mejor y más poderosa que la del Sol. El rey se presentó personalmente en la batalla y resultó vencido en el puente de Causham. Teniendo en cuenta que Acuario no se encontraba afligido, llegué a la conclusión de que la ciudad se mantenía fuerte y opondría resistencia a ser conquistada; y como Venus estaba situada en la Casa V, también pude deducir que sus defensores contarían con municiones suficientes. Habiendo sopesado todos los pros y los contras, y teniendo en cuenta que Saturno, regente de la Casa IV y significador del gobernador, se encontraba en caída y conjunto al Nodo Lunar Negativo y que Mercurio y Júpiter no estaban demasiado alejados del Nodo Lunar Negativo, aseguré (enviándolo por escrito) que la mejor forma de lograr que la ciudad se rindiera era la de crear divisiones o diferencias entre los principales oficiales y enemistarlos así con sus superiores, ya que, gracias a ello, en un plazo de unos ocho días después de formulada la pregunta, su excelencia conseguiría convertirse en amo y señor de la ciudad y ello más por astucia que por derramamiento de sangre, pues el Sol y Marte estaban separados por un sextil y Marte también estaba cuadrado a Saturno, mientras que la Luna se aplicaba directamente a un sextil con el regente del Ascendente y sin ningún tipo de frustración, etc.

La ciudad fue entregada para uso del Parlamento el día 27 de abril, tres días después de lo que yo había dicho. Se puede observar sin embargo que todo ello tuvo su inicio durante el anterior lunes, justo ocho días después de haberse levantado la figura.

El gobernador fue herido en la cabeza, tal y como indicaba Saturno en el signo de Aries y conjunto al Nodo Lunar Negativo y no necesitaron ni provisiones ni abastecimientos tal y como se demuestra a través de Venus en Casa V.[12]

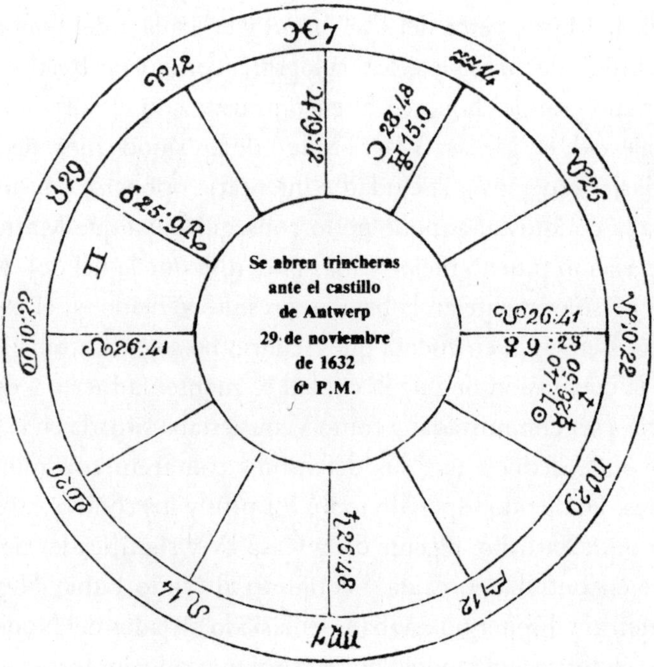

JUICIO DE LA FIGURA PRECEDENTE

Esta figura fue levantada para la latitud y la longitud de Antwerp y representa de un modo exacto el estado del cielo en el momento en el que las tropas francesas comenzaron el asedio ante la ciudadela de Antwerp. A través de ésta, el estudiante podrá llegar a darse cuenta

12. El conocido caso de un asedio militar, el de la captura del castillo de Antwerp resulta tan aplicable a esta cuestión y al momento de su inicio, al abrirse las trincheras, es tan auténtico que nos hemos visto obligados a ofrecer al estudiante la figura que hemos levantado para ese preciso momento.

de que las reglas que nos ofrece el autor, al estar basadas en la verdad y en la naturaleza, no sólo son infalibles, sino que además resultan tan ciertas durante el siglo xix como lo fueran en el xvii. Estas reglas harán callar a los escépticos y convencerán al mundo sobre la verdad de las influencias planetarias.

El Ascendente y su regente, que es la Luna, se toman para los asaltantes; la Casa VII y su regente, para aquellos que han resultado sitiados; la Casa IV es la que representa a la ciudad, y su regente al gobernador de ésta. La Casa X es la casa del honor de los asaltantes, y como Júpiter se encontraba allí fuertemente situado, no cabía duda alguna de que éstos conseguirían grandes honores a través del asedio. El Nodo Lunar Positivo que se hallaba en el Ascendente señalaba éxito por parte de los franceses y el Nodo Lunar Negativo lo contrario con respecto a sus enemigos. El regente de la Casa IV, Mercurio, estaba en exilio, cadente y formando una cuadratura exacta con el maléfico Saturno, lo que denotaba grandes desgracias para el gobernador que aquí aparecía reflejado como una persona muy obstinada (y realmente lo era). Este planeta maléfico ubicado en la Casa IV señalaba que el lugar resultaría asediado, y como la Luna se encontraba cuadrada a Marte, también habría mucho derramamiento de sangre y se perderían muchos hombres entre los asaltantes. La Luna se encontraba en los términos de Marte y éste en la exaltación y la triplicidad de la Luna, lo que denotaba una valerosa conducta por parte de los asaltantes; a pesar de que la Luna se hallara cuadrada a Marte, como estaba en recepción mutua, señalaba un éxito en alguna hazaña de tipo bélico, aunque con ciertas dificultades provocadas por el aspecto de la cuadratura.

Las guarniciones estaban representadas por la Casa V y por Venus, su regente, y como ésta se hallaba situada en la Casa VI (la XII a partir del Ascendente del adversario), señalaba que todo el destacamento enemigo sería hecho prisionero, tal y como se diera el caso.

La ciudad capituló y los franceses acabaron rindiéndose el día 23 de diciembre, y cuando la Luna, significadora de los asaltantes, atravesaba la cúspide de la Casa VII, penetrando en ésta tal y como los asaltantes penetraron en la fortaleza. Merece señalarse que el día en el que los franceses hicieran gala de su poder (el 15 de diciembre), Mercurio se encontraba retrógrado y la Luna estaba atravesando la cúspide de la Casa V.

El estudiante podrá observar que el regente de la Casa VII se encontraba peregrino y, además, no poseía ninguna dignidad esencial, así como que la Luna, aparte de su aspecto y de su recepción mutua con Marte, principal significador de todo cuanto esté relacionado con la guerra, estaba en su propio decanato y disponía de Saturno, por triplicidad. Por ello, no cabe ninguna duda de que los asaltantes resultaron ser los más fuertes y de que, según las reglas de esta ciencia, serían los vencedores.

El estudiante puede estar completamente seguro de que el Mapa del Cielo, siempre y cuando sea levantado en el momento preciso en el que se inicie cualquier empresa, indicará siempre de un modo infalible el resultado final a todos aquellos que lleguen a comprender realmente la astrología.

CAPÍTULO XXXI

LA CASA OCTAVA Y SUS PREGUNTAS. LA MUERTE, LA DOTE, LOS BIENES DE LA ESPOSA, ETC.

PREGUNTA. ¿Estará viva o muerta la persona ausente?
Ante todo, deberá procurar enterarse bien de si el consultante y aquella persona por la que se pregunta se encuentran unidos por algún tipo de relación, ya que, de ser así, deberá fijarse en la casa que represente dicha relación. Y, si éste no fuera el caso, entonces como significador de la otra persona debería de tomar la Casa VII. Si el regente del Ascendente de la otra persona está situado en la Casa IV o en la VIII, tanto a partir de su propia casa como de la figura, será un claro argumento de que la persona en cuestión ya ha fallecido. Y si su significador se halla ubicado en la Casa XII, o su propia Casa XII está en cuadratura o en oposición con uno de los maléficos, o bien si la Luna o el Sol son desafortunados, también ·será índice de que la persona ya está muerta.

Si el significador de la persona ausente es poderoso, se halla situado en una casa armónica y se está separando de una de las fortunas, entonces ésta no habrá fallecido. Pero si éste se encuentra afligido y últimamente ha formado alguna cuadratura u oposición con un planeta maléfico, significará que la persona habrá estado sufriendo grandes problemas y desgracias relacionadas con la naturaleza de la casa de la que se desprenda dicha aflicción, aunque, y a menos de que el regente de la Casa VIII también lo aflija o de que las luminarias se encuentren muy mal aspectadas, no estará muerta.

En cuanto a la muerte del consultante

Si alguien le pregunta en cuanto a la duración de su vida o al respecto del momento de su muerte, deberá observar el Ascendente, su regente y la Luna, así como el regente de la Casa VIII o cualquier planeta maléfico que esté allí situado y también aquel planeta con el que el regente de la Casa I o la Luna se encuentre en conjunción, en cuadratura o en oposición, y así podrá determinar la muerte del consultante de acuerdo al número de grados existentes entre el significador y el aspecto formado por el planeta que lo aflija. Si el regente del Ascendente se encuentra conjunto al de la Casa VIII y en un ángulo, serán tantos años como grados tenga la conjunción, ya que en este tipo de preguntas los ángulos no aceleran la muerte, sino que son sinónimo de una fuerte constitución o naturaleza. Si ello tiene lugar en una casa sucedente, los grados se convertirán en meses, aunque si el signo es fijo, en este primer caso, se contará cada grado como medio año y, en el segundo caso, como medio mes. Y, en las casas cadentes, los grados representarán semanas. De todos modos, siempre deberá de fijarse en si los significadores se hallan extremadamente afligidos, pues de lo contrario el consultante podría llegar a vivir mucho más tiempo del estipulado y tan sólo haber rozado la muerte o haber pasado por un mal período en el momento que tuvo lugar el fatídico aspecto. En estos casos hay que considerar mucho más al regente del Ascendente que a la Luna y ello debido a su conjunción con el regente de la Casa VIII.

Deberá de tener en cuenta que, aunque la Luna ocupe una posición fuerte, si el regente del Ascendente se encuentra muy afligido, no será ningún índice de salud o de vida, ya que tan sólo señalará éxito en los negocios, etc. Los aspectos no deben de ser considerados por separación, sino que tan sólo deberán de tenerse en cuenta aquellos que sean por aplicación.[1]

---

1. Si el mal aspecto o la fatal conjunción tienen lugar en los términos de Júpiter o de Venus, o exactamente en un trígono o sextil, existirán muchas menos probabilidades de muerte.

¿De qué forma morirá el consultante?
Ello se puede juzgar a través del regente de la Casa VIII cuando se encuentra allí situado, o por cualquier planeta que esté ubicado en esa casa, o bien por el que se halle más cerca de su cúspide y tenga dignidades en la Casa VIII, así como por el planeta que aflija al regente del Ascendente y tenga dignidades en la Casa VIII. Si el planeta en cuestión es Júpiter o Venus, o éstos se hallan situados en la Casa VIII o en aspecto de sextil o de trígono con su cúspide, serán índice de que la muerte será natural y provocada por aquel tipo de enfermedad representado por el signo en el que se encuentren ubicados y podrá localizarse en la parte del cuerpo que éstos gobiernen. Si hay algún planeta maléfico allí situado, denotará una muerte violenta, o fiebres altas y enfermedades largas y penosas; y si la figura es de tipo violento, entonces la muerte podría ser causada por algún accidente, etc. El Nodo Lunar Negativo conjunto al significador de la muerte resulta extremadamente peligroso, y si éste se tratara de Saturno (apoyado a través de una cuadratura de Venus, etc.), existirán posibilidades de envenenamiento. Si el regente de la Casa I y el de la Casa VIII es un mismo planeta, significará que el consultante será el único causante de su propia muerte y ello debido a su imprudencia, etc.

¿Será grande la fortuna de la esposa, o podrá ser obtenida fácilmente? ¿Será rica o no la persona por la que se pregunta?
La cúspide de la Casa VIII en los términos de Júpiter o de Venus proporciona grandes esperanzas de riqueza, y lo mismo sucederá si uno de estos dos planetas se encuentra allí situado. Si éstos se hallan fuertemente dignificados y sin estar combustos, etc., denotarán muchas riquezas; pero, y aun cuando se hallen dignificados, si se encuentran combustos, retrógrados, o su velocidad es lenta, entonces la obtención de la fortuna se verá obstaculizada por las dificultades, etc. Cuando el regente de la Casa VIII se encuentra situado en ella, es poderoso y no recibe ningún tipo de aflicción, proporcionará grandes esperanzas en cuanto a poder disfrutar de las propiedades o legados pertenecientes a aquella persona por la que se está preguntando; y ello todavía resultará mucho más seguro si tanto el regente de la Casa IV como el de la X se

encuentran bien aspectados al de la Casa VIII y en los ángulos. Si la Rueda de la Fortuna está situada en Casa VIII y en el signo de Leo, de Acuario, o en cualquiera de las casas de Júpiter o de Venus, o bien éstos se encuentran en buen aspecto con ella, significará que la persona por la que se pregunta goza de grandes riquezas. El que dispone de la Rueda de la Fortuna si está bien aspectado con ella o con Júpiter y Venus, también indicará lo mismo. Y si todo ello tuviese lugar, entonces significaría que la persona por la que se pregunta es sumamente rica.

Si Saturno o Marte están ubicados en la Casa VIII y se encuentran peregrinos, entonces la pareja o la persona por la que se pregunta será muy pobre o bien tendrá problemas en cuanto al poder acceder a sus bienes. El regente de la Casa VIII combusto, indicará una realización lenta y muy poca habilidad en cuanto a conseguir lo prometido; y si el Nodo Lunar Negativo se encuentra en la Casa VIII, y sin estar acompañado de ningún otro planeta, entonces existirá un intento de fraude o bien se harán muchas más promesas de las que se lleguen a cumplir.

Si el regente de la Casa VIII está situado en la II, o en sextil o trígono con su regente, el consultante recibirá todo aquello que se le haya prometido; si está en cuadratura, también podrá obtenerlo, aunque con ciertas dificultades; si está en oposición, lo conseguirá, pero tras muchos enfrentamientos y peleas; y si éstos no se encuentran en recepción, entonces no logrará conseguirlo jamás. Pero, de todos modos, aparte de estas reglas, también deberá sopesar cuidadosamente todo aquello que se desprenda de la figura en general.

¿Sufrirá el consultante por algo en particular que tema o le preocupe?

Si se encuentra a la Luna afligida, o al regente del Ascendente desafortunado y descendiendo de un ángulo, o sobre todo, si éste se encuentra situado en Casa XII y conjunto a la Luna, el consultante tendrá suficientes motivos como para estar preocupado o para esperar ser acusado de algo de lo que no haya sido totalmente culpable. Si el regente de la Casa I asciende a la Casa XI o a la X, o se halla conjunto a una de las fortunas, el consultante no resultará injuriado. Si éste se aplica a uno de los infortunios, todo aquello que pudiera resultar una amenaza para él se convertiría en realidad. Pero si se aplica a una de las fortunas y sin hacerlo al mismo tiempo con uno de los infortunios, entonces todo aquello que pudiera preocuparle sería falso o carecería de fundamento. La Luna en trígono con el Sol podrá hacer que todo se descubra de forma repentina. Si la Luna resulta cadente y se aplica a un planeta que también lo sea, será sinónimo de que el supuesto peligro no será nada serio, o bien de que al final no acabará en nada.

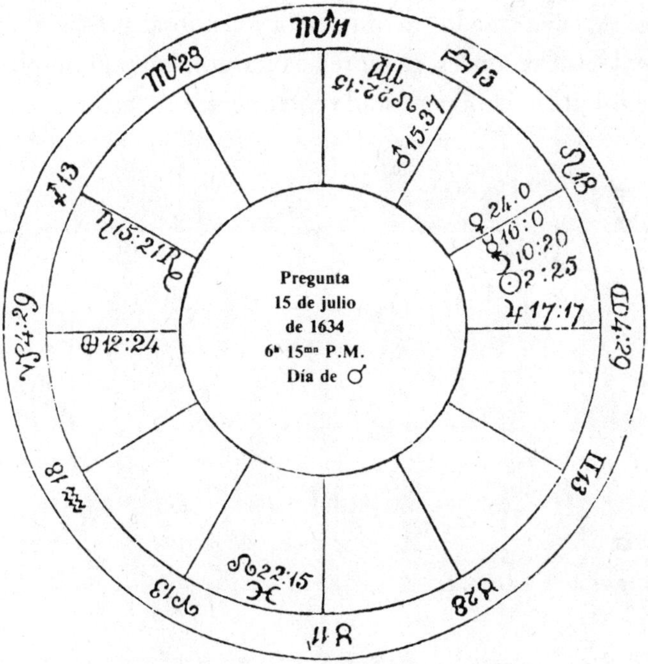

PREGUNTA. ¿Recibirá el consultante la dote prometida?

Juicio. El significador del consultante, retrógrado y situado en la Casa XII, indicaba que éste estaba algo desesperado al respecto, y así lo confesó. La mujer se hallaba representada por Júpiter y por la Luna; Júpiter estaba exaltado y la Luna en Leo, un signo fijo, lo que sin duda parecía indicar que ésta se encontraba muy segura y satisfecha de sí misma, aunque al mismo tiempo también fuese extremadamente modesta y virtuosa. Como la Luna estaba situada cerca del Sol, la mujer poseía una cicatriz cerca del ojo derecho.

Al encontrarme con el Sol, regente de la segunda casa de la persona por la que se preguntaba, situado en su propia casa, y a Venus en su Casa II, así como que la Luna se separaba del Sol y transfería su luz a Saturno, regente del Ascendente, de la Casa II y de la Rueda de la Fortuna, aseguré al consultante que no tenía por qué preocuparse en cuanto al pago de la dote de su esposa, ya que todo lo que le había sido prometido le sería pagado; y además, también le comenté que la mujer con la que se había casado era muy casta y virtuosa, aunque un poquito orgullosa. Desde entonces, siempre he oído comentar al propio consultante que mi juicio había resultado totalmente cierto.

CAPÍTULO XXXII

EN CUANTO A LA CASA NOVENA Y A SUS PREGUNTAS. LOS VIAJES LARGOS, LAS CIENCIAS Y LAS ARTES, LA IGLESIA, LA LEY, ETC.

En cuanto a un viaje y a sus consecuencias

Si los planetas situados en la Casa IX son armónicos, o si su cúspide está bien aspectada, o bien si el regente del Ascendente o el de la Casa X se encuentran ubicados allí y bien aspectados, las consecuencias o el resultado del viaje será satisfactorio. Pero si Urano, Saturno, Marte, o el Nodo Lunar Negativo se hallan situados allí, las consecuencias siempre serán negativas. Si el regente de la Casa IX se encuentra en conjunción con algún planeta inarmónico, el viaje resultará sumamente lento. Saturno significa pérdidas y enfermedades; Marte denota peligros a causa de los ladrones o de los piratas y el Nodo Lunar Negativo, además de indicar lo mismo que Marte, también denota trampas y fraudes. La casa de los bienes a partir de la IX, es la X. Las fortunas aquí situadas significarán ganancias; y los infortunios, pérdidas. La presencia de planetas benéficos en Casa IX serán índice de que el viaje resultará positivo y la presencia de los maléficos en esta casa harán que el viaje esté lleno de obstáculos y de dificultades, etc.

¿Qué tiempo y qué vientos acompañarán al consultante?

Si el regente del Ascendente se encuentra junto a otros planetas benéficos, poderosos y aspectados armónicamente, y los regentes de la Casa I y de la nueve se hallan en trígono y fuera de los signos de Géminis, de Libra o de Acuario, el tiempo será bueno y los vientos favorables. Los significadores opuestos y fuera de los signos fijos, indicarán detención a lo largo del viaje a causa de los vientos contrarios o desfavorables; y si éstos se encuentran cerca de alguna de las estrellas fijas de naturaleza violenta, las tormentas y los vientos desfavorables obligarán a regresar al viajero.

En cuanto a un viaje largo y a sus consecuencias

Si una de las fortunas está situada en el Ascendente, podrá decir al consultante que el éxito le llegará antes de emprender el viaje o al principio de éste; si está situado en la Casa X, entonces el éxito estará asegurado a lo largo del viaje; si la fortuna se encuentra en la Casa VII, podrá conseguir el éxito en el lugar al que se haya dirigido; y si está en la Casa IV, entonces éste tendrá lugar a su regreso y cuando ya haya vuelto a su casa. En este caso, Júpiter proporciona beneficios a través de alguna persona perteneciente al clero, o de algún juez, magistrado o caballero, y siempre en consonancia a la situación que en la vida ocupe el consultante, así como a la casa regida por Júpiter y a la naturaleza del regente de dicho planeta. Si se tratase del Sol, los beneficios provendrían a través del rey, o de algún noble, o alguien muy poderoso; si el planeta fuese Saturno, el éxito sería proporcionado por alguna persona de edad, o gracias a un asunto perteneciente al pasado, o bien a través de algún granjero, etc. Si se tratase de Venus, el éxito o los beneficios provendrían a través de las mujeres, de los placeres o del juego y los deportes, etc., así como por tratar con sedas, hilos, joyas o especies, etc. Si el planeta fuera Mercurio, los beneficios se deberían a los escritos, a las mercancías, o a alguna carta de introducción, etc., y finalmente, si se tratase de la Luna, entonces el éxito provendría a través de alguna mujer, probablemente viuda, o bien a través de un marinero, o por ser el portador de una noticia, etc., y también por el juego.

En cuanto a la duración del viaje, etc.

El regente de la Casa IX, los planetas allí ubicados, o la Luna rápidos y orientales y situados en un signo cardinal, indicarán que el consultante permanecerá ausente mucho tiempo. Si están situados en un signo fijo, son lentos y occidentales, significarán que el viaje será penoso y la ausencia muy prolongada. Y, si se encuentran en un signo mutable, entonces el consultante cambiará a menudo de opinión, variando el itinerario de su viaje y trasladándose constantemente de un lugar a otro, etc., los resultados podrán ser juzgados en relación a la Luna, teniendo en cuenta el que ésta se halle afligida o apoyada por otras connotaciones. Si, por ejemplo, la Luna se encontrase en Casa VI o en oposición a su regente, denotaría enfermedades o impedimentos provocados por alguno de los sirvientes, etc. El regente de la Casa IV y la Casa IV serán siempre los que nos reflejen el resultado final.

En cuanto al regreso, etc., de alguna persona que haya emprendido un viaje largo

El regente del Ascendente situado aquí o bien en el Medio Cielo, o aspectado por los planetas allí situados, indicará que el consultante tiene intenciones de regresar. Pero si está en la Casa VII o en la IV, su regreso se prolongará ya que éste no tendrá intenciones de abandonar el lugar al que se haya dirigido. El regente del Ascendente ubicado en la Casa III o en la IX y en aplicación con un planeta situado en el Ascendente, indicará que el consultante ya ha emprendido el viaje de vuelta, y lo mismo debe de ser juzgado si éste se halla en Casa VIII o en Casa II y en aplicación con un planeta situado en la Casa X, aunque en este caso también deberá de tener en cuenta a la Luna y observar si ésta forma algún aspecto con el Ascendente o con algún planeta que esté situado allí. Si el regente del Ascendente o la Luna se aplican a un planeta retrógrado, o el que es retrógrado es el regente del Ascendente y además está en aspecto con él, significará que la persona en cuestión ya ha emprendido el viaje de regreso, pero si su significador está afligido, las dificultades le obligarán a retrasarse. Y si el que dispone de la Luna también se halla afligido, igualmente conllevará dificultades.

Si se encuentra a Mercurio o a la Luna en el Ascendente o en el Medio Cielo, deberá juzgar que muy pronto se recibirá alguna carta o se tendrán noticias del viajero, ya que Mercurio representa las cartas y la Luna las noticias. Si estos planetas se estuviesen separando de una de las fortunas, entonces las noticias serían buenas, y si se separaran de un infortunio, serían malas.

El planeta del que se haya separado el regente del Ascendente de la persona por la que se está preguntando será el que nos señale el estado y condición en el que ésta se encontrara últimamente; el planeta hacia el que éste se aplique, nos reflejará su estado actual, y el planeta hacia el que se vaya a aplicar después nos indicará cuándo piensa regresar.

Si el significador de la persona por la que se pregunta está saliendo de un signo para entrar en otro, nos indicará que ésta ha abandonado el lugar en el que estaba para dirigirse a otro, o bien que ha emprendido un nuevo viaje. Observe en cuál de los signos se hallaba más fuerte el planeta, mejor aspectado, etc., y juzgue así su situación correspondiente.

Tenga en cuenta que en todas aquellas preguntas relacionadas con alguna persona ausente, la combustión será siempre un indicio de algo muy negativo, como por ejemplo pudiera ser un encarcelamiento, etc. Y si tiene lugar en la casa de la muerte, o el Sol fuese el regente de ésta, por regla general significaría la muerte.

Siempre deberá de considerar a la persona por la que se pregunta y tomar su propio significador. El regente de la Casa VII se utilizará si se trata del marido o de la esposa (o de alguna persona que no sea de la familia), el regente de la Casa III se tomará para los hermanos; el de la V, para los hijos, etc. También deberá de tener en cuenta la posición que ocupen las fortunas, si son fuertes con respecto a la figura, si están bien aspectadas con el significador de la persona por la que se pregunta, o si se hallan ubicadas en su propia casa, y así juzgar la salud y la prosperidad; y, con respecto a los infortunios, deberá de juzgar todo lo contrario.

En cuanto a los beneficios procedentes de la ciencia, o a los conocimientos que de ésta se tengan, etc.

El Ascendente, su regente y la Luna se toman para el consultante; la Casa IX, su regente o el planeta que se encuentre allí situado (si hay varios se toma aquel que esté más cerca de la cúspide), representarán a la ciencia.

Fíjese en si el regente de la Casa IX es afortunado o no, en si es angular, oriental, etc., y también en si está aspectado con el regente del Ascendente a través de un sextil o de un trígono. Si se trata de una de las fortunas y además se encuentra aspectada al regente del Ascendente, la persona dispondrá de amplios conocimientos científicos a través de los cuales obtendrá grandes ganancias, sobre todo si existe recepción. Si el aspecto es de cuadratura o de oposición, también será muy inteligente, pero no sabrá cómo sacar provecho de ello. Si uno de los infortunios se encuentra en aspecto con el regente del Ascendente o con el de la Casa IX, la persona se habrá agotado a sí misma en cuanto a la búsqueda de conocimientos sin obtener resultados, ya que a este respecto jamás logrará alcanzar lo deseado. Si los infortunios están situados en la Casa IX o sus regentes se hallan afligidos, la persona dispondrá de unos conocimientos científicos sumamente limitados. La Luna también debe de ser observada junto al regente de la Casa IX, ya que si ambos se aplican a una de las fortunas, el hombre será alguien muy científico, y si se aplican a uno de los infortunios, entonces sucederá todo lo contrario.

Si la pregunta se hace con respecto a otra persona, en este caso el Ascendente corresponderá a la persona por la que se pregunta.[1]

EJEMPLO:

Dado que el autor no nos facilitó ningún ejemplo que nos pareciese interesante con respecto a esta cuestión, el lector se presenta aquí a través de una figura, que sin duda alguna les resultará muy interesante. El editor del libro se encontraba en compañía de otros dos astrólogos y como todos ellos deseaban conocer el futuro que le esperaba a la astrología, juntos levantaron la figura siguiente.

1. No estamos de acuerdo con el autor en cuanto a este punto ya que, a menos de que la persona por la que se pregunte haya dado su *conformidad* para que la pregunta sea formulada, creemos que se deben seguir tomando los mismos significadores que para cualquier otra pregunta; la Casa VII, la V, la III, etc.

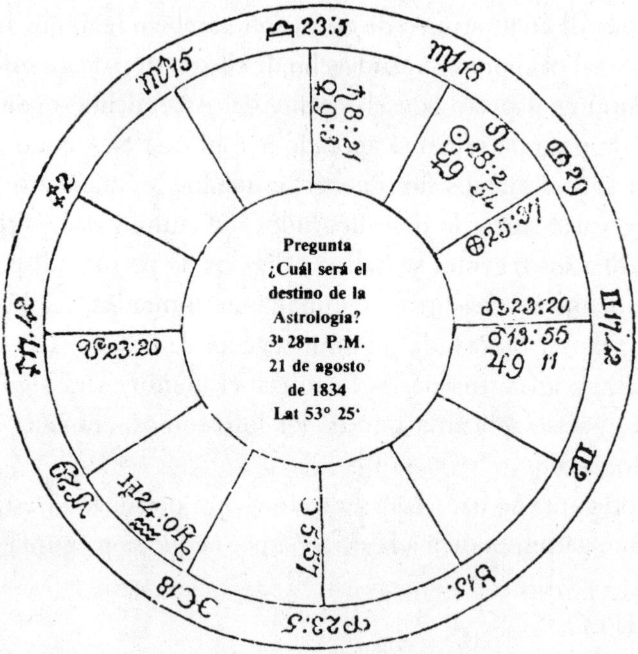

Pregunta
¿Cuál será el
destino de la
Astrología?
3h 28m P.M.
21 de agosto
de 1834
Lat 53° 25'

JUICIO DE LA FIGURA ANTERIOR

En cuanto a esta figura, lo primero que llama la atención es que Mercurio, significador natural de la ciencia, es el regente de la Casa IX y por ello es también significador de la ciencia astrológica. Es cadente y casi peregrino, y no posee además ninguna dignidad esencial, aun a pesar de encontrarse en sus propios términos; a través de ello, se puede observar el debilitado estado actual de esta ciencia. Pero como Mercurio ha recorrido cuatro grados de su término y en un signo fijo, significará que durante los últimos cuatro años, esta ciencia habrá podido disfrutar, aunque en cierto medida, de algo más de crédito que antes. Y este es el caso ya que unos cuatro años antes, las publicaciones del editor habían comenzado a llamar la atención y a despertar el interés hacia la astrología. Y como Mercurio acababa de formar un sextil con Júpiter, que es el que nos describe a la persona que formula la pregunta, era índice de que unos nueve meses antes esta ciencia había resultado sumamente favorecida por esta persona, dado que Mercurio pasaba unos *43 mi-*

nutos del sextil de Júpiter y ello denotaba un tiempo de nueve meses si tomamos un grado por año. De hecho, la *Gramática de la Astrología* fue publicada unos nueve meses antes de que se formulara esta pregunta.

El Nodo Lunar Negativo situado en el Ascendente nos refleja las dificultades con las que tuviera que enfrentarse el editor y las afrentas que se viera obligado a soportar por hacer que esta ciencia pudiera resurgir nuevamente.

La presencia de Saturno en la Casa IX era la que indicaba el descrédito que por regla general acostumbra a acompañar a esta ciencia, y al hallarse conjunto a Venus denotaba que esta ciencia habría resultado injuriada por mediación de una serie de mujeres de avanzada edad que, y a través de ella, pretendían practicar la adivinación, etc., aunque, sin embargo, estas damas jamás gozarían de gran prestigio entre el público ya que, y como puede observarse, la Luna (significadora general del público) estaba opuesta a Venus y a Saturno y en la casa de los enemigos de esta ciencia.

El siguiente aspecto formado por Mercurio era el de un sextil con Marte, que al ser el regente de la Casa XI de la figura y estar situado en la cúspide de la Casa XI a partir de la IX, denotaba muchos *amigos,* lo que significaba que al cabo de unos cuatro años a partir de haberse formulado la pregunta, esta ciencia conseguiría ganarse un gran número de adeptos o de amigos entre los escritores, vendedores de libros, etc., tal y como puede verse reflejado por la posición de Marte en Géminis; sin duda alguna, durante ese período, la ciencia volvería a recuperar de forma repentina la opinión favorable del público. Otro de los aspectos formados por Mercurio era el de una oposición por parte de Urano, con una distancia de unos 14 grados, y ello era índice de que algún perjuicio habría sido causado de forma *súbita* o *repentina* a los intereses de esta ciencia, y ello a través de algunas mujeres, pues Venus estaba en aspecto exacto de sesquicuadratura con Urano. Pero al encontrarse éste retrógrado y no ocupar ninguna posición angular, el perjuicio no llegaría a revestir la mayor importancia. El Sol estaba ubicado en la Casa XII a partir de la IX, lo que denotaba que esta ciencia contaría sin duda con un gran número de enemigos secretos entre los más poderosos, pues como el Sol se encontraba en Leo y disponía de Mercurio, aquellos que actualmente ostentaran el poder, se habían convertido en detractores de esta ciencia. Como Mercurio distaba unos 18 grados del Sol, juzgué que sobre el 1852 esta ciencia recibiría algún honor importante y que, probablemente, éste tendría mucho que ver con la anulación de las leyes penales que prohibían el aceptar cualquier tipo de remuneración por la práctica de estas ciencias. Como Mercurio todavía debía de recorrer unos 20 grados antes de poder entrar en el signo de Virgo y alcanzar así sus propias dignidades y Saturno habría entrado también en Géminis y entonces estaría dispuesto por Mercurio, deduje que tras unos 20 años a partir de ese momento, la ciencia llegaría a ser honrada públicamente. Dado que más adelante a Mercurio le faltarían unos 18 grados por recorrer para poder pasar a un signo mutable (significando meses), llegué a la conclusión de que al cabo de unos 18 meses después de todo esto, cuando Mercurio atravesara la cúspide de la Casa IX de la figura (sobre el año 1856), esta ciencia alcanzaría muy pronto la estimación popular y podría ser estudiada públicamente en las escuelas, etc.

El Sol, al cabo de unos dos años, entraba en Virgo (ya que se encontraba a dos grados de distancia de este signo) y ello haría que los que ostentaban el poder disminuyesen su severidad en cuanto a esta ciencia; y como le faltaban 18 grados (18 meses, pues se encontraba ya en un signo mutable) antes de atravesar la cúspide, en esos momentos, una persona de alto rango resultaría, gracias a su apoyo, de una gran ayuda para la ciencia: y ello sucedería al cabo de unos tres años y medio después de formulada la pregunta; es decir, en el año 1838.

Ahora, deberemos de tomar en consideración a la Luna que se apresura en formar una oposición con dos planetas ubicados en la Casa IX, lo que denotaba que todavía se podrían esperar muchas oposiciones con respecto u esta ciencia, y sobre todo por parte de aquellas personas más rudas y violentas, tal y como siempre acostumbra a reflejar la Luna en una casa de Marte. Pero una vez pasada la influencia de la oposición de Saturno y de Venus, la Luna recibirá únicamente buenos aspectos. Digno de destacar es que, antes de pasar a través de Aries, la Luna se encontraba aspectada por cada uno de los planetas. El primer aspecto formado por ella, tras su oposición con Saturno y con Venus, era el de un sextil con Júpiter que proporcionaba una gran popularidad a los trabajos relacionados con esta ciencia y realizados por el editor.

El siguiente aspecto era el de un trígono con Mercurio y denotaba un aumento visible entre los estudiantes de esta ciencia, así como un mayor número de debates públicos. Otro aspecto era el de un sextil con Marte y éste indicaba un incremento de adeptos o de amigos poderosos que abogarían por esta ciencia y la apoyarían fervorosamente. El sextil con Urano no revestía la mayor importancia; pero el trígono con el Sol, al ser el último aspecto formado por la Luna antes de que ésta abandonase definitivamente el signo, demostraba que al final esta ciencia recibiría el más alto reconocimiento y sería honrada públicamente y, como el Sol se encontraba en un signo fijo, ello sería permanente. Finalmente, la cúspide de la Casa IV se hallaba ubicada en los términos y en la casa de Marte regida por el Sol, por triplicidad y decanato; y además el Sol también estaba en trígono con Marte, regente de la Casa IV, se hallaba conjunto a Júpiter, en sextil con Mercurio y con la Luna, y en trígono con Saturno y con Venus; y por casa, regía a la Luna; y por decanato, al Sol. Todos ellos eran testimonios patentes de que, al final, la causa de la verdad triunfaría y la realidad y utilidad de esta ciencia llegaría a ser establecida de una forma permanente. Mercurio, situado en un signo fijo y poderosamente aspectado por Saturno, Júpiter, Marte (regente de la Casa IV, que es la que indica el final del asunto), Venus y la Luna, viene a ser también una evidencia clarísima de que *¡la astrología está llamada a prosperar mientras que dure el mundo!*

N. B. Es extraordinario que Mercurio haya pasado justamente el sextil de Venus, regente de la Casa II (o casa de las propiedades) a partir de la IX, y regente también de la Casa X de la figura y de la IX (o casa de las leyes) a partir de la Casa IX. Ello es un claro índice de la renovación de las leyes que impedían las publicaciones de los *Almanaques Astrológicos*, y que además habían llegado a injuriar notablemente a esta ciencia. Otro hecho curioso es que Júpiter estaba pasando exactamente por el grado dos de Géminis y cúspide de la Casa X (o casa del honor) a partir de la IX, en el día 7 de febrero de 1835 y que fue cuando la última parte de esta edición pasase por la imprenta; al mismo tiempo, Saturno se encontraba a 23 grados y 6 minutos de Libra, habiendo abandonado ya la Casa IX en la que había estado injuriando los intereses de esta ciencia.

Una mujer nos preguntaba acerca de su marido que estaba en el mar, y quería saber si éste se encontraba vivo y, de ser así, cuándo regresaría…

Juicio. El regente del Ascendente, Mercurio, representa a la consultante, y al estar conjunto a la Luna y a Saturno y en el signo de Aries, que es el que gobierna la cara, la mujer en cuestión la tenía extremadamente desfigurada a causa de la viruela y, al mismo tiempo, sus ojos eran muy débiles, etc., y debido a la aflicción que recibiera Mercurio por parte de Saturno, se hallaba realmente preocupada y apenada por su marido. La consultante tenía tendencia a cecear y hablaba con dificultades, pues Saturno se encontraba en un signo animal y afligiendo a Mercurio, lo que era causa de impedimentos en el habla y sobre todo con la Luna afligida.

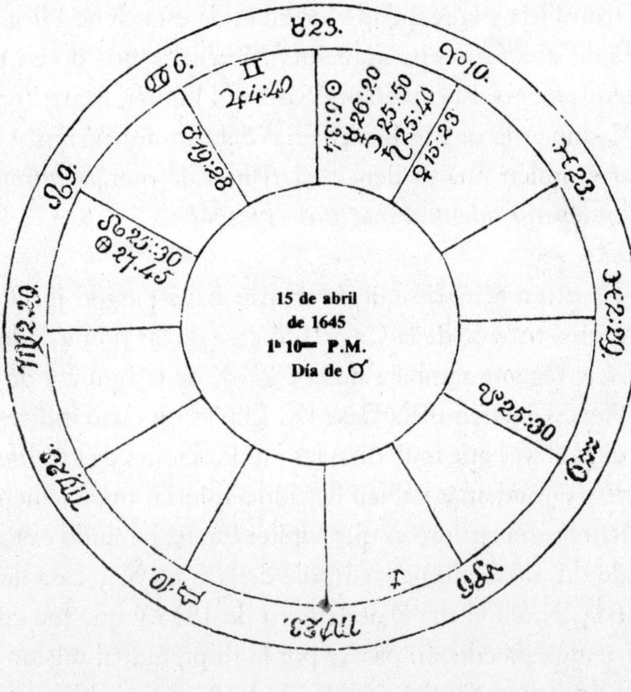

Júpiter representaba a la persona por la que se estaba preguntando y al estar en Casa X y haberse separado últimamente de un sextil con Venus, ahora en la Casa IX, y regente de la III, indicaba que el marido de la consultante, últimamente, había viajado en dirección sureste; y como Júpiter no recibía ni una sola aflicción, su velocidad era rápida y se encontraba angular, deduje que el hombre estaba vivo y gozaba de salud. Pero como Mercurio, que es el que dispone de Júpiter, era regente de su Casa VIII (es decir de la II) y la Luna estaba tan afligida por Mercurio y por Saturno, informé a la consultante de que la vida de su marido había corrido grandes peligros a causa de las trampas y de los complots urdidos por sus adversarios, ya que Mercurio era el regente de la Casa VII a partir de su Ascendente, y Saturno lo era de su Casa XII.

Además, Júpiter se hallaba fortalecido accidentalmente, pero no esencialmente, estando en exilio y próximo a *Oculus;* una estrella fija de naturaleza violenta, lo que venía a indicar que el hombre había logrado resistir aquellos violentos y repentinos riesgos.

Al encontrarse Júpiter más fortalecido que la Luna, ya que ella ya casi estaba entrando en Tauro, un signo meridional, mientras que Júpiter se hallaba en Géminis, un signo occidental y de cuarto de cielo sur, juzgué que la persona a la que hacía referencia la pregunta se encontraba en el suroeste de Inglaterra y que además estaba en algún puerto, pues Júpiter se hallaba angular.

¿Cuándo recibiría noticias suyas o volvería a verlo de nuevo?

La Luna se estaba separando de Saturno y aplicándose a Mercurio, significador de la consultante, lo que indicaba que tras mucho esperar, etc., recibiría noticias suyas en el plazo de unos tres días, pues la Luna se encontraba entonces muy cerca de Mercurio y en un signo cardinal. (Y realmente, así fue). Pero como Mercurio estaba en un signo cardinal y la Luna se hallaba afligida por éste al igual que Saturno, las noticias que recibiera la mujer resultaron ser falsas ya que en ellas se le informaba de que su marido se encontraba en la ciudad, y ello no era así. Teniendo en cuenta el que Mercurio y Júpiter se apresuraban a formar una conjunción en Géminis, signo en el que Mercurio se encontraba muy fuerte y que además ésta tendría lugar el próximo 5 de mayo, deduje que entonces sería cuando la mujer recibiera verdaderas noticias sobre su marido, siempre y cuando éste todavía no hubiese regresado al hogar. Durante la segunda semana del mes de mayo, la mujer recibió noticias de su marido, pero éste no regresó a casa hasta el mes de julio. Había estado realizando múltiples viajes por el oeste hasta caer prisionero de las fuerzas del rey y, en el preciso momento en el que se había formulado esta pregunta, él se encontraba en Barnstaple.

PREGUNTA. ¿Resultará permanente el presbiterio?

Juicio. Los ángulos de la figura no están fijos, pero la cúspide de la Casa IX, que es de la que se desprende este juicio, se encuentra situada en Tauro, un signo fijo y estable; además, debemos de tener en cuenta a Saturno, que también está allí ubicado y en términos de Júpiter y que es el significador general de todos los asuntos de tipo religioso. Júpiter permanece estacionario y está abandonando su exaltación, resultando obstaculizado por Marte; tras abandonar el signo de Cáncer, entra en el signo fijo de Leo y en términos de Saturno. Venus, que rige la Casa IX, se encuentra en exilio y en la Casa XII a partir de su propia casa (o sea de la IX). Esta todavía debe de recorrer 21 grados dentro de la Casa VIII antes de entrar en Tauro, su propio signo, y en el que estará fija. Pero antes de alcanzar el signo de Tauro, se encontrará con una cuadratura por parte de Júpiter (lo que denotará una gran oposición por parte de la clase acomodada de Inglaterra) y luego, con otra cuadratura por parte de Marte (regente de Aries, que es el Ascendente de Inglaterra) y ello reflejará un enorme desacuerdo por parte de toda la comunidad inglesa, y estos tres planetas situados en el momento del aspecto, en términos de Saturno.

No hay ni un solo planeta fijo exceptuando a Saturno, ni tampoco planetas esencialmente dignificados a excepción de Júpiter; la Luna está entrando en *Vía Combusta,* Marte y Mercurio se encuentran en caída, Venus en exilio y Júpiter obstaculizado por Marte. La Luna se aleja de Venus en la Casa VIII y pasa entonces a recibir una cuadratura por parte de Marte y de Júpiter. A través de todas estas configuraciones, podemos deducir fácilmente que *la posteridad podrá comprobar que existe una gran parte de verdad en la astrología.*

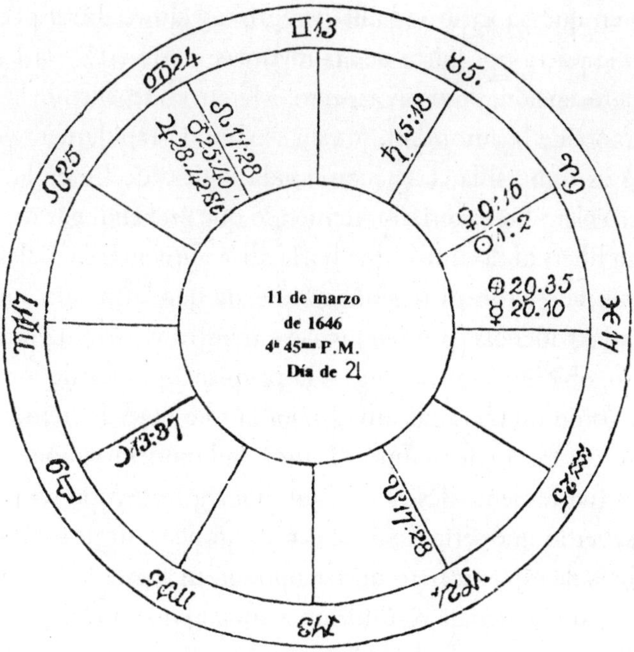

La posición de Saturno en Casa IX, que ya por naturaleza es una casa excesivamente seria, rígida y severa, podría venir a significar que este presbiterio sería también demasiado estricto, poco alegre y muy obstinado con relación a la constitución inglesa, así como poco amable y comprensivo con la naturaleza de dicha comunidad. También indicaba que este presbiterio haría recaer sobre sí mismo un sinfín de opiniones totalmente dispares, ya que sus integrantes serían extremadamente vengativos y codiciosos, siempre deseosos de acaparar más bienes de los que les pudieran corresponder, y materialistas, envidiosos y maliciosos entre ellos mismos. Entre ellos, sin duda habría algunos jóvenes, representados por Venus[2] que aportarían una nueva luz en sus juicios, dudando y rechazando esta estricta disciplina, mientras que los más ancianos, representados por Saturno, no serían respetados debido a su excesiva rigidez, ni tampoco se les consentiría sus ortodoxas opiniones.

2. Ello se debe a que Venus, situada en la Casa de Marte, representa a un tipo de personas muy inclinado a los placeres.

Fíjese en que Saturno se halla peregrino y sin recibir aspectos favorables, ni siquiera por parte de las fortunas; entre éste y la Luna tiene lugar una recepción, pero sin aspecto: Mercurio, regente de la Casa X y representante de la autoridad, se está separando rápidamente de Saturno, y ello es como si la clase acomodada inglesa declinara la severidad del austero clero presbiteriano, temiendo que éste en lugar de conllevar una cierta libertad, lo único que haría sería aumentar la esclavitud.

No transcurrieron ni tres años antes de que la misma autoridad o la Divina Providencia, proporcionase a nuestro juicio una forma disciplinada o gobierno, tan cercano a la primitiva pureza de los primeros tiempos, como mucho más amado por la totalidad del reino de Inglaterra; en este espacio de tiempo, la autoridad moderaría una serie de cosas, ahora fuertemente deseadas. Durante algún tiempo no podríamos llegar a saber lo que sería establecido; y entonces surgirían las tropas o los hombres de espíritu fiero que se opondrían a participar con el clero y negarían su obediencia o sumisión a aquello que podríamos denominar *presbiterio;* más tarde, llegarían a ser manejados por los magistrados y por la gran autoridad del reino. También, y debido a la multiplicidad del clero o a la de los hombres de buen juicio, éste sería contradicho, discutido y desaprobado, lo que haría que este mismo presbiterio, conservado actualmente, no resultase ser igual al que recibiera la comunidad inglesa como un representante de una serie de leyes estables bajo las que vivir.

Por todo lo que he podido deducir a través de esta figura, he llegado a la conclusión de que este presbiterio no llegaría a asentarse en Inglaterra.[3]

---

3. Hemos emitido este juicio con todo detalle y en su totalidad con respecto al restablecimiento de la Iglesia episcopal, ya que al ser un tema perteneciente a la historia, podrá ser una prueba decisiva en cuanto a la verdad de la ciencia y a su capacidad para decidir todo aquello que resulte importante, ya sea tanto de carácter público como privado. El estudiante podrá comprobar que la predicción referida a la caída de la Iglesia presbiteriana, en cuanto a todo lo concerniente a Inglaterra, ha sido realizada respetando las más estrictas reglas de la doctrina seguida por nuestro autor.

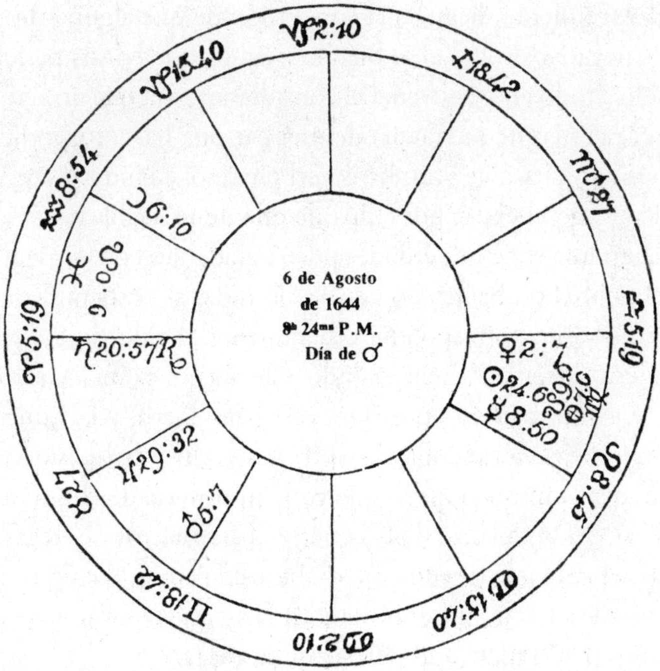

PREGUNTA. ¿Podrá conseguir el consultante la parroquia deseada?

Juicio. En primer lugar, me encuentro con una conjunción por separación entre Júpiter, regente de la Casa IX, y Marte, regente del Ascendente. Segundo, veo que ni la Luna ni el regente del Ascendente se hallan ubicados en la Casa IX. Tercero, no hay ni un solo planeta que traslade la luz de Júpiter hacia Marte. Cuarto, no existe recepción entre Júpiter y Marte. Quinto, Saturno se encuentra imposibilitado en el Ascendente y, debido a su presencia, aflige al consultante y hace que se desespere en cuanto a conseguir el éxito. Sexto, la Luna está separándose de un trígono con Marte y aplicándose a una oposición con Mercurio, regente de la Casa III, de lo que se deduce que algún vecino del consultante será el que, por mediación de una carta, de unas palabras o de alguna información contraproducente, acabe por destruir todas las esperanzas del consultante, así como que los hombres de tipo mercurial; es decir, los estudiosos o teólogos, etc., se convertirán en sus enemigos. Dado que además Venus se halla situada en Libra y en oposición al Ascendente, llegué a la conclusión de que alguna mujer daría informes negativos sobre él, o bien lo perjudicarla en sus peticiones.

Debido a todo ello, convencí al consultante para que no siguiese con el asunto, pero como se trataba de una persona bastante codiciosa, no me hizo ningún caso y continuó con el proceso: cuando se creyó que ya había alcanzado el éxito, por culpa de una despreciable carta en la que se revelaban una serie de verdades poco agradables concernientes a una dama, el pobre hombre acabó perdiendo todas sus esperanzas, *et exit.*

El consultante correspondía exactamente al tipo de Saturno y de Marte y era extremadamente agudo y locuaz; y como Mercurio y la Luna se encontraban en oposición, éste bajo Tierra y la Luna en XII, jamás pudo llegar a descubrir cuál de sus vecinos había sido el que le injuriase, pero tampoco quiso que yo le informase de ello. De haberlo querido así, yo le hubiese dicho que, y al ser Saturno el regente de la Casa XII, el culpable de todo ello habría sido sin duda algún granjero o ganadero de carácter huraño y enfermizo y que seguramente debía de vivir a unos 3 000 metros al noreste de su casa.

CAPÍTULO XXXIII

LA CASA DÉCIMA Y SUS PREGUNTAS: OFICIOS, DIGNIDADES, ASCENSOS, GOBIERNOS, COMERCIO, PROFESIONES, ETC.

Los significadores habituales se toman para el consultante y la Casa X, su regente y el Sol, para aquel empleo o ascenso, etc., por el que se pregunte.

Si el regente del Ascendente o la Luna están en buen aspecto con el Sol y conjuntos o en buen aspecto con el regente de la Casa X, o se encuentran allí situados, si el consultante se lo propone y se esfuerza en ello, logrará realizar sus deseos. O si ninguno de estos significadores se encuentran conjuntos al regente de la Casa X, pero el regente del Ascendente o la Luna están en la Casa X y sin ningún tipo de aflicción, también lo conseguirá. Si el regente de la Casa X se encuentra en el Ascendente, el consultante logrará asimismo aquello que se proponga; y si estos dos regentes estuviesen a punto de formar algún aspecto armónico, entonces todavía lo podrá conseguir más fácilmente.

El regente de la Casa X conjunto a Júpiter o a Venus y en el Ascendente, indicará que el consultante podrá conseguir el empleo, el ascenso, etc., sin ningún problema, y si éste se encuentra conjunto a Saturno o a Marte y ambos ubicados en el Ascendente, pero bien dignificados, entonces y aunque con ciertas dificultades, también podrá conseguir aquello que se proponga.

Cuando la Luna esté en recepción con el regente de la Casa X o con el regente de la Casa I, el éxito estará asegurado. Y si existe traslación de luz del regente del Ascendente hacia el de la Casa X, indicará que el consultante logrará aquello que desea gracias a la ayuda de la persona descrita por el planeta causante de dicha traslación.

Si el regente del Ascendente se aplica a través de una conjunción del regente de la Casa X y no tiene lugar ninguna abscisión previa por parte de algún otro planeta antes de que se haya completado exactamente la conjunción, el consultante conseguirá llevar adelante sus deseos, aunque para ello tenga que luchar con todas sus fuerzas.

Si uno de los planetas está en sextil o en trígono con el regente de la Casa X o con el Sol, el consultante deberá solicitar aquello que desea a las personas descritas por estos planetas, pues éstas, y gracias a su influencia, podrán apoyar en gran medida al consultante.

Si en cualquiera de los casos el planeta prometedor se encuentra en uno de los ángulos, el asunto podrá ser llevado a cabo rápidamente; si éste se halla ubicado en una casa sucedente, el asunto también llegará a concluirse aunque de forma algo más lenta; y si está en una cadente, entonces el asunto sufrirá constantes retrasos o altibajos, aunque finalmente y si el planeta se halla bien dignificado, éste también podrá llegar a buen término.

Si un planeta maléfico aspecta a la Luna o al Ascendente a través de una cuadratura o de una oposición y sin recepción mutua, impedirá que el consultante consiga lo que se propone por culpa de aquella persona que haya abogado en su favor o haya solicitado el puesto, etc., en su nombre.

La mejor señal de todas es cuando los dos regentes se encuentran conjuntos y la Luna se separa del regente de la Casa X y se aplica al del Ascendente; pero si se aplica a los dos regentes, también resultará muy favorable.

Si el regente del Ascendente se aplica en buen aspecto con el regente de la Casa IV, denotará éxito; pero si el regente de la Casa IV también se halla conjunto al regente de la Casa X, el asunto podrá llevarse igualmente a cabo, aunque con muchos retrasos y vejaciones.

¿Podrá una persona seguir manteniendo el mismo puesto que ocupa en la actualidad?

Observe si los regentes de la Casa I y de la Casa X se encuentran en conjunción o en aspecto; y fíjese también en si el planeta más poderoso de los dos se halla en alguna casa angular con excepción de la Casa IV; si es así, el consultante no será trasladado. Pero si el planeta más pesado se encuentra en la Casa IV o acercándose a ella desde la V, entonces tendrá que abandonar su empleo. De todos modos, y si existe recepción entre los dos regentes, volverá a recuperarlo y, si la recepción es mutua, lo recuperará rápidamente y con muchísimos más honores de los que tuviera en un principio.

Lo mismo podrá ser juzgado si el regente del Ascendente se halla conjunto a algún planeta situado en la Casa III o en la IX, o a sus regentes, y, tras su separación, se pone de nuevo en aspecto con otro planeta que esté ubicado en cualquiera de las casas angulares, excepto en la IV. Pero si los dos regentes (el de la Casa I y el de la Casa X) se están separando entre ellos, entonces jamás volverá a recuperar su empleo y lo perderá totalmente.

Si el regente del Ascendente, de la Casa X, o la Luna se hallan dispuestos por algún planeta situado en una de las casas angulares (excepto en la IV) y ese planeta es de velocidad lenta, el consultante podrá mantener su empleo hasta que el planeta se ponga retrógrado, combusto o abandone el signo en el que se encuentre. Entonces, y a menos de que intervenga algún aspecto poderoso, éste perderá irremediablemente su empleo.

Si la Luna se halla conjunta al regente de la Casa X y éste se encuentra situado en la X, el oficial o gobernador, etc., no llegará a ser destituido.

Si el regente del Ascendente o la Luna se encuentran en conjunción al regente de la Casa X y éste resulta ser más pesado que cualquiera de ellos, está ubicado en la Casa X, en la XI o en la V y libre de impedimentos, siempre y cuando no esté en aspecto con la Casa X, hará que el oficial sea trasladado a otro lugar o destino; pero si aspecta a la Casa X, entonces éste permanecerá allí donde se encuentra.

Si la Luna está en conjunción con algún planeta que no se halle en sus dignidades esenciales, aunque con recepción (a menos de que se trate de Júpiter o Venus y por trígono o sextil), el consultante abandonará su puesto o empleo, etc. Si tanto el regente de la Casa IV, como la Luna, están situados en la Casa IV y Aries, Cáncer, Libra o Capricornio ocupan su cúspide, éste también deberá de abandonar su puesto; y ello todavía se hará mucho más potente si la Luna pasa a formar una conjunción con el regente de la Casa IV y éste, además, se halla peregrino. Lo mismo hay que temer si la Luna se encuentra afligida en Capricornio, o bien vacía de curso, y si el regente del Ascendente también se halla afligido.

¿Recuperará el poder un rey expulsado de su reino, o un oficial que haya perdido su puesto?

El Ascendente y su regente se toman para el consultante, se trate tanto de un rey como de un duque o caballero, etc. Tenga en cuenta que si el regente de la Casa I se encuentra en conjunción con el de la Casa X, el rey o el gobernante, etc., volverán a recuperar su puesto y su poder.

Si el planeta no se encuentra en aspecto con la Casa X, deberá de fijarse en si la Luna está en conjunción con cualquiera de los planetas ubicados en el Ascendente o en la Casa X, ya que ello también significará que el consultante volverá de nuevo a recuperar su puesto. Y si la Luna está en Aries, en Cáncer, en Libra o en Capricornio, conseguirá recuperarlo rápidamente. Si el regente de la Casa X resulta ser más ligero que el de la Casa IV y se separa de él, también indicará lo mismo.

Si el regente de la Casa X es más ligero que el del Ascendente y se encuentra conjunto a este, el consultante podrá volver a recuperar su puesto, oficio, etc., del mismo modo en que lo hará si la Luna está conjunta al regente de la Casa X y en aspecto con esta misma casa, a menos de que se halle dispuesta por algún planeta peregrino y situado bajo la Tierra. Cuando el regente de la Casa I se halla en aspecto y en recepción con algún planeta que no esté afligido, entonces el consultante regresará; pero si no tiene lugar ninguna recepción, no volverá.

Cuando la Luna se halla conjunta a algún planeta ubicado en Casa IX (excepto si se trata de una de las fortunas) es índice de que el rey, etc., se retirará o abandonará su reino, y si se trata de una de las fortunas y está situada en Aries, en Tauro, en Cáncer, en Libra, en Leo, en Capricornio o en Acuario, éste regresará, aunque si la fortuna se encuentra en el signo de Géminis, de Virgo, de Sagitario o de Piscis, entonces este rey o gobernador, etc., hallará de nuevo el poder o un nuevo puesto, etc., en algún otro lugar. Si el regente de la Casa X o la Luna se hallan afligidos a causa de una conjunción por parte de alguno de los infortunios situados en los ángulos, entonces el rey o el gobernador, etc., jamás volverá a recuperar su poder.[1]

En cuanto a la profesión, al oficio o al empleo que cada cual es capaz de desempeñar Considere los regentes del Ascendente y de la Casa X, las cúspides de estas casas, la Luna y el lugar ocupado por Marte y por Venus, pues estos dos planetas son los significadores de los oficios o empleos, etc. Observe cuál de los dos (Marte o Venus) es el más poderoso y tome nota del signo en el que se encuentra; también deberá de tener en cuenta los cuatro ángulos y los planetas que los ocupen. Si éstos se encuentran en un signo de Fuego, o al menos su mayoría (es decir, Marte, Venus, el planeta angular y las cúspides de las casas angulares y especialmente la X) y además Marte posee cualquiera de las dignidades en el lugar del regente de la Casa X o del Sol, podrá asegurar al consultante que sin lugar a dudas resultará un excelente comerciante, etc., en cualquier tipo de negocio dentro de la naturaleza del *fuego,* o en el que éste deba de ser utilizado; y si el regente de la Casa X se encuentra en su exaltación, entonces el sujeto podrá llegar a convertirse en un buen servidor del rey o de cualquier persona noble, etc.

Si el significador del empleo (que normalmente suele ser el regente de la Casa X o un planeta –sobre todo Marte o Venus– situado en X y cerca de la cúspide) se encuentra en el signo de Aries y *débil,* el consultante podría llegar a ser un buen ganadero, mozo de cuadra, herrero, etc., y si el significador es *fuerte,* entonces será bueno como fabricante de carruajes o veterinario, etc., así como en cualquier tipo de trabajo en el que, y de forma respetable, deba de tratar con caballos o con ganado mayor.

Si el significador se halla ubicado en Tauro, lo más apropiado para el consultante será la agricultura, la jardinería, el comercio de maíz o de ganado, etc.; y si Venus es su significador, lo mejor será que se dedique a aquellos negocios que guarden relación con el mundo femenino, tales como la fabricación de aceites o de jabones, de prendas de vestir,

1. Esta regla también servirá para saber si cualquier miembro del Parlamento volverá a ser reelegido y a desempeñar de nuevo el puesto que ocupara anteriormente, así como para conocer si un ministro, etc., recobrará o no su poder, o bien si una persona normal conseguirá mantener su empleo, etc.

y un largo etc. Si el significador está en Géminis, podrá llegar a ser un buen escritor, oficinista o administrador, etc., o bien topógrafo, pintor, astrónomo, astrólogo, geómetra, o maestro, etc.

Si se encuentra en Cáncer, entonces estará muy bien preparado para asumir una gran diversidad de ocupaciones, aunque su profesión podría también estar relacionada con los viajes por mar, o con el comercio de líquidos tales como el vino, la cerveza, etc., así como con su afición por la política.

Si está en Leo, será un buen jinete o cochero, herrero, relojero, soplador de vidrio, cazador o veterinario de vacas y también sabría cómo salir airoso en cualquier oficio relacionado con el fuego.

Si está en Virgo, el consultante llegará a ser un buen secretario de alguna persona con poder, o maestro, contable, librero o impresor y también podría ser un excelente político o un buen astrólogo, etc.

Si se encuentra en el signo de Libra, será poeta u orador, cantante o músico, o bien lencero o fabricante de sedas, etc.

Si éste se encuentra situado en Escorpio, el sujeto podría convertirse en un excelente médico, en boticario o en físico o también podría ser latonero, fundidor, cervecero, vinatero o barquero, etc.

De estar en Sagitario, lo más apropiado para el consultante sería pertenecer al clero o bien estudiar química o ser tratante de ganado, cocinero o carnicero.

Si se encuentra en el signo de Capricornio, entonces será un buen proveedor o fabricante de velas, veterinario, granjero o comerciante de lanas y de utensilios para la agricultura. Si está en Acuario, el consultante podrá convertirse en carpintero de barcos, y si uno de los planetas se encuentra en aspecto con el significador y fuera de los signos de Agua, entonces también podría llegar a ser un buen marinero o capitán de barco, así como pintor o decorador de barcos, o también comerciante.

Si el significador se halla situado en el signo de Piscis, el sujeto será un bufón excelente, o cantante o jugador, etc., pero también podría convertirse en tabernero o pescadero. De todas formas, el ingenio acostumbra a ser débil en estas personas ya que además se sienten muy inclinadas hacia la bebida.

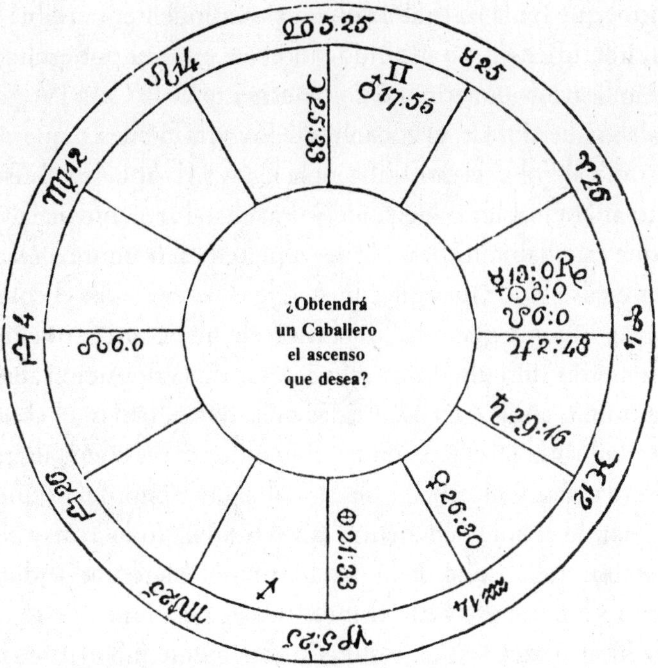

Así como los signos de Fuego representan a aquellas personas que trabajan con éste, como por ejemplo, los forjadores, los orfebres, los panaderos, etc., los signos de Tierra reflejan a aquellas personas cuyas ocupaciones se hallen relacionadas con ésta, como por ejemplo los alfareros, ceramistas, peones, fabricantes de ladrillos, jardineros, etc. Los signos de Aire representan a los cantantes, guardabosques, actores, etc. Y los signos de Agua, a los marineros, pescadores, barqueros, lavanderas, camareros, etc.

JUICIO DE LA FIGURA ANTERIOR

El Ascendente y Venus se toman para el consultante y la Casa X para el cargo o ascenso aguardado por éste. El que la Luna se encontrase fuertemente ubicada en la Casa X era un argumento clarísimo en cuanto al éxito del consultante. Y, por otra parte, ésta se aplicaba a un trígono de Saturno, que tenía su exaltación en el Ascendente, y recibía a Venus por casa, siendo de nuevo recibido por ella y esta vez por exaltación. La Luna en aplicación por trígono con el regente de la Casa IV (Saturno), nos señalaba que al *final,* el consultante lograría el puesto que esperaba: pero, y como el Sol se encontraba en la Casa VII, opuesto al Ascendente y junto al Nodo Lunar Negativo y era además regente de la Casa XI, deduje que éste había tomado como amigo a un hombre *solar,* alguien totalmente falso y que más que amistad lo que sentía por el consultante era pura envidia. Llegué a la conclusión de que conseguiría el puesto, pero con ciertas dificultades, y ello a pesar de la oposición mantenida por su supuesto amigo; transcurridas unas tres semanas, el consultante llegó a descubrir la falsedad de su amigo, que además tenía una enorme cicatriz en la cara y el cabello de un color negruzco, tal y como suele suceder cuando el Sol se encuentra tan cerca del Nodo Lunar Negativo. La separación de la Luna de la cuadratura de Mercurio, indicaba que había estado intentando realizar multitud de peticiones a este respecto, pero que hasta ahora habían resultado totalmente infructuosas.

CAPÍTULO XXXIV

LA CASA UNDÉCIMA Y SUS PREGUNTAS: AMIGOS, ESPERANZAS, PROPIEDADES DEL REY, ETC.

Si el regente de esta casa es poderoso, afortunado y está bien aspectado, será presagio de que el consultante conseguirá obtener aquello que desea, o bien representará el amor y la concordia de los amigos, si es que ésta es la pregunta.

¿Conseguirá una persona aquello que desea?

Observe si tiene lugar algún buen aspecto o recepción entre el regente del Ascendente y el de la Casa XI o alguna traslación de luz, o si el regente del Ascendente se encuentra en la Casa XI, o el de la Casa XI en el Ascendente. Todos y cada uno de estos testimonios, indicarán que el consultante logrará alcanzar aquello que desea. Pero si ninguno de ellos tiene lugar, y además la Luna no guarda ningún tipo de armonía con el regente de la Casa XI, ni con los benéficos o con el Nodo Lunar Negativo si está en XI, deberá de juzgar todo lo contrario.

Si el regente de la Casa XI se encuentra ubicado en uno de los ángulos y en recepción con el regente del Ascendente, podrá emitir un juicio positivo. Si el planeta que recibe a la Luna está ubicado en un signo mutable, significará que el consultante conseguirá sólo en parte aquello que espera. Si está en un signo cardinal, conseguirá una mínima parte de ello y, si se encuentra en un signo fijo, entonces lo conseguirá totalmente. Pero, si el que recibe a la Luna es desafortunado, aquello que desea sufrirá algún obstáculo o perjuicio, etc., una vez ya lo haya conseguido.

Si existe recepción mutua entre el receptor de la Luna y la Luna misma, el consultante conseguirá mucho más de lo que él mismo se esperaba. Y si el regente del Ascendente también está en recepción, entonces, siempre y cuando sus deseos sean posibles o factibles, el consultante conseguirá convertirlos todos en realidad.

Si el significador del consultante o la Luna están en aplicación con una de las fortunas y sin que ésta sea cadente, éste siempre podrá esperar conseguir aquello que desea.

N. B. Si el consultante *nombra* lo que desea o espera conseguir, entonces deberá de juzgarlo a través de su propia casa, etc., es decir, si la pregunta guarda relación con el dinero, deberá de utilizar la Casa II, y si se refiere a los hijos, la V, etc.

DE LA SINCERIDAD DE LOS AMIGOS[1]

Si un planeta armónico o el Nodo Lunar Positivo se encuentran ubicados en la Casa XI, o se dan buenos aspectos entre los regentes de la Casa XI y del Ascendente, significará que los amigos del consultante son totalmente sinceros; y si éstos envían buenos aspectos hacia la cúspide de la Casa II, hacia su regente, o hacia la Rueda de la Fortuna, indicarán posibles ganancias a través de los amigos. Tanto los aspectos como los planetas maléficos serán índice de falsas amistades y de pérdidas. El regente de la Casa XII situado en la XI, denotará que el consultante tiene algún enemigo secreto que se hace pasar por amigo. Cuando Mercurio ocupa la Casa XI, y a menos de que se encuentre situado en un signo fijo, indicará que los amigos del sujeto serán unas personas totalmente inestables e indecisas.

1. Estas reglas no se encuentran en nuestro autor.

CAPÍTULO XXXV

LA CASA DUODÉCIMA Y SUS PREGUNTAS: ENCARCELAMIENTOS, GANADO MAYOR, ENEMIGOS OCULTOS, DESTIERROS, ETC.

Si la pregunta formulada se refiere a los enemigos secretos, y de los que se desconoce el nombre, deberá de observar el regente de la Casa XII, los planetas allí ubicados y los aspectos que puedan formar con el regente del Ascendente, así como las casas de las que éstos se desprendan, etc. Si el regente de la Casa XII aspecta al del Ascendente, desde la Casa VI, la VIII o la XII, o bien desde la Casa IV, la VII o la X, entonces, realmente existirán algunas personas con deseos de perjudicar secretamente al consultante.

Para saber quién es el enemigo secreto

Observe de qué forma está situado el regente de la Casa XII, si está acompañado de planetas armónicos o inarmónicos, o si aspecta al regente del Ascendente. Si se encuentra en la Casa VI o en conjunción con el regente de ésta, indicará que el enemigo oculto está afectado por algún extraño tipo de enfermedad. Si el regente de la Casa XII está situado en la X o conjunto a su regente, significará que el enemigo se halla en excelentes relaciones con el rey o con alguna persona de alto rango; y si éste además es poderoso, entonces será más beneficioso para el propio consultante el no entrometerse con él, sobre todo si se encuentra en aspecto de cuadratura o de oposición con el regente del Ascendente o con la Luna. Si el regente de la Casa XII se halla conjunto al regente de la Casa IV o al de la VIII, o situado en alguna de estas casas, el enemigo se encontrará muy enfermo o moribundo, o bien en un estado lamentable y de miseria total. Para cualquier otro caso, tome en consideración todos estos ejemplos y utilícelos como base primordial en sus posteriores juicios.

¿Será puesta en libertad la persona recluida?

Ante todo, deberá delimitar bien su Ascendente teniendo en cuenta el tipo de relación que une al consultante con la persona por la que pregunta. Si la Luna es rápida en su movimiento, significará que la estancia en la prisión será muy corta; si ésta se encuentra en aspecto con algún planeta situado en la Casa III o en la IX y por sextil o trígono (o incluso por cuadratura, si es por recepción), será índice de que el sujeto pronto abandonará la prisión, y lo mismo sucederá si ésta aspecta al regente de la Casa III o de la IX y además no se halla angular. Del mismo modo en que basa sus juicios a través de la Luna, también deberá hacerlo a través del Ascendente. Pero estos aspectos deben de darse por aplicación.

Si los regentes de los ángulos se encuentran angulares, representarán algo de índole negativa, y ello todavía lo será más si el regente del Ascendente está situado en Casa IV, o si tanto éste como el regente de la Casa XII se disponen mutuamente. Aunque todavía será peor si el regente del Ascendente se halla dispuesto por algún planeta angular, especialmente si se trata de uno de los maléficos; pero lo peor de todo tendrá lugar cuando este planeta maléfico se encuentre en la Casa IV y sobre todo si se trata del regente de la Casa VIII, ya que en este caso el sujeto podría esperarse morir en prisión. Cuando la Luna se halla dispuesta por el regente de la Casa XII o por algún planeta maléfico, acostumbra a ser índice de una prolongada estancia en la cárcel, y ello todavía resulta peor si el que dispone de ella se encuentra ubicado en uno de los ángulos, especialmente en el de la Casa IV. Pero si el planeta que dispone de ella está en un signo cardinal o es muy rápido, la estancia se acortará; pero, sin embargo, un planeta retrógrado siempre alargará el tiempo de reclusión. Si el regente del Ascendente o de la Luna se encuentran combustos, reflejarán una prolongada estancia en la cárcel.

Si la Luna y Mercurio se hallan ubicados en signos cardinales, y Mercurio es además el regente del Ascendente, harán que la permanencia en la cárcel se desarrolle rápidamente y sobre todo si éstos están aspectados a una de las fortunas. Si Júpiter se encuentra en el Ascendente o conjunto a la Luna, o es Venus la que está en el Ascendente y conjunta a la Luna, o Mercurio se encuentra conjunto a Júpiter y en aspecto con la Luna, o bien ésta se aplica a Júpiter o a Venus, la persona será absuelta. Si el que dispone de la Luna se encuentra junto a una de las fortunas, también significará lo mismo.

Para saber si un prisionero de guerra logrará escaparse, o ser intercambiado, etc.

Si el regente del Ascendente se separa del regente de la Casa IV y se aplica a una de las fortunas, o si el regente del Ascendente es cadente o está abandonando uno de los ángulos, el prisionero conseguirá escapar. Y ello también sucederá así si éste se aleja de la combustión, o si la Luna se aparte de los rayos del Sol. Si cuando el sujeto fue hecho prisionero, o en el mismo momento en el que se formulara la pregunta, era un signo fijo el que ascendía, o la Luna o regente del Ascendente se encontraban de igual modo en uno de los signos fijos o bien en Piscis, la estancia en la cárcel será muy larga. Y lo mismo sucederá si la Casa XII está situada en un signo fijo o si su regente es angular y se halla ubicado en un signo fijo. La Luna o el regente de la Casa I situados en Tauro o en Leo y opuestos a Marte indicará peligro de muerte a causa de alguna pelea o en manos de una espada; y si la oposición es con Saturno, entonces ésta será causada por las torturas o por la severidad de los castigos infligidos, etc. (Aunque si se trata de un prisionero normal, estos aspectos reflejarán enfermedades, carencias, accidentes o malos tratos, etc.). Uno de los infortunios situado en Acuario indicará una reclusión prolongada. Si el regente del Ascendente se encuentra en caída o en exilio y la Luna en Acuario, significará lo mismo, así como si la Luna o el regente del Ascendente se encuentran ubicados en la Casa VIII o en la XII. Si la Luna se aplica a una de las fortunas y tanto el regente del Ascendente como la cúspide de éste son afortunados, denotarán la puesta en libertad del prisionero.

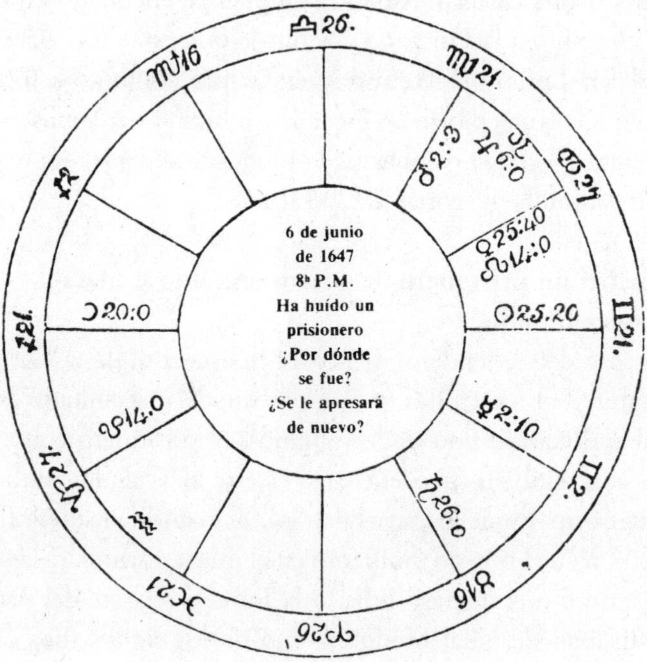

6 de junio
de 1647
8h P.M.
Ha huído un
prisionero
¿Por dónde
se fue?
¿Se le apresará
de nuevo?

Nota. En este tipo de preguntas, la presencia de Venus suele ser mejor que la de Júpiter, sobre todo si está en aspecto con Mercurio o con la Luna. Si la Luna se encuentra en conjunción a Saturno y Júpiter los aspecta a través de una cuadratura y Marte a través de un trígono, denotará que tras un largo período de reclusión y de sufrimiento, el sujeto conseguirá escapar de la prisión. Si un criminal, etc., es encarcelado cuando el Sol asciende o rige al Ascendente, éste logrará escapar (según los astrólogos antiguos) en el plazo de un mes; si se trata de Venus, en el plazo de unos cuarenta días; si es Mercurio, permanecerá en prisión durante mucho tiempo; si es la Luna la que asciende, entonces todo dependerá de ella y de las aplicaciones que pueda mantener con los demás planetas. Si es Saturno, su reclusión será larguísima, y si se trata de Marte, será índice de que el preso recibirá malos tratos, quemaduras y golpes y de que será torturado y apaleado, etc.

JUICIO DE LA PREGUNTA ANTERIOR

La persona del prisionero se halla descrita por Sagitario, por la cúspide de la Casa XII y por Júpiter en Leo. El camino por el que éste se fue se encuentra representado por la cúspide de la Casa XII (Sagitario), por Leo, que es donde está Júpiter, y por el signo y cuarto de cielo en el que se encuentra la Luna. Una vez considerados todos los testimonios, éstos reflejaban unánimemente que el prisionero había dirigido sus pasos hacia el este (y así fue).

La proximidad de la Luna con el Ascendente indicaba que éste no había abandonado la ciudad o que, al menos, todavía se encontraba en sus inmediaciones. Y, como Júpiter estaba en la Casa VIII, llegué a la conclusión de que el prisionero habría permanecido en la oscuridad por el espacio de una noche, pero que entonces escaparía (y así lo hizo).

Aseguré con toda certeza que éste volvería a ser capturado por algún hombre de autoridad, pues la Luna, y a través de un trígono, se separaba de Júpiter, su significador, y se aplicaba por oposición al Sol y ambos angulares. Cuando la Luna o el significador del fugitivo se encuentran afligidos por algún planeta inarmónico y ubicado en Casa VII, siempre indica que el prisionero o fugitivo volverá a ser capturada y ello es algo que nunca falla.

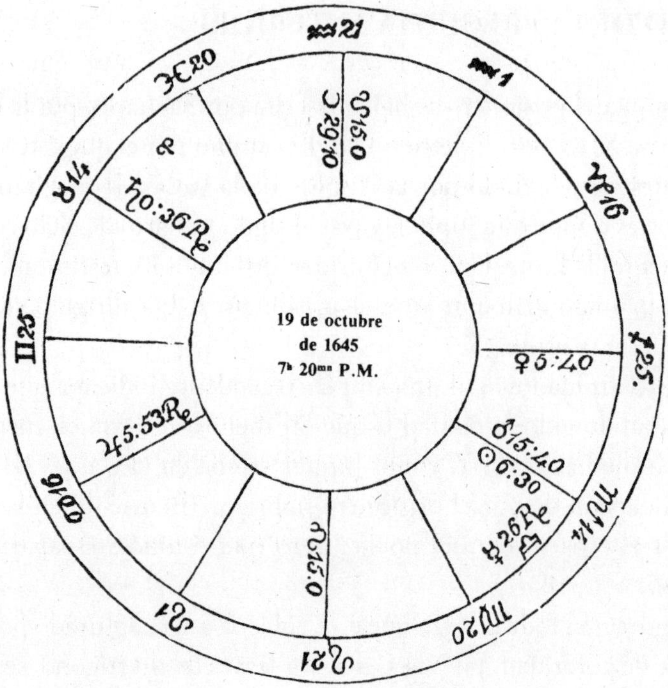

Por otra parte, también me encontré con que Júpiter y Mercurio formaban un sextil, estando Mercurio en su propia casa y aplicándose a Júpiter; por ello juzgué que el consultante recibiría noticias del preso a través de alguna carta, o por mediación de algún joven y en un plazo de unos seis o siete días, es decir, cuando los significadores llegasen a formar un aspecto de sextil, cosa que sucedería al cabo de seis días. En realidad, al viernes siguiente, el consultante recibió una carta en la que el fugitivo le decía en dónde estaba y, al domingo siguiente, éste era apresado de nuevo por la autoridad.

PREGUNTA. Una mujer, cuyo marido se encontraba prisionero, preguntaba cuándo sería puesto éste en libertad

Juicio. El marido de la dama se hallaba representado por Júpiter, que era el regente del Ascendente, se encontraba retrógrado en Cáncer y, el día anterior, había estado formando un trígono con el Sol. La Luna, a través de un sextil, se aplica a Saturno que está retrógrado y pasa a recibir entonces un trígono de Júpiter con una recepción de lo más contundente. Por todo ello, aseguré a la mujer que no tenía por qué preocuparse ni buscar amigos influyentes que pudieran interceder a favor de su esposo ante el rey, pues estaba convenido de que éste ya había sido puesto en libertad, o lo sería en un plazo de tres días, y ello gracias a la intervención de un hombre *solar,* de un comandante que lo dejaría en libertad y le proporcionaría todo aquello que necesitara.

En realidad, el marido de la dama fue puesto en libertad y la guarnición que lo apresara fue tomada el día antes de que se formulara la pregunta (y cuando el Sol estaba formando un trígono con su significador), por un coronel del Parlamento extremadamente honesto y que le proporcionó dinero y todo lo que necesitó. Júpiter en su exaltación, retrógrado, ubicado *en un signo cardinal* y en trígono con el Sol, denotaba una reclusión muy breve y ello todavía se hacía mucho más patente dado que el Sol era el regente de la Casa IV y el aspecto de trígono era totalmente exacto.

Momento en que su excelencia Robert, conde de Essex, se dirigiera por última vez al este de Inglaterra

Aquí, Acuario, que es el signo Ascendente, nos describe muy bien su tipo, pues se trataba de alguien sumamente atractivo y bien parecido, etc., y Saturno, Mercurio y Venus (todos con dignidades en el Ascendente) nos reflejan su mentalidad. Júpiter también tiene mucho que ver con estas características pues es el regente de Piscis, signo que en cierta forma corresponde igualmente al Ascendente.

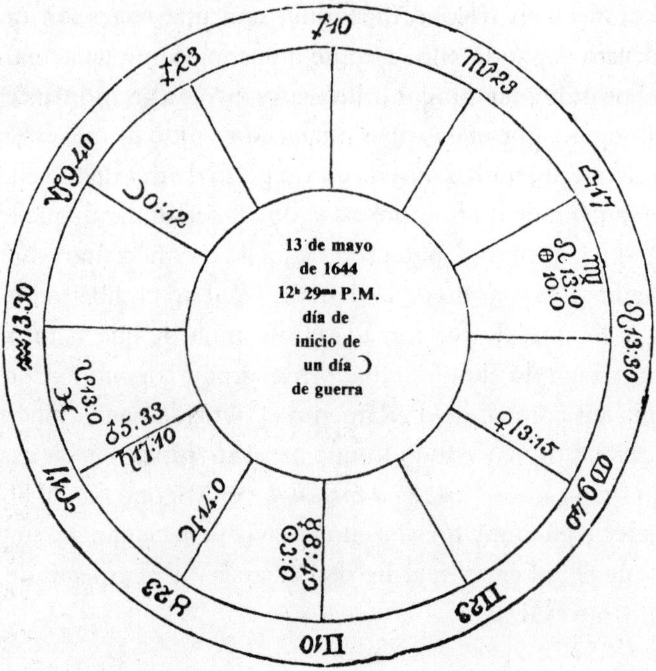

En primer lugar, consideré que la Luna se separaba de un trígono con Saturno y se aplicaba a una cuadratura con Marte, regente de la casa de los bienes, etc., y también de la IX, o casa de los viajes largos, etc. Y todo ello parecía querer dar a entender que éste obtendría un escaso éxito y sufriría grandes pérdidas a causa de esta marcha. Al encontrarme con el Nodo Lunar Negativo situado en el Ascendente, deduje que éste sería traicionado por sus mismos consejeros y, al ver también que Saturno, regente del Ascendente, se hallaba peregrino y en caída en la Casa II, la Luna en exilio y la Rueda de la Fortuna dispuesta por Mercurio, regente de la Casa VII o casa que representaba a sus enemigos, y que Júpiter, significador general de la riqueza, estaba en cuadratura con el grado Ascendente, dictaminó lo siguiente: que su excelencia no debía de esperar obtener ningún éxito a través de esta hazaña, que por este viaje no recibiría honores, que resultaría extremadamente perjudicado por una serie de hombres que ostentaban en gran poder en Londres y que se hacían pasar por sus amigos (Júpiter, regente de la Casa X y de la XI cuadrado al Ascendente), que sería traicionado por completo y estaría en peligro de perderlo todo; y que, en resumen, yo sentía profundamente el que hubiese escogido un momento tan desafortunado para ponerse en camino,etc.

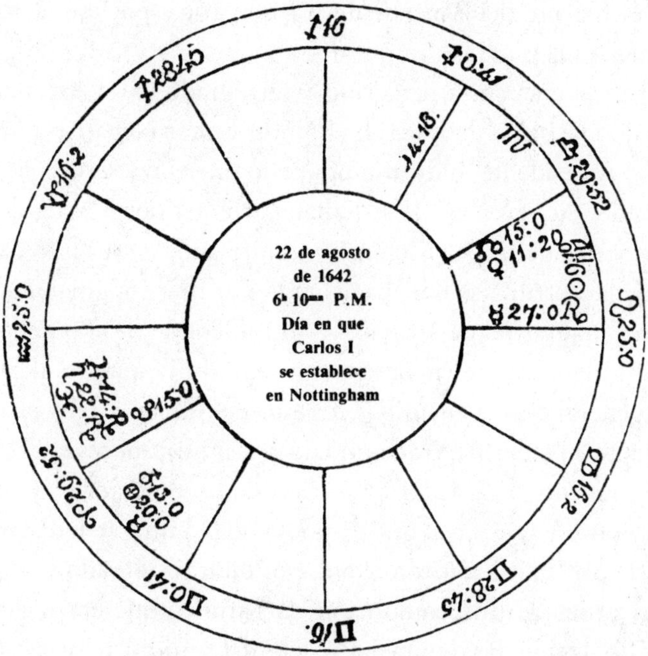

Los resultados a los que llegué, y que escribo para la posteridad, fueron que su excelencia tan sólo conseguiría progresar al principio, aunque a este respecto, las personas con autoridad no me tomaron en serio y se mofaron de mis predicciones, cosa que no me hubiese importado si con ello se hubiese podido evitar el fracaso de su excelencia. Pero, al siguiente 8 de septiembre se recibieron malas noticias informando que el día 2 de septiembre, este hombre tan noble y valeroso había acabado por rendirse y por entregar las municiones a su majestad junto con otros artículos que fueron utilizados de forma deshonrosa, avergonzando así por siempre al destacamento real.

JUICIO DE LA FIGURA ANTERIOR

Este extraordinario período dentro de la vida del rey Carlos I permite una notable ilustración sobre la verdad de las reglas de la ciencia establecida por nuestro autor.

El rey se encontraba representado aquí por el Ascendente, por la Luna y el regente del Ascendente, ya que así, y por este acto,[1] fue él quien iniciara la guerra.

Saturno se encuentra peregrino y retrógrado en el Ascendente, un testimonio clarísimo de fracaso; el Nodo Lunar Negativo también estaba en el Ascendente, indicando por ello que el rey sería traicionado y perjudicado, etc. Su Casa II se hallaba afligida por Marte, que estaba en exilio y dispuesto por Mercurio, significador de sus adversarios. La Rueda de la Fortuna se hallaba afligida por una conjunción de Marte y por una cuadratura de Mercurio, disponiendo tan sólo del sextil por parte de Júpiter que se encontraba retrógrado y opuesto al Sol, significador general de sus enemigos. La Luna también estaba cuadrada al Sol, cadente y peregrina. Cada uno de sus significadores estaba afligido y Júpiter, regente de la Casa XI, o casa de las esperanzas, y de la X, o casa del honor y que era el que disponía de la Luna, se hallaba afligido a causa de una oposición con el Sol, por estar retrógrado y encontrarse entre los orbes de una conjunción de Saturno que era regente de la Casa XII o casa de las desgracias y del infortunio.

En cuanto a sus adversarios, nos encontramos con que el Sol y Mercurio, regentes de la Casa VII, se hallaban allí ubicados y en recepción

1. «El rey, hasta el mes de agosto, había desplegado ya la mayor parte de su ejército por York y también se había dirigido hacia todas las ciudades adyacentes, pero sin conseguir apenas ninguno de sus propósitos ya que la mayoría de estas ciudades se mostraban contrarias a éstos; en casi todas las ciudades a las que llegaba recibió muchas más afrentas que apoyos. Pero, finalmente, el día 22 de agosto de 1642, bajo esta constelación, llegó a Nottingham y levantó allí su estandarte (como resolución de iniciar así la guerra). Disponía de muy pocos caballos, pero esperaba ansiosamente el recibir la ayuda del pueblo de Gales, etc., al que creyó muchísimo más devoto a la monarquía de lo que resultó ser». *Monarquía o no Monarquía*, p. 112.

mutua, ya que el Sol se encontraba en la casa de Mercurio, y Mercurio en la del Sol.

El Nodo Lunar Positivo también estaba en la Casa VII y Venus, que era la regente de la Casa II (o casa de los bienes, etc.) pero de los adversarios, se hallaba fuertemente ubicada en su propia casa, Libra, angular y sin recibir ningún tipo de aflicción.

El significador general de la guerra, Marte, se encontraba en exilio y dispuesto por Venus, un benéfico en Casa VII. El regente de la Casa X (o casa del honor) de los adversarios era Mercurio y éste se encontraba en recepción mutua con el Sol, angular y sin recibir ningún tipo de aflicción, exceptuando su retrogradación; se hallaba en los términos de Marte, y Marte en los suyos, otra recepción mutua.

Todos estos hechos eran testimonios clarísimos de que su majestad fracasaría y de que, en definitiva, acabaría arruinándose. El regente de la Casa XII, al serlo también del Ascendente, denotaba que él mismo había sido su principal enemigo y causante de todo su infortunio. El regente de la Casa XII (casa de las reclusiones) al estar situado en el Ascendente, indicaba que éste sería encarcelado, y como se encontraba en el signo de Piscis, ello todavía resultaba mucho más patente. De todos modos, la historia nos confirmaría cuán acertadamente se expresaron «los signos del cielo» en esa ocasión, dado que a partir del 22 de agosto de 1642, «en su vida tan sólo reinaron las desgracias y el infortunio».

El estudiante podrá darse cuenta de que su muerte se veía claramente reflejada a través de la Luna, que se aplicaba mediante un sextil a Venus, regente de la Casa VIII (o casa de la muerte) y en signos de larga ascensión, en los que un sextil provoca los mismos efectos que una cuadratura. La Luna se encontraba más o menos conjunta a *Antares,* una estrella fija de naturaleza violenta (situada a unos 7° 30' de Sagitario) y que según dicen, acostumbra a reflejar *una muerte violenta,* lo que se nos confirmaba por la cuadratura de la Luna con el Sol, encontrándose situado este último en uno de los ángulos. El regente de la Casa IV opuesto al Ascendente era otro de los testimonios que indicaban la muerte y quizás ello se confirmaba al estar la Casa VIII situada en Escorpio y Marte, su regente, acercándose a *Caput Algol,* de la que se dice que es señal de *decapitación;* pero debemos dejar que sea la posteridad la que juzgue todos estos insignificantes detalles, y cuando esta ciencia alcance a ser mucho mejor comprendida.

El rey murió el día 30 de enero de 1648/9 a las 16:04 h y cuando el cielo se encontraba tal y como hemos representado en la siguiente figura. El estudiante podrá comprobar que Saturno, regente del Ascendente de la figura y ubicado a 9° 25' de Géminis, en ese mismo momento había pasado a formar una cuadratura exacta con el Sol, que precisamente se hallaba transitando por el Ascendente de la figura y también que la cúspide de la Casa X (representando al rey) era aquí, en esta figura, el lugar ocupado por Saturno. La Luna estaba a 29° de Capricornio y cuadrada a la cúspide de la Casa VIII y Júpiter, en parte regente del Ascendente, se hallaba en conjunción con el lugar ocupado por Venus, regente de la Casa VIII. Todas estas coincidencias deben de ser consideradas con cautela por el auténtico investigador y como total evidencia de la verdad sobre las influencias planetarias, tal y como se manifiesta dentro de la *Astrología Horaria*. Las consecuencias y resultado final del insensato intento de este desdichado rey por entablar una guerra dentro de una misma nación, se encontraba aquí plenamente representados, y es tarea de aquellos que se oponen a la astrología intentar demostrar que todos estos testimonios son meras coincidencias o de que, simplemente, se trata del fruto de la casualidad o del azar, al que tanto veneran.

OBSERVACIONES SOBRE LA FIGURA SIGUIENTE

El rey Carlos I nació en Dumferline, en Escocia y a unas 15 millas de Edimburgo, el día 19 de noviembre del 1600 y en el momento en el que el Sol se encontraba a 9° de Sagitario. Por lo tanto, en el transcurso de su muerte, Saturno formaba una oposición exacta con el lugar ocupado por el Sol en el momento de su nacimiento, mientras que Marte también se hallaba cuadrado a éste.

La oposición de Saturno con el Sol siempre suele conllevar desgracias, problemas y penalidades al nativo, pudiendo también a menudo causarle la muerte. Puede comprobarse que cuando el rey se asentó en Nottingham por primera vez, el Sol estaba transitando la cuadratura de su propio lugar en el momento de su nacimiento, un inevitable testimonio de fracaso y de descrédito, etc. Pero, y aun a pesar de mencionar todas estas circunstancias, queremos recordar al estudiante que estos tránsitos pueden ser muy poco efectivos si no van acompañados por alguna de las direcciones maléficas, tal y como sin duda ocurriera en el caso de la natividad del desdichado y mal aconsejado rey Carlos I.

Si tomamos esta figura como la del inicio de la República, veremos que en ella está muy bien expuesto el resultado de este cambio de gobierno, del mismo modo en que también hubiese podido indicar cualquier otra cosa que hubiese sido iniciada en ese preciso momento.

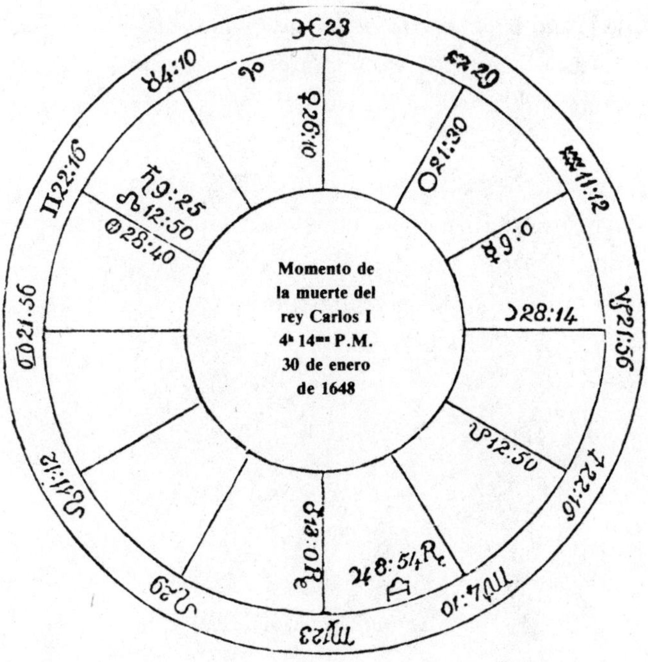

La Luna es la regente del Ascendente y se encuentra en exilio y peregrina, por lo que esta República no obtuvo ningún éxito, pues la Luna estaba situada en un signo cardinal y la presencia de signos cardinales en el Ascendente y en la Casa VII, y tales signos interceptados en los otros dos ángulos, indicaban que ésta no sería permanente. El regente de la Casa IV, al serlo también de la XII, denotaba que finalizaría a causa del empleo de sus enemigos secretos; y como Saturno también era el regente de la Casa VII y regía a la Luna, denotaba que, a la larga, sus enemigos acabarían por derrocarla. El final del asunto tuvo lugar en el momento en el que la Luna entró en conjunción con Mercurio, regente de la Casa IV, y en trígono (en signos de corta ascensión) con Saturno, regente de la Casa VIII, que era extremadamente poderoso pues se hallaba en recepción con Mercurio y en trígono a Júpiter y regía tanto al Sol como a la Luna, y al mismo tiempo, se encontraba junto al Nodo Lunar Positivo. Si calculamos a partir del lugar ocupado por la Luna hasta el del trígono de Saturno, obtendremos 11° y cuarto, que equivaldrían a 11 años y cuarto; tiempo que, como todos saben, corresponde al de la *duración exacta de la Commonwealth.*

AFORISMOS, POR ZADKIEL

1.º En cualquiera de los casos en los que oiga rumores, informes o noticias, o bien reciba alguna carta o mensaje, etc., si levanta la figura para el momento exacto en el que haya escuchado o leído estas noticias por primera vez, el regente de la Casa III bien aspectado a la cúspide de la VII o un planeta situado en esta casa, denotarán que las noticias, o rumores, etc., son *ciertas* y que no se sentirá defraudado; y si éstos se encuentran en mal aspecto, tanto por semicuadratura como por cuadratura, sesquicuadratura u oposición, entonces las noticias serán *falsas.*

2.º Siempre que una persona se relacione con otra en cualquier tipo de negocio, y tanto sea por carta, como a través de un mensaje o personalmente, la Casa I representará al que inicie el asunto, es decir a aquel que haya enviado la carta al otro o haya acudido a visitarlo y la VII reflejará a la otra persona. Por ello mismo, cuando una persona lee alguna noticia en el periódico o en cualquier otra parte, la Casa VII nos refleja a esta persona, ya que la noticia, etc., es la que le llega a ella a través de este medio de comunicación.

3.º Si solicita cualquier tipo de productos a alguna persona y el envío de éstos le es garantizado, la aplicación del regente de la Casa II con el de la Casa VIII, o con alguno de los planetas allí situados, indicará el momento en el que éstos vayan a ser recibidos.

4.º Si le llega una Letra de Cambio, la figura que levante para ese momento será la que le indique cuándo se pagará. Si la Rueda de la Fortuna recibe un buen aspecto por parte del regente del Ascendente, ésta le será pagada. Pero si la Rueda de la Fortuna recibe cualquier aspecto inarmónico del regente de la Casa I, entonces el importe no se le hará efectivo. *Probatum est.*

La Rueda de la Fortuna siempre representa el dinero, tanto en letras como en efectivo. Pero las *propiedades,* tanto en bienes, como en tierras o en casas, etc., se verán reflejadas a través del regente de la Casa II o de los planetas que estén allí situados.

Facsímil del Jeroglífico de la Gran Peste de 1665
publicado por W. Lilly en 1561

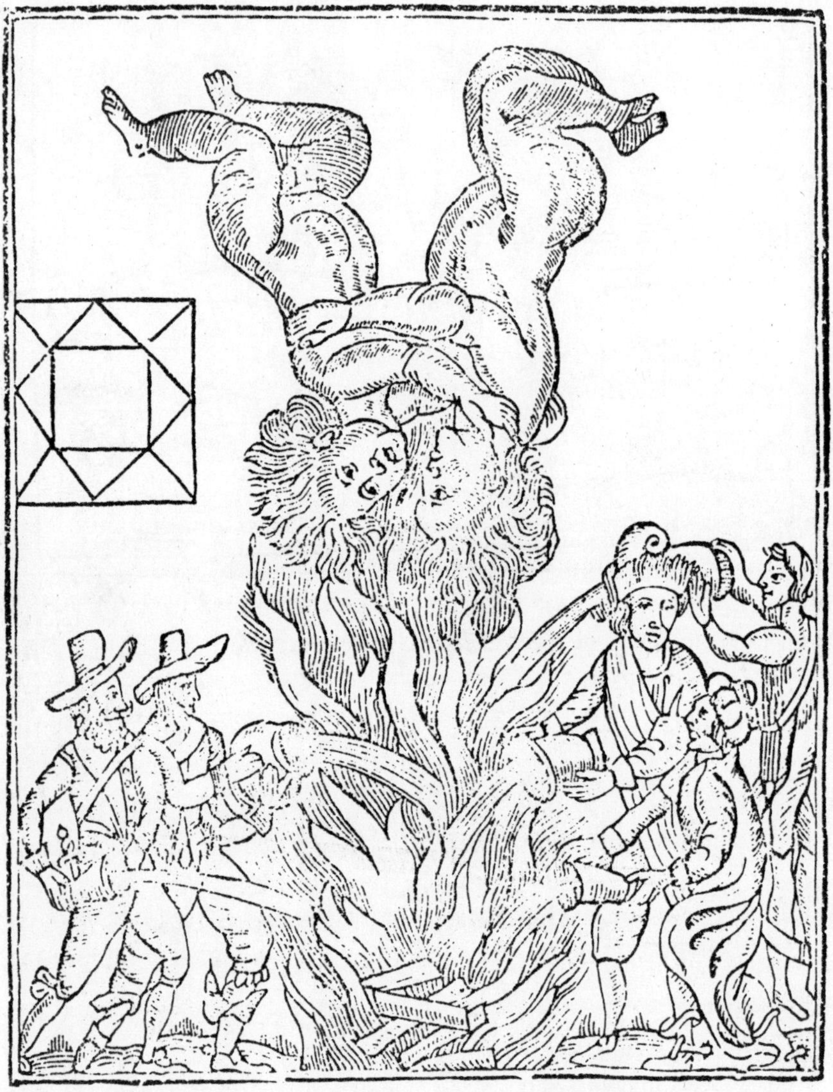

Facsímil del Jeroglífico Astrológico del Gran Incendio de Londres del 2 de Abril de 1666, publicado por W. Lilly en 1651

APÉNDICE EXPLICACIÓN DE LOS JEROGLÍFICOS

La primera de estas curiosas láminas, recopiladas con exactitud de la obra que nuestro autor tituló *Monarquía o no Monarquía en Inglaterra,* pretende representar una enorme tasa de mortalidad en la que, dado que el gran número de muertos superaba con creces la reserva de ataúdes, los fallecidos debían de ser amortajados o simplemente envueltos en sus sábanas, etc., tal y como, aunque de forma algo grotesca, vemos aquí representado. La segunda lámina es un *jeroglífico astrológico,* ya que como se puede comprobar, el horóscopo aparece aquí introducido y los dos niños o gemelos pretenden reflejar el signo de Géminis, que en astrología es el que representa a Londres y, por ello, los gemelos intentan señalar aquí a esta ciudad. Su caída de cabeza hacia el fuego describe el inmenso daño sufrido por Londres a causa de este elemento al cabo de quince años. El modo en el que éste fuese augurado o pronosticado por nuestro autor ha sido ya explicado en nuestras anteriores observaciones relacionadas con su vida.

A pesar de que estos dos jeroglíficos hubiesen sido únicos en su género, permanecerían, al igual que los que publicó junto a ellos y que venían también a reflejar futuros acontecimientos, como innegables monumentos de la experiencia y de la técnica de nuestro autor, así como un total reflejo de la verdad sustancial de la ciencia astrológica.

DESCRIPCIÓN DE LAS PERSONAS DE ACUERDO AL LUGAR OCUPADO POR EL SIGNIFICADOR EN CADA UNO DE LOS DOCE SIGNOS DEL ZODÍACO

SATURNO EN LOS DOCE SIGNOS

Saturno en Aries

Proporciona una tez rubicunda, un físico muy delgado y esquelético; el rostro es bastante ancho, el cabello oscuro y la barba escasa. Se trata de alguien sumamente pendenciero, jactancioso, terco y mal intencionado.

Saturno en Tauro

Proporciona un físico nada atractivo ya que la apariencia es muy pesada, torpe y desgarbada; el cabello es oscuro, la estatura mediana pero mal proporcionada y el temperamento es rudo, sórdido y vicioso, etc.

Saturno en Géminis

Representa a una persona de estatura bastante alta, de cutis sanguíneo, rostro ovalado y cabello castaño oscuro o negro; se trata de alguien muy ingenioso, pero terriblemente mal educado y perverso, y también bastante desafortunado en casi todo lo que emprende.

Saturno en Cáncer

Representa a una persona de estatura media, aunque más tirando a baja que a alta; se trata de alguien débil y enfermizo, muy delgado de cara y con el cabello oscuro y los ojos lánguidos. El cuerpo aparece a menudo algo deformado y el sujeto es extremadamente celoso, malicioso y de conducta engañosa.

Saturno en Leo

La estatura es más bien alta, los hombros anchos y redondeados, el pecho amplio, el cabello claro, los huesos grandes y los ojos aparecen como hundidos. Aunque su aspecto es hosco, el sujeto es bastante bueno y generoso, pero extremadamente apasionado y poco valeroso si se le pone a prueba.

Saturno en Virgo

Nos describe a una persona más bien alta y delgada, de cabello oscuro o negro y bastante abundante; la cabeza es bastante grande y el semblante serio; se trata de alguien generalmente desafortunado, inclinado a la melancolía y al rencor, así como con una tendencia innata a realizar un montón de cosas curiosas, pero sin ningún provecho. Es estudioso, sutil y reservado y muy dado también a los hurtos y al engaño.

Saturno en Libra

Representa a una persona de estatura algo superior a la media, de cabello castaño, rostro ovalado, nariz alargada, frente ancha y cutis claro. Se trata de alguien bastante creído, muy dado a los gastos y las controversias, de alguien que apenas suele dejar bienes o riquezas en el momento de su muerte.

Saturno en Escorpio

Nos describe a una persona de estatura algo inferior a la de la media, bastante gruesa, rechoncha y muy alta de hombros; el cabello es negro o muy oscuro y generalmente corto, pero voluminoso. Se trata de alguien sumamente pendenciero y malicioso, alguien con tendencia a emprender acciones violentas y peligrosas, aun a pesar de que éstas sean las que acaben por causar su propia autodestrucción.

Saturno en Sagitario

Proporciona un cuerpo grande pero estilizado, el cabello es castaño y el cutis regular. Se trata de alguien muy atento, bastante frugal y sin nada de codicia o exuberancia, aunque sí algo colérico. No puede soportar los enfrentamientos, ya que siempre desea hacer el bien; adora a sus amigos y sabe también cómo perdonar a sus enemigos.

Saturno en Capricornio

Nos refleja a alguien de cuerpo muy delgado y esquelético, de cabellos oscuros o negros y de estatura mediana; el cutis es bronceado y la mirada lasciva, su rostro es alargado y su forma de andar algo torpe. Se trata de alguien sumamente terco, malhumorado, descontento, melancólico, codicioso, temeroso y de pocas palabras. Es alguien excesivamente serio y con tendencia a acumular el odio.

Saturno en Acuario

Representa a una persona bastante fuerte y corpulenta, de estatura mediana y de cabello castaño; el cutis es claro, y el comportamiento tranquilo y lleno de cortesía. Es afable y siempre parece dispuesto a ayudar a los demás. Posee una extraordinaria imaginación y acostumbra también a tener mucho éxito en todo aquello que emprende, y ello tanto en las artes, como en las ciencias; se trata de una persona extremadamente ingeniosa, pero a menudo demasiado engreída.

Saturno en Piscis

Nos describe a una persona de mediana estatura, de cutis pálido y cabello negro; la cabeza es alargada, los ojos saltones y los dientes aparecen a menudo algo torcidos. Se trata de una persona muy poco atractiva y siempre dispuesta a hacer el mal, ya que es maliciosa y muy dada a las discusiones y al disimulo; suele mostrarse inconstante e insegura en todo y, aunque en un principio y exteriormente parezca que va a hacer algo bueno, al final siempre acaba por engañar y decepcionar a los demás. Es poco locuaz, pero siempre actúa con malicia y premeditación y, según se dice, estas personas acostumbran a ir mejorando conforme van haciéndose más mayores.

N. B. Saturno siempre causa problemas en la dentadura y en este signo hace que los dientes aparezcan por lo general bastante sucios y descoloridos o partidos.

JÚPITER EN LOS DOCE SIGNOS

Júpiter en Aries
Nos describe a alguien de estatura mediana, pero poco robusto y más endeble que corpulento; es una persona de ojos penetrantes, nariz prominente, rostro ovalado y generalmente con las mejillas muy sonrosadas. Es de carácter generoso, noble y liberal y tiende a mostrarse sumamente complaciente y educado, sobre todo con sus amigos.

Júpiter en Tauro
Proporciona una estatura mediana y un cuerpo robusto, aunque poco atractivo; el cabello es de color castaño, algo tosco y más bien rizado. El cutis es moreno y la piel aparece a menudo como brillante o aceitosa. Es una persona muy juiciosa, razonable, caritativa, liberal y gran amante del sexo femenino. Se trata de alguien extremadamente humano y con una enorme tendencia a compadecerse de las desgracias ajenas.

Júpiter en Géminis
Representa a alguien de cuerpo compacto y bien proporcionado, bastante grueso, pero de estatura algo superior a la media. El cutis es sanguíneo, aunque muy moreno, el cabello es castaño y los ojos muy expresivos. Es amable, atento, cortés, gentil y de muy buen talante; posee una enorme sed de conocimientos y es gran amante del sexo femenino. Aunque si Júpiter se encuentra junto a *Occulus Taurus* (a 6° 15' de Géminis y con una latitud sur de 2° 36'), el sujeto será un fanático de las

mujeres. Y, si éste se encuentra ubicado junto a *Aldebarán* (a 7° 30' de Géminis y con una latitud sur de 5° 29'), será muy rudo e inestable, hostil consigo mismo y desagradable para con los demás. Si Júpiter está situado junto al *Cuerpo Norte del Toro,* a 20° 20' de Géminis y con una latitud norte de 5° 22', el sujeto será extremadamente rudo y violento.

Júpiter en Cáncer

Proporciona una estatura mediana y un cutis pálido y enfermizo; el rostro es ovalado, el cabello castaño oscuro y el cuerpo regordete, pero desproporcionado. Se trata de alguien que parece estar siempre muy ocupado y de carácter locuaz y algo engreído, aunque sumamente capacitado como para actuar de intermediario entre los demás. Es un amante de las mujeres y muy aficionado al agua, la que a menudo acostumbra a proporcionarle mucha suerte y fortuna. Pero, a menos de que Marte forme un aspecto armónico con Júpiter, por regla general suele ser bastante cobarde.

Júpiter en Leo

Representa a alguien de estatura alta, muy fuerte y bien proporcionado; el cabello es rubio o castaño claro y muy rizado, el cutis es rojizo y los ojos penetrantes, y se trata de alguien bastante atractivo. Es de disposición noble, magnánima y valerosa, pero es muy orgulloso, arrogante, ambicioso y gran amante de todo tipo de acciones bélicas; es el terror de sus enemigos pues siempre está dispuesto a luchar o a pelearse si con ello puede llegar a conseguir algún honor, etc., y es además un gran amante de la acción y de los desafíos.

Júpiter en Virgo

Nos refleja a una persona de una estatura razonable, bien proporcionada y bastante atractiva. El cabello es castaño oscuro o negro, la tez rubicunda, pero poco tersa. Se trata de alguien pendenciero y colérico y, aunque es muy estudioso, su propia rudeza le obliga a cometer muchos fallos y a sufrir grandes pérdidas; es alguien muy difícil de convencer e imposible de manejar.

Júpiter en Libra

Representa a alguien muy elegante, seductor y con la cara muy atractiva; de cuerpo muy recto, es bastante alto y más bien delgado; el cutis es terso, los ojos profundos, el rostro ovalado, el cabello castaño claro y casi siempre acostumbra a tener granos o erupciones cutáneas. El carácter es dulce y complaciente y la persona es muy aficionada tanto a los deportes como al ocio. Se trata de alguien muy estimado y respetado por los demás.

Júpiter en Escorpio

Proporciona una estatura mediana y un cuerpo robusto y compacto; el cabello es oscuro y áspero, la cara algo rellenita y el cutis terroso y apagado. Se trata de alguien muy orgulloso y arrogante; alguien ambicioso, resoluto, codicioso, egoísta y pendenciero y siempre dispuesto a seguir sus propias reglas con gran sutileza y astucia por lo que los demás deben de mostrarse sumamente cautelosos al enfrentarse a él.

Júpiter en Sagitario

El cuerpo es alto, recto, esbelto y bien proporcionado; el rostro es ovalado, el cutis rubicundo, el cabello castaño o color avellana, la barba espesa y el bigote abundante, aunque acostumbra a quedarse calvo ya desde muy joven, sobre todo por las sienes. Tiene los ojos grandes y la cara sumamente expresiva; es de disposición noble, justa y generosa y siempre se muestra muy humano y agradable con los demás, ya que se comporta de forma cortés y educada con todo el mundo. Se trata de alguien muy aficionado a la caza y gran amante de los caballos.

Júpiter en Capricornio

Nos describe a alguien de estatura baja, de cutis pálido, cara delgada, cabeza pequeña y barba escasa. La constitución suele ser bastante débil y el cabello de color castaño, de un tono mucho más oscuro que el de la barba. Se trata de alguien muy ingenioso, pero malhumorado, indolente, inactivo e incompetente.

Júpiter en Acuario
Representa a alguien de estatura mediana, bien proporcionado y bastante corpulento; tiene el cabello castalio y el cutis terso. Se trata de alguien sumamente alegre y complaciente e incapaz de hacer ningún daño a nadie. Su comportamiento es más bien dócil y se muestra muy moderado en el juego; es una persona extremadamente espléndida, justa, agradecida y comunicativa y se siente muy atraída por las ciencias, aun a pesar de mostrarse algo extravagante al respecto.

Júpiter en Piscis
Nos refleja a una persona de estatura media, cutis oscuro, cuerpo entrado en carnes y cabello castaño claro. Se trata de alguien inocente, estudioso, amistoso, amable e inofensivo, con multitud de conocimientos y un gran talento. Disfruta en compañía de la gente y es muy aficionado al agua, la que siempre acostumbra a traerle suerte, si la Luna no envía ningún mal aspecto a Júpiter.

N. B. Por regla general, Júpiter suele proporcionar una buena dentadura, aunque con frecuencia y en los incisivos, siempre acostumbra a haber alguna marca. En los signos de Aire, Júpiter hace que los dientes delanteros sean algo más anchos y prominentes que los demás; en los de Fuego, hace que estén torcidos; en los de Tierra, algo descoloridos y en los de Agua hace que los dientes puedan llegar a caerse de una forma repentina o bien crecer ya partidos o manchados, sobre todo si este planeta se encuentra conjunto al Nodo Lunar Negativo o en mal aspecto con Saturno o con Marte. Si Júpiter está situado en un signo de Agua y en cuadratura u oposición con Mercurio, hará que el sujeto tenga dificultades en el habla o una pronunciación defectuosa. Cuando Júpiter se encuentra en un signo de Aire, el cuerpo es mucho más fuerte y corpulento; en Fuego, es más cuadrado y robusto; en Tierra, está muy bien proporcionado, y en Agua, es bastante más grueso y entrado en carnes.

MARTE EN LOS DOCE SIGNOS

Marte en Aries
Representa a alguien de estatura media, bien proporcionado y de huesos anchos. Es de tez morena, cabello rojizo o de color claro y bastante rizado. La apariencia es austera y si Marte es oriental, tranquila y rubicunda. Es una persona con una gran confianza en sí misma, colérica, orgullosa e indomable; un gran amante de las disputas y de las controversias que a menudo suele utilizarlas para lograr salirse con la suya.

Marte en Tauro
Proporciona una estatura mediana, aunque más bien baja, pero bien proporcionada. La tez es morena, el cabello oscuro o negro y por lo general bastante áspero y tosco. Tiene la cara muy ancha, la boca grande y por regla general suele poseer alguna marca o cicatriz en su rostro, que a menudo acostumbra a ser algo rubicundo. Es una persona sumamente glotona, libertina y se siente muy atraída por la bebida y por las jovencitas; también es muy jugador, tramposo, malévolo y pendenciero. Normalmente suele ser bastante desafortunado, sobre todo si Marte se halla situado junto a las Pléyades.

Marte en Géminis
Nos describe a una persona bastante alta, con el cabello castaño o negro (aunque si Marte se encuentra en los 7 primeros grados de Géminis, y

términos de Mercurio, éste será mucho más claro). El cutis es sanguíneo y el cuerpo está muy bien proporcionado. Se trata de alguien sumamente impaciente e inconstante, aunque muy ingenioso. Es bastante desafortunado en casi todo y vive de forma mediocre, trasladándose continuamente de un sitio a otro, dejando deudas por todas partes y empleando todo su ingenio para poder ganarse la vida. En resumen, se trata de un *chevalier d'industrie* o de un simple estafador. Aunque si Marte se halla bien aspectado al Sol, a Júpiter o a Venus, todas estas características tan negativas se suavizarán.

Marte en Cáncer

Nos refleja a una persona de estatura baja, con problemas de cutis y con el cabello castaño y muy escaso. Por regla general, el cuerpo acostumbra a estar algo deformado y mal proporcionado y la persona siempre parece estar como amargada y de mal humor; se trata de alguien muy aficionado a la bebida, excesivamente servil y despreciable y normalmente bastante desafortunado, pues es totalmente incapaz de aspirar a obtener un buen puesto o lugar en la vida y se conforma realizando cualquier tipo de trabajo por mediocre que éste sea.

Marte en Leo

Refleja un cuerpo muy bien proporcionado y bastante alto; el cabello es castaño claro, el rostro ovalado y el cutis sanguíneo o como quemado por el sol; los ojos son de forma alargada, los miembros robustos y el aspecto alegre y lleno de vida. Es un gran amante de las mujeres y bastante presuntuoso; es muy aficionado a los deportes rudos como la caza, el tiro al blanco, la equitación, etc., y se halla siempre dispuesto a participar en cualquier tipo de empresa militar. Viste muy bien y es el favorito de las damas, aunque, debido a ello, a menudo tiende a perjudicarse a sí mismo.

Marte en Virgo

Representa a alguien de estatura mediana y bien proporcionada; el cabello es de color negro o castaño muy oscuro, aunque si Marte se encuentra situado en los siete primeros grados del signo, y al ser éstos los términos de Mercurio, el cabello será mucho más claro. La tez es morena u oscura y por regla general suele tener alguna cicatriz, marca o herida en la cara. Se trata de alguien sumamente irreflexivo, orgulloso, vengativo y rencoroso; alguien que nunca olvida las ofensas, que es difícil de contentar y que, a pesar de mostrarse muy engreído y presuntuoso, generalmente acostumbra a ser extremadamente desafortunado en todas sus empresas.

Marte en Libra

Nos refleja a una persona bastante alta y bien hecha; el rostro es ovalado, el cutis sanguíneo y el cabello de un color castaño claro y muy suave, aunque si se encuentra en los últimos 6 grados de este signo (sus propios términos), éste será mucho más rojizo y estará más tieso. Se trata de alguien muy animado y lleno de vida, pero extremadamente jactancioso y presumido y de apariencia algo afeminada. Se siente sumamente atraído por las mujeres y otorga una excesiva importancia al vestir bien y, aunque resulta muy grato a las damas, éstas a menudo acaban por arruinar su vida.

Marte en Escorpio

Representa a alguien de estatura media, muy bien proporcionado y bastante corpulento; el cutis es oscuro, el cabello rizado y de color negro, la cara es más bien ancha y de apariencia franca. Su carácter es rudo e insociable y a menudo es bastante vengativo, desagradecido, rastrero y pendenciero, pero como es muy ingenioso y perceptivo, resulta ideal en la investigación o aclaración de misterios y enigmas, etc.

Marte en Sagitario

Nos refleja a alguien de estatura alta y de cuerpo compacto, proporcionado y bien hecho. El cutis es sanguíneo, el rostro ovalado y la mirada rápida y penetrante. Es de disposición amistosa, alegre y jovial, aunque extremadamente irreflexivo y apasionado; se trata de alguien muy magnánimo, valiente, locuaz, arrogante y demasiado amigo de los aplausos y del reconocimiento, pero, en general, es una persona de excelente carácter.

Marte en Capricornio
Representa a una persona de estatura pequeña, de cuerpo delgado, cabeza pequeña y de cara muy fina, cabellos lacios y de color negro y cutis algo problemático, de un tono oscuro o cetrino. Posee una mente muy ingeniosa, aguda, perspicaz y penetrante; por regla general acostumbra a tener mucha suerte y bastante éxito en todo aquello que emprende.

Marte en Acuario
Nos refleja a alguien con un cuerpo muy bien proporcionado, bastante corpulento y con tendencia a ser más alto que bajo (aunque a menudo no suele sobrepasar la estatura media); el cutis es claro y el cabello rubio-rojizo. Es de carácter turbulento y gran amigo de las controversias, disputas, etc., y, por lo general, no acostumbra a ser demasiado afortunado.

Marte en Piscis
Representa a alguien de estatura baja y bastante grueso; el cutis es problemático y poco atractivo y la mirada muy lasciva. El cabello es de color castaño claro y la persona tiende a emborracharse y a cometer estupideces (y si está en sus propios términos o en los de Mercurio, será muy astuto e ingenioso), perezoso, engañoso, despreciable y muy poco amable con los demás.

N. B. Si Marte se encuentra en conjunción, cuadratura u oposición a Saturno o al NodoLunar Negativo, el temperamento será bastante diabólico, sobre todo si éste se halla situado en los ángulos, ya que entonces la persona descrita resultará ser extremadamente apasionada y violenta y, aunque siempre tenga tendencia a dar soluciones y a infundir valor a los demás, si Marte se muestra débil o afligido, ello siempre resultará insuficiente. Si Marte está situado en un signo de Fuego, la persona será algo irreflexiva y colérica y, por lo general, tendrá las mejillas algo caídas, los rasgos muy brillantes y la mirada siempre como enfadada; en los signos de Tierra, el aspecto tiende a ser hosco y malhumorado; en los de Aire, el sujeto es mucho más liberal y agradecido, y en los de Agua se tratará de alguien muy dado a la bebida y a cometer tonterías, a menos que Marte se encuentre bien aspectado a Júpiter, al Sol o a la Luna.

EL SOL EN LOS DOCE SIGNOS

Sol en Aries
Nos describe a alguien de buena estatura, muy fuerte y bien proporcionado. El cutis es muy saludable, aunque no excesivamente terso; el cabello es claro, rubio o trigueño y los ojos son alargados. El temperamento es noble, decidido y valeroso, y se trata de alguien sumamente emprendedor y gran amante de las acciones bélicas; es muy famoso por sus victorias y el terror de sus enemigos, etc.

Sol en Tauro
Representa a una persona más bien bajita y, aunque muy proporcionada, su físico resulta realmente muy poco atractivo; la tez es morena, el cabello castaño, la cara ancha y alargada y la boca y la nariz muy grandes. Se trata de alguien muy seguro de sí mismo, valiente, orgulloso y aficionado a las controversias; siempre parece estar muy satisfecho de su propia fuerza y por lo general acostumbra a ser siempre un vencedor.

Sol en Géminis
Nos refleja a alguien con una estatura por encima de lo normal y muy bien proporcionado; el cutis es sanguíneo y el cabello castaño. Se trata de una persona muy amable, atenta y cortés, pero poco afortunada, ya que el carácter es bastante débil e influenciable y acaba siempre siendo controlado y manejado por los demás.

Sol en Cáncer

Proporciona un cuerpo algo pequeño y mal formado y un rostro poco atractivo y a menudo un poco deforme; el cabello es de color castaño y el carácter inocente, amistoso, pero indolente y poco amante del trabajo. Se trata de alguien muy aficionado a los deportes, al baile, al ocio y a los pasatiempos, etc., y también es un gran adicto a las mujeres.

Sol en Leo

Otorga un cuerpo fuerte, corpulento y bien proporcionado; el cutis es sanguíneo, el cabello rubio o castaño claro, el rostro redondeado y los ojos alargados y algo prominentes y, por lo general, suele tener siempre alguna marca o cicatriz en la cara. Es alguien extraordinariamente honrado, justo, honorable y acérrimo enemigo de todo aquello que resulte algo mezquino o mediocre; es muy puntual y atento con sus amigos e incluso bastante magnánimo con sus enemigos. En suma, se trata de una persona de buena disposición y además bastante ambiciosa, gran defensora del orden, de las reglamentaciones y de la autoridad y amante también de las guerras, de las dominaciones y de las conquistas, etc.

Sol en Virgo

Refleja a una persona de estatura más bien alta, delgada y muy bien proporcionada; el cutis es terso y el cabello, aunque sin llegar a ser del todo negro, es muy oscuro y abundante. La mentalidad es ingeniosa, viva y despierta y la persona acostumbra a disfrutar con los pasatiempos sencillos y agradables, como, por ejemplo, las fiestas, las reuniones, etc.

Sol en Libra

Proporciona un cuerpo alto, delgado y erguido; los ojos son grandes, el rostro ovalado, el cutis rubicundo, el cabello claro y por lo general acostumbra a tener una cara muy sonrosada. Es una persona de carácter honrado y de excelente disposición, pero a pesar de ello siempre suele ser bastante desafortunado, sobre todo en aquellos asuntos que guarden cierto tipo de relación con las guerras o con la ambición.

Sol en Escorpio
Nos refleja a un tipo de persona de cuerpo algo grueso y muy cuadrado; la cara es ancha, el cutis turbio, como quemado por el Sol y el cabello de color castaño. La mentalidad es ingeniosa, pero el temperamento rudo y dominante; se trata de alguien bastante desagradable y muy ambicioso, ya que no admite que nadie se ponga a su nivel. Acostumbra a encontrar la fortuna a través de los viajes por mar, o bien como médico, físico, etc.

Sol en Sagitario
La persona es alta, apuesta y bien proporcionada; el rostro es ovalado, el cutis sanguíneo, de un tono oliváceo o como quemado por el sol y el cabello de un color castaño claro, aunque en los primeros seis grados del signo es muchísimo más oscuro. Se trata de alguien extremadamente arrogante y orgulloso; alguien con grandes aspiraciones, austero, severo y destinado a realizar grandes hazañas, gracias a las que a menudo podrá llegar a conseguir títulos, honores o distinciones, etc.

Sol en Capricornio
Representa a alguien de escasa estatura y de cuerpo delgado, débil y enfermizo; el rostro es ovalado, el cutis poco saludable y el cabello castaño, muy suave y apenas rizado, aunque si está en los seis primeros grados del signo será de un color mucho más claro. Se trata de una persona con muchos principios, justa y honorable y de temperamento alegre, tolerante y con una gran capacidad para lograr el amor o conseguir amigos, gracias a la amenidad de su conversación. A menudo se muestra excesivamente irreflexivo y demasiado amante de las mujeres.

Sol en Acuario
Nos describe a alguien de estatura media, corpulento y bien proporcionado; el rostro es redondeado, el cutis terso y el cabello castaño claro (aunque si se encuentra en los términos de Saturno es bastante más oscuro). Se trata de una persona sumamente amable, tolerante y sin malicia, aunque sí algo orgullosa y vanidosa y siempre con deseos de ordenar y de mandar sobre los demás.

Sol en Piscis

Proporciona una estatura bastante bajita y un cuerpo más bien obeso y rellenito; la cara es redondeada y el cutis neutro; el cabello es castaño claro, aunque en los ocho primeros grados del signo es más rubio y más suave. El sujeto siente una gran atracción hacia el mundo de la mujer, resultando quizás por ello algo afeminado y amante de los placeres, etc., y, aun a pesar de tratarse de alguien muy inocente con los demás, a menudo acaba por arruinar su vida a causa del juego, de las extravagancias, del libertinaje, de las fiestas o de los excesos, etc.

VENUS EN LOS DOCE SIGNOS

Venus en Aries
Nos describe a un tipo de persona de estatura mediana, aunque más bien tirando a alta y muy delgada; el cabello es de color claro (pero si Venus se encuentra en los términos de Júpiter, será muchísimo más oscuro); el cutis es terso, el aspecto pensativo y por regla general, acostumbra a tener alguna marca o cicatriz en la cara (que a menudo y según la aflicción de Venus, también suele estar marcada por la viruela). Esta persona, y a menos de que Venus se encuentre en sextil o en trígono con Júpiter, siempre acostumbra a ser bastante desgraciada y a hacer desgraciados a los demás.

Venus en Tauro
Proporciona un físico muy atractivo y aunque la estatura no es muy alta, el cuerpo está muy bien proporcionado ya que, aunque el sujeto está un poco rellenito, no llega a estar obeso y, si Venus se encuentra bien aspectada, le proporcionará un enorme atractivo. La tez es poco clara y bastante rubicunda y, por regla general, las mujeres suelen ser morenas y atractivas, asemejándose bastante tanto en la forma como en la figura a la *Venus de Médici.* El cabello acostumbra a ser de color castaño y si Venus se encuentra en sus propios términos, es muy suave y sedoso, mientras que si se encuentra en los términos de Júpiter, entonces será de color negro y muy brillante. Por regla general, los ojos son negros y muy expresivos. El carácter es dulce, amable, atento y huma-

no, etc., y normalmente acostumbra a ser muy educado y respetuoso con todo el mundo, así como a tener mucha suerte.

Venus en Géminis

Refleja a una persona con una estatura superior a la de la media y de cuerpo delgado, erguido y bien proporcionado. El cutis es claro y muy terso, el cabello castaño y suave y los ojos marrones o color avellana. Siempre está de muy buen humor, es liberal, cariñoso, justo y caritativo y difícilmente puede llegar a ser culpable de nada deshonroso.

Venus en Cáncer

Representa a alguien de estatura baja, cuerpo entrado en carnes y de cara pálida y enfermiza y de forma redondeada. El cabello es de un color claro y si la Luna está ubicada junto a Venus y en el Ascendente, la cara será extremadamente pálida y blanquecina y el cabello muy rubio; pero si Venus se encuentra en los términos de Marte, entonces el pelo será de un tono rojizo y las mejillas algo más sonrosadas. Por regla general, los ojos son pequeños y de un color gris o verdoso. Se trata de una persona algo triste y perezosa, dada a frecuentar malas compañías y al vicio; si se trata de una mujer de clase baja, probablemente sea alcohólica, etc. Es una persona muy tímida e inconstante y aunque siempre intenta reflejar lo mejor de sí misma y parece tomarse las cosas muy en serio, en realidad, a menudo no ocurre así ya que es sumamente variable e inconstante.

Venus en Leo

Describe a alguien de estatura bastante alta y de cuerpo bien proporcionado. El cutis es terso, el rostro redondo, los ojos grandes, la piel clara y con pecas, y el cabello rojizo (o rubio si se encuentra en los términos de Venus). Se trata de una persona excesivamente arrogante, apasionada, generosa, sociable, liberal y de muy buen talante; es alguien que se enfada fácilmente, pero cuyos enfados duran muy poco tiempo. Es sumamente orgullosa y a menudo tiende a indisponerse con los demás, aunque nunca de forma muy seria.

Venus en Virgo

La figura es alta y bien proporcionada; el rostro ovalado, el cabello oscuro o, si está en sus propios términos, será castaño y el cutis bastante oscuro. Se trata de alguien sumamente ingenioso, elocuente, hábil y muy activo; alguien con grandes aspiraciones, pero con pocos éxitos y, por regla general, bastante desafortunado.

Venus en Libra

Nos describe a una persona alta, esbelta, elegante y muy atractiva y bien proporcionada. El rostro es ovalado y de gran belleza; muy sonriente y pecoso, acostumbra a tener dos graciosos hoyuelos en las mejillas. El cabello es castaño y muy suave, aunque mucho más largo que espeso. Se trata de alguien sumamente amable, atento y afectuoso y por regla general acostumbra a ser muy querido por todos aquellos que mantienen cualquier tipo de trato con él. Cuando Venus se halla ubicada en el Ascendente y no recibe ningún aspecto inarmónico, sino que se encuentra en trígono con Júpiter y éste situado en Acuario, si el consultante es una mujer, entonces se tratará de una auténtica belleza.

Venus en Escorpio

Representa a alguien de cuerpo bien proporcionado, robusto y corpulento, aunque algo bajo. La cara es ancha, el cutis bronceado y el cabello negro o muy oscuro (a menos de que Venus se encuentre en términos de Marte o de Venus). Se trata de alguien bastante desagradable, envidioso, libertino, pendenciero y extremadamente vicioso; y si Venus está afligida por Marte o por Saturno, acostumbrará a cometer acciones de índole vergonzosa; y si ésta se halla afligida por los dos al mismo tiempo y sin recibir ningún tipo de apoyo por parte del Sol o de Júpiter, entonces tendrá una gran propensión a la maldad.

Venus en Sagitario

Refleja a una persona más bien alta y bien proporcionada; el cutis es terso o sanguíneo, el rostro ovalado y el cabello castaño. Se trata de alguien muy ingenioso y alegre y en absoluto mediocre, aunque es algo orgulloso y apasionado; en general suele ser muy amable e inofensivo.

Le gustan las diversiones sanas y sencillas y, en el fondo, se trata de alguien extremadamente afortunado.

Venus en Capricornio

Nos describe a alguien de estatura más bien bajita, de cara delgada y poco saludable. El cabello es oscuro (pero si Venus se encuentra en sus propios términos, entonces será castaño y de un tono mucho más apagado). Por regla general, acostumbra a tener una elevada opinión de sí mismo y a sentirse sumamente atraído por cualquier tipo de diversión. No es demasiado afortunado y parece como predestinado a sufrir repentinos cambios a lo largo de su vida, así como extrañas catástrofes.

Venus en Acuario

Refleja a alguien extremadamente elegante y bien proporcionado; el cutis es terso y el cuerpo bastante robusto. El cabello es castaño y si Venus se encuentra en sus propios términos, rubio. Se trata de alguien muy afable, tranquilo, cortés, pacífico, nada vicioso y amable con todo el mundo. Acostumbra a ser muy afortunado en todos sus asuntos, así como respetado tanto por sus amigos como por sus conocidos.

Venus en Piscis

Proporciona una estatura mediana y un cuerpo algo regordete. La cara es redonda y suele tener un hoyuelo en la barbilla; el cutis es terso y de un color entre pálido y rubicundo. Es una persona amable, alegre, justa, dulce, pacífica e ingeniosa y, aun a pesar de ser bastante inestable, acostumbra a tener bastante suerte en la vida.

MERCURIO EN LOS DOCE SIGNOS

Mercurio en Aries
Proporciona una estatura más bien baja y un cuerpo muy delgado. El rostro es ovalado, el cutis muy apagado y el cabello rizado y de un color castaño claro. Se trata de alguien bastante pendenciero y muy dado a las disputas, a las mentiras, al robo y a todo tipo de actividades deshonestas, ya que en el fondo es un perfecto bribón.

Mercurio en Tauro
Representa a una persona de estatura media, bastante robusta y corpulenta y muy bien proporcionada; el cutis es moreno y como quemado por el Sol, mientras que el cabello es oscuro, corto y espeso. Se trata de alguien sumamente perezoso e indolente y con una gran tendencia hacia la comodidad y la glotonería y que acostumbra además a arruinar su vida a causa de las mujeres.

Mercurio en Géminis
Nos refleja a alguien de estatura alta, esbelto y bien proporcionado. El cabello es castaño, el cutis terso y la mirada muy inteligente y perspicaz. Se trata de alguien extraordinariamente ingenioso y fantasioso, muy buen orador, abogado excelente o hábil vendedor de libros. Es una persona que comprende perfectamente sus propios intereses y (si Mercurio no se halla afligido) puede llegar a convertirse en un perfecto político al que sin duda alguna resultará imposible de engañar, incluso por el más astuto de los bribones.

Mercurio en Cáncer

Proporciona una estatura baja y una constitución bastante endeble; el cutis es enfermizo, la cara delgada, los ojos pequeños, la nariz afilada y el cabello oscuro. Se trata de alguien muy aficionado a la bebida, extremadamente pendenciero, deshonesto, ladronzuelo, mentiroso y muy inconstante; es una persona totalmente mediocre y desgraciada, y en particular si Mercurio se halla afligido.

Mercurio en Leo

Representa a alguien de bastante estatura y de cutis bronceado, como quemado por el sol; el cabello es castaño, la cara redondita, los ojos grandes y la nariz ancha. Se trata de alguien muy orgulloso, arrogante, ambicioso, jactancioso y pendenciero.

Mercurio en Virgo

Nos refleja a una persona alta, delgada y bien proporcionada; el cabello es castaño oscuro (o negro, si Mercurio se encuentra en términos de Júpiter o de Saturno), el cutis es muy poco terso, el rostro es alargado y la apariencia más bien austera. Posee una mentalidad muy aguda e ingeniosa y si Mercurio no recibe ningún tipo de aflicción, podría llegar a convertirse en un perfecto erudito o lingüista, o bien en alguien capaz de emprender cualquier tipo de acción en la que se requiera una gran habilidad.

Mercurio en Libra

Representa a alguien bastante alto y bien proporcionado, aunque no precisamente delgado; el cabello es castaño y muy suave, y el cutis sanguíneo o rubicundo. Es una persona justa, virtuosa y muy prudente; es un amante del saber que además de sus habilidades naturales, ha adquirido también un sinfín de conocimientos.

Mercurio en Escorpio

Proporciona un tipo de cuerpo más bien delgado, y una estatura baja y algo deformada; los hombros son anchos, el cutis oscuro y el cabello castaño y bastante rizado. No se trata de alguien excesivamente elegante o agraciado, aunque sin embargo es muy ingenioso y estudioso. Es sumamente cuidadoso en cuanto a vigilar sus propios intereses, y gran amante del sexo femenino y de la vida alegre.

Mercurio en Sagitario

Refleja a una persona poco corpulenta, pero de huesos anchos, estatura alta y bien proporcionada. El rostro es ovalado, la nariz afilada y el cutis rubicundo. Se trata de alguien que se enfada con suma facilidad, pero que se reconcilia con la misma rapidez; es bastante rudo y ello a menudo le perjudica, aun a pesar de que se trata de una persona muy complaciente. Siempre intenta conseguirlo todo con una gran honestidad, aunque difícilmente lo logra ya que es bastante desafortunado.

Mercurio en Capricornio

Proporciona un tipo de estatura más bien pequeña y algo deformada pues a menudo el sujeto tiende a ser un poco patizambo; la cara y la figura son delgadas, el cutis oscuro y el cabello castaño. Se trata de una persona sumamente quejica, malhumorada, descontenta, débil y enfermiza, aun a pesar de ser bastante activa; dada su natural desconfianza y su pésimo carácter, tiende a mostrarse siempre irascible consigo mismo y muy desagradable para con los demás.

Mercurio en Acuario

Representa a alguien de estatura media, bastante grueso y corpulento; el cutis es terso, la piel clara, la cara grande y el cabello castaño. Se trata de alguien extremadamente ingenioso, amable y muy inclinado hacia los estudios, las artes y las ciencias. Posee una enorme capacidad de inventiva y sobresale tanto por su gran talento como por tratarse de una persona sumamente caritativa, amable y humanitaria con los demás.

Mercurio en Piscis

La estatura es baja y el cuerpo rechoncho y regordete, aunque si Mercurio se halla ubicado en sus propios términos o en los de Saturno, entonces será bastante más delgado, más pálido y enfermizo y con el cabello castaño. Se trata de alguien extremadamente presuntuoso, quejica y malhumorado; alguien demasiado aficionado al vino y a las mujeres, así como algo afeminado y pasivo.

LA LUNA EN LOS DOCE SIGNOS

La Luna en Aries

Describe a un tipo de persona de estatura normal, algo rechoncha y regordeta y de cara redonda. El cutis es relativamente terso y el cabello rubio o castaño claro. Se trata de alguien bastante rudo, variable y ambicioso; alguien con una gran tendencia a sufrir multitud de cambios en la vida y no siempre demasiado afortunados.

La Luna en Tauro

Representa a alguien de estatura más bien baja, pero muy bien proporcionado, robusto y corpulento. El cutis es muy terso y el cabello castaño oscuro o negro. Es una persona muy amable, gentil, honesta y justa y que además sabe cómo ganarse la estima y el respeto de los demás; se trata de alguien que, y con respecto a su situación en la vida, siempre acabará por lograr alcanzar sus máximas aspiraciones.

La Luna en Géminis

Proporciona una estatura alta y un cuerpo esbelto, bien formado y muy atractivo; el cabello es castaño y el cutis muy terso, entre pálido y sanguíneo. La mentalidad es ingeniosa, aunque demasiado astuta y sutil y no siempre bien intencionada. No se trata de alguien excesivamente afortunado, a menos de que se dé algún aspecto armónico por parte de Júpiter, del Sol o de Venus.

La Luna en Cáncer

Refleja a una persona de estatura media, algo obesa, pero muy bien proporcionada; la cara es redondita, el cutis pálido y el cabello de un tono castaño algo apagado. La mentalidad es muy flexible y aficionada a todo tipo de cambios. Se trata de alguien al que le encanta frecuentar a la gente y que por lo general acostumbra a ser muy apreciado por los demás y bastante afortunado en casi todos sus asuntos. Es tremendamente inestable y carece de pasión o de rudeza.

La Luna en Leo

Nos describe a una persona de una estatura algo superior a la de la media, de huesos anchos y de cuerpo fuerte y bien proporcionado; el cutis es sanguíneo, el cabello castaño claro, los ojos grandes y prominentes y la cara un poco rellenita. Se trata de alguien extremadamente arrogante, orgulloso y ambicioso; alguien con grandes aspiraciones y deseos de dominar a los demás, ya que detesta mostrarse servil o dependiente y por lo general acostumbra a ser bastante desgraciado.

La Luna en Virgo

Proporciona una estatura bastante alta y el cabello es de color negro o castaño oscuro; el rostro es ovalado y el cutis rubicundo, pero bastante terso. Se trata de una persona ingeniosa, avariciosa, melancólica y terriblemente desafortunada. No suele ser excesivamente amable con los demás, ni acostumbra a realizar ningún tipo de acción recomendable.

La Luna en Libra

Representa a una persona alta, bien proporcionada y con el cabello de color castaño claro y muy sedoso; su aspecto es alegre y atractivo y el cutis muy fino y sonrosado. Es una persona de carácter jovial, festivo y complaciente, y acostumbra a ser muy admirado por el sexo femenino y a disfrutar con las diversiones o entretenimientos, etc. Si se trata de una mujer, ésta será muy solicitada por los hombres, pero, a menos de que Venus sea su significadora y se muestre muy fuerte y bien aspectada, etc., difícilmente conseguirá llegar a ser feliz.

La Luna en Escorpio

Nos refleja a un tipo de persona más bien bajita, gruesa y un poco deformada; el cutis es carnoso y moreno y el cabello muy oscuro y a menudo negro (sobre todo si la Luna se encuentra en términos de Júpiter o de Saturno). Se trata de alguien extremadamente estúpido y vulgar, malicioso, bruto y tramposo; y si hace referencia a una mujer, por regla general acostumbrará a tener pensamientos o deseos de lo más infame y, si la Luna se encuentra afligida por una cuadratura u oposición de Saturno o de Marte, entonces convertirá estos deseos en realidad y mostrará abiertamente su conducta escandalosa.

La Luna en Sagitario

Representa a una persona bastante alta, extremadamente apuesta y bien proporcionada; el rostro es ovalado, el cutis sanguíneo y bastante bronceado y el cabello de color castaño y muy brillante. El carácter es abierto, agradable y generoso, pero algo irreflexivo y apasionado, aun a pesar de ser extremadamente indulgente. Se trata de alguien con grandes aspiraciones, sumamente afortunado y muy respetado por todos aquellos con los que mantiene relaciones.

La Luna en Capricornio

Proporciona una estatura más bien baja y un cuerpo pequeño, débil y delgado; la salud deja bastante que desear y la constitución es bastante delicada y débil, sobre todo las rodillas; el cutis es problemático, el cabello de color negro y los rasgos pequeños. Se trata de alguien poco activo, en absoluto ingenioso y muy torpe; por regla general, se muestra pervertido en su conducta y apenas es tenido en consideración por sus compañeros, etc.

La Luna en Acuario

Representa a una persona de estatura media, bastante corpulenta y muy bien proporcionada; el cabello es castaño, la piel suave y el cutis sanguíneo. Se trata de alguien muy ingenioso, amable, cortés e inofensivo; es muy aficionado a los estudios científicos o de tipo curioso, posee una gran capacidad de inventiva y raramente puede ser susceptible de haber cometido ningún tipo de acción indigna.

La Luna en Piscis

Nos describe a una persona de estatura baja, pero bastante gruesa o rellenita; la cara es muy pálida y a menudo aparece algo hinchada, el cabello es castaño claro y los ojos como soñolientos. Se trata de alguien muy poco activo y empeñado tan sólo en emprender un tipo de acciones de la peor clase; es desafortunado, tanto consigo mismo como con respecto a los demás y suele ser muy aficionado a la bebida.

N. B. Si la Luna se muestra bien aspectada y se halla ubicada en una casa afortunada, la predisposición del sujeto se verá extraordinariamente mejorada.

EFECTOS DE LOS ASPECTOS ENTRE LOS SIGNIFICADORES

Saturno conjunto a Júpiter

Si el significador es Saturno, hará que el consultante pueda llegar a heredar algunas propiedades o enriquecerse por medio de la agricultura. La persona es poseedora de un carácter muy serio y moral y puede llegar a hacer fortuna a través de actividades comerciales, o bien gracias a la predicación.

Si el significador es Júpiter, entonces la predisposición no es tan buena ya que el sujeto casi nunca llega a obtener el éxito en esta vida; se trata de alguien extremadamente tacaño y, por regla general, acostumbra a conseguir bienes o propiedades a través de medios muy poco ortodoxos y de forma egoísta, aun a pesar de no saber disfrutarlos como el resto de la gente. Normalmente y debido a su carácter mezquino y engañoso, termina por ser odiado por todo el mundo y muriendo en el más triste de los anonimatos.

Si Marte se encuentra cuadrado al significador y forma además algún aspecto con Mercurio, el consultante tendrá tendencia a dejarse timar o estafar y a perder por esta causa todas sus propiedades y por regla general terminará por morir de forma miserable.

Saturno conjunto a Marte

Si Saturno es el significador, el carácter del consultante es sumamente rudo y turbulento y generalmente muy poco afortunado, ya que a menudo tiende a verse involucrado en cierto tipo de manifestaciones públicas de la más baja índole, y algunas veces acostumbra a terminar sus días en la cárcel. Si el significador es Marte, entonces el sujeto tampoco tiene un buen carácter, aunque es mucho menos rudo, pero algo más cobarde y astuto. Algunas veces consigue el favor de personas mayores, quienes le ayudan gracias a sus propiedades, las que, y por regla general, al final siempre acaba por perder; acostumbra a ser bastante desgraciado, sobre todo si los significadores se hallan ubicados por debajo de la Tierra.

Saturno conjunto al Sol

Es índice de que el consultante puede sufrir grandes pérdidas a causa del fuego (sobre todo cuando éstos se hallan ubicados en signos de Fuego) o de personas poderosas que lo perseguirán y lograrán llegarlo a confinar en alguna prisión a causa de algún desacato a la ley; por regla general, el sujeto no acostumbra a gozar de buena salud ni a vivir mucho tiempo.

Cuando el significador es el Sol, por regla general el consultante es extremadamente desagradable, desconfiado, engañoso y desafortunado y con una acusada tendencia a perder todas sus propiedades a causa de las especulaciones, las que finalmente siempre terminan por llevarlo a la ruina, sobre todo si éste mantiene cualquier tipo de relación con el gobierno o con personas que se hallen conectadas al estado.

Saturno conjunto a Venus

Es un índice de que el consultante puede obtener grandes ganancias a través de las mujeres, ya que se siente muy atraído por ellas y por los placeres en general y resulta muy afortunado con todo aquello que pueda concernir a las damas. Si se trata de un hombre con algunos bienes o propiedades, a menudo los malgastará por culpa del juego o de los placeres. Si Venus es la significadora, entonces el sujeto es muy ingenioso y astuto, pero desafortunado y sin amigos; se trata de alguien que acostumbra a sentirse muy defraudado por la muerte y con tendencia a sufrir considerables pérdidas provocadas por personas mayores que él, sobre todo si se trata de un comerciante.

Saturno conjunto a Mercurio

Si Saturno es el significador, el consultante es astuto e ingenioso y sumamente aficionado a las antigüedades; se trata de alguien muy serio y de gran sabiduría, aunque a menudo su forma de comportarse no es demasiado agradable.

Si el significador es Mercurio, entonces el sujeto es muy torpe, desconfiado, rastrero, cobarde, calculador y codicioso. Si se dedica a la literatura, es posible que llegue a adquirir algunos conocimientos, aunque con grandes esfuerzos por su parte y si se convierte en autor, probablemente sus escritos lleguen a conllevarle grandes desgracias.

Saturno conjunto a la Luna

Si Saturno es el significador, el consultante es irresoluto e inestable en sus objetivos y sufrirá muchos cambios de residencia. El sujeto no acostumbra a ser demasiado afortunado, aunque algunas veces puede llegar a beneficiarse a causa de la popularidad, así como a través de las mujeres de la más baja escala social.

Cuando la significadora es la Luna, entonces el sujeto es muy pobre y miserable y carece tanto de esperanzas como de buenos modales; también resulta extremadamente desafortunado, hosco y codicioso, y ello aun a pesar de no poseer apenas ninguna propiedad. Debido a su excesiva desconfianza, a menudo llega a cometer errores imperdonables en asuntos de gran envergadura y a causa de su prudencia, en todos aquellos momentos en los que debería de actuar, a menudo tiende a mostrarse dudoso e indeciso.

Júpiter conjunto a Marte

Si Júpiter es el significador, el consultante es audaz, orgulloso y ambicioso y muy aficionado a cualquier tipo de acción bélica; puede ser un buen soldado o un excelente médico, aunque puede llegar a sufrir grandes pérdidas a causa de las disputas o de las contiendas, así como resultar herido en alguna pelea.

Si el significador es Marte, entonces el sujeto es muy bueno, justo y piadoso y puede obtener grandes éxitos tanto a través de la Iglesia como de las leyes y llegar incluso a conseguir una considerable fortuna a través de estos medios.

Júpiter conjunto al Sol

Cuando Júpiter es el significador, el consultante es extremadamente servil, pero demasiado débil y crédulo y normalmente acostumbra a tener problemas con los hombres que gozan de algún poder, ya que se siente oprimido por ellos y a menudo incluso arruinado. La salud deja bastante que desear y por lo general el sujeto posee un carácter vano y locuaz, siendo excesivamente indulgente a la hora de fantasear o de especular sobre la religión u otros asuntos para los que realmente no está en absoluto capacitado.

Cuando el significador es el Sol, el poder de Júpiter se halla tan disminuido por el del Sol, que realmente goza de escasos afectos. De todas formas, por regla general, el consultante se siente muy atraído por la religión; si Júpiter está bien dignificado y no se encuentra mal aspectado, el sujeto se mostrará muy sincero a este respecto, pero de lo contrario, su conducta será extremadamente fanática o hipócrita.

Júpiter conjunto a Venus

Si el significador es Júpiter, augura la mayor felicidad; el consultante se ve muy favorecido por el sexo femenino y, a través de éste, puede llegar a realizar grandes progresos. Se trata de una persona bastante rica, próspera y afortunada, resultando además extremadamente admirada y respetada por todo el mundo. Este aspecto es índice también de una gran belleza personal.

Si Venus es la significadora, denota una gran belleza (a menos de que ésta se encuentre situada en Escorpio o en Capricornio), es índice también de muchas riquezas, honores y ascensos o privilegios eclesiásticos; el sujeto es realmente muy virtuoso, piadoso, amable y un gran benefactor; siempre actúa de corazón y su predisposición es la de infundir estima y amor universal.

Júpiter conjunto a Mercurio

Si el significador es Júpiter, representa a una persona con grandes conocimientos y con posibilidades de llegar a convertirse en un excelente abogado o teólogo con mucha habilidad y una enorme cantidad de información.

Si Mercurio es el significador, entonces el sujeto es amable, humano, religioso y amante de la literatura; posee una mentalidad muy abierta y una forma de ser y de comportarse extraordinariamente gentil; normalmente acostumbra a estar relacionado con grandes eminencias y protegido por los poderosos y casi siempre llega a acumular una enorme cantidad de riquezas y a ser realmente muy afortunado.

Júpiter conjunto a la Luna

Si el significador es Júpiter, la persona así representada es sumamente impaciente y variable, por lo que difícilmente puede llegar a asentarse o conseguir grandes riquezas. De todos modos, acostumbra a ser bastante afortunada y a menudo obtiene muchas ganancias a través del matrimonio y, generalmente, suele ser el preferido del sexo débil; le encanta viajar y puede llegar a conseguir grandes éxitos con actividades relacionadas con asuntos de tipo marítimo, o por medio de los hombres dedicados a la mar, o a través de embarcaciones, etc.

Si la Luna es la significadora, entonces el consultante es sumamente afortunado con respecto a todos aquellos asuntos de índole eclesiástica o relacionados con los comerciantes o con los magistrados, etc. Acostumbra a obtener grandes riquezas, aunque también puede llegar a sufrir muchas pérdidas a causa de la hipocresía de ciertas personas que abusarán de su amabilidad y de su habitual generosidad. De todas formas, es lo suficientemente afortunado como para que todas estas injurias no le reporten ningún tipo de problemas.

Marte conjunto al Sol

Si Marte es el significador, tanto el fuego como las quemaduras o las enfermedades infecciosas pueden resultar de gran peligro para el consultante. Al respecto de esta conjunción, siempre se ha dicho (y con gran acierto) que quien la posee «cuenta con el apoyo y con el favor de los reyes y de los príncipes» y, aunque el sujeto puede ascender de forma vertiginosa, también corre el peligro de precipitarse y perderlo todo.

Cuando el significador es el Sol, el consultante es extremadamente valiente, pero demasiado testarudo y violento; sin lugar a dudas puede llegar a alcanzar un rango considerable dentro del ejército o de la marina, aunque seguramente también cabe la posibilidad de que resulte herido o de que pueda morir en la batalla y también de que llegue a ser víctima de alguna enfermedad contagiosa o de que fallezca a causa de un accidente.

Marte conjunto a Venus

Si el significador es Marte, el consultante es amable y gentil con todo el mundo, aunque a veces tiende a mostrarse algo irreflexivo; es bastante afortunado y muy aficionado a las mujeres, cuya respetabilidad no le preocupa en absoluto.

Si la significadora es Venus, entonces el sujeto es malvado y libertino, así como un acompañante habitual de las prostitutas que por regla general acostumbran a causarle grandes perjuicios e injurias. Es un borracho con tendencia a frecuentar las tabernas o establecimientos públicos de baja estofa y, aunque algunas veces pueda llegar a toparse con la fortuna, no tardaría en disiparla por completo en compañía de los seres más despreciables de este mundo.

Marte conjunto a Mercurio

Cuando Marte es el significador, el consultante cuenta con una destreza extraordinaria y puede llegar a convertirse tanto en un hábil mecánico como en un excelente matemático; su ingenio es extremadamente agudo, pero algo sarcástico y si entra en el ejército o en la marina, para lo cual está totalmente capacitado, puede llegar a adquirir una magnífica reputación debido a su valor y a ser distinguido gracias a la táctica empleada en todas sus medidas. Nunca es demasiado escrupuloso en cuanto a sus métodos y demuestra tener muy poco respeto por las personas o por las cosas de los demás, sobre todo cuando gracias a ello puede llegar a beneficiarse o a actuar en su propio interés.

Si el significador es Mercurio, el consultante se convierte en un estafador o en un tramposo y en un ladrón o bellaco; tiende a mostrarse siempre muy furioso, rudo y sediento de sangre, y además acostumbra a visitar con demasiada frecuencia las casas de juego.

N. B. Cualquier aspecto inarmónico de Saturno aumentará estas características negativas, mientras que los buenos aspectos del Sol, de Júpiter o de Venus, las disminuirán de forma considerable.

Marte conjunto a la Luna

Si Marte es el significador, el temperamento del sujeto es bastante inestable y algo bohemio, resultando quizás por ello muy apreciado por las mujeres; normalmente se trata de un simple aventurero, más digno de tener en cuenta por su fortuna que por sus éxitos o por su capacidad, y es alguien que por regla general acostumbra a hallar la muerte en el extranjero.

Cuando la significadora es la Luna, entonces el carácter es muy voluntarioso y emprendedor y el sujeto es un gran aficionado de las disputas y de las peleas, etc., y a menudo acostumbra a perder la vida de una forma violenta. Puede llegar a convertirse en un buen médico o soldado, pero pocas veces sobresale por su humanidad; si se trata de una mujer, ésta tendrá una tendencia muy marcada a resultar seducida.

El Sol conjunto a Venus

Si el significador es el Sol, el sujeto posee unos modales excesivamente afeminados y una forma de comportarse muy agradable; es un gran admirador de las mujeres y muy dado a las extravagancias y a llevar un tipo de vida totalmente disoluta.

Cuando Venus es la significadora, el sujeto se siente excesivamente oprimido y desgraciado y por regla general no acostumbra a vivir mucho tiempo. Se trata de alguien demasiado enfermizo como para poder realizar ningún tipo de esfuerzos, así como muy orgulloso y extravagante.

El Sol conjunto a Mercurio

Si el significador es el Sol, proporciona un exceso de ingenuidad, pero muy poca lógica en los juicios. Si es Mercurio el significador, entonces las aptitudes del sujeto son sumamente escasas y mediocres; se trata de alguien muy adicto al fraude y al engaño e incapaz de aprender nada que requiera una buena dosis de juicio o de memoria; es extremadamente supersticioso y, aunque parece estar bastante capacitado para los negocios, es una completa nulidad para los estudios.

El Sol conjunto a la Luna
Si el Sol es el significador, la persona así representada es sumamente inquieta y variable y, aunque sus aspiraciones son muy grandes, pocas veces alcanza a conseguirlas. Pero cuando la significadora es la Luna, entonces el consultante es extremadamente desafortunado y, por norma general, también bastante enfermizo e infeliz, ya que se siente rechazado y oprimido por todos aquellos que están en el poder. Es algo rudo y violento, así como muy propenso a sufrir quemaduras o escaldaduras y con frecuencia acostumbra a tener algún defecto en los ojos, y si la conjunción tiene lugar cerca de las *Hyades, Pléyades* o *Praespe,* este defecto puede llegar a dejarle casi ciego. Si la Luna se encuentra en aplicación, significará peligro de muerte, sobre todo cuando ésta se da en la Casa VIII, o cuando el Sol es el regente de la VIII; pero si la Luna se está separando, entonces el peligro no será tan grave.

Venus conjunta a Mercurio
Si Venus es la significadora, representa a alguien muy amable, cortés y educado y gran amante de la literatura; se trata del perfecto acompañante y del favorito de las damas ya que posee un excelente carácter.

Cuando el significador es Mercurio, entonces el sujeto acostumbra a sobresalir en cualquier tipo de asunto en el que se requiera buen gusto; puede ser tanto un buen pintor, como un excelente músico o poeta; su predisposición es de lo más humanitaria y su apariencia sumamente atractiva.

N. B. Debe de observarse con todo cuidado si al mismo tiempo estos planetas poseen algún otro tipo de familiaridad, ya que si se hallan en cuadratura con Urano, Saturno o Marte, estas características sufrirían una notable diferencia. Realmente, ello debe de observar escrupulosamente en cada uno de los casos y sobre todo cuando Venus, Mercurio o la Luna sean los significadores.

Venus conjunta a la Luna
Si la significadora es Venus convierte al sujeto en un ser sumamente mutable e inseguro, con una acusada tendencia a hacer muchas promesas que difícilmente, y a pesar de su buena predisposición, podrá llegar a cumplir.

Si la Luna es la significadora, entonces se trata de una persona que tan sólo sabe disfrutar del momento presente y totalmente despreocupada por todo lo demás; es alguien extremadamente gentil y muy aficionado a las diversiones y a la buena vida.

Mercurio conjunto a la Luna

Si Mercurio es el significador, el nativo suele poseer una gran habilidad y destreza, aun a pesar de ser bastante inestable en sus objetivos, y con frecuencia se halla también involucrado en asuntos de índole literaria.

Si la Luna es la significadora, sus efectos no son demasiado distintos ya que la capacidad intelectual del sujeto sigue siendo muy importante; éste es sumamente aficionado a los estudios y, gracias a su habilidad, puede llegar a ganar una excelente reputación.

ASPECTOS DE SEXTIL Y DE TRÍGONO ENTRE LOS SIGNIFICADORES

Saturno en sextil o trígono a Júpiter

Si Saturno es el significador proporciona muchas riquezas a través de la agricultura, así como un temperamento sumamente religioso y sosegado. Si Júpiter es el significador, el sujeto es extremadamente serio y, por regla general, suele enriquecerse a través de las herencias o legados, así como por medio de los asuntos relacionados con las minas.

Saturno en sextil o trígono a Marte

Si el significador es Saturno, aumenta el valor del sujeto así representado y lo hace más abierto en cuanto a sus resentimientos o rencores.

Cuando el significador es Marte, entonces la persona es muy cautelosa y precavida, pero bastante fanática en sus creencias religiosas; si otros de los aspectos se encuentran en armonía con Marte, ésta podría llegar sin duda a conseguir algunas propiedades.

Saturno en sextil o trígono al Sol

Si Saturno es el significador, el sujeto es sumamente noble y generoso, aunque quizás algo austero en su comportamiento.

Si el Sol es el significador, la persona es demasiado presuntuosa, ostentosa y jactanciosa y podría llegar a conseguir grandes ganancias a través de los legados, o bien llegar también a convertirse en un granjero de éxito.

Saturno en sextil o trígono a Venus

Si el significador es Saturno, el sujeto es extravagante y tiende a malgastar todo su dinero con las mujeres. Pero si Venus es la significadora, entonces la persona es muy tímida y vergonzosa y puede llegar a ganarse el afecto y el apoyo de las personas mayores y a menudo conseguir incluso heredar sus propiedades.

Saturno en sextil o trígono a Mercurio

Si Saturno es el significador proporciona mucha sutileza e ingenuidad, aun a pesar de que el sujeto siempre acostumbra a malgastar sus talentos. Si Mercurio es el significador, entonces la persona es extremadamente prudente y cautelosa y gran aficionada al estudio de las artes y de las ciencias.

Saturno en sextil o trígono a la Luna

Si el significador es Saturno, el consultante es muy variable, celoso y desconfiado. Si, por el contrario, la significadora es la Luna, entonces éste es sumamente vanidoso y presumido, así como muy rastrero en todas sus acciones y sin que ni la precipitación ni la rudeza le sirvan de excusa, ya que se piensa mucho las cosas antes de hacerlas.

Júpiter en sextil o trígono a Marte

Cuando Júpiter es el significador proporciona un gran valor y un espíritu sumamente bélico y aventurero y el sujeto puede llegar a convertirse en un buen médico o químico, así como en un excelente soldado. Si el significador es Marte, entonces el sujeto es muy generoso, noble y ambicioso y puede ir ascendiendo rápidamente dentro del ejército.

Júpiter en sextil o trígono al Sol

Si el significador es Júpiter, convierte al sujeto en alguien sumamente afortunado y le proporciona un temperamento noble y valeroso. Si el Sol es el significador, el sujeto puede llegar a ganar dinero de forma rápida y a ser respetado siempre por los demás, así como a contar con un excelente carácter.

Júpiter en sextil o trígono a Venus

Si Júpiter es el significador proporciona una gran belleza, así como amor, riquezas y mucha bondad de corazón, dado que éste es el mejor de todos los aspectos.

Si la significadora es Venus, entonces el sujeto es amable y virtuoso, posee un carácter muy noble y es totalmente incapaz de cometer ningún tipo de fraude o de acción engañosa.

Júpiter en sextil o trígono a Mercurio

Si el significador es Júpiter proporciona muchos conocimientos, buen juicio y excelentes aptitudes. Cuando Mercurio es el significador, el sujeto es sumamente sensato y generoso y a menudo acostumbra también a ser poseedor de una gran fortuna.

Júpiter en sextil o trígono a la Luna

Si el significador es Júpiter convierte al sujeto en alguien extremadamente afortunado, muy querido por las mujeres y respetado por las clases sociales más pobres. Cuando la Luna es la significadora, la persona es muy justa y caritativa, así como muy sincera con sus amistades y muy generosa en su forma de actuar.

Marte en sextil o trígono al Sol

Si el significador es Marte proporciona un carácter muy noble y una mente muy despierta, haciendo que el sujeto pueda ser ascendido rápidamente dentro del ejército, pueda obtener grandes victorias en la guerra y disfrute de la protección de los más poderosos.

Si el Sol es el significador, confiere gran valentía y un espíritu muy amplio, haciendo que el sujeto alcance la nobleza por medio de su valor y de sus invencibles aptitudes militares.

Marte en sextil o trígono a Venus

Si Marte es el significador provoca obscenidad y despilfarro; la predisposición del sujeto no es mala, pero éste es demasiado irreflexivo e imprudente; el consultante podría llegar a obtener importantes ganancias a través de las mujeres, ya que parece disponer de una gran influencia sobre ellas y sabe cómo sacarles el mejor partido.

Si la significadora es Venus, entonces el sujeto es muy elegante, aunque bastante rucio, orgulloso y desconsiderado y, realmente, no acostumbra a sobresalir ni por sus principios, ni por su prudencia.

Marte en sextil o trígono a Mercurio

Si el significador es Marte, este aspecto proporciona mucho ingenio y perspicacia, así como un gran número de conocimientos; de todos modos, el consultante es muy astuto, bastante irreflexivo y extremadamente desconfiado.

Cuando Mercurio es el significador, el sujeto es muy valiente y demuestra disponer de un gran ingenio en todos aquellos asuntos relacionados con la mecánica; también puede convertirse en un excelente matemático o grabador y tener un gran éxito en aquellas empresas en las que se requiera una mente despierta y mucha habilidad y rapidez de reflejos.

Si Mercurio recibe algún aspecto de Urano, podría llegar a convertirse en un buen astrólogo, sobre todo si la Luna apoya a Mercurio.

Marte en sextil o trígono a la Luna

Si el significador es Marte convierte al sujeto en alguien muy inquieto, variable, servicial y un poco charlatán; se trata de una persona con tendencia a viajar mucho y a recibir una gran ayuda por parte de las mujeres. Cuando la Luna es la significadora, entonces el sujeto es demasiado apasionado y variable, pero en el fondo dispone de un excelente carácter y de unas inmejorables aptitudes.

El Sol en sextil o trígono a la Luna

Si el significador es el Sol confiere riquezas y honores; el consultante es extremadamente afortunado con las mujeres y muy respetado por las multitudes.

Si, por el contrario, la Luna es la significadora, entonces el consultante es muy orgulloso y tiene muchas aspiraciones; por regla general, acostumbra a tener mucho éxito, pero su fortuna nunca es permanente, a menos de que tanto el Sol como la Luna se hallen ubicados en signos fijos.

Venus en sextil o trígono a Mercurio

Si Venus es la significadora, este aspecto proporciona mucha ingenuidad, sutilidad y muy buen carácter.

Si el significador es Mercurio, el consultante posee una mentalidad muy refinada y competente; cuida mucho su aspecto personal y posee unos gestos muy elegantes; se trata de un verdadero amante de la música y de las bellas artes en general.

Venus en sextil o trígono a la Luna

Si Venus es la significadora, el aspecto es uno de los más afortunados pues el consultante se verá apoyado y ayudado por sus amistades femeninas y, aun a pesar de ser algo inestable, a menudo logrará conseguir grandes bienes o propiedades.

Si, por el contrario, la significadora es la Luna, el consultante es sumamente amable, atento y gentil, así como muy educado en su forma de ser y admirado por todas las mujeres, cuyas condiciones de vida dependen de la fuerza o debilidad de Venus.

Mercurio en sextil o trígono a la Luna

Si el significador es Mercurio, el sujeto es extremadamente sutil, agudo e ingenioso y aprende fácilmente cualquier cosa que se proponga ya que es capaz de adquirir multitud de conocimientos sin llegar a necesitar ningún tipo de ayuda. Es algo melancólico y un poco reservado, pero dada la multitud de sus conocimientos, siempre puede llegar a convertirse en un compañero sumamente útil y a veces incluso muy agradable.

Si la Luna es la significadora, éste es el aspecto más favorable en cuanto a conocimientos o a especulaciones científicas.

EFECTOS DE LOS ASPECTOS DE CUADRATURA O DE OPOSICIÓN ENTRE LOS SIGNIFICADORES

Saturno cuadrado u opuesto a Júpiter

Si Saturno es el significador puede indicar que el consultante tiene muchos problemas a causa de los abogados o del clero.

Si el significador es Júpiter, entonces éste es muy desgraciado y miserable, perezoso, desafortunado y extremadamente pobre.

Saturno cuadrado u opuesto a Marte

Si Saturno es el significador, se trata de un aspecto que indica crueldad y asesinatos y la persona así representada es extremadamente desafortunada, puede, por regla general, acostumbra a vivir de forma desesperada y a morir de una manera violenta.

Si es Marte el significador, el sujeto es extremadamente malicioso, tramposo y como sediento de sangre; es alguien que parece deleitarse llevando a cabo las más diabólicas acciones y aunque es cobarde y rastrero, tiende al suicido y a las venganzas ocultas. Su semblante es cruel y, en suma, se trata de una persona con unas características muy similares a las de don Miguel de Portugal.

Saturno cuadrado u opuesto al Sol

Si Saturno es el significador, se trata del aspecto de las infamias y de los desacatos; el sujeto es pródigo y ambicioso, y al ser muy autoritario detesta que lo controlen, y su forma de comportarse es extremadamente desagradable. A menudo acostumbra a sufrir la desaprobación de los poderosos y a verse sorprendido por una muerte violenta.

Si el Sol es el significador, el sujeto es extremadamente cobarde, rencoroso, tramposo, avaro, quejica, malicioso y sin ningún sentimiento, pues siempre se está lamentando y despreciando cualquier manifestación de amabilidad o de humanidad; se trata de alguien que lleva un tipo de vida muy desagradable y poco afortunada y que, a veces, incluso puede llegar a terminar sus días en prisión.

Saturno cuadrado u opuesto a Venus

Si el significador es Saturno es índice tanto de disipación como de que el sujeto lleva un tipo de vida de lo más detestable y de que se halla conectado con prostitutas del más bajo nivel, las que, y de forma eventual, podrían llegar a arruinarlo y a causarle algunas desgracias.

Cuando Venus es la significadora, por regla general la apariencia del sujeto no es nada agradable ni elegante; se trata de una persona sumamente astuta, ingeniosa y engañosa y, aunque no lo parezca, muy aficionada a llevar una vida de lo más disipada; normalmente, acostumbra a ser bastante desafortunada.

Saturno cuadrado u opuesto a Mercurio

Si Saturno es el significador, es índice de que el sujeto es un ladrón, un tramposo o un estafador, un ser taimado, astuto, envidioso, tramposo y malicioso, ya que es alguien que siempre parece querer acabar por decepcionar a sus amigos más íntimos; generalmente, acostumbra a formarse una muy mala opinión de todo el mundo y a no decir casi nunca la verdad. Cuando el significador es Mercurio, el sujeto es ingenioso, pero siempre parece verse envuelto en todas las peleas o contiendas y posee una acusada tendencia a difamar el carácter de los demás, quienes a menudo lo atormentarán a través de procesos legales; este aspecto también representa a los abogados quisquillosos que pocas veces actúan honestamente con respecto a sus clientes.

Saturno cuadrado u opuesto a la Luna

Si Saturno es el significador, el sujeto es demasiado inestable, bohemio y variable; pero también malhumorado y con una gran tendencia a no avanzar en la vida y a quedarse estancado; siempre parece estar muy preocupado y se lamenta por todo, pues no tiene ninguna buena predisposición y es muy difícil poder llegar a contar con él. Pocas veces logra alcanzar una buena situación en la vida, pero cuando lo hace, enseguida vuelve a caer otra vez en desgracia.

Si la significadora es la Luna *(que en cierto modo siempre* lo es del CONSULTANTE), la persona es extremadamente desafortunada y siempre parece estar metida en líos con las clases más bajas, de las que, por regla general, siempre acaba por recibir un gran número de injurias; es cobarde, rastrera y muy pesimista, su salud es bastante mala y pocas veces llega a vivir mucho tiempo, acostumbrando además a morir de una forma miserable.

Júpiter cuadrado u opuesto a Marte

Si el significador es Júpiter, es índice de violencia, de ingratitud, de temperamento y de peligro de muerte a causa de fiebres malignas.

Si el significador es Marte, entonces el sujeto es orgulloso, ingrato, insolente y acostumbra a odiar al clero por motivos de opiniones teológicas.

Júpiter cuadrado u opuesto al Sol

Si Júpiter es el significador proporciona mucha arrogancia, prodigalidad y un exceso de vanidad, así como grandes deseos de distinguirse o de sobresalir, cosa que realmente pocas veces consigue el sujeto.

Si el Sol es el significador, la persona así representada malgasta sus bienes en todo tipo de extravagancias y llevando una vida de lo más desenfrenada.

Júpiter cuadrado u opuesto a Venus

Si el significador es Júpiter indica extravagancia, disipación y toda clase de corrupción y de intemperancia. Cuando Venus es la significadora, entonces el sujeto tiene muchos enemigos dentro del clero, de las profesiones legales, o entre los magistrados, etc., y no posee además ningún tipo de virtud o de prudencia.

Júpiter cuadrado u opuesto a Mercurio

Si Júpiter es el significador, proporciona muchos problemas y perplejidades, disputas y procesos legales y, por consecuencia, una indigencia total.

Si Mercurio es el significador, el sujeto acostumbra a ser perseguido por sus singulares opiniones religiosas, tiene una capacidad de comprensión muy débil y a menudo tiende a verse envuelto en disputas y en contiendas.

Júpiter cuadrado u opuesto a la Luna

Si el significador es Júpiter representa a una persona excesivamente habladora, pero con escaso talento, ya que se trata de alguien muy débil y algo estúpido y que de llevar a cabo cualquier tipo de actividad pública, sin lugar a dudas acabaría por ser maldecido por la multitud.

Si la Luna es la significadora, el sujeto puede resultar gravemente injuriado por sus amigos y conocidos y sus propiedades irán empobreciéndose a causa de una serie de personas totalmente fanáticas e hipócritas.

Marte cuadrado u opuesto al Sol

Si el significador es Marte representa a un hombre con grandes ambiciones y un exceso de violencia, pero con tan mala fortuna que difícilmente podrá llegar a tener algún éxito. Cuando el Sol es el significador, al sujeto no le frena ningún tipo de principio de honor o de gratitud; siempre existe un gran desorden en todos sus asuntos y utiliza los medios más violentos para intentar arreglarlos. Se trata de alguien que fácilmente puede llegar a convertirse en bandolero, en asesino o en atracador y que tanto puede encontrar la muerte en alguna contienda como convertirse en víctima de las leyes de su país.

Marte cuadrado u opuesto a Venus

Si Marte es el significador, provoca lujuria, excesos, prodigalidad y enfermedades e injurias causadas por mujeres de vida fácil, así como un total despilfarro de la fortuna. Cuando Venus es la significadora, el sujeto es muy tramposo, malicioso, inconstante y con tendencia a los equívocos, y si se trata de una mujer, entonces ésta será una prostituta o una desvergonzada.

Marte cuadrado u opuesto a Mercurio

Si el significador es Marte, el sujeto posee cierto talento, pero lo utiliza únicamente para los más deshonestos propósitos.

Si Mercurio es el significador, representa a un ladrón o a un asesino, a alguien cuyas más serias promesas jamás deben ser creídas y que abandonará a sus benefactores cuando éstos más le necesiten; se trata de una persona muy violenta, furibunda, pendenciera y totalmente despreciada por todos a causa de su vida disipada.

Marte cuadrado u opuesto a la Luna

Si Marte es el significador, el sujeto es un compañero adecuado para todas aquellas personas sin perjuicios o para la gente de peor calaña de la humanidad; es sumamente desafortunado y por regla general acaba convirtiéndose en un vagabundo errante que recorre todo el mundo sin tener ni un hogar, ni un solo amigo.

Si la significadora es la Luna, el sujeto es extremadamente abusivo, malicioso y tramposo. Podría viajar a tierras extrañas como marinero o soldado, pasando por innumerables peligros y dificultades, y morir a causa de la peste o la disentería, o bien a manos de la espada.

El Sol cuadrado u opuesto a la Luna

Si el significador es el Sol, el consultante acostumbra a sufrir grandes pérdidas y a tener muchos problemas y ansiedades.

Si la Luna es la significadora, el sujeto es obstinado y pendenciero, así como excesivamente pródigo y ambicioso. Algunas veces acostumbra a tener una marca en la cara o algún defecto en los ojos, esto último, sobre todo si el Sol se halla afligido por Marte o si tanto el Sol como la Luna se encuentran junto a las estrellas *nebulosas.*

Venus cuadrado u opuesto a la Luna

Si Venus es la significadora, es índice de una vida poco asentada, muy agitada y variable y causa también graves problemas matrimoniales y muy mala fortuna.

Cuando la significadora es la Luna, entonces el sujeto lleva una vida totalmente disoluta y extravagante, llena de pobreza y de indigencia, y sufre también muchos problemas a causa de las mujeres.

Mercurio cuadrado u opuesto a la Luna

Si Mercurio es el significador, sin duda proporciona algún talento al sujeto, pero éste es demasiado inconstante como para trazarse ningún objetivo concreto; la persona cambia de situación de forma continua (sobre todo si Mercurio se halla ubicado en un signo mutable) y es muy poco sincera en cuanto a su profesión o con respecto a sus amistades, así como nada escrupulosa en los medios que utiliza para alcanzar sus objetivos.

Si la significadora es la Luna, el sujeto posee algún defecto de pronunciación, tiene escaso talento y, aunque en cierto modo es muy astuto, tan sólo utiliza su ingenio con fines deshonestos. Pero como Mercurio siempre actúa según los aspectos que reciba por parte de los demás planetas, resultará imprescindible observar cada uno de los aspectos para poder determinar su influencia, ya que por ejemplo, en el caso de que Mercurio estuviese en trígono con Júpiter, la cuadratura de éste con la Luna no tendría unos efectos tan nocivos y aunque con este aspecto el sujeto resultaría sin duda bastante insensible, sería sin embargo muy honesto y bien intencionado.

OBSERVACIÓN. El estudiante debe recordar siempre que el verdadero carácter y la condición de la persona que esté así representada sólo puede llegar a aprenderse correctamente si se tienen en cuenta todos los aspectos que reciba el significador, así como mediante la observación de la naturaleza del signo y de la casa en la que se encuentre, el grado, la fuerza o debilidad que posea y todos aquellos planetas que se encuentren en aspecto con él. Así pues, si el significador es Marte y éste recibe una oposición por parte del Sol, si éste se muestra débil y Marte además recibe un trígono de Júpiter, al ser fuerte este planeta benéfico podrá juzgarse con el consultante, y a través de la influencia maléfica del Sol, sufrirá una gran herida en algún duelo o luchando por su honor; por ello, si en lugar del trígono con Júpiter se diera una cuadratura con Mercurio, no habría duda de que el consultante moriría a manos de los oficiales de la Policía, o bien a manos de un ejecutor público, y esto último sobre todo si el Sol se hallase situado en la Casa X.

LAS ESTRELLAS FIJAS[1]

NOMBRE	Longitud	Latitud	Naturaleza	Magnitud
Hamal	5° 21' Tauro	9° 57' N	Saturno, Marte	Segunda
Pléyades	26° 55' Tauro	4° 31' N	Marte, Luna	Quinta
La más brillante de las 7 estrellas	27° 50' Tauro	4° 2' N	Marte, Luna	Tercera
Occulus Taurus	6° 11' Géminis	2° 36' S	Venus	Tercera
Aldebarán	7° 31' Géminis	5° 29' S	Marte	Primera
Occulus Táurus	20° 17' Géminis	5° 22' N	Marte	Primera
Dirah	6° 46' Cáncer	6° 48' S	Marte	Segunda
Castor	17° 48' Cáncer	10° 4' N	arte, Venus, Saturno	Primera
Pollux	20° 59' Cáncer	6° 40' N	Marte	Segunda
Aselli Boreal	4° 45' Leo	3° 10' N	Marte, Sol	Cuarta
Praesepe	5° Leo	1° 14' N	Marte, Luna	Nebulosa
Aselli Austral	6° 26' Leo	0° 4' N	Marte, SM	Cuarta

1. El lector podrá hallar una lista completa y actualizada de las estrellas fijas en *Las Estrellas Fijas* de Spica, publicada en esta colección.

Corazón de la Hidra	19° 43' Leo	7° 32' S	Saturno, Venus	Segunda
Cor Leonis	27° 33' Leo	0° 27' N	Marte	Primera
Vindemiatrix	7° 38' Virgo	10° 15' S	turno, Venus, Mercurio	Tercera
Arista	21° 33' Libra	2° 2' S	Venus, Marte	Primera
Kiffa Australis	12° 48' Escorpio	0° 22' N	Saturno, Venus	Segunda
Kiffa Borealis	17° O' Escorpio	8° 46' N	Júpiter, Marte	Segunda
Frons Scorpio	O° 54' Sagitario	1° 2' N	Saturno, Venus	Segunda
Antares	7° 29' Sagitario	4° 32' S	Mercurio, Marte	Primera
Sabih	15° 41' Sagitario	7° 18' N	Saturno, Venus	Primera
Nashira	21° 15' Acuario	2° 33' S	Saturno	Primera
Scheat	29° 26' Piscis	1° 7' N	Saturno	Segunda

Reglas para saber cómo hallar la latitud y la longitud zodiacales de una estrella fija, de un cometa, de un planeta, o de la Rueda de la Fortuna, etc., a partir de la ascensión recta y de la declinación

1º. Si la ascensión (recta) es de menos de 180 grados, es *Norte* y si es de más de 180 grados, es *Sur.*

2º. Al logaritmo *cotangente* de la declinación, añada el logaritmo *seno* de la ascensión (recta) medido desde Aries o Libra; pero si se mide desde Cáncer o Capricornio, habrá que añadir el logaritmo *coseno:* la suma (menos 10 en el índice), será el *logaritmo tangente* del ángulo A.

3º. Si tanto la ascensión como declinación (recta) son las dos *Norte,* o las dos *Sur,* añada 23° 28' al ángulo A y obtendrá el ángulo B.

4º. Si de la ascensión y declinación (recta), una es *Norte* y la otra es *Sur,* la diferencia entre 23° 28' al ángulo A nos proporcionará el ángulo B.

Nota. Si el ángulo B sobrepasa los 90°, la latitud tendrá el nombre contrario al de la declinación; pero si el ángulo B tiene menos de 90°, entonces la latitud llevará el mismo nombre que el de la declinación.

Para encontrar la longitud

Al complemento aritmético del logaritmo *seno* del ángulo A y del logaritmo *seno* del ángulo B, añadirle el logaritmo *tangente* de R. A. desde Aries o Libra (o el logaritmo *cotangente* de R. A. desde Cáncer o Capricornio). La suma dará el logaritmo *tangente* de la longitud desde Aries o Libra, o bien logaritmo *cotangente* de la longitud desde Cáncer o Capricornio.

Para encontrar la latitud

Al complemento aritmético del logaritmo *coseno* del ángulo A y al del logaritmo *coseno* del ángulo B, añadirle el logaritmo *seno* de la declinación. La suma dará el logaritmo *seno* de la latitud.

N. B. El complemento aritmético de un logaritmo puede ser hallado restándolo de 10.00000.

Ejemplo:

	10.00000
El log. seno de 13° 10' es de	<u>9.35752</u>
	0.64248

O también puede ser encontrado con la misma facilidad tomando cada figura (empezando a mano izquierda o índice), desde el 9, excepto la última figura o la que está a mano derecha, que debe ser tomada del 10.

Es decir:

Si es del	9.99990
Tomamos	<u>9.35752</u>
Y da	0.64248

El objetivo planteado es el de poder resolver cada uno de los problemas mediante una suma, en lugar de utilizar el complicado proceso que de otro modo sería necesario.

Ejemplo:

¿Cuál es la longitud y la latitud zodiacal del cometa Halley para el mediodía *del 18 de octubre de 1836, con tiempo de Greenwich?*

La ascensión (recta) del cometa a las 16 h 25 min y 31 s, corresponde a 246 grados y 19 minutos. Por lo que, y al ser más de 180 grados, será sur. La declinación es de 0° 35' norte.

Dec. Cotangente	0° 35	=	11.99219
Seno R. A. desde Libra	66° 19	=	9.96179
Tang. del áng. A	89° 22		11.95398
Del áng. A tome	23° 28		
Y da el áng. B	65° 54		

Y entonces, para la longitud:

Al *seno* del áng. A (comp. Aritm.)		0.00003
Añada el *seno* del áng. B		9.96039
Y la Tang. R. A. desde Libra	66° 19	10.35791
Long. Tang. R. A. desde Libra	64° 20	10.31833

De ello, resta la long. de		
Libra y Escorpio	60° 0	
Que da	4° 20	(que es la longitud)

Y entonces, para la latitud:

Al log. coseno del áng. A (comp. aritmético)	1.95650
Añada el log. coseno del áng. B	9.61101
Y el log. seno de la declinación	8.00779
Y ello da el log. seno de la lat. 22° 6'	9.57530

Como el ángulo B es menor de 90°, la latitud es del mismo nombre que el de la declinación, y como ésta es norte, la latitud también lo será.

Por lo tanto, el 18 de octubre de 1835, al mediodía y con tiempo de Greenwich, el cometa se encontraba a 4 grados y 20 minutos de Sagitario, y con una latitud norte de 22 grados y 6 minutos.

EXPLICACIÓN DE LOS TÉRMINOS UTILIZADOS EN ESTA OBRA

Abscisión. Ver «Frustración».

Aflicción. Se da cuando un planeta o la cúspide de una casa está en aspecto inarmónico con cualquier otro planeta, o en conjunción con alguno, de los maléficos.

Ángulos. Las cuatro casas que comienzan en el punto en el que el Sol se levanta, culmina, se pone o alcanza el Medio Cielo; es decir, el este, el sur, el oeste y el norte.

Aplicación. La aproximación de uno de los planetas a otro, o a la cúspide de cualquiera de las casas, tanto por conjunción como por cualquier otro aspecto.

Ascendente. Es el horizonte oriental, o cúspide de aquella casa que representa a la persona, como, por ejemplo, la cúspide de la Casa V es el Ascendente para el hijo del consultante.

Aspecto. Es la distancia existente entre un planeta a otro, o a la cúspide de una casa: por ejemplo, si Júpiter estuviese situado a 60° de la Luna, se diría que ambos se encuentran en aspecto de *sextil.* Estos se ajustan exactamente a *los ángulos de polígonos regulares que pueden ser inscritos en un círculo.* En *La Gramática de la Astrología* puede encontrarse la aclaración en cuanto a las propiedades de todos estos aspectos astrológicos.

Aumentar en luz. Cuando cualquiera de los planetas se está alejando del Sol, pero sin llegar a formar todavía una oposición con éste, aumenta en luz ya que después de ello ésta comienza a disminuir.

Lo primero es excelente, pero esto último es muy negativo, sobre todo si se refiere a la Luna.

Aumentar en velocidad. Tiene lugar cuando cualquiera de los planetas avanza con más rapidez de lo que lo hiciera durante el día anterior.

Benéficos. Son los planetas Júpiter y Venus.

Bicorpóreo. Ver «De doble cuerpo».

Cabeza del Dragón. Se representa así: «☊» y es el Nodo Norte de la Luna, o lugar en que ésta cruza la eclíptica en su latitud Norte. Siempre es un excelente augurio ya que acostumbra a denotar muchos éxitos y una buena disposición, etc.

Cadente. Son la Casa III, la VI, la IX y la XII.

Caída. Se dice que un planeta está en caída cuando se encuentra situado en el signo opuesto al de su exaltación y, a menos de que el planeta se encuentre bien aspectado, nos reflejará a una persona en un estado muy débil y desafortunado.

Cara o *Decanato.* Es la menos poderosa de todas las dignidades esenciales.

Casas. Son las doce divisiones o compartimentos en los que se divide el círculo astrológico, así como los signos en los que se dice que cada planeta tiene su mayor influencia.

Casas Diurnas. Son aquellas casas que durante el día se hallan regidas por alguno de los planetas; así pues, Acuario sería la casa diurna de Saturno; Sagitario, la de Júpiter, etc. Si la pregunta se formula durante el día, o mientras que el Sol está más arriba del horizonte, cuando necesite saber qué casa rige Saturno, busque a Acuario y, dondequiera que éste se encuentre, esa será la casa de Saturno.

Casas Nocturnas. Son todos aquellos signos en los que los planetas disponen de muchísima más fuerza durante la noche que durante el día. Ver «Casas Diurnas».

Cazimi. El corazón del Sol, o estar a 17 minutos de la longitud exacta del Sol; ello está considerado, aunque creemos que de forma errónea, como una posición muy fuerte.

Cola de Dragón. Se representa así: «☋» y es el lugar en que la Luna cruza la eclíptica en su latitud sur. Es extremadamente maléfico y totalmente opuesto en su influencia al Nodo Lunar Norte; disminuye el poder de los planetas benéficos y aumenta el de los maléficos. *Co-*

lección de luz. Cuando un planeta recibe los aspectos de otros dos, sin que éstos lleguen a formar ningún aspecto entre ellos mismos. Indica que el asunto será llevado a cabo por una tercera persona, descrita por dicho planeta, siempre y cuando ambos lo reciban en alguna de sus dignidades.

Combustión. Cuando un planeta se halla ubicado a una proximidad de 8° 30 minutos del Sol, del que se dice que tiende a quemar los planetas que se encuentran situados tan cerca de él y que, por lo tanto, éstos pierden su poder. Siempre es un testimonio bastante maligno.

Conjunción. Son dos planetas situados en la misma longitud. Si están en el mismo grado y minuto, se tratará de una conjunción partil y su influencia es muy poderosa; y si están situados dentro de la mitad de la suma de sus dos orbes, la conjunción será plática y su influencia resultará menos poderosa.

Consultante. Es la persona que formula la pregunta.

Culminación. Significa alcanzar el Medio Cielo. *Cúspide.* Es el inicio de cualquiera de las casas. *Debilidades.* Ver «Dignidades».

Declinación. Es la distancia existente entre cualquier cuerpo pesado y el ecuador.

Descendente. Es el horizonte occidental o cúspide de la Casa VII.

De velocidad rápida. Cuando el movimiento de un planeta es más rápido que el de su velocidad media.

Dignidades. Pueden ser tanto esenciales como accidentales. Las primeras tienen lugar cuando uno de los planetas se encuentra situado en su propia casa, exaltación, triplicidad, término o decanato; y las últimas cuando uno de los planetas está ubicado en un ángulo, bien aspectado, sin aflicciones, rápido de velocidad y va aumentando en luz, etc. Lo opuesto a las dignidades son las debilidades.

Dirección. Es el cálculo realizado entre dos cuerpos pesados, etc. Se utiliza sobre todo en los Temas Natales.

Directo. Cuando cualquiera de los planetas se mueve en consonancia al orden correcto de los signos; es decir, desde el signo de Aries hasta el de Tauro, etc.

Disminución de luz. Cuando cualquier planeta ha pasado la oposición del Sol sufre una disminución de luz y ello es un testimonio de debilidad.

Disponer dispositivo. Un planeta dispone de cualquier otro planeta cuando éste último se encuentra en sus dignidades esenciales. Por ejemplo, si el Sol está situado en Aries, que es la casa de Marte, entonces Marte es el que dispone del Sol y se dice que lo rige, lo recibe o lo gobierna. Cuando el que dispone del planeta que representa aquello por lo que se pregunta, se halla dispuesto por el regente del Ascendente, es una excelente señal. La regencia o disposición por casa es el testimonio más poderoso, seguido por el de exaltación, el de triplicidad, el de término y, por último, el del decanato, que es una recepción muy débil.

Efemérides. Es un Almanaque en el que viene especificado el lugar ocupado por cada uno de los planetas. Hasta el año 1834, el mejor de ellos era el de White, ya que a partir de entonces dejo de dar las longitudes diarias de los planetas. Con respecto a las cuestiones de Astrología Horaria, el mejor Almanaque que se publica actualmente es el de Partridge.

Exaltación. Una dignidad esencial de poder asimilar al de la casa.

Exilio. Es el signo opuesto a la casa de cualquier planeta, así por ejemplo, Marte en Libra está en exilio, etc. Es índice de debilidad y de desgracias, etc.

Familiaridad. Cualquier tipo de aspecto o de recepción.

Figura. Es el diagrama que representa la situación del cielo en un momento dado, también se le denomina esquema u horóscopo.

Fortunas. Son Júpiter y Venus, y si el Sol, la Luna o Mercurio se encuentran en aspecto con éstas y no reciben además ningún tipo de aflicción, también se les considera planetas afortunados.

Nodos. Son los puntos en los que cualquier planeta atraviesa la eclíptica en su órbita de latitud.

Occidental. Ver «Oriental».

Orbe. Es la distancia que rodea a un planeta y dentro de la que su influencia se extiende de forma particular. El orbe de la cúspide de cualquiera de las casas, de una estrella fija o de la Rueda de la Fortuna es de 5º.

Orden de las casas. Según el poder de cada una, están ordenadas de la siguiente forma: l.ª casa, 10.ª, 7.ª, 4.ª, 11.ª, 5.ª, 9.ª, 3.ª, 2.ª, 8.ª, 6.ª y 12.ª.

Oriental. A aquellos planetas que se hallan ubicados entre la Casa IV y el Medio Cielo, que se elevan y se encuentran en la mitad oriental de la figura, se les denomina «orientales». Una vez han pasado ya el Medio Cielo y hasta llegar de nuevo a la Casa IV, son «occidentales». Con respecto a las natividades (o Temas Natales), el Sol y la Luna son orientales desde la Casa I hasta la X, y desde la VII hasta la IV, y occidentales en los cuartos opuestos.

Peregrino. Que no dispone de ningún tipo de dignidad esencial. A un planeta no se le reconoce como peregrino si se encuentra en recepción mutua con cualquier otro.

Planetas asediados. Son aquellos que se hallan aprisionados entre otros dos.

Planetas inferiores. Son Venus, Mercurio y la Luna; se les denomina de esta forma dado que su órbita es inferior a la de la Tierra.

Plático (a). Cualquier aspecto que no sea partil o exacto, pero sólo entre los orbes, o bien entre la mitad de los orbes de los dos planetas. Así pues, si por ejemplo Saturno se encontrase a 10° de Aries y la Luna a 20° de Libra, la Luna seguiría estando opuesta a Saturno ya que la mitad de sus dos orbes sería de 10° y 30 minutos y a la Luna todavía le faltarían 30 minutos para poder liberarse de su oposición.

Preguntas de Astrología Horaria. Su nombre procede del latín, de la palabra *hora,* «una hora», pues se anota el momento en el que se formula la pregunta y se levanta la Carta del Cielo para ese momento, con el fin de poder juzgar el resultado. Parece ser que la palabra *hora* se deriva del nombre con el que los egipcios denominaban al Sol y que, según Heródoto, era *Horus* u *Orus;* el hebreo *or,* «luz» o «día» y *oriens,* «oriental», parecen haber tenido todos un mismo origen. Los budistas llamaban al Sol: *Hiru,* que, junto a su nombre brahmánico, también parece proceder de Egipto, primera cuna de la astrología.

Radical. Aquel que pertenece a la base o a la raíz y es apto para ser juzgado.

Recepción. El ser recibido por cualquier planeta significa encontrarse en las dignidades esenciales de dicho planeta; cuando la recepción es mutua, es un excelente testimonio. Véase «Disponer».

Regente. Se dice que aquel planeta cuya casa se encuentra ocupada por cualquier otro es el regente de dicho planeta; y si su signo es el que está en la cúspide de cualquiera de las casas, entonces se dice que es el regente de esa casa. Así pues, si por ejemplo en la figura Aries estuviese ascendiendo, Marte, que es el que rige este signo, sería el regente del ascendente.

Retrógrado. Cuando cualquiera de los planetas va disminuyendo en longitud. Es sinónimo de debilidad.

Separación. Cuando un aspecto ya ha pasado, pero todavía se encuentra entre los orbes establecidos, se dice que los planetas se están separando entre sí y ello denota que la influencia está desapareciendo.

Significador. Aquel planeta que gobierna la casa que rige el asunto por el que se pregunta, es el significador de la persona o cosa sobre la que se pregunta; el regente del Ascendente es el significador general del consultante y, normalmente, la Luna es su cosignificador.

Signos animales. Son Aries, Tauro, Leo, Sagitario (excepto la primera mitad) y Capricornio.

Signos cardinales. Son Aries, Cáncer, Libra y Capricornio.

Signos comunes (también denominados *mutables*). Son Géminis, Virgo, Sagitario y Piscis.

Signos de Agua. Son Cáncer, Escorpio y Piscis.

Signos de corta ascensión. Son Capricornio, Acuario, Piscis, Aries, Tauro y Géminis. En ellos, el trígono tiene los mismos efectos que una cuadratura y la cuadratura los mismos que un sextil.

Signos de Doble Cuerpo. Son Géminis, Sagitario y Piscis.

Signos de Fuego. Son Aries, Leo y Sagitario, y forman la triplicidad de fuego.

Signos de larga ascensión. Son Cáncer, Leo, Virgo, Libra, Escorpio y Sagitario. En ellos, la influencia de un sextil posee los mismos efectos que la de la cuadratura, mientras que la influencia de una cuadratura posee los mismos efectos que la de un trígono.

Signos de Tierra. Son Tauro, Virgo y Capricornio, que forman además la triplicidad de tierra.

Signos estériles. Son Géminis, Leo y Virgo.

Signos femeninos. Son todos los signos pares contados a partir de Aries; es decir, el segundo signo, el cuarto, el sexto, el octavo, etc.

Signos fértiles. Son Cáncer, Escorpio y Piscis.

Signos humanos. Son Géminis, Virgo, Acuario y la primera mitad de Sagitario. Si el significador de una persona determinada se halla ubicado en alguno de estos signos, indicará que ésta es sumamente humanitaria y de muy buena predisposición.

Signos masculinos. Son los signos impares; es decir, el primer signo, el tercero, el quinto, etc.

Tabla de las casas. Éstas son necesarias para levantar la figura del cielo.

Término. Una dignidad esencial.

Testimonio. Tener algún aspecto o dignidad, etc., o estar involucrado de cualquier forma dentro de la figura en cuanto a lo que concierne a la pregunta planteada.

Traslación de luz. Transportar la influencia de un planeta a otro, separándose del aspecto de uno y acercándose al aspecto del otro. Es un testimonio muy poderoso.

Triplicidad. Una dignidad esencial. El Zodíaco se halla dividido en cuatro trígonos o triplicidades; la triplicidad de Fuego, Aries, Leo y Sagitario; la de Tierra, Tauro, Virgo y Capricornio; la de Aire, Géminis, Libra y Acuario; y la de Agua, Cáncer, Escorpio y Piscis, de acuerdo con los cuatro elementos con los que los ancianos dividían a la totalidad del mundo natural.

Triplicidad de agua. Está formada por los signos de Cáncer, Escorpio y Piscis.

Unido a… Estar en cualquier aspecto.

Vacío de curso. Que no forma ningún aspecto en el signo en el que se encuentra. Cuando ello ocurre con la Luna, por regla general suele indicar que la pregunta no va a poder resolverse con éxito.

Zodíaco. Es el cinturón o círculo que rodea a la Tierra y que aproximadamente tiene unos 18° de ancho y en el que tanto el Sol como los demás planetas se mueven continuamente.

ÍNDICE